会计名家精品教材

高等院校本科会计学专业教材新系

会计理论

第四版

Accounting Theory

东北财经大学出版社
Dongbei University of Finance & Economics Press
大连

图书在版编目（CIP）数据

会计理论 / 魏明海，龚凯颂主编．—4 版．—大连：东北财经大学出版社，2014. 2（2025. 4 重印）
（高等院校本科会计学专业教材新系）
ISBN 978-7-5654-1441-1

Ⅰ. 会… Ⅱ. ①魏… ②龚… Ⅲ. 会计学-高等学校-高等学校-教材 Ⅳ. F230

中国版本图书馆 CIP 数据核字（2014）第 020414 号

东北财经大学出版社出版
（大连市黑石礁尖山街 217 号　邮政编码　116025）
教学支持：（0411）84710309
营 销 部：（0411）84710711
总 编 室：（0411）84710523
网　　址：http://www.dufep.cn
读者信箱：dufep@dufe.edu.cn

大连天骄彩色印刷有限公司印刷　　东北财经大学出版社发行

幅面尺寸：185mm×260mm　字数：470 千字　印张：20.5　插页：1
2014 年 2 月第 4 版　　2025 年 4 月第 38 次印刷

责任编辑：李智慧　高　铭　孔利利　　责任校对：何　力
封面设计：冀贵收　　版式设计：钟福建

定价：49.00 元

总序：中国会计教育的回顾与展望

ZONGXU　ZHONGGUO KUAIJI JIAOYU DE HUIGU YU ZHANWANG

（一）

20 世纪是会计学术和会计思想大发展的世纪，是会计大师辈出、经典会计作品大量问世的世纪，是会计由“艺术”走向“科学”的世纪；

20 世纪是会计学科大发展的世纪，是会计由信息系统演变成控制系统的世纪，是受托责任会计由弱到强的世纪；

20 世纪是会计制度和会计实务大发展的世纪，是公司会计规范化、注册会计师职业国际化的世纪；

20 世纪更是会计教育和会计人才培养大发展的世纪，是会计学科大分化、大整合的世纪，是会计人从数字奴隶到数字主人的世纪。

发达国家如此，发展中国家同样如此。

20 世纪会计的发展揭示了一条基本规律：凡经济发达的国家，会计没有不发达的；凡会计不发达的国家，也没有一个是经济发达的。

这条规律同时告诉我们：这个世界既不存在会计教育先进而会计制度、会计实务落后的国家，也不存在会计教育落后而会计制度、会计实务先进的国家。

这条规律还告诉我们：发达的经济工作、科学的管理工作强烈要求先进的会计教育制度和人才培养制度为之服务，而先进的会计教育制度和人才培养制度又反过来进一步促进经济的发展和管理水平的提高。

20 世纪会计的发展也反复地证明一条历史发展的规律：“天下未乱计先乱，天下欲治计乃治”，这里的“计”指的就是会计。

西方如此，东方如此，中国当然也如此。

看百年中国，会计教育一正规、会计实务一上轨，就会政治清明、官守廉洁、国家昌隆、人民富足；会计教育一紊乱，会计实务一脱轨，就会贪污不治、官守腐败、贿赂风行、国衰民殃。

百年来的大量事实证明：不论是会计学术的发展、会计思想的发展、会计学科的发展，还是会计制度、会计实务的发展，其发达程度都有赖于会计教育和人才培养制度的先进程度，而会计教育的先进程度又取决于会计教育目标的正确定位、会计课程体系和教材体系的完善以及会计教育方法的科学化，这其中尤为重要的是会计本科教材建设的科学化。

(二)

会计历史发展的规律，我们的先辈们很早就有认识。

多年在美国、西班牙、秘鲁从事外交工作，又熟悉商业活动的蔡锡勇，于1905年出版了中国有史以来第一部专门论会计的书——《连环账谱》，破了中国会计的天荒；后来，留学日本并获商学学士学位的谢霖与孟森联合，于1907年出版了《银行簿记学》。这两部书使蔡锡勇、谢霖成为我国会计学术的鼻祖、会计教育的先行者。继蔡锡勇和谢霖之后，徐永祚、潘序伦两位大师又在20世纪三四十年代创立了两套教材体系：一套是改良型教材，另一套是引进西方型教材。这两套教材对我国会计教育事业具有重大的先行意义，对会计人才培养具有重大贡献。

新中国成立伊始，会计学术界通过对会计阶级性的讨论，掀起了会计教育思想的第一次解放，即顺应计划经济体制的需要，借鉴苏联模式，学习苏联经验，翻译苏联的教材，在中国人民大学试点开设四门会计专业课——会计核算原理、工业会计、工业企业经济活动分析、行业财务管理。正是利用这套教材，我们培养了新中国第一批会计人才。应当说，引进苏联的会计教材，对20世纪50年代我国会计专业的建设起了决定性作用。但我们也不得不承认，苏联会计是按照货币计价、账户、复式记账、成本计算、定期盘存和定期汇总等一套方法来进行的。直到20世纪80年代，苏联会计都是这样。就这套做法看，实际上只相当于西方国家的簿记工作，它的目的就是做到账证相符，并以此为基础编写报表；它一贯忽视估价，并错把簿记报表当做真实可信的会计报表；它一贯把企业当做一个生产单位、一个成本中心，忽视对利润的核算和管理。正是由于这套会计方法的局限，才导致我们面临工商企业的一摊烂账，面临会计信息的严重失真。

从1956年开始，我国学者提出了资金运动学说，倡导以资金运动的观点来建立复式记账原理和会计核算原理，于是就有了结合中国实际情况的会计专业教材。如高等财经院校会计教材编写组集体编写的《会计原理》，就较全面地反映了这方面的研究成果。这本教科书从1963年初版，历经30余年，发行数百万册，培养了一批又一批的会计人才。由厦门大学编写的《会计原理》和中国人民大学编写的《工业会计》、《工业企业经济活动分析》、《工业企业财务管理》等，也都吸收了我国学者的研究成果，为这一时期的会计人才培养和会计实践发展作出了积极的贡献。按照资金运动观点建立的这一教材体系，虽有很多特色，但仍未抓住会计的本质，因而它反映不出会计因时代不同而不断发展演变的特点。其实，记不记账、编不编报告，根本不在于是否有资金流动，而在于资金是自己的还是别人的，在于受托责任。财务会计反映的受托责任主要是财务报告的可信性和财经纪律的遵守情况；成本管理会计反映的受托责任主要是经济活动的经济性、效率性和效果性。长期地只讲资金活动，不问受托责任，严重削弱了会计发展社会主义生产力的作用。

(三)

十一届三中全会以后，伴随着新的会计思想解放运动的展开，会计教育和会计教材建设也进入了一个改革和发展的新阶段。首先是开始将西方大学会计专业教学课程引入我国的会计本科教育，如西方财务会计、西方管理会计、西方审计、会计电算化、国际会计、涉外会计等。

1983 年，财政部确定以中南财经政法大学（原湖北财经学院）和上海财经大学（原上海财经学院）为会计教材改革试点学校，推出两套会计专业教科书。中南财经政法大学的教改方案以会计学原理、企业会计、企业成本、企业财务、管理会计、审计学为核心课程；上海财经大学的教改方案以基础会计、财务会计、成本会计、管理会计、审计学为核心课程。它们各自的培养目标略有不同，但两套教材都吸收了 20 世纪 80 年代对会计阶级性、会计本质、会计职能、会计对象、会计原则、会计定义等方面的研究成果，扬弃了按行业建立会计学科且知识陈旧的内容，立足改革，勇于创新，在实际教学过程中收到了较好的效果，培养了大批合格的会计人才。

20 世纪 80 年代中后期，葛家澍教授和余绪缨教授联合主编了《会计学》，作为国家教委组织的经济类十门核心主干课程之一，这本教科书将财务会计与管理会计融为一体，并大胆引进了国际会计惯例的有关内容，吸收了当代会计理论研究的最新成果，从而使我国会计教材建设迈上一个新台阶。1988 年，中国会计学会成立了会计教育改革研究组，葛家澍教授任组长。该研究组重点研究了我国会计教育的状况，研究了与社会主义市场经济相适应的会计专业培养目标、会计专业设置、会计课程结构与学科体系、会计教材建设、会计师资队伍建设等方面的问题，提出了许多具有指导意义的建议。

1994 年，我国部分高校开设了注册会计师专门化，设计了财务会计、高级财务会计、成本管理会计、财务管理、审计、管理咨询等主干课程。也就是在这一时期，各高等院校的会计学院或会计系都对其原先不规范的课程体系进行了改革，形成了以会计学原理、中级财务会计、高级财务会计、成本会计、管理会计、财务管理、审计为核心课程的新体系。1996 年，厦门大学和中国人民大学又分别承担了教育部“会计学类系列课程及其教学内容改革研究与实践”的课题，他们在完成课题研究报告的同时，又出版了一套会计专业主干课的新教材。

在 20 世纪的后 50 年，特别是后 20 年，我国在会计课程体系、会计教材体系建设上取得了重大进展，也初步实现了由“记账报账型会计”向“计划控制型会计”的转变；但由于在处理建立中国特色会计和向国际会计惯例靠拢这一重大关系上，思想不够解放，认识不够进步，因而对国际范围内的会计改革经验特别是会计教育改革的经验，未能作及时的引进、学习、消化、吸收，因而导致课程体系和教材体系中的内容存有不少严重问题。比如：会计教材内容达不到会计教育目标的要求；会计教材内容缺乏超前性和先进性；会计教材严重地滞后于轰轰烈烈的会计实践；会计教育仅注重知识的传授，不注重能力的培养；会计教育长期忽视职业道德教育等。所有这些，同发展中国的经济、发展中国的社会生产力要求相去甚远，于是在世纪之交，我们又面临着一个十分迫切的会计思想大解放问题，面临着一个十分迫切的会计现代化、科学化问题。早在 1989 年，著名会计思想家、会计教育学家杨时展教授就指出“中国会计的现代化，只能顺从于一个唯一的目的，即发展中国的社会主义生产力”，“我们不能不问中国的国情，不问是否为发展中国社会生产力所需，就对国外的东西一切照搬。也不能不问对中国是否有用，只要是西方的东西，就从思想上一概排斥、一概反对。中国会计的现代化，首先要求……会计理论界有一个现代化的头脑和紧迫感，有一个明确的生产力意识……排除‘左’的干扰；如果有

'右'的，也要排除'右'的干扰，大步前进"。话很恳切，也很正确，但一直未引起应有的、足够的注意，十分遗憾。

(四)

就在我们不断地倡导和推进会计教育改革、完善会计教材内容和体系的同时，发达国家正在作力度更大、影响更为深远的会计教育改革。就美国而言，1984年，美国会计学会成立了未来会计教育改革组；1989年，成立了会计教育改革委员会，发布了多份委员会立场报告。杨伯翰大学、伊利诺斯大学、密歇根大学、宾夕法尼亚大学、南加州大学、芝加哥大学、斯坦福大学、哈佛大学等知名学府的会计系，也纷纷响应美国会计学会的号召，对面向21世纪的会计教育进行了大胆的改革试验，取得了很好的效果。杨伯翰大学会计系从交易循环审计的实践中体会到了这种审计模式的真谛，然后将其移植到会计教育改革中，设计出会计课程新体系，即将以往独立设置的中级会计、成本会计、管理会计、税务会计、审计、会计信息系统等融合成一个综合的24学分的核心课程，以培养出具有高度综合能力的会计人才，这里的"高度综合能力"包括书面表达能力，口头表达能力，良好倾听能力，团队沟通与合作能力，解决冲突的能力，组织和分派工作的能力，解决分散和无序问题的能力，阅读、评论和判断能力，有效利用时间和缓解压力的能力等。杨伯翰大学会计系把24学分核心课程分为四个阶段，前10周讲授基础原理，之后分成销售与收款、购货与付款、工薪与业绩评价、结转与存货、融资等五个交易循环分别讲授。

伊利诺斯大学会计系坚持认为会计是一个信息系统，因而应当按会计信息的生成、利用及控制来设计会计课程新体系，包括：会计与注册会计师（Ⅰ）、会计与注册会计师（Ⅱ）、会计计量及其结果、注册会计师决策、会计组织及其规则、会计控制系统、承诺与鉴证、财务报告准则、税收制度与税收规则、审计准则与审计实务、公营部门会计、国际会计、会计制度设计、简明信息控制系统、管理信息与控制系统、信息控制系统的组织与开发等。

杨伯翰大学和伊利诺斯大学的会计课程体系改革，给我们以一种全新的思路，它更多地强调以信息运行的规律或经济业务的流程来设计课程，强调会计专业课程的逻辑性和内在一致性，强调会计与整个管理和业务工作的融合，强调会计教育改革的科学化和大系统观。本质上说，它强调会计对受托财务责任与受托管理责任的计量、报告，强调对综合受托责任的计量、报告。不仅大学和学会在推进会计教育改革，作为人才需求方的会计师事务所也积极地参与改革，1989年，当时的国际"八大"，就发布了一份《会计教育展望》的研究报告，对会计教育目标、教学内容和教学方式提出了一系列的改革意见。会计人才的供需双方同时关注和参与改革预示着：21世纪会计教育的时代特征将更为明显，会计将会更为主动地去计划和控制企业的发展、社会的发展。

(五)

就我国会计课程体系和会计教材体系建设的目前情况看，其与发达国家的会计课程体系和会计教材体系建设相比有较大的差距，与发展中国社会生产力、发展中国社会主义市场经济、适应经济全球化等要求相比有较大差距，与科教兴国、建立创新机制、培养创新人才的目标相比有较大差距。因此，下大力气改革会计课程和教材体系是摆在我们面前的一项刻不容缓的重要任务。要做好这项工作，一方面，必须正视我国与西方发达国家之间在会计课程和教材体系建设上的差距，大胆地引进、借鉴发达国家的成功经验；另一方面，由于我国与西方发达国家之间在法律结构、经济制度、企业运作实务等方面存在着显著的差异，使得我们只能合理地借鉴西方发达国家的会计课程和教材体系，而不能“依样画葫芦”，完全照搬、照套。

有鉴于此，我们在充分结合中国国情，全面借鉴发达国家，特别是美国20世纪末会计教育、会计课程和会计教材改革先进经验的基础上，组织资深会计学家和著名会计院系知名中青年专家、教授，编写了这套在形式与内容上都有较大更新的本科会计专业21世纪“换代Ⅱ型”新概念教材。

应当说明的是：在本套教材创编的后期阶段，适逢财政部对企业会计核算制度进行了重大改革，颁发了与国际趋同的《企业会计准则》和《中国注册会计师执业准则》。为了保证本套教材符合新制度的规定和要求，我们针对其所涉及的相关内容进行了调整和改写，全面反映了新规范的规定内容。

我们殷切地希望这套教材的创编和出版能够对我国的会计教育改革和专业人才培养起到积极的推动作用。这也正是全体创编人员之所以不畏艰辛、大胆探索的初衷和原动力所在。

王光远

第四版前言

会计实践的创新总是不以人的意志为转移的。相应地，会计理论也总是处于不断发展和完善之中。无论是会计实践的创新，还是会计理论的发展，都离不开中国式现代化不断推进和国际经济环境变化这两个大背景。

党的二十大确定了以中国式现代化全面推进中华民族复兴的目标任务，在全面建设社会主义现代化强国进程中，会计的管理职能将得到进一步的加强，会计信息的作用也将充分得到发挥。自从上一次修订以来，国际经济环境也发生了重大的变化。与此相适合的会计理论与实践也有新的变化，主要表现为：

第一，2008 年发生的金融危机再次引发人们对会计计量，尤其是对公允价值会计的关注。会计计量和信息披露与金融风险等的关系越来越密切，会计准则的经济影响及后果更加明显。

第二，随着经济全球化进程的加快，会计准则国际趋同与等效不可避免。世界两大主要的会计准则制定机构——美国财务会计准则委员会（FASB）和国际会计准则理事会（IASB）之间在会计理论研究、准则制定方面的互动和合作越来越频繁。

第三，在我国经济全球化及改革开放不断深化的背景下，以会计准则国际趋同与等效为主要特征的变化，促使人们对我国的会计准则制定、会计准则国际协调、会计准则的中国特色和财务会计概念框架等都有了许多新的认识。

第四，以实证研究方法为代表的会计理论研究，以及以着重培养学生综合素质为基本理念的会计教学改革，在我国得到了较大的发展。

以上这些都对《会计理论》教材的修订产生了较大的影响。

本次修订的主要内容包括：（1）充实了会计功能作用、财务会计概念框架的内容；（2）补充了资产定义、公允价值计量、资产确认与计量、收益确认与计量的最新发展；（3）更新了会计准则国际协调和我国会计准则发展的相关内容；（4）调整了会计信息决策有用性和管理层会计行为的部分内容；（5）对成本计算与控制理论、管理会计理论的部分内容作了相应的补充与更新。此外，根据培养学生综合素质，尤其是培养动手研究能力的要求，进一步补充了一系列旨在增强学生技能操作和科研能力训练的技能题和能力题。

这部教材自第一版面世至今已有十多年的历史，参与编写和修订的人员有了一定的变化。其中，参与第一版编写的作者有魏明海、龚凯颂、吴兆旋、杨家亲和孙晓梅；参与第二版修订的人员有魏明海、龚凯颂、施鲲翔和王雄元；参与第三版修订的人员有魏明海、龚凯颂、路晓燕和蔡宁。本次修订由魏明海和龚凯颂负责。

受原教材结构和内容的局限，特别是受我们的学识所限，这部教材的问题或不足仍程度不同地存在，恳请同行专家和同学们批评指正！

作　者
2014 年 1 月
2023 年 6 月修改

目　录

MULU

第1章 会计理论概述

学习目标

知识目标

要求了解会计发展的主要阶段；认识会计理论的含义和功能；熟悉会计理论框架体系的主要内容，并对各类会计规范的特征和会计基本概念有较深入的认识与理解。

技能目标

要熟悉会计理论研究中的基本概念，并能用这些基本概念去观察、分析各种会计现象与实践活动。

能力目标

要在了解会计理论发展主要驱动力和主要内容的基础上，联系实际，提出若干同时具有理论价值与实践价值的研究问题，并尝试开展理论思考与探索。

1.1 会计理论的含义与功能

在具体讨论会计理论之前，首先有必要了解会计的发展，尤其是会计发展的主要阶段。会计是一门既古老又年轻的科学。说它古老，是指早在公元前的巴比伦、埃及、中国和印度就因私人财富的积累与管理需要产生了受托责任会计；说它年轻，是指现代会计在20世纪50年代以后才在市场经济发达的国家发展并逐步完善起来。

1.1.1 会计发展的主要阶段

物质资料的生产是人类社会生存与发展的基础。人类要生存，就需要生产和消费。吃、穿、用、住、行都必须消耗经济资源，而要取得这些经济资源就必然需要进行生产、服务和管理。生产、服务和管理是人类的一项价值创造活动。人们在生产和服务活动中，总是希望用有限的经济资源（如人、财、物等等）创造出尽可能多的物质财富，实现价值增值，而这也必然离不开管理。也就是说，在进行生产、服务的同时，必须对经济资源的耗费和取得的经营结果及财务成果进行观察、记录、计算、比较和分析。所以说，会计是社会生产发展到一定阶段的产物，也是随着人们组织和管理生产与服务活动的需要而产生并不断发展的。会计发展大致经历了古代会计、近代会计和现代会计 3 个主要阶段。

1）古代会计

15 世纪之前的会计实践活动常被人们习惯上称为古代会计。根据有关史料，远古印度公社已经有了农业记账员。他们设计出了农业账目，登记、记录与此有关的主要事项。古希腊和古罗马也有了农庄、庄园及不动产的账目。但是，古代会计是以官厅会计为主的，所谓的民间会计仅占非常次要的地位。

什么是官厅会计？它与我们现在看到的政府会计、预算会计和非营利组织会计在会计主体上有一些相似之处，但目前人们对官厅会计还没有一个公认的定义。对官厅会计的一般认识是：主要服务于奴隶主和封建皇室赋税征收、财政支出及其财产保管的会计。统治阶级为了加强对财政经济活动的监督与控制，十分重视官厅会计，甚至将它提到“治国安邦”的大计这一高度来认识。官厅会计具有以下主要特征：

①它是社会发展到一定阶段的产物。由于奴隶社会和封建社会的生产力发展水平低下，剩余产品较少，因此，作为奴隶社会和封建社会统治者的奴隶主、封建皇室等才可能拥有较多的剩余产品，需要关注与重视会计工作，并利用会计进行必要的核算、监督和控制。

②它是与其他计算活动、财政收支活动、财产保管工作混在一起的，尚未确立自己独特的职能与核算对象。这样，它就必然同时采用实物单位、货币单位甚至劳动单位进行计量。

③在记录方法上，它广泛采用文字叙述的方法，后来也逐渐完善并使用单式记账的方法。

④在那时，由于未出现严格意义上的经济实体或法人的概念，会计记录的主体不够明晰和确定，所有者本人及家庭，奴隶主和封建皇室及其所统治的国家的财产、收支在会计记录上往往分不清楚。也就是说，会计记录是“家国不分”的。

⑤它有两个主要服务方面：一是确立财产经管责任关系；二是协调经济利益分配关系。具体说来，通过计量、记录和实施财政收支活动，就可在产品和财富分配时确保财政收入，在财政收入的分配中确保满足统治阶级的需要；借助计量、记录并实施钱币出纳和财物保管，则可确保财产物资的安全和不受侵害。

2）近代会计

在会计发展史上，复式簿记的产生具有划时代的意义，是会计发展史上的一个里程碑。近代会计就是从运用复式簿记开始的。

复式簿记从表面上看，是一种会计记录方法与方式，如日记账、分类账和试算平衡表等。实际上，它不仅提供了一系列科学的会计概念，如资本、成本、收益与盈利等，更重要的是，它还创造出资本主义“企业”的概念。会计主体的概念也由此慢慢形成并确定下来。难怪它被推广应用之后受到各界著名人士交口称赞。

在近代会计的发展过程中，除了封建皇室、资本主义国家的政府会计得到持续的发展外，工商企业会计代表了近代会计发展的一个最主要的潮流。工商企业会计的发展不仅促进了工商业的快速成长，也成为当时资本主义社会发展的一项基础性的工具。

3）现代会计

现代会计是20世纪50年代以后，在发达的市场经济国家，特别是在美国发展并完善起来的。现代会计的形成与发展主要表现在两个方面：

第一，会计的技术与现代电子计算和信息技术相结合，会计由手工簿记系统发展为电子数据处理系统和网络系统。会计处理的电算化是会计在记录与计算技术方面的重大突破。会计信息的网络化大大促进了会计信息的传递，使信息披露得到扩展，会计信息的使用范围和效率得到改善。

第二，会计的理论与方法随着企业内部与外部对会计信息的不同需求而分化为两个子系统：一是财务会计，它以向投资者、债权人和企业外部其他利益相关者提供投资决策、信贷决策和其他经济决策所需要的信息为主。在这个意义上，财务会计也称为“对外报告会计”。二是管理会计，它以向企业内部各级管理人员提供短期和长期经营、管理和理财决策所需要的经济信息为主。在这个意义上，管理会计也称为“对内报告会计”。现代会计除了财务会计和管理会计这两个特点及服务对象有明显差别的领域外，介于它们之间的成本会计也常被人们当做一个相对独立的领域提出来。

当然，现代会计除了上述发展外，还有许多新的发展领域，如公允价值会计、环境会计、社会责任会计、人力资源会计、通货膨胀会计、资本成本会计和国际会计等等。

1.1.2 会计理论的含义

从实践到理论，再用理论来指导实践的认识论同样适用于会计理论研究。尽管会计是因为它的实用性而产生并发展起来的，但它也是逐渐建立在理论体系或概念框架的基础上的。也就是说，会计实务的形成及其发展有其理论和方法体系作为支撑。它们为会计实务的创新与发展奠定了合理、科学的基础。

自从产生“会计理论”这一概念之后，各种学派就对这一概念各抒己见、众说纷纭，其中具有代表性的观点主要有：

美国会计学会（AAA）在1966年发表的《基本会计理论说明书》中对会计理论的解释更多地体现为基本概念框架，并认为会计理论研究是为了达到4个目的：

①确定会计的范围，以便于对会计提出概念，并有可能发展会计的理论；

②建立会计准则来判断、评价会计信息；

③指明会计实务中有可能改进的一些方面；

④为会计研究人员寻求扩大会计应用范围以及由于社会发展的需要扩展会计学科的范围，提供一个有用的框架。

会计学家莫斯特（Kenneth S. Most）在其《会计理论》中认为：理论是对描述或规定一系列现象的规则和原则的系统表述，它可视为有助于组织概念、解释现象和预测行为的框架。会计理论由对来自实务的原则和方法程序的系统表述组成。

另一位会计学家亨德里克森（Eldon S. Hendriksen）在其《会计理论》中提出：会计理论可以定义为以一套广泛适用的原则作为形式而进行的逻辑推理，它主要用于——作为评价会计实务的一般依据，指导与发展新的实务和程序。此外，会计理论还可用来解释现行的会计实务，以便人们更好地理解这些实务。

我国著名会计学家葛家澍认为，会计理论是会计学的重要组成部分。会计理论以阐述会计概念框架为中心议题，财务会计的基本概念主要包括会计假设、会计目标、会计要素、会计计量、财务报告体系及财务业绩报告的改进等。

美国财务会计准则委员会（FASB）从20世纪70年代后期开始研究财务会计的概念框架（Conceptual Framework，CF），指出：财务会计概念框架是由互相关联的目标和基本概念所组成的逻辑一致的体系，这些目标和基本概念可用来引导首尾一贯的准则，并对财务报告的性质、作用和局限性做出规定。财务会计概念框架实际上就是对财务会计基本理论的一种特定表述。由于财务会计理论相对比较完善与成熟，现在不少人认为：会计理论主要是指财务会计概念框架，它主要包括会计目标、会计假设、会计概念和会计准则，是一个旨在探索会计本质的总体性参考框架。需要指出，会计理论的内涵要比财务会计概念框架的内容丰富得多。

根据《韦氏新国际辞典》，理论是一套紧密相连的假定性的、概念性的和实用性的原理的整体，构成了对所要探索领域的可供参考的一般框架。理论是一种知识体系，它能说明所研究对象的现象产生与发展，并应深入对象的本质，探求其内在的规律性。会计理论也应如此。作为有关会计领域的知识体系，会计理论既反映会计实务的本质与特征，揭示会计信息系统运行的发展规律，又是由会计的特定概念与方法程序所构成的知识体系。

1.1.3 会计理论的功能

人们借助对会计理论的了解和掌握，可以加深对会计实务的认识，并灵活开展会计实务工作，发展与创新会计实务。总的说来，会计理论服务于3个基本方面，具有3种基本功能：

（1）信息传递与经验总结功能

会计理论包含了关于现实存在会计实务的知识和对各种会计实务活动的描述，有信息搜集、传播和经验归纳总结的作用。

（2）解释与评价功能

为什么现存的会计实务会被采用，它们为何以及如何产生，实效如何，这些问题都可借助会计理论给予一定的回答。所谓解释是指会计理论为现存会计实务的合理性、科学性及其不足阐明理由。这是会计理论指导会计实践作用的具体体现。人们之所以研究会计理论，一个重要原因就是要对现存的会计实务做出合理的解释，以说明对某项交易之所以采用这种方法和程序而不采用其他方法和程序的理由。解释其原因、评价其功效，从而为现存会计实务提供理论依据。

（3）预见与实践功能

会计理论不只解释会计实务在一定时期内如何开展以及产生怎样的效用，而且还要预见会计实务中将要产生的新情况和新问题，并预测会计实务的发展趋势与前景。所谓预见是指会计理论将对未来可能发展的新的会计实务，如新的方法、新的领域、新的功效进行预测或指导。对会计人员期望所做之事提供理论依据。在众多尚不完善甚至尚未制定会计准则的领域中，利用会计理论的指导制定包括会计准则和制度在内的各种规范，最终解决会计实务中所遇到的具体问题。

例如，2008年5月，福建证监局向冠福家用（股票代码：002102）发出了《关于限期整改的通知》（闽证监公司字［2008］14号），对公司随意变更会计核算方法等问题提出整改要求。冠福家用2006年12月在深交所中小企业板上市，主营业务为日用工艺美术品加工制造，主要采用经销商销售模式。公司在2007年之前一直采用“委托代销”方式确认销售收入，2007年实施新企业会计准则后改为“一般销售”。按“委托代销”方式确认销售收入，是指各分销商实际售出商品、向公司报送已销产品清单后，公司才确认销售收入实现。按“一般销售”方式确认销售收入，则指公司在向分销商发出商品并在对方确认收到商品后，就直接确认收入，而不考虑分销商是否真正实现或完成了对外销售。显然“一般销售”会提前确认销售收入。冠福家用2007年季报、半年报和年度业绩快报均按“一般销售”方式确认收入，其中2008年2月29日公告的2007年度业绩快报，预告其每股收益（EPS）为0.35元，但公司在同年3月19日又发布了2007年度业绩快报修正公告，决定2007年度财务报告恢复按“委托代销”方式确认销售收入，EPS随即调减为0.22元。前后不足20天，会计政策变更直接导致2007年年度业绩下降37%。

进一步考察冠福家用会计政策变更前后部分股东在资本市场上的相关行为可以看到：2008年1月2日，冠福家用部分限售股取得流通权，公司11位发起人股东中除了前4位股东，其余7位所持股份全部解禁。次日，公司股价创出历史最高——31.07元，之后公司并未公告解禁股份的减持情况，直至3月31日公司才在针对某财经报道的澄清公告中披露。截至2月29日，解禁的2 624余万股限售股中22.08%已被减持，公司发起人、原第5大股东——福建华兴创业投资有限公司更是将其持有的4.62%的股份悉数抛售完毕。也正是在2月29日这一天，公司公布了2007年度业绩快报。从公司的股价表现可以看出，在减持最有可能发生的1、2月份，公司股票的平均交易价格在20元以上。2月底，公布业绩快报后，公司股价持续走低；3月底，公布澄清公告时，公司股价还不及历史最高的一半。如此随意的变更行为、变更前后公司业绩的重大差异、“巧合”的减持时间安排以及相应期间公司股价的“应景”表现，都不得不让人怀疑，这一切的背后很可能是部分股东有计划地促成管理层选择会计处理方法，以达到配合减持套现的目的。

通过上例可以看出：如果对上述会计实务，特别是企业会计政策选择进行研究，可以发现企业管理层的会计行为可能与“大小非”减持密切相关。也就是说，可能存在资本市场动机的盈余管理行为。我们相信这种研究对人们认识公司的会计政策选择以及进一步完善会计准则、信息披露规则是有帮助的。

1.2　会计理论体系

1.2.1　会计理论体系的层次划分

如前所述，会计理论是由会计特定概念和方法程序所构成的知识体系。我国会计学家潘序伦在《基本会计学》中写道：任何思想领域都需要一种理论结构，以统一推理基本逻辑或体系，会计也不例外。理论结构为一定的假定范围内的有关概念和程序提供依据。

这里所说的理论结构，就是理论体系。

会计理论是由许多概念或要素组成的。它们相互配合，共同构成了会计理论体系。因此，会计理论体系可以被理解为会计理论中相关概念和要素组成的体系。

关于会计理论的构成，不同的学者有不同的理解。其中，比较有代表性的观点是由贝尔考依（Ahamad Belkaoui）提出的。他认为，会计理论由以下4个部分构成：①财务报表的目标；②与环境和主体有关的假设及其他理论概念；③基本会计原则；④会计方法。

会计理论体系内部存在层次性的问题。会计理论层次的划分主要取决于理论说明对象和说明方式的差别。会计理论的说明对象都是会计实务或与会计有关的经济现象。有的会计理论侧重于说明个别的会计实务，有的会计理论则侧重于说明会计实务的整体。会计理论在说明会计实务时所采用的说明方式有的是直接的、具体的和规范性的，有的则是间接的、抽象的和指导性的。因此，传统上，人们把采用直接、具体和规范的方式，侧重说明个别会计实务的理论，称做会计规范；把采用间接、抽象和指导性的方式，侧重说明会计实务整体的理论，称做会计基本理论。

根据上述认识，会计实务、会计规范和会计基本理论之间的关系为：

①在进行会计理论研究时，必须先了解会计实务，取得感性认识，然后才有可能真正理解会计规范和会计基本理论问题，从而上升为理性认识。

②理论对实务能起到很好的作用，会计基本理论指导会计规范的形成，并间接作用于会计实务。

③传统的会计理论体系一般可划分为两个层次——会计规范和会计基本理论。把会计基本理论纳入会计理论体系无可争议，但把会计规范也看成会计理论体系的一个层次则可能存在不同的意见。我们的看法是：会计规范也是（甚至是更为重要的）人们在开展会计实务时必须掌握的有关会计领域的知识体系，是会计理论体系中不可或缺的一个重要组成部分。

1.2.2 会计规范

1）会计规范的含义和种类

任何社会实践活动都内含一定的法则、规则、典范、范例或惯例。社会实践活动必须遵循这些规范。在固定资产折旧核算、无形资产核算、投资收益核算、各种财务报表的编制等主要的会计实务中都存在一定的规则、标准，会计实践受其制约。

会计规范就是会计实践活动应当遵循的法规、规则、典范、范例或惯例。按其功能的不同，会计规范的内容又可分为两大部分：目的性规范和方法程序性规范。前者提出责任要求，明确会计人员在开展某一特定会计实务时所担负的责任；后者提出技术要求，规定会计人员在开展该项会计实务时所能采用或可供选用的方法程序。

以我国《企业会计准则第4号——固定资产》为例，该准则第一条就提出："为了规范固定资产的确认、计量和相关信息的披露，根据《企业会计准则——基本准则》，制定本准则"。规范固定资产的确认、计量和相关信息的披露可以被理解为固定资产准则中的责任要求；同时，该准则还分别规范了固定资产的确认、初始计量、后续计量、处置和披露等会计业务，可以被理解为固定资产准则中的技术要求。

目的是决定手段的，会计的目的性规范决定方法程序性规范，这是事物之间的一种联系方式。另一种联系方式是，手段也在很大程度上影响目的的达到。会计的方法程序性规范制约目的性规范的贯彻执行。

会计规范多种多样，财务会计有财务会计的规范（如企业会计准则、国际财务报告准则等），成本会计和管理会计等也有各自的会计规范。例如，美国全国会计师联合会（NAA）发布的"管理会计公报"、英国成本管理师协会发布的"管理会计指南"、新西兰会计师协会发布的"成本管理会计公报"等都属于成本会计或管理会计领域的会计规范。但是，迄今为止，除了财务会计的会计规范比较全面、系统和完善外，其他会计领域的会计规范仍处于起步阶段。造成这一局面的主要原因有：①管理会计是一种对内报告的会计，不同企业单位的规模、经营情况和管理要求是不一致的，这也就决定了其对内报告的内容、方式方法存在较大的差异性；②管理会计也好，其他领域的会计也好，由于其产生和发展的时间较短，企业、行业之间的差别较大，许多方法、程序尚未定型。下面主要介绍财务会计的会计规范，即公认财务会计规范。

2）公认财务会计规范

现代企业的所有权与经营管理权分离，造成企业财务会计信息的提供者（企业及其经营者）与主要使用者（如投资者、债权人以及政府机构）分离。财务会计信息是经营和投资决策，特别是企业外部的使用者做出投资决策、信贷决策和国民经济宏观调控的重要依据，具有"公共产品"的性质。这就决定了各个企业的财务会计工作不能自行其是，而必须遵循公认的财务会计规范。

什么是公认财务会计规范呢？规范是一种标准，会计规范是会计实务（行为）的标准，公认财务会计规范则是得到重大权威支持，既有权威性又有公认性的财务会计规范。公认财务会计规范通常是一个泛指的概念。在西方发达国家，美国的"公认会计原则"（GAAP）就是一种有代表性的公认财务会计规范。国际会计准则理事会（IASB）制定和发布的"国际财务报告准则"（IFRS），也是一种公认的财务会计规范。

公认会计规范最初是由会计惯例演化和发展而来的。所谓会计惯例，是在长期的会计实践中自发形成的、得到人们普遍接受的看法及普遍运用的方法程序。会计惯例对会计工作曾经发挥的影响力是显而易见的，但现代会计的规范化发展和科学性的增加要求财务会计不应仅按惯例开展，而是要遵循科学的公认财务会计规范。

在世界范围内，企业财务会计的规范形式主要有：会计法律、会计准则和会计制度。会计法、会计准则和会计制度都是我国财务会计规范体系的重要组成部分，是会计工作和会计行为的规范。

法律是由国家立法机构制定的，具有高度的强制性、严肃性、规范性和可执行性等特点。它一般只说明应该如何做以及不准做什么，违反了如何处置，并不阐明道理。

会计法律作为经济法律的一部分，既可以单独成法，又可以并入其他经济法律（如公司法、证券法或税法）之中。荷兰的《会计年度报告法》就是一部独立的会计法；英国的《公司法》也有一些有关会计实务标准的条款。即使在美国这样一个自由资本主义的国家，为了确保公众公司的财务信息能准确加以记录和向公众披露，其证券法等也规定公众公司必须：向美国证券交易委员会（SEC）上报经独立审计师审计的年度财务报表；向美国证券交易委员会上报最近季度的财务报表，每3个月披露其财务状况和业绩经营的成果；维护内部会计控制系统，为公司编制的财务报表遵循公认会计原则（GAAP）和其他的标准提供有效的和合理的保证；使其账目、记录能准确和公允地反映公司的商业交易。此外，美国从2002年7月1日起实施的《萨班斯-奥克斯利法案》（Sarbanes-Oxley Act）也要求公司首席执行官（CEO）和首席财务官（CFO）在财务报告上签字，宣誓内容无误；要求公司遵守证券法律，提高公司财务信息披露的准确性和可靠性，从而保护投资者及其他利益相关者，结束"低道德标准和虚假利润的时代"。

《中华人民共和国会计法》（简称《会计法》）也是一部独立的会计法。我国的《会计法》不仅对会计核算和会计监督做出了具体的规定，也明确了单位负责人和财务会计人员对会计报表真实性、完整性承担责任。此外，我国的公司法、证券法和税法等也对财务会计中的某些方面提出了明确的要求。

会计准则是公认财务会计规范的一种重要形式。尽管会计准则常与会计原则、会计规则、会计标准等混同使用，但作为会计准则，在形式上要求由一定权威的机构（组织）来颁布，并应当具有成文（书面）的内容。会计准则不太强调一统到底，规定的内容比较灵活，因此各企业单位在运用时有一定的选择余地。换句话说，会计准则的目的主要在于缩小会计惯例中的差别和变异的范围，而不是形成仅此一种的解决方案。它们是按通用原则的方式表述的，当被应用于某一企业单位的特定环境时，需要做出合理的判断。因而，会计准则是指导性的、灵活的，具有一定的选择性。

目前，美国、英国、澳大利亚和加拿大等大多数发达国家采用了会计准则的形式。国际会计准则理事会也发布财务报告准则。在我国，根据经济改革和对外开放的需要，财政部早在1992年11月30日发布了企业会计基本准则。随后，多次陆续发布了企业会计具体准则。经过多年的完善和发展，2006年2月15日，财政部发布了我国新的企业会计准则体系。新的企业会计准则体系包括1项基本准则和38项具体准则及应用指南。目前，企业会计准则已成为我国公认财务会计规范的一个重要组成部分。

会计制度可以是由政府有关部门制定的行政法规，也可以是企业制定的主要规范财务会计账务处理程序和各项业务处理的规定。它的主要特点是：如果它的制定权属于政府，所制定的规范就具有行政上的强制性，并强调高度统一，因而选择余地很小。我国很长一段时期都将会计制度作为规范企业财务会计行为的主要方式。随着社会主义市场经济的发展，传统的企业会计制度已经难以适应现实的需要，目前已过渡到企业会计准则。但即使如此，某些特定组织，如行政事业单位，仍然需要会计制度。我国财政部就专门发布了《事业单位会计制度》、《民间非营利组织会计制度》和《村集体经济组织会计制度》等。

需要指出：会计法律、会计准则和会计制度是公认财务会计规范的3种最为常见的形式。会计法律尽管是公认会计规范的最高形式，但它总归是比较原则，具体的规范需要由会计准则或会计制度来补充。关于会计准则，我们还会在后面的章节中做出更具体的介绍和讨论。

1.2.3 会计基本理论

1）会计基本理论的含义和内容

任何一项研究或活动领域，包括会计，都存在需要发展一套基本理论的理由。会计的基本理论是一套以会计目标为中心，相互关联、协调一致的概念体系。它们之所以是基本的，是因为会计的其他一系列概念和理论都由这些概念引申的。会计规范的形成也必须以这些概念为基础，并经常引用它们。

为了更好地理解会计基本理论及其相关概念之间的关系，需做以下3点说明：

①会计目标是会计规范中责任要求的进一步归纳、概括、综合和抽象。如前所述，会计规范对每一会计实务都提出了具体的责任要求。由于所针对的问题不同，考虑问题的角度不一致，对不同会计实务提出责任要求也常常发生矛盾。为了避免和减少这类矛盾，就需要用会计目标统驭各类具体的责任要求。从这里不难发现：会计目标也就是对会计实务整体提出的责任要求。

②企业的会计目标最初是由投资者、债权人、政府部门和企业管理部门等以它们各自需求的形式提出来的。例如，投资者偏重要求提供与资产经管责任关系、经济利益分配关系和投资决策有关的信息；债权人偏重要求提供与资产经管责任关系和信贷决策有关的信息，尤其是有关企业资产变现能力和偿债能力的信息；政府部门偏重要求提供与经济利益分配关系有关的信息，因为征税是它的一个重要目的；企业管理部门偏重要求提供与经营管理决策、内部资产经管责任关系和经济利益分配关系有关的信息。但是，投资者、债权人、政府部门和企业管理部门的需求能否全都成为会计的目标呢？显然不可能。这样，在确定哪些需求可以成为会计目标、哪些需求不能成为会计目标时，必然充分考虑现代会计的本质特征和技术手段，以现代会计的本质特征和技术手段为依据进行筛选。进一步看，会计定义、会计职能、会计对象、会计基本假设等基本概念都是说明现代会计的本质特征的。根据这些基本概念的作用，可把它们称为会计目标约束机制。

③目标确定以后，就要考虑实现它的技术方法问题。正如会计规范中阐明的技术要求对会计目标的实现也要提出技术要求。需要特别注意的是：这时的技术要求不完全是针对个别会计实务的，而是面向会计实务整体的，即对会计实务整体提出技术要求。目前，会计确认、会计计量、财务报告和会计控制等基本概念都是说明会计实务整体技术要求的会计基本概念。根据这些基本概念的作用，也可把它们称为会计目标实现技术。

2）会计基本理论的作用

有了会计规范，并对个别的会计实务提出责任要求和技术要求，为什么还要研究会计基本理论，并对会计实务整体提出责任要求（会计目标）和技术要求？换句话说，会计基本理论究竟能起到什么作用？我们认为，会计基本理论的作用主要表现在以下3个方面：

①指导会计规范的制定和形成，协调各项具体的会计规范之间的关系。会计基本理论有助于形成首尾一贯、逻辑严密、协调一致的会计规范。

②启迪会计人员灵活、准确地运用各种会计规范，高效率地开展会计实务。会计基本理论还可直接用来指导会计人员科学合理地处理那些新出现的、尚无会计规范加以约束的会计实务。

③加深对会计实务的了解，促进对会计理论的研究。尽管会计规范是会计理论的一个层次，但它是一个层次比较低的会计理论。开展会计理论研究不能仅停留于此，而应深入到会计的基本概念，提高会计理论研究水平。

从以上讨论可以看出我们在学习了会计准则、会计制度和其他会计规范（这些内容在基础会计、财务会计、高级财务会计、管理会计中都有体现）之后，还需要学习会计基本理论，了解会计理论研究的原因。下面重点讨论会计定义、会计职能、会计对象和会计目标。关于会计确认和计量、财务报告等内容将在后面的章节中加以讨论。

3）会计定义

要明确会计的定义，不能离开企业会计所处的环境。其中，现代企业组织结构就是一个很重要的因素。在企业组织中，投资者、债权人、管理层与职员、客户、供应商、政府等都与企业有重要的契约关系，可以将每个组织看成与众多参与者相关的一系列契约的集成。会计对制定、实施、加强、改善和维护组织契约是非常必要的。

随着现代化大生产的产生和发展、管理方式的演变，与会计关系密切的企业内部组织结构也经历了一个发展变化的过程。目前已形成直线制、职能制、直线职能制、分权事业部制、矩阵结构和模拟分散管理结构等基本形式。根据现代企业组织与管理主要文献的论述，就与会计地位有关的问题，可以得出以下初步结论：

①会计一般不具备生产要素实体管理的特点。在现代企业生产经营中，除有物资流动外，还伴随着资金的运动和人员的流动。作为企业传统意义上生产要素的人力、财力和物力，具有同等重要的地位。能够直接调节和控制这些要素的管理可称为实体管理。实践中，会计并不作为这样一种生产要素的实体管理而存在。

②会计通常不具备职能管理的特点。职能管理与管理职能是两个不同的概念。人们通常把计划、组织、指挥、监督和调节都视为管理职能。职能管理与职能部门化类似之外，目前职能部门化概念逐渐取代了职能管理。部门化把组织的工作划分为若干半自治的单位或部门。部门化的结果是划清经理人员的各项职责并对业务活动进行分类归组。职能部门化的主要标准是生产经营业务活动的特性和类别，当然与生产要素的实体管理有一定的关系。在划分职能部门化时，常常见不到会计部门。

③在现代企业组织理论中，会计一般都出现在讨论直线与参谋人员、直线指挥与参谋系统之间的关系时。艾伯特在《管理学原理》中指出，“……会计，组织以及预算控制等部门及其经理，通常被称为参谋”；“直线与参谋人员之间的差别在于：直线经理人员有指挥权，而参谋人员则没有”。会计主要通过提供信息、建议、服务及有限的职能权力，去协调和推动直线指挥系统达成组织目标。会计的参谋作用通常是通过提供对决策有用的信息的方式实现的。

④既然职能参谋系统一般都通过提供信息的方式作用于产品生产、市场营销、技术开发、质量控制、人力资源管理、财务管理等职能管理，那么，就很有必要考察一下职能参谋系统中不同的信息渠道。这些信息渠道主要包括会计信息、业务统计信息和专业技术信息渠道。虽然并不是每一个企业都设有专职部门，负责上述3条信息渠道，但它们是客观存在、各自独立的。随着市场经济和相关管理方面的发展，会计信息渠道虽有拓宽，但货币计量作为会计的基本特征仍未改变。

⑤会计在现代企业管理中的确存在控制的作用，即在一定条件下进行直线指挥和开展生产要素实体管理的问题。对此，可从两方面加以理解：一方面，在正常的情况下，会计是企业管理控制的某些部分和环节，会计表面上只提供信息，而实际上还要做出某些安排，实施某些控制；另一方面，在非正常的情况下，或是企业规模问题，或是出现例外情况，会计的控制范围很可能还会扩大。

我国会计界对会计的定义存在两种有代表性的观点，即“信息系统论”和“管理活动论”。信息系统论认为：会计是旨在提高微观经济效益，加强经济管理而在企业单位范围内建立的一个以提供财务信息为主的经济信息系统。“管理活动论”认为：会计是通过收集处理和利用经济信息，对经济活动进行组织、控制、调节和指导，促使人们权衡利弊、比较得失、讲求经济效果的一种管理活动。根据前面对会计在现代企业组织结构中地位的考察分析，我们也认为会计主要是一个经济信息系统。按照系统的功效不同，会计信息系统可以分为 4 个层次：①会计信息传递系统；②会计信息处理系统；③会计信息解释与分析系统；④会计信息调节系统。

综合起来，会计本质上是一个以提供财务信息为主的经济信息系统。它只能在一定意义上属于会计信息传递系统、处理系统、解释与分析系统或调节系统。随着社会生产力的发展和各项经济决策对会计信息需求量的增加、要求的提高，会计信息解释与分析系统的地位日益上升。我们不能把解释与分析简单地理解成信息处理的技术方法，解释、分析及在此基础上的预测、决策含有极为丰富的内容。

4）会计职能

任何事物的职能都是该事物内在固有的功能。会计的职能也是会计固有的功能，是会计本质的体现。研究会计职能，有助于更深入地理解会计的定义，可以更准确地揭示和把握现代会计所能达到的目标。

早在一百多年前，马克思就对会计的职能做过科学的概括。在《资本论》中，他指出：生产“过程越是按社会的规模进行，越是失去纯粹个人的性质，作为对过程的控制和观念总结的簿记就越是必要；因此，簿记对资本主义生产，比对手工业的农民的分散生产更为必要，对公有生产，比对资本主义生产更为必要”。根据以上论述，对微观经济组织再生产过程的控制和观念总结，就是会计的职能。用通俗的话来表达，会计的职能包括以下方面：

（1）反映经济活动，评价经营业绩

反映，广义地说就是客观事物在人脑中的反映；狭义地说，仅指赋予客观事物所发出信息以各种各样的载体，即用一定的形式表现出来。会计反映经济活动，主要是指借助货币单位，用会计凭证、会计账簿和财务报告等载体把企业单位的资金运动能动地描绘、表现出来，为经营决策、管理控制及其他方面的决策提供信息。需要加以说明的是：反映不等于评价，反映经济活动不能全面地、准确地评价经营业绩。这是由于会计尽管提供了一套有关企业资产、负债、所有者权益、收入、费用和利润的总额指标，但由于缺乏参照预算，不能起到很好的评价作用。评价经营业绩主要是指在会计反映经济活动的基础上，运用分析的方法，比较地判定经营业绩的大小、高低、优劣。要知道，评价总是与某些特定的参照标准相联系的，有比较才有鉴别。分析等一般都有特定的参照标准（如企业最好水平、同行业最好水平、企业去年实际数和本年计划或预算数），可以得到一系列差量指标或相对数指标，对评价经营业绩能够起到较好的作用。

（2）预测经营前景，参与管理决策

反映和评价都限于历史的写实。现代企业会计已突破了反映经济活动和评价经营业绩的职能，但按照时间跨度增加了预测经营前景、参与管理决策的职能。在这里，预测经营前景主要是指运用会计的特定方法预计和测算企业单位未来的现金流量，以便提供决策支持，而会计参与管理决策则主要体现在会计参与拟订经济计划、业务标准以及编制预算之中。

(3) 控制经济过程，监督经济业务

控制是与反映、评价、预测、决策相联系的，但完整意义上的控制就是使某事物的特征和变化保持在规定限度内。控制有两个基本要素：一是确定事物状态的正常轨道，二是用调节的方法使该事物的状态保持在正常轨道上。会计控制经济过程主要局限于能用货币表现方面的控制。除了控制之外，现代会计还有监督的职能。会计监督经济业务在不同国家有不同的内容和形式，表现出较大的差异。在西方发达国家，会计监督主要表现为内部审计和独立审计。在我国，会计监督的内容在《会计法》中有明文规定。

会计的职能尽管可以从以上 3 个方面看，但反映和控制仍然是会计的基本职能。在反映和控制这两个基本职能中，反映又是最基本的职能。没有反映，会计就不可能实行控制。

需要进一步指出，在现代会计理论研究中，人们对会计职能又有了更深入和具体的理解。例如，布什曼和史密斯（Bushman & Smith，2001）就详细分析了财务会计信息在提升经济绩效和指导股票估值中的作用，如图 1-1 所示。

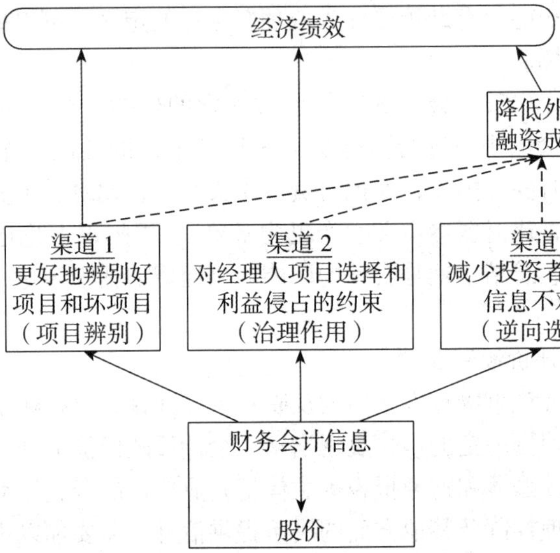

图 1-1 财务会计信息的作用（Bushman 和 Smith，2001）

具体地说，会计信息主要可在经营管理、公司治理和股票估值等 3 个方面发挥作用，也可以说有 3 种功能作用。其中：

①经营管理功能作用是指会计信息能够帮助公司经营管理团队或投资者辨别投资项目的优劣，提高投资的效率，发挥项目辨别的作用。

②公司治理功能作用是指会计信息，尤其是财务会计信息进入公司治理过程，约束与限制公司内部人的机会主义行为或利益侵占行为，减少事后可能的代理成本，保护投资者获取投资回报。在资本市场中，会计信息的治理功能主要体现在：一方面，为市场化基础激励和约束机制的设计、运行和评价提供最直接的关于公司收益和资产的信息，降低公司代理成本，保护投资者的权益；另一方面，公司内部人为了获取私人收益，导致机会主义盈余管理、财务欺诈、内幕交易等现象的发生，会计信息有助于抑制公司内部人的上述行为。

③股票估值功能作用也可称为定价功能，是指会计信息，尤其是财务会计信息能够降低公司内部人与外部投资者之间的信息不对称，促进投资者事前合理估值、定价和形成正确的投资决策。

5）会计对象

前面我们提出：会计是一个以提供财务信息为主的经济信息系统，并进一步讨论了会计的反映和控制职能。会计的主要工作是反映和控制企业单位的经济活动。在我国，会计究竟反映和控制什么？换言之，在社会主义市场经济条件下，会计的对象是什么？这是我们学习会计必须弄清楚的问题。这个问题不清楚，我们就很难深刻理解会计的目标及实现会计目标所应当采取的各种专门方法。

根据我们对现代会计本质特征的认识，可以认为企业经营资金运动是会计予以反映和控制的对象，即人们通常所说的会计对象。

为了更全面、准确地认识会计对象及其发展，需进一步讨论以下 3 个问题：

（1）企业过去或已完成的经营资金运动与未来的经营资金运动

资金运动从时间跨度分割，可以分成过去或已完成的资金运动和未来的资金运动。过去或已完成的资金运动主要是财务会计的对象。企业过去或已完成的经营资金运动具有以下特点：一是客观存在，有凭有据，可核查；二是与财产物资流动相对应，可核对；三是能够表现业已存在于企业与政府机构、投资者、债权人等方面的资产经管责任关系、经济利益分配关系和经济资源配置的要求。企业过去或已完成的经营资金运动的上述特点决定了它所能采用的方法。

企业未来的经营资金运动则主要是管理会计的对象。由于未来的资金运动都是按现金流量基础表现出来的，因此它具有现金流量的性质，现金流量也就常常被直接看成是管理会计的对象。与过去或已完成的资金运动相比，未来的资金运动不具备与真实的财产物资流动相对应的特点，是决策与计划性的、动态与过程性的。

（2）会计反映和控制的对象与会计信息系统加工处理的对象

企业经营资金运动是会计予以反映和控制的对象。但是，当把会计理解为一个经济信息系统时，在会计的反映和控制对象之外还有系统的加工处理对象。这是因为，企业经营资金运动与经营资金运动发出的信息（严格说是原始数据资料）不是同一件事物，两者是可以相互分离的。直接输入到会计信息系统，由会计信息系统传输、处理的客体并不是经营资金运动本身，而是经营资金运动所发出的信息。这样，经营资金运动所发出的信息就成为会计作为一个经济信息系统的加工处理对象。当然，经营资金运动与经营资金运动所发出的信息是有密切联系的。它们之间的联系主要是指：一方面，没有经营资金运动，就无所谓经营资金运动发出的信息；另一方面，没有信息作为中介，经营资金运动也无法在会计中得到反映。

（3）政府机构、非营利组织的会计对象

在我国，政府机构和非营利组织也要实行独立的会计核算。由于政府机构和非营利组织的主要活动不是经营或营利活动，其资金运动具有自己的特点。比如，政府开展各项工作所需的资金一般都由国家通过预算从国家的财政收入中拨付。这样，政府机构一方面按预算向国家取得货币资金或其他形态的资金，另一方面又按预算以货币资金支付各项预算支出和费用，形成一收一付的预算资金运动。这种预算资金运动也就是政府机构会计及非营利组织会计的对象。

6）会计要素

鉴于会计对象还是比较抽象和综合的，它还不能为会计的反映和控制提供具体的内容，需对它进一步分解和具体化为会计要素。会计要素可以理解为会计对象的具体化，即把企业的资金运动具体化为若干个用会计特有的术语加以表达的部分。

根据企业过去（或已发生）经营资金循环周转具体内容，财务会计的要素包括资产、负债、所有者权益、收入、费用和利润。财务会计的反映和控制，就是指对企业资产、负债、所有者权益、收入、费用和利润六个要素的反映和控制。至于企业未来的经营资金运动如何具体化，即管理会计的要素有哪些？目前尚无统一的认识。

7）会计目标

在明确了会计的定义、职能和对象之后，有必要进一步确定会计的目标。这是因为，如果会计目标不明确，会计信息系统仍无法设计和顺利运行，会计的专门方法也没法运用。

既然会计是一个以提供财务信息为主的经济信息系统，那么这个系统必然会有自己特定的目标或目的。一般说来，会计目标要明确表述会计应当为谁服务、服务的项目和内容有哪些、服务的质量标准如何等3个方面的内容。

会计的目标不是哪位理论家凭空臆造的，也不是领导或长官意志。它是会计的本质特征和经济管理需要综合作用的结果。我们知道，会计之所以需要并应加以发展应用，都是因为它具有与其他事物不同的本质特征（如货币计量等）。这些本质特征对会计的服务对象、服务项目和内容、服务的质量标准必然会产生重要的影响。除此之外，会计目标的确定还应充分考虑经济管理的需要。离开这些需要，会计也就失去了存在的必要和生命力。这里所说的经济管理需要主要是指国民经济宏观调控、投资决策、信贷决策以及企业经营管理等的需要。现实存在的会计目标正是需要与可能（由会计本质特征决定）的结合点。

（1）企业会计的服务对象

从会计中直接或间接、有意或无意得到服务的方面可能很多，但会计的主要服务对象基本上局限于与企业有利害关系的群体，包括企业本身，具体是指投资者、债权人、政府机构（如税务和监管部门）、企业管理部门等。企业会计的服务对象也常称做会计信息使用者。

（2）企业会计的服务项目和内容

联系会计的基本职能，企业会计的服务项目归纳起来主要有两个：一是提供会计信息，二是运用会计信息实行控制。提供会计信息本身不是最终目的，由会计，更重要的是由其他会计信息使用者运用会计信息进行控制，改善经营管理和公司治理，优化经济决策，提高经济效益才是最有意义的。

会计的服务内容有很多，但从其服务对象、服务项目出发进行归纳和综合，可以得到企业会计的主要服务内容有：

①为协调投资者、债权人与以企业为主要代表的经营管理者之间的资产经管责任关系提供会计信息。

②为协调政府机构、投资者、债权人与企业、职工之间的经济利益分配关系提供会计信息。

③通过资本市场等，为优化整个国民经济范围内的经济资源配置和实行国民经济宏观调控提供会计信息。

④在一定范围内、程度上直接参与协调上述资产经管责任关系和经济利益分配关系，优化以上经济资源配置。

⑤为协调企业内部各部门、车间、班组（或柜组）、职工之间的经济利益分配关系提供会计信息和其他服务。

⑥为优化企业内部生产要素的有效配置，提高经济效益提供会计信息和其他服务。

很明显，上述服务内容中的前 4 项主要属于会计在国民经济协调发展方面所承担的责任，后两项则主要属于会计在企业经营管理方面所承担的义务。

需要指出：在以上服务项目和内容中，财务会计以提供会计信息为主。会计信息是企业会计核算工作的主要成果。由会计的本质特征所决定，会计信息以财务信息为主；除财务信息外，还包括一些其他信息，如实物数量资料、市场信息、企业战略与发展规划等。

（3）会计的服务质量标准

如上所述，会计的服务项目主要有两个，即提供会计信息和运用会计信息实行控制。这样，会计服务的质量标准也可以从两个方面来看：一方面是会计所提供信息的质量标准，另一方面是会计控制的质量标准。

会计所提供信息的质量标准，有的称会计信息的质量要求或特征，我们认为最基本的是决策有用性。换句话说，会计信息一定要对投资者的投资决策、债权人的信贷决策、企业的经营管理决策和国民经济宏观调控有用。财务会计所提供会计信息的质量要求将在后面的有关章节中讨论。

对于会计控制的质量标准，目前还无统一的认识。不过，配合性、协调性和有效性等一般都被认为是会计控制的基本质量标准。

1.3　会计理论的发展

1.3.1　会计理论发展的主要驱动力

前面我们主要阐述了传统的会计理论体系框架。传统的会计理论体系尽管非常重要（它也将会）不断完善并延续下去，但是随着人们对组织的契约理论和资本市场对会计的影响认识的深入，会计理论研究还需要不断拓展和完善，会计理论始终处于发展完善之中。

驱动会计理论研究和会计理论创新发展的因素有很多，其中，有的成为会计理论发展的主要驱动力，如资本市场的发展、组织设计和组织契约的新发展、会计准则市场的形成、相关理论和技术的发展等。下面简要讨论这些因素对会计理论发展的影响：

1）资本市场的发展

资本市场的发展对会计理论研究有重大的影响。从本质上讲，从微观经济学中移植过来的有效市场假设所研究的是不确定条件下竞争市场中的动态价格行为。它是从零利润均衡状态的研究中扩展开来的。有效资本市场要求股票的价格（也包括交易量）能够完全和瞬时地反映所有可获得的有关信息。在一个竞争的市场中，其均衡点上的边际成本应等于边际收入。换言之，对于一组信息，如果根据该组信息从事交易无法赚取经济利润，那么市场就是有效的。具体地说，如果某组信息被资本市场上的投资者广为了解，那么资本市场的竞争就会驱使股票价格处于这样一个水平，即投资者根据该组信息进行的交易只能赚取按风险调整的平均市场报酬率。也就是说，不应该有超常收益（abnormal return）。

法玛（Eugene F. Fama）首次将有效市场定义为对新信息即刻可予调整的市场。其后，他正式将有效市场定义为其价格完全反映了可获得信息的市场。法玛认为，有效率的市场应具备的充分条件是：

第一，市场无阻力，即不存在交易成本和政府税收，所有资产都可进入市场交易，且交易量可以是资产数额的任意比例，即资产无限可分。

第二，所有的市场参与者都能够平等地获取各种可以得到的信息，并且无须花费任何成本。

第三，所有交易者对于所获得信息的含义具有相同的期望。参加市场交易的个人都是理性的。

对于某组特定的信息而言，以该信息为基础进行股票买卖，对能否可赚取非零值的超常收益进行分析，即可对有效市场假设（EMH）进行检验。对于有效市场假设的检验通常被分为三大类。这些分类反映了用以检验市场有效性的某组信息的获取成本。这些分类是：

①弱式（weak form）检验。在这类检验中，信息组只包含过去股票价格和交易量的信息。对于大多数人而言，这些信息都可以很容易地以极低的成本获得。1953 年，Kendall 对股票价格的历史数据进行了研究，试图找到股票价格变化的规律。但他惊奇地发现，实际上并不存在价格变化的规律，股票价格变化完全是随机的。因此，Kendall 得出了股票价格变化是“随机游走”（random walk）的结论。对于弱式有效市场，股票价格过去的变化趋势对判断价格的未来变化毫无用处。投资者很难利用技术分析来发现股票价格的变化规律而始终如一地谋取超常收益。

②半强式（semi-strong form）检验。在这类检验中，信息组包含过去所有公开可获得的全部信息，其中主要包括了财务报告等对外披露的会计信息。这些信息同样可以以较低的成本获得。在半强式有效市场上，不但所有关于股票价格的历史信息对判断股票价格的变化毫无用处，而且所有公开发表的最新信息也对判断股票价格的变化毫无用处。因此，半强式检验也不能帮助投资者始终如一地获得超常收益。市场效率的半强式模型可以用来验证某一信息组与股票价格是否相关。也就是说，如果股票价格在历史信息被披露时或在以后的任何时候都没有发生变动，则可以证明所披露的历史信息与股票价格是不相关的。

③强式（strong form）检验。在这类检验中，信息组包含了所有类型的信息，即股票价格必须充分地反映所有公开和未公开的全部信息。在强式有效的市场中，股票价格反映了所有有关该股票的信息。不管是公开披露的，还是内幕消息，都不能被用来谋取超常收益。

许多研究表明，资本市场的效率是在不断提高的。例如，有的研究表明，美国的资本市场已进入半强式有效，我国的资本市场也进入弱式有效。有效资本市场的发展不仅仅为人们研究会计信息的有用性、会计准则的作用提供了新的视角，更重要的是为会计理论研究提供了新的证据，为会计理论研究领域的拓展提供了前提条件。

2）组织设计和组织契约的新发展

如前所述，现代会计是股份公司和两权分离的产物。这意味着企业组织和组织契约（尤其是股东与经理之间的委托代理契约）对会计和会计理论的发展都有重要的影响。在讨论会计理论发展的主要驱动力时，我们侧重关注两个方面：一是新的组织设计，二是在会计理论研究中组织契约重要性的凸现。

组织变迁一直是近年来的热门话题。随着信息技术的发展和管理理念的变化，企业管理层次的减少、企业组织的扁平化是新的组织设计的一种表现。同样，受信息技术的影响，风险资本市场得到发展，有技术和经营能力的企业家创办的创业公司迅猛发展。这些规模小、灵活性强、决策快、激励机制灵活的企业在组织设计上又有了许多新的特点。新的组织设计不仅要求有新的会计与控制系统，而且还产生了许多新的会计理论问题需要加以研究。

在会计理论研究中，组织契约重要性的凸现也是推进会计理论发展的一个重要因素。在传统的会计理论研究中，人们尽管也注意到股东与经理之间的委托代理关系，也发展了一套所谓的受托责任会计及相关理论，如对外财务报告和独立审计鉴证等，但总体上涉及的面还是比较窄，对很多问题的认识还停留在表层。在过去20多年间，人们对企业组织契约的认识越来越深入，会计理论研究中对组织契约也有了越来越重要的认识。这对于丰富会计理论研究的内容、探究会计行为动机及其经济后果，促进会计理论的发展产生了重要的影响。实证会计研究中涉及的会计政策选择和盈余管理动机的主要假说，如薪酬契约假说、政治成本假说等都与此相关。

3）会计准则市场的变化

全球资本市场和信息经济发展的同时也对会计准则提出了挑战。传统的会计理论研究比较多地考虑会计准则的供给，而对需求方的需要甚少顾及。与全球资本市场和信息经济发展相联系，会计准则市场已不再仅仅是一个概念，而正在成为现实。可以想象，投资者使用了某种较好的准则，降低了资本成本，那么这一准则就会吸引更多的拥护者。比如近年来，美国就与欧盟的国家发生争论，究竟是美国的公认会计原则好还是国际财务报告准则好。欧盟选择了后者，而美国却更愿意坚持前者。这不完全是会计准则制定机构的意志，更主要的还是两个经济体资本市场参与者（如投资者）的意志。同样，我国一直在参与会计准则的国际协调，也受到了企业和投资者的影响。由此可进一步看出，准则使用者（而不仅仅是准则制定机构）也将对会计准则和相关的会计理论产生影响。

4）相关理论与技术的发展

近半个世纪以来，相关学科理论和技术的发展大大促进了会计理论的研究，推动了会计理论的繁荣。计量经济学、制度经济学、信息经济学、博弈论、代理理论和财务、金融理论的发展都为现代会计理论研究提供了重要的基础。此外，信息技术、网络技术等的发展也大大促进了会计实务的变革和会计理论的创新。

1.3.2　会计理论发展的主要方面

在上述传统的会计理论体系基础上，会计理论研究又增加了多个新的领域，会计理论也产生了多方面的新发展。其中，最主要的方面有：

第一，引入经济决策机制中的信息不对称，透过对企业存在的逆向选择和道德风险因素的分析，加深了对权衡相关与可靠信息的研究，对利用会计管制的力量控制逆向选择和道德风险有了更多新的认识。这些认识将有助于制定和完善会计准则，包括发展理想的以现行价值为基础的会计。我们看到，近年来公允价值会计的发展不能不说与此有关。

第二，关于会计信息披露与理性投资决策的研究。人们通常认为，信息披露有助于抑制逆向选择的问题。这个领域涉及有效资本市场验证的研究（如市场效率、市场反应和市场的“功能锁定”现象等），投资决策行为特性的研究，会计信息（如盈利信息、现金流量信息、会计政策和盈利预测、审计质量、资本结构、股利政策）的信号作用研究，其他相关信息（如财务政策中的信用政策和收账程序、增加私人融资、参与套期保值、让经理人员持股、公司购并及其引起的控制权转移）的信号作用和计价模型理论等。与此相关的会计理论应用研究包括：应用于估值（如企业和证券价值评估）、风险预测和控制（财务危机预警、信用管理和其他风险控制）、会计信息加工和传递的改进以及会计准则的完善研究等。

第三，关于会计行为与契约关系的研究。由于契约的不完全性和刚性，对不同的契约条件下经理会计行为的研究有了较大的进展，如公司股东与经理人员之间的聘用合同（含管理人员报酬）对企业会计行为的影响、债权人与企业之间的代理问题（借款合同）对企业会计行为的影响、特定政府管制和法律（如收费管制、行业管制和税收政策）对企业会计行为的影响。与此相关的会计理论应用研究包括：应用于经营者管理（含道德风险管理）和激励（含报酬计划）、信用管理（处理与债权银行的关系）、企业与企业家的政治风险管理的研究等。

有关上述会计理论发展方面的主要内容，本书将在后面有关的章节中予以介绍和讨论。

本章小结

会计是人们为组织和管理生产的需要而产生并不断发展的。其发展经历了古代会计、近代会计和现代会计 3 个主要阶段。

会计理论反映了会计实务的本质和特征，揭示了会计信息系统运行发展的规律性。它是由会计的特定概念和方法程序构成的逻辑体系。会计理论具有信息传递和经验总结功能、解释和评价功能、预见和实践功能。

传统的会计理论体系一般划分为会计规范和会计基本理论两个层次。

会计规范就是会计实践活动中应当遵循的法规、规则、典范、范例或惯例。按其功能的不同，会计规范的内容也可分为两大部分：目的性规范和方法程序性规范。公认会计规范则是得到重大权威支持，既有权威性又有公认性的会计规范。企业财务会计的规范形式目前主要有：会计法律、会计准则和会计制度。

会计的基本理论是一套以会计目标为中心，相互关联、协调一致的概念体系。会计基本理论的作用主要表现在指导并协调会计规范的制定和形成，指导会计实务工作，促进会计理论的研究。

我国会计界对会计的定义有两种代表性的观点，即“信息系统论”和“管理活动论”。根据会计在现代企业组织结构中的地位，我们认为，会计本质上是一个以提供财务信息为主的经济信息系统。

会计的职能包括3个方面：反映经济活动，评价经营业绩；预测经营前景，参与管理决策；控制经济过程，监督经济业务。简言之，会计的基本职能是反映和控制。其中，反映是其最基本的职能。

在现代会计理论研究中，人们对会计信息的作用有了更深入、具体的认识，提出了会计信息可在经营管理、公司治理和股票估值等3个方面发挥作用。

企业会计对象是企业经营资金运动。会计要素是会计对象的具体化。财务会计要素包括资产、负债、所有者权益、收入、费用、利润六大要素。

会计目标是由会计的本质特征和经济管理需要综合作用的结果，可表述为会计为谁服务、服务的项目和内容有哪些、服务的质量标准如何等3个方面的内容。

会计理论发展的主要驱动力包括资本市场的发展、组织设计和组织契约的新发展、会计准则市场的形成、相关理论和技术的发展等。

会计理论研究的新领域中，最主要的方面有：经济决策机制中信息不对称的引入、会计信息披露与理性投资决策的研究、会计行为与企业契约关系的研究等。

主要概念和观念

□ 主要概念

会计理论　会计目标　会计规范　公认会计规范　会计法律　会计准则　会计制度　会计基本理论　会计　信息系统论　经营资金运动　会计要素　会计目标　有效资本市场

□ 主要观念

人们开展的任何会计实务、看到的任何会计现象，都有一定的会计理论渊源，既可以用会计理论加以解释，也可以将这些实务与现象归纳总结和提升为会计理论。

基本训练

□ 知识题

1. 会计的发展经历了几个阶段？各个阶段的主要特征是什么？
2. 关于会计理论的含义主要有哪些看法？你赞同哪一种看法？为什么？
3. 会计理论的基本功能是什么？
4. 如何理解会计实务、会计规范和会计基本理论之间的关系？
5. 什么是会计规范？什么是公认会计规范？
6. 什么是会计法律、会计准则、会计制度？它们各有什么特点？
7. 会计基本理论的含义是什么？有什么作用？
8. 什么是会计？会计的本质特征又是什么？
9. 会计的职能有哪些？会计的基本职能是什么？现代会计理论研究对会计职能作用有哪些新的发现？
10. 如何定义会计对象？会计对象是什么？怎样进一步细分会计对象？
11. 会计要素的定义是什么？财务会计要素有哪些？
12. 什么是会计目标？什么因素决定会计目标？会计目标应包括哪些内容？
13. 有效资本市场的定义是什么？从信息角度，如何对有效资本市场分类？
14. 现代会计理论研究有哪些主要的新发展？

□ 技能题

1. 会计理论体系牵涉一系列的内容和要素。用结构图的形式将你理解的会计理论主要内容和要素放进去，形成会计理论体系的结构图。

2. 在参阅更多文献的基础上，运用所学知识，列出你自己所理解的会计信息作用机制图。

□ 能力题

1. 我国发布了一系列的企业会计准则。请以《企业会计准则第 3 号——投资性房地产》为例，分析该准则的目的性规范和方法程序性规范的具体内容，说明方法程序性规范是怎么服务于目的性规范的。

2. 同样还是以《企业会计准则第 3 号——投资性房地产》为例，该准则有如下规定：

"有确凿证据表明投资性房地产的公允价值能够持续可靠取得的，可以对投资性房地产采用公允价值模式进行后续计量。采用公允价值模式计量的，应当同时满足下列条件：①投资性房地产所在地有活跃的房地产交易市场；②企业能够从房地产交易市场上取得同类或类似房地产的市场价格及其他相关信息，从而对投资性房地产的公允价值做出合理的估计。采用公允价值模式计量的，不对投资性房地产计提折旧或进行摊销，应当以资产负债表日投资性房地产的公允价值为基础调整其账面价值，公允价值与原账面价值之间的差额计入当期损益。企业对投资性房地产的计量模式一经确定，不得随意变更。成本模式转为公允价值模式的，应当作为会计政策变更。已采用公允价值模式计量的投资性房地产，不得从公允价值模式转为成本模式。"

在上述规定中，有哪些值得进一步研究的会计理论问题？进行会计理论研究对于解释与发展公允价值会计实务有何帮助？

3. 我国上市公司都要定期向股票市场披露公司的会计信息，而其他的公司一般除了向税务部门提供会计报表外则不需要对外披露会计信息。请上网查找一份上市公司的年报，在仔细研读的基础上列出上市公司年报信息披露的特征，并分析由于上市公司的会计信息要向股票市场披露，引出了哪些新的问题值得进行会计理论研究。

第 2 章

现代会计理论研究方法

学习目标

知识目标

要求了解现代会计理论的两大流派即规范会计理论和实证会计理论，把握这两种理论各自的特点；熟悉会计理论的主要研究方法，了解这些研究方法对构建不同的会计理论所做出的贡献。

技能目标

掌握各种会计理论研究方法的具体特点和基本运用。

能力目标

要求能比较熟练地运用部分方法开展一些难度适中的会计理论问题研究。

2.1 现代会计理论的种类

虽然会计理论有多种流派，但就其研究风格而言，主要有两大类：规范会计理论和实证会计理论。

2.1.1 规范会计理论

1）规范会计理论的基本特征

规范会计理论（normative accounting theory）主要试图从会计实务的规则来概括会计的理论概念，从而用这些理论概念引导出“良好的”会计实务。规范会计理论着重于说明会计“应当是什么”（what should to be），而不限于说明会计“是什么”。因此，规范会计理论并不完全满足于现有的会计惯例、规则与做法，而是希望从逻辑性方面概括或指明怎样才算是良好的会计实务。穆尼茨（Moonitz）在 1961 年发表的《会计的基本假设》

(The Basic Postulates of Accounting, ARS No. 1)、钱伯斯（Raymand J. Chambers）1966 年发表的《会计、计量与经济行为》（Accounting, Measurement and Economic Behavior），以及 20 世纪 70 年代末美国财务会计准则委员会（FASB）开始陆续发布的《财务会计概念公告》(SFACs No. 1-No. 7)，都属于典型的规范会计理论。

例如，FASB 发布的《财务会计概念公告第 1 号——企业财务报告目标》，把会计目标确立为整个财务会计概念框架的逻辑起点，并把企业财务报告的目标表述为：

财务报告本身并不是目的，它旨在提供对商业和经济决策有用的信息。

财务报告应当：①向现在或潜在的投资者、债权人和其他使用者提供对他们做出理性投资、信贷或类似决策有用的信息；②向现在或潜在的投资者、债权人和其他使用者提供信息，以有助于他们评估从红利、利息、出售、到期兑换证券或收回贷款所得收益中获取潜在现金流入的金额、时间和不确定性。

为此，财务报告应当：①提供企业经济资源、义务和所有者权益方面的信息；②提供企业一定期间财务业绩方面的信息；③提供企业如何获取和使用现金、借款及偿还情况，资本交易以及影响企业流动性和清偿能力的其他因素方面的信息；④提供有关企业管理层如何履行其对所有者所担负的经营管理资源的受托责任方面的信息。

从上面对企业财务报告的目标的阐述可以看出：它着重于说明会计“应当是什么”，它试图用这一理论引导出“良好的”会计实务。至于这一理论是如何获得的？逻辑演绎和推理是主要的方法。又如，公告提出：

财务报告的目标在很大程度上来源于信息使用者的需要。该需要又取决于经济活动的性质和使用者所需做出的具体决策。相应地，财务报告的目标受美国经济、政治、法律和社会环境的影响。其中，经济环境包括：市场经济高度发达、生产的社会化和规模化需要动员大量的社会资本、生产资料私有制以及所有权与经营权的分离、高度发达的资本市场对资源配置起基础作用。

从上面这段话我们还可看到：美国经济、政治、法律和社会环境的影响着经济活动的性质和使用者所需做出的具体决策，进而决定信息使用者的需要，最后在很大程度上确定了财务报告的目标。这是一个典型的演绎与推理。

又如，我国《企业会计准则——基本准则》提出：财务会计报告的目标是向财务会计报告使用者提供与企业财务状况、经营成果和现金流量等有关的会计信息，反映企业管理层受托责任的履行情况，有助于财务会计报告使用者做出经济决策。财务会计报告使用者包括投资者、债权人、政府及其有关部门和社会公众等。为什么会提出这样的财务会计报告目标？为什么列出这些财务会计报告使用者？同样与我国的市场环境和社会环境相关。概括出会计“应当是什么”，是基于演绎与推理的结果。

除了上述与财务会计概念框架密切相关的规范会计理论研究成果外，还有很多其他的规范会计理论研究著作。例如，佛劳尔（John Flower）2010 年出版的《会计与分配正义》(Accounting and Distributive Justice)，着重讨论了会计的社会角色。不过，作者提醒我们，会计不是单纯的只用于监管企业绩效的工具。由于社会的目标应该是实现财富及产出的公平公正分配，会计应致力于实现这种公平公正的分配。因此，作者提出会计有报告的职能(the reporting of function)、分配的职能（the distribution function）和信息的职能（the information function）。

价值判断通常是规范会计理论研究的基础，目标函数是规范会计理论研究的核心，由此推演的一系列规则和方法则是规范会计理论的主要内容。其中，价值判断和社会经济政策与文化密切相关，目标函数主要体现在会计目标和会计信息使用者中，规则与方法则主要是指会计准则等。实际上，我们在前面大多数会计课程中所学到的会计理论都是规范会计理论。规范会计理论注重归纳和逻辑推理。长期以来，随着人们对会计本质理解的深化，规范会计理论已经得到会计学界非常广泛的认可，在实践中也较普及。

2）规范会计理论的局限性

对规范会计理论的主要批评是：它所描述的会计实务并不是建立在已认同的经验观察结果或方法之上。瓦茨和齐默尔曼认为，规范性命题必须明确目标和目标函数。所谓目标函数（objective function）是指那些能影响设定目标的特定行为或变量。他们推断，规范会计有两个可能的目标：一是经济效率（economic efficiency），二是财富的公平分配（equitable distribution of wealth），但这两个目标都是不完美的或主观的。经济效率并没有把同一时点的利益的备选方案分成不同的等级，而对财富的公平分配则未考虑不同的人会有不同的偏好。我们无法确证这些偏好将按可望导致一致性的结果或统一性的形式进行综合，甚至有人还提出即使能导致一致性或统一性的结果，充其量也只是会计人员所确定的结果，无法解决不同个人在决策方面的差异。他们甚至认为会计人员有越俎代庖之嫌。

规范会计理论所认定的目标及目标函数被认为是不受不同个人偏好的影响的。如果根据目标和目标函数所作的推论符合逻辑，那么，其推论的结果自然也就无懈可击。但是，实践是检验真理的唯一标准。如果某一理论经不起实践的检验，那么这样的理论就是站不住脚的。规范会计理论认为，人们的行为与一定的目标相联系。但如前所述，这些目标很可能是主观的，并且未能对其适当性进行经验验证。实证会计理论认为，规范会计理论中的结论是不可接受的。例如，有些人认为，资产应按现时销售价格来反映，以使债权人知晓企业的变现能力；而另一些人则认为，资产应按现时成本来反映，以使投资者知晓交给经营者操持的资金能否保持企业的经营能力。这些都是规范会计理论的范畴。然而，多方面的情况都表明，这些结论可能存在缺陷，是不可接受的：

①由于这是一个价值判断问题，因此不可能证实或反驳企业会计应当向债权人提供有关企业变现能力或其他方面的信息。

②正由于这是一个价值判断问题，因此，也不可能证实或反驳企业会计应当向投资者提供企业维持其经营能力的信息。

③由于难以对哪一目标更为重要做出判断，因此也就不可能对相关理论的客观性做出评价。

正因为如此，有一些学者认为规范会计理论从方法论角度看是有明显局限性的。

2.1.2　实证会计理论

1）实证会计理论的基本特征

实证会计理论（positive accounting theory）研究主要以确凿的证据证实或检验某些会计现象的存在及其经济后果，以解释所观察到的会计现象，并寻找这些会计现象存在的原因。实证会计源于哲学中的实证理论。实证理论是19世纪30年代由孔德在其名著《实证哲学教程》中提出的。他认为，哲学不应以抽象推理为依据，而应以实证的、确实的事实为依据。人们不可能也没有必要去认识事物的本质，科学只是主观经验的描写而不反映任何客观规律。最早将实证理论应用到经济学上的是弗里德曼（Milton Friedman）。他指出：实证理论的最终目的是拓展这样一种“理论”或“假设”，即对还未观察到的现象做出有效和富有意义（不落俗套）的预测。

瓦茨和齐默尔曼将这一理论移植到会计学领域：“（实证）会计理论的目标是解释和预测会计实务。……解释是为观察到的实务提供理由。例如，实证会计理论应当解释为什么一些公司采用的是后进先出法（LIFO），而不是先进先出法（FIFO）的存货计价方法。……预测是指会计理论应能够预测未观察到的会计现象。未观察到的会计现象未必就是未来现象。它们包括那些已经发生，但与其有关的系统性尚未从数据中收集到的现象。”

还是回到上一章提到的冠福家用（股票代码：002102）随意变更会计核算方法的例子。当时我们怀疑企业的会计政策选择行为可能与其“大小非”减持密切相关。从实证会计的视角看，上市公司“大小非”减持过程中是否存在盈余管理行为？“大小非”减持中的套利是否构成公司盈余管理行为的一个动机？这些都是实证性的命题。

具体来说，2005 年 4 月 29 日，中国证监会发布《关于上市公司股权分置改革试点有关问题的通知》，正式启动股权分置改革。2006 年 6 月 19 日，股权分置改革第一家试点企业三一重工的法人股东象征性地抛售了 100 股，由此拉开我国证券市场“大小非”减持的序幕。但是，减持过程中“大小非”是否利用了其自身的信息优势、相关行为是否有违公平原则等，已成为当时市场关注的焦点。其中与会计有关的焦点问题就是企业是否利用盈余管理配合“大小非”减持股份。

为了检验上述问题，最初步的研究应该检验以下假设：为配合减持需要，原限售股股东有可能对解禁或减持之前最近季度的财务数据进行正向盈余管理。

为了检验上述假设，可以用操纵性应计（DA）替代盈余管理。我们以营业性总应计（OA）作为因变量，采用分行业和分季度的截面 Jones 模型分离营业性操纵应计（ODA）。在非营业性操纵利润（DNOI）的估计上，可将经公司规模调整的、分行业、分期间的非营业性利润均值作为相应行业和期间的非营业性非操纵利润，其与各公司非营业性利润之间的差值作为非营业性操纵利润。操纵性应计（DA）的计算如下：

$$OA_i = OI_i - CFO_i$$

$$ONDA_i = \alpha_1 + \alpha_2 \times \Delta REV_i + \alpha_3 \times PPE_i$$

$$ODA_i = OA_i - ONDA_i$$

$$NOI_i = NI_i - OI_i$$

$$DNOI_i = NOI_i - NNOI_i$$

$$DA_i = ODA_i + DNOI_i$$

其中：OA_i为营业性总应计；$ONDA_i$为营业性非操纵应计；ODA_i为营业性操纵应计；NOI_i为非营业性利润；$DNOI_i$为非营业性操纵利润；$NNOI_i$为非营业性非操纵利润；DA_i为操纵性应计；OI_i为当期营业利润；CFO_i为当期经营活动现金流量；NI_i为当期净利润；ΔREV_i为当期主营业务收入与上期主营业务收入的差额；PPE_i为当期期末厂场设备等固定资产原值。上述各项目均除以当期期初资产总额，期间以季度为单位。

如果确实存在基于解禁或减持目的的盈余管理，那么样本公司的操纵性应计（DA）在 T_0期间应该显著大于 0，并呈现出在 T_0之前逐步上升，但之后转为下降的趋势。

图2-1说明了如何确定最可能进行盈余管理的季度性财务期间。如果减持发生在季度N，减持之前最近公布的财务报告所归属的季度（N-1），则为最有可能进行盈余管理的财务期间T_0，期间T_1、T_{-1}等依次顺推。

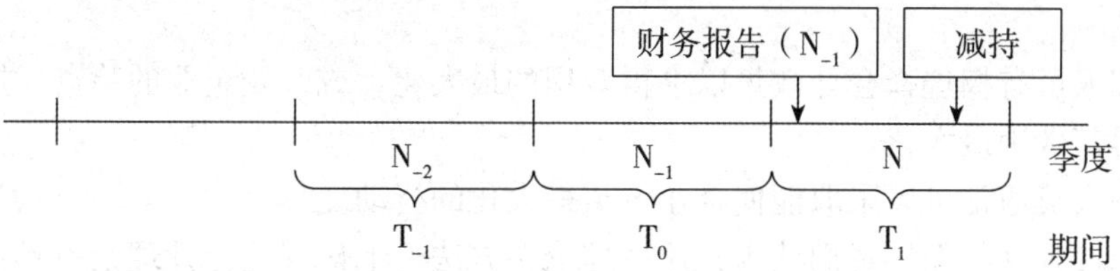

图2-1　盈余管理的财务期间T_0

图2-2是减持前后公司DA的变化趋势。从图2-2可看出，DA在T_0期间达到较大值，T_1期间迅速回落，T_2期间才开始逐步上升，基本上印证了公司存在配合实际减持的盈余管理。相比之下，T_0之前DA的波动性比较大。表2-1各期间DA的独立样本T检验结果进一步支持了上述结论。

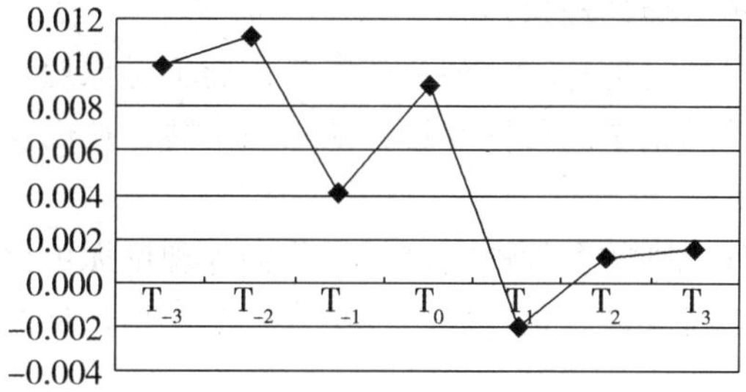

图2-2　减持事件DA趋势（均值）

表2-1　**各期间DA均值**

	项目	T_{-3}	T_{-2}	T_{-1}	T_0	T_1	T_2	T_3
减持	DA均值	0.0098945**	0.011184***	0.004059	0.008925**	-0.001997	0.001137	0.001609
	t值	2.126	3.917	1.139	2.485	-0.537	0.233	0.231

注：***表示在0.01的显著性水平上不为0；**表示在0.05的显著性水平上不为0。

实证会计理论所关注的是什么原因或动机诱发企业采用这种会计程序与方法而不是另外一种也可以被选择的会计程序与方法，以及企业对新发布的会计准则的反应等。实证会计还关心企业为什么会反对某一新会计准则的出台或原有会计准则的取消。这些现象的实证研究结果可预测出某些会计规范在其实际执行时可能遇到的问题或产生的影响。

实证检验通常是实证会计理论研究的基本方式，经济动机则是实证会计理论解释现实存在与做法的核心，由此可评判与预测会计准则、会计政策与会计选择行为。实际上，自20世纪60年代末以来，尤其是近20年来，学术界已涌现了一大批实证会计研究的文献。

一般认为，实证会计理论所关注的是经济和会计现象，并致力于探寻如下问题的答案：

①选择不同会计程序和方法或会计政策的成本与效益如何？

②制定会计准则和会计制度的成本与效益如何？

③财务报表以及其他信息披露对股票市场，尤其是投资者的决策有什么样的影响？

④在特定的组织契约下，经理人员的会计行为会表现出哪些特点？

实证会计理论在寻求这些问题的答案时，通常对个人的行为做出了如下的假定：

①所有的经理人员、投资者、债权人以及其他个人都是理性的，都追求价值效用的最大化。

②经理人员有权选择会计政策以求得效用的最大化，或改变企业的筹资、投资和生产方针以求得其效用最大化。

③经理人员通常可以采取能使企业价值最大化的行动。

实证会计理论的倡导者们认为，这一理论在方法论上比规范会计理论更具科学性，上述理论观点直接或间接地构成了经济学上大部分以经验为依据的研究基础。它也是科学上广为采用的理论观点。

2）实证会计理论的优势

相对而言，实证会计理论具有以下优点：

①可以通过实证研究来检验某一假设是否合理，从而可以接受或抛弃某一理论，因此就方法论而言，要优于规范会计理论。

②实证会计理论的目的是解释和预测会计实务，而不是像规范会计理论那样描述会计实务。它克服了规范会计理论中的目标及目标函数的束缚，从而在没有谁先谁后的目标前提下得出结论。

③可以评价现有会计原则的合理性。这是规范会计理论无可比拟的。

④实证会计理论试图将会计、企业和市场纳入一个模型，从而可以在整个经济框架结构中分析会计问题。

除了规范和实证会计理论之外，还有一类所谓的行为会计理论（behavioral accounting theory）。行为会计（behavioral accounting）是研究特定约束条件下会计行为的指向及其变动规律的分支。它是会计学、行为科学、心理学、社会学等学科相互渗透、相互融合的产物。

行为会计理论认为：会计行为不是无序的，而是有规律并且可以控制的。会计行为是各约束条件的函数，即会计行为取决于各个影响因素形成的约束条件。一般情况下，有什么样的一组约束条件，就有与之相对应的会计行为，包括会计个体的行为和会计群体或组织的行为等。

2.2 规范会计研究的方法

在现代会计理论的发展过程中，出现了两类主要的会计理论学派，并且还形成两类比较典型的会计研究方法。一类就是规范会计研究的方法，如归纳法、演绎法、伦理法、社会学法、经济学法和事项法等；另一类就是实证会计研究的方法。需要指出的是，规范会计研究的方法同样可以在实证会计理论的研究中使用。在一定意义上，归纳、逻辑推理存在于任何研究之中。

2.2.1　归纳法

归纳法（inductive approach）的特点是，通过对大量现象进行观察，然后加以分类，从中概括出有关概念的内在联系，再把它们组织或表述为理论。或者说，这是一种从大量特殊事项的观察、计量、分类中概括出一般性关系或结论的研究方法。例如，在长期的记录活动中，随着记账方法的演变，人们普遍观察到：每一项经济交易都可以用两个或两个以上账户相互联系地记录，然后再分别过入有关账户，定期加以汇总，就可以得出发生额、余额和借贷双方合计数的平衡，也可以有机地反映整个经营过程。人们根据这种大量记账现象的观察，归纳产生了复式簿记原理。又如，从大量会计实务处理中发现，一项资产入账都是根据其取得时的交易价格或其他可验证的价格。一旦入账，除非耗用、转让、出卖或毁损，在资产的持有过程中，不论其市场价格和实际价值有无变动，会计上均不作任何调整。当这种做法证明是会计人员和企业所普遍接受的惯例时，人们就把这一做法理论化，概括为历史成本原则。

归纳法的基本步骤包括：①观察与记录全部的观察结果；②分析与分类记录结果；③从观察到的关系中推导出会计的一般概念或原则；④验证推导出的结论，即：

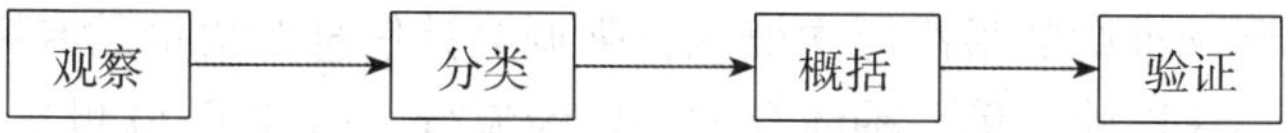

归纳法的优点是，可以不受预定的模式束缚，并把理论概念或结论建立在大量现象的基础上。但是，归纳法也有一定的缺陷，即由于个别人的观察对象与范围有限，每个企业或经济组织的情况不同，有关的内在联系或数据关系也可能不同，从而使归纳概括的结论难免以偏概全。例如，销售毛利率虽然是衡量企业经营成果的较好比率，但由于在不同行业、不同企业或不同期间，这一比率不可能完全一致。因此，不能认为，销售毛利率就是预测未来经营成果最好的“指示器”。

2.2.2　演绎法

构建会计理论的演绎法（deductive approach）是从一定的基本概念出发，推导出研究对象的逻辑性结构。或者说，在会计中，演绎法应以有关会计目标、假设或其他概念为前提，推导出能指导会计实务的原则、准则及相应的会计方法程序。例如，在财务会计中，根据“持续经营”前提假设，可以推出结论：生产企业获取或持有资产是为了嗣后的生产耗用而不是销售变现，因此可以不考虑其市价变动。或者，正因为企业继续经营，其债权债务关系可以按原始交易价格记录，而不必考虑清算变现情况。这样就能进而推导出历史成本计量原则以及在此基础上证明是合理的一系列资产、负债的计价方法程序。

演绎法的推导程序为：

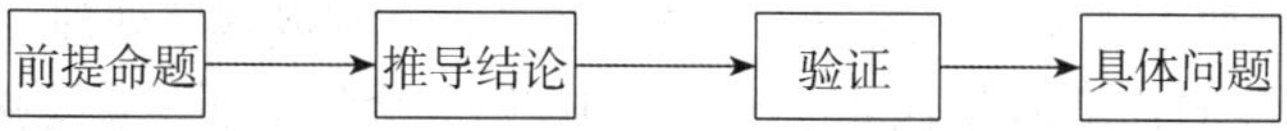

演绎法的优点是可以保持相关概念之间的内在关系，使理论构建具有逻辑严密性。但是，它的推导结论取决于前提命题。如果前提命题错误，则整个理论结构都将是错误的。

1961 年和 1962 年，由美国注册会计师协会（AICPA）所属会计研究部发表的第 1 号会计研究文集《会计的基本假设》（ARS No. 1）和第 3 号会计研究文集《试论广泛适用的企业会计原则》（ARS No. 3），采取的研究方法是以基本假设为起点，逐步推导会计原则和会计准则或程序。从20世纪70年代开始，美国财务会计准则委员会（FASB）对财务会计概念框架的研究则是以财务会计（财务报告）目标为前提，进而推导出一系列财务会计的基本概念。这两种研究方法都属于会计理论构建的演绎法。可见，演绎法的运用可以有两种不同的逻辑推理思路：

①假设→基本原则→准则→具体程序；

②目标→信息质量特征→要素→确认、计量与报告的标准。

这样，会计理论演绎推导的基本步骤就可概括为：

①确定财务会计的基本假设或目标；

②说明基本假设或目标对财务会计的指导作用；

③根据既定假设或目标，推导相关的基本原则和概念；

④以基本原则或概念来指导必要的会计准则；

⑤进一步规定具体的会计处理方法程序。

上述两种演绎推导设想的区别是：前者以来自外部客观环境的会计假设作为前提命题，强调客观环境对财务会计或会计准则的制约作用；后一种设想则把财务报告目标作为发展和制定会计原则和准则的最高层次概念，强调会计信息对决策的有用性。

在20世纪70年代以前，第一种演绎方法较为流行。而到了20世纪70年代之后，由于新技术革命、决策理论、行为科学、信息科学等新兴学科向会计领域渗透，后一种演绎推导方法得到更快的发展。

2.2.3 伦理法

伦理法（ethical approach）又称道德法，它是提出一些要求财务报告或会计信息应符合的道德标准，作为建立会计原则、准则或理论体系的依据。这些道德标准主要包括公允（fairness）、真实（truth）、合理（justice）、不偏不倚等。例如，斯科特（D. R. Scott）在1941年的论著《会计原则的基础》中就提出：确定会计实务的基础涉及社会组织赖以建立的原则，因此他采用一些社会伦理标准作为构建会计理论的依据：①会计程序对一切利益集团都必须公平对待；②财务报告应保持真实或不弄虚作假；③会计数据应当是“公允的”或无偏向的。帕蒂洛（James W. Pattillo）在1965年也强调，应当把道德标准作为会计的主要概念，即财务会计的基本标准应当是道德标准，它的方法应符合逻辑和前后一贯，而其推理过程的最终验证在于现实中的应用。

亨德里克森（Eldon S. Hendriksen）曾提出，“公允”和“无偏见”是指财务报表不受不适当的利益集团或偏见的影响。它们不应带有损害其他人而为任何特定个人或集团服务的目的。所以，各方面的利益都要公平地加以考虑，特别不能人为偏向经理人员或股东的意愿。“合理”则要求遵循正式或非正式认可的公正准则或程序处理。

尽管对道德标准的含义仍有不同的解释，但在财务会计中还是普遍接受了一些基本的道德标准。例如，英国《公司法》规定：在会计年度结束时，公司必须按照“真实和公允的观点”（a true and fair view），提供资产负债表来表达公司的财务状况，提供损益计算书，表达会计年度中的利润或亏损。此外，它还要求特许会计师（CA）在查账报告中说明公司的财务报表是否符合“真实和公允的观点”。

就美国来说，财务会计必须遵循公认会计原则，虽然在公认会计原则中没有明确提出真实和公允的规定，但财务报表仍然要受到基本道德标准的约束。因此，美国注册会计师协会（AICPA）在有关审计准则和职业道德守则中规定，注册会计师在审计意见书中必须同时说明，企业的财务报表是否符合公认会计原则，前后期保持一致和能否公允地表述财务状况、经营成果和现金流量的变动。当然，美国对“公允性”也有两种理解：其一，“公允性”是独立于公认会计原则之外的基本原则；其二，“公允性”不独立于公认会计原则之外，但应作为财务报表评价的最高标准。美国财务会计准则委员会（FASB）在2006年发布的SFAS第157号准则《公允价值计量》把公允价值定义为“在有秩序的交易中出售一项资产或转移一项负债时，市场参与者在计量日支付的价格”，并进一步把有序交易解释为交易信息在计量日前对市场公开，允许市场参与者进行惯常的市场活动，实际上概括了公平交易的基本条件：①交易各方为平等自主的市场参与者，可以按照市场规则自由地参与交易。②信息是公开的，交易各方可以自由地取得信息，熟悉市场行情。③交易的目的是出于商业考虑，并非强迫性的交易，是按照市场价格进行的自愿交换。可见，公允价值计量关注的是一种程序的平等，强调了为市场参与者创造“平等的机会”，包括参与交易的起点平等和参与交易的规则平等两层含义。

国际会计准则理事会（IASB）提出其主要目标是：①本着公众利益，制定一套高质量、可理解和可实施的全球会计准则。这套准则要求财务报表和其他财务报告提供高质量、明晰且可比的信息，以便有助于世界各资本市场的参与者和信息的其他使用者做出经济决策。②促进这些准则的使用和严格运用。③积极与国家准则制定机构合作，促使国家会计准则和IFRS在采用高质量解决方法上取得一致。其中，公众利益也包含丰富的伦理和道德考虑。

此外，联合国的会计与报告国际准则政府间专家工作组的决议，对财务报表也规定了“真实和公允”的要求，从而使会计的这些基本道德要求也为政府间有关官方组织或民间准则制定机构所接受，这将对会计理论构建产生很大的影响。

同样，我国自2001年开始施行的《企业财务报告条例》也是为了确保财务会计报告的真实、完整而出台的。该条例要求企业不得编制和对外提供虚假的或者隐瞒重要事实的财务会计报告。企业负责人对本企业财务报告的真实性、完整性负责。在一定意义上，这也体现了伦理法对我国会计理论研究和规范制定的影响。

尽管人们非常关注会计中的伦理标准，但华尔街的盈余游戏由来已久，且花样不断。曾任美国证券交易委员会（SEC）主席的利维特（Arthur Levitt）专门指责过华尔街的“数字游戏”（number game）。埃克尔斯等（Eccles et al.，2001）更总结出华尔街盈余游戏的7条游戏规则：①一贯盈余增长的记录；②小心管理盈余预期；③轻微地超过盈余预期；④做出企业决策，以达到或超过盈余预期；⑤敲打（hammer）没有达到盈余预期的股票；⑥仔细听清耳语数字；⑦敲打没有达到耳语数字盈余预期的股票。不仅华尔街如此，其他国家的资本市场也存在类似的问题。伦理法在会计理论研究中发挥作用，真正扎根还有很长的路要走。

2.2.4　社会学法

用社会学法（socialogical approach）构建会计理论，强调会计信息要能反映企业经营活动对社会的影响，或企业所应承担的社会责任。这一研究方法是把“公允性”的概念扩展到“社会福利”方面，并强调会计技术和方法的社会效应。根据社会学法，对现有会计原则、准则和程序的评价，都要依据它们所规定的财务报告对社会各个集团利益的影响。这一确定方法还包含一种期望：会计数据要有助于“社会福利决策”。为了实现这一目标，它假定已经存在一种“既定的社会价值”，可以用来作为建立会计理论的标准。

但是，怎样确定和衡量“社会价值”？这仍是一个难题。西方国家不少著名的会计学者，如莱德（D. R. Ladd）、利特尔顿（A. C. Littleton）和齐默尔曼（V. K. Zimmerman）等人，都曾提出，会计应服务于公共利益。贝德福得还进一步认为，社会利益的最大化与会计上的收益计量密切相关，因为收益对社会是最有益的。所以，“经营收益”的计量可以起到润滑剂的作用，它能促进社会的经营职能充分发挥，特别是已确定的收益可作为实现社会经营目标所必需的计算数据。

过去一段时期，又有不少学者倡导应用社会学方法来构建会计理论，并试图建立财务会计的一个新分支——社会经济会计（social economic accounting）。这一分支的基本目标是要鼓励在自由市场经济中运行的企业，通过财务报表来反映其对社会环境的影响，即要明确企业的“社会成本”（social cost）和“社会效益”（social benefit）的内在特性，形成多种形式的社会责任会计与报告。

由于社会学法强调会计应提示企业对社会的责任，因此得到许多西方国家政府、民间组织、政治力量和公众舆论的支持，并且在财务会计理论与方法中得到充分反映。例如，英国的“公司报告”（the corporate report）认为，公司的社会经管责任（public accountability）产生于公司对社会的受托责任。犹如公司的董事被认为是股东的代理人一样，公司同社会的人力资源、物质资源、能源和管理能力的竞争。经济主体利用社会的资源，就必须对各项社会资源（包括人力资源）、环境保护和公众福利负责。又由于所有的社会团体相互依存，它们有责任维持或增进人们的生活标准，并且为社会创造财富。“公司报告”提出了一些新的年度报表，如增值表（value-added statement）和雇员（就业）报告（employment report）等，并特别强调要研究“社会会计”，尽可能提示企业经营活动使社会发生的成本与效益关系。在美国，也有人提出财务报表的目标之一是：报告能确定、描述并计量能影响社会的企业活动。报告这些信息，对说明该企业在社会环境中的作用是重要的。

随着社会经济环境变化，对社会学法的倡导和支持与日俱增，准则制定机构和企业积极响应。正如贝克奥伊（Ahmed Riahi-Belkaoui）预言：社会价值趋向会计，包括对“社会计量”（social measurement）和“社会价值”（social value）的依赖以及遵循社会福利标准，很可能在未来的会计理论中发挥重要的作用。”今天，无论是跨国公司还是我国的上市公司，都越来越重视企业社会责任履行信息的披露。企业社会责任报告正成为企业财务信息披露的有机组成部分。

2.2.5 经济学法

经济学法（economic approach）侧重于研究不同的会计技术方法对宏观经济指标变动的控制能力的影响。既然社会学法强调反映“社会福利”，伦理学法强调“公允”、“真实”和“无偏见”地对社会所有利害关系者提供会计信息，经济学法则讲求总体的经济影响与后果。经济学法认为，对不同会计技术方法的选择将取决于它们对宏观经济目标的影响。或者说，以经济学法构建会计理论的基本观点是：①会计政策和会计程序应当反映经济现实；②会计方法的选择还应当考虑经济后果。这里的经济现实主要是一个国家的总体经济形势，而经济后果则主要体现政府宏观经济政策的预期目标。

从经济现实来考虑会计政策或选择会计方法的实例有：在通货膨胀情况下，很多国家的税法都同意企业的存货流转采用后进先出法（LIFO）计价，而且企业可采用加速折旧法提取固定资产的折旧费用。因为，用后进先出法代替先进先出法（FIFO）或加权平均法，用加速折旧法代替直线法，可以提高当期销货成本和经营费用，使企业计算的净收益比较符合通货膨胀条件下的“真实收益”（real income），在一定程度上可避免虚盈实亏现象。这不仅有利于企业再生产，更主要是有利于整个经济的稳定，或者符合政府鼓励企业采用新技术和进行重投资的宏观经济目标。

例如，美国国会在1962年通过了政府提出的一项收入法案，其中规定对1961年以后取得并投入经营的固定资产可按其成本的一定百分比扣减各该年度的应付所得税。这项措施又称为“投资贷项”（investment credit），实际上是一种所得税减免。采纳这一政策的目的是鼓励企业投资，加速更新设备和采用新技术。那么，“投资贷项”在会计上应如何处理？美国会计学界曾出现两种主张：一是把这种税收减免分期递延，作为设备使用年限内每年成本的减少，可称为“递延法”（deferred method）；二是把全部税收减免列入当年的所得税计算，称为“流尽法”（flowthrough method）或“减税法”（tax deduction method）。这两种观点分别受到有关利益集团的支持，并都对会计准则制定产生了压力。显然，如果从经济学法来看，会计政策应服从于经济政策（鼓励企业投资），采用后一种处理方法才符合美国政府制定政策的意图。

20世纪70年代以后，美国财务会计准则委员会更加注意会计准则的经济后果能否符合经济现实。不少重要的准则公告的制定和修改都充分考虑了经济现实和宏观经济政策的影响。例如，它在1979年9月发表第33号财务会计准则公告《财务报告与物价变动》（SFAS 33），要求一部分证券公开上市的大公司在财务报表之外补充提供有关物价变动调整的资料或其他信息，就是因为当时的通货膨胀率已达到两位数。但是，到了1986年，由于美国通货膨胀率下降（从1983年起降至2%～3%），再加上许多公司反映这种补充资料的效用等于其编制费用，因此财务会计准则委员会于1986年12月又公布了第89号准则公告，以取代第33号准则公告，对提供有关物价变动补充资料的规定作了两项重要的修订：①由强制性提示改为自愿（或鼓励）性提示；②由分别按不变购买力基础和现行成本基础提供调整资料改为只需提供按现行成本/不变购买力基础编制的补充资料。这些会计准则与方法技术的变动，也就是对经济现实或有关经济后果的一种积极反应。

同样，2008年美国发生金融危机后，社会各界对公允价值会计准则的议论与批评以及会计准则制定机构的反应，也能看到经济学法对会计理论研究的影响。金融危机发生后，国会议员麦凯恩呼吁美国会计界认真检讨公允价值会计模式，因为在前所未有的危机中，银行和投资者为了给所持资产确定一个合理的价值而焦头烂额。金融巨头如花旗、美林、瑞银等也纷纷将矛头直指公允价值会计，声称公允价值计量模式夸大了次债产品的损失，放大了次贷危机的广度和深度。

2.3 实证会计研究的方法

2.3.1 实证法的基本特点

实证会计研究的方法，也称实证法。实证法来自西方哲学流派中的实用主义(positivism)。根据《韦氏新国际辞典》的解释，实用主义是各种概念的含义要从它们的结果中去寻找，思想的职能在于作为行动的指南，而真理要明显地根据信念的实际后果去验证。或者说，实用主义只承认存在的事实，一切关于事实的概念都要以经验的实证材料为依据。所以，实证法作为构建会计理论的一种方法，就是要根据实际效用或实在的因果关系来选择会计概念、原则、准则和各种程序。如果这些概念、程序有助于实现管理当局的经营目的，或有助于投资人、债权人或其他使用者理解财务报表，并帮助他们做出合理的决策，则它们是有用的，否则就是不可取的。

在会计理论研究中引进实证法，詹森（M. C. Jensen）在1976年发表的《关于会计研究和会计管制现状的思考》(Reflection on the State of Accounting Research and the Regulation of Accounting）一文就是一个很好的范例。他认为，发展实证会计理论将能解释：①已存在的会计现实或"为什么会计是这样"；②为什么会计人员从事这样的工作；③这些现象在人们和资源利用方面产生什么效果。

目前，实证法的主要应用是，根据关于不同企业和经济资源配置所展示的财务信息进行分析，以便解释或预测管理当局对会计准则或特定会计程序方法的选择。在研究方法上，实证法要求先提出一定的假设（hypothesis)，然后应用实际证据来验证或驳斥，只有实际存在的才被认为是合理的。实证法的基本命题是：管理当局、投资人、债权人、准则制定者和监管机构都是有理性的，他们试图获得最大的效用（功利)。这些集团中的任何一个，在选择会计政策和准则时，都是把可以互相代替的会计程序和方法进行成本与效益的比较，以便从所选择的方法程序中获得最大的效用。例如，一些会计学者通过较多的实例调查发现，由于企业的营业盛衰有周期性，企业管理当局将有意选择可以使净收益均匀化的会计准则或程序。因为能"拉平收益"（income smoothing）的会计方法程序可以：①提高收益预测的可靠性；②减少未来收益的不确定性；③增进对管理绩效和声誉的信任，降低被解聘的压力，从而使管理当局获得最大的效用。

运用实证法进行会计研究的另一个实例是关于会计准则和程序对公司股票价格影响的验证，即财务报告的信息含量（information content）或价值相关性（value reverence）的研究。他们得出的一项结论是，股票价格并不是像传统理论设想的那样取决于公司报告的收益或每股盈利，而是取决于现金流量。在存在高效率证券市场的情况下，两个企业即使使用不同的会计方法、程序，如果他们的"现金流量"的分配相同，其股票价格变动也会出现大致相同的情况。因此，选择会计程序的核心是要考虑它们对现金流量产生的影响，而不仅限于报告净收益数字。

实证法还假定，会计理论也是一种"经济利益"（economic good)，它的供给和需求也要由市场来决定。其需求是对"理由"和"辩解"的需要。既定利益集团为了会计准则有利于其利益增加才需要这种“理由”和“辩解”，而会计理论的“供给”就是为了满足这种需要——如通过一项准则所需的政治程序提供“论证”。这样，全部会计理论奠定在对自身有利的基础上。瓦茨和齐默尔曼认为，现有的会计准则并不是合理的。这是因为：被证明合理的准则只是使既得利益集团受益的准则，既得利益集团需要采用不同的理论解决不同的问题，不同的既得利益集团很可能导致不同的会计准则。

可见，实证法只承认存在的事实。它的特点是，必须对现实提出一些假说或假定，然后通过经验或实际证据来证明，进而取舍有关的会计原则、准则和程序，直至整个会计理论体系。目前，这一方法在实务界尚未获得普遍的认可。最主要的反对理由是：关于“有用”的解释缺乏基本标准，比如会计信息对谁有用，应具有什么目的，以及对某一特定集团有用的会计信息，对另一利益集团是否有用等。但是，由于市场经济下的会计重功利、讲实用，实证法在会计理论研究中发展较快。一些会计理论概念、准则或程序都或多或少地受到实证主义的影响。

2.3.2　实证法的基本程序

根据 Sekaran 的描述，我们可以将实证会计研究的基本程序描述为如图 2-3 所示：

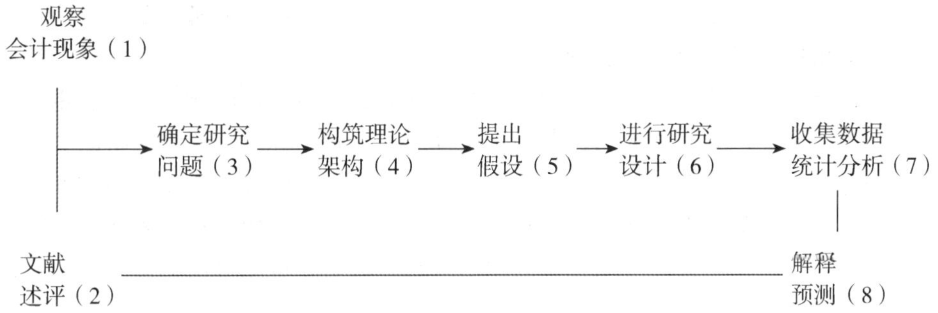

图 2-3　实证会计研究的基本程序

资料来源：SEKARAN. Research Methods of Business：A Skill Building Approach［M］. NewYork：John Willey and Sons，Inc.，1992.

用实证法开展会计研究，要把握以下几个关键环节：①对实务变化与制度背景的分析；②对文献的综合分析；③假设的提出；④变量的选择；⑤模型的构造与统计分析。

1）对实务变化与制度背景的分析

要开展会计理论研究，首先必须关注会计实务和制度背景的变化。一个不关心实务和政策变化的人是很难找到有价值的题目进行研究的。关注会计实务的变化比较好理解，但对制度背景的分析很多人就比较生疏。举个例子来说，如果要研究我国上市公司的会计问题，就必然要联系我国的股票发行审核制度、首次公开招股（IPO）之前的股份制改造、上市公司的资本结构与股权结构、公司治理、会计改革以及信息披露环境、法律制度的执行效率、投资者保护环境等。

在股票发行审核制度方面，我们可能会关心发审制度（如审批制、额度制和直通制）的特征、股票发行审核过程中财务指标的重要性，如基本财务指标（盈利水平、财务结构、股权结构等）、盈利预测和股票发行定价方法。

在IPO之前的企业股份制改造方面，我们可能需要考虑国企改革、资产重组基本模式的演变、主要资产分割的依据，具体资产项目的处理和组织方式，以及改制上市中的主要会计问题，如基本前提、盈余管理、模拟会计调整和责任界定等。

在上市公司的资本结构与股权结构、公司治理方面，我们可能会关注国有股与非国有股的界定、上市公司治理准则的施行、建立帮助中小投资者进行诉讼的机制、最高人民法院《关于受理证券市场因虚假陈述引发的民事侵权纠纷案件有关问题的通知》、大股东类型和大股东控制、高管（董事长和总经理）兼任、信息透明度等问题。

当然，还需要联系我国的会计改革，特别是会计准则和会计制度的建设等。

2）对文献的分析与述评

我们知道，文献述评对会计理论研究具有重要的作用。通过文献述评，可以让人们了解和把握已有的研究。我们的研究有没有可能与已有的研究进行任何理论层次的对话？如果要与别人的研究成果形成对话或争论，就必须对已有的研究成果进行认真研读，反之则是无的放矢；文献述评还可以帮助人们发现仍值得研究的话题。有的是从不同的已有研究成果的矛盾中发现比如方法论上的、观点上的话题，也可能是从已有的研究中推出新的话题。所研究的话题既要有理论或现实意义，又要能够引人入胜、有趣，能够组织成新的、有趣的故事。此外，文献述评还为研究假设的提出提供一个概念或理论基础，为统计分析结果的解释提供概念或理论上的支持。

在文献述评中，必须注意范围的把握与全面性问题，目的性问题，引用、重新表述与材料组织问题。其中，文献范围的把握与全面性问题，是指你所查阅和分析的文献要尽可能全面，要有代表性。目的性问题是指，因为文献太多，在研究某一特定问题或写作某一特定的论文时，只能引用直接相关的文献。此外，对文献的引用、重新表述与材料组织还涉及学术规范问题。在论文的写作中，引用别人观点时要尽量用自己的语言来表述，并注明出处。

3）研究假设的提出

实证法非常重视研究假设的提出。在提出研究假设之前，一定要认真想一想，什么才是值得研究的问题？什么样的问题有比较重要的理论价值或政策意义？尽管对这些问题没有一致的看法，但有几点是应该注意到的。比如，研究的价值与可能，验证理论（许多实证研究的问题是从对规范研究结论是否符合实际的思考中确立的），解释理论与实际不相符的原因，解释（规范）研究中相互冲突的理论结论，弥补前人研究方法的不足，将从观察分析中得到的证据提升为理论。

研究的问题选定之后，还需要建立待检验的假设。首先需要说明的是，规范研究中“假定”（assumption）与实证研究中“假设”（hypothesis）是不一样的。规范研究中“假定”是对所研究问题设定的基础条件，即在研究开始之前，根据人们的某种共识或前人的权威论断，研究者对问题存在的主客观环境做出一些限制性约定；实证研究中“假设”是对所研究问题的研究结果的预期，需要通过假设验证，用证据判断其真伪——可证伪的假设。因此，假设是不可乱用的。在实证研究中，问题变成假设一般都要经过以下步骤（如图2-4所示）：

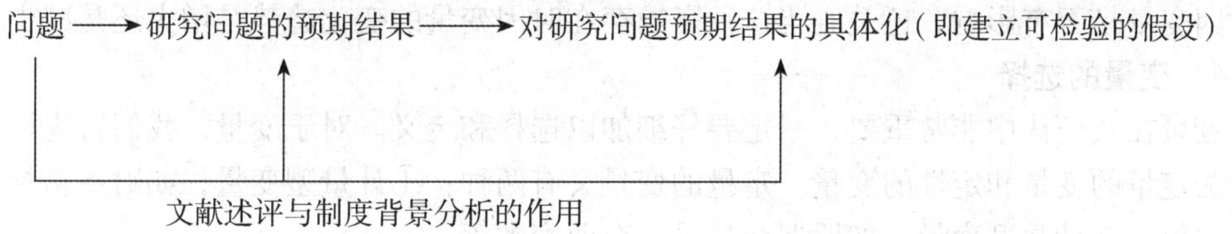

图2-4　问题变成假设的步骤

在实证研究中，假设还有一定的表述方式：

（1）文字表述

可以用标识符号“H”加上所提出的假设的序号作为假设描述的开始，也可用叙述性的文字如“我们预期……”、“因此预测……”，甚至“这样……”之类的文字引出假设。例如在下面这篇论文中，它的研究假设是这样形成和表述的：

BARTOV，etc. Alternative Accounting Methods. Information Asymmetry and Liquidity：Theory and Evidence ［J］. The Accounting Review（70），1995.

在文献中存在两种相左的观点：一种认为存在较大信息不对称的企业更愿意采用新会计方法，因为信息披露的改进造成的流动性的提高是信息精确度的凸函数；另一种认为信息不对称水平与采用更有效会计技术的偏好之间没有联系或有反向联系，因为改善信息披露会引起成本增加。

我们需要选择一种新的会计方法（背景）进行讨论。作者选择 SFAS 第 52 号准则《外币折算》。选择这种新方法（外币作为功能货币）进行研究适当吗？

比起选择美元作为功能货币，选择这种新方法能使财务报表提供更好的有关企业未来现金流量的信息（文献），并降低市场参与者之间的信息不对称（推论）；这种新方法在某种程度上可由企业自由处理（可以在两种不同的会计方法之间作选择）；所有的美国跨国公司都要作这种选择，样本有保证。

假设：信息不对称程度较高的企业更愿意采用外币作为功能货币。

（2）模型表述

下面这篇论文，对研究假设采用的就是模型表述的方法。

BALAKRISHNAN，etc. Financial Benefits from JIT Adoption：Effects of Customer Concentration and Cost Struction ［J］. Accounting Review（71），1996.

研究的问题是：采用 JIT（存货的实时制管理系统）会提供企业的存货管理水平，但是否一定会提高企业的财务业绩？

作者建立了 7 个待检验的假设，其中：

H_1：$ROA_{POST.\ TRMT} > ROA_{PRE.\ TRMT}$

H_2：$ROA_{POST.\ TRMT} - ROA_{PRE.\ TRMT} > ROA_{POST.\ CTRL} - ROA_{PRE.\ CTRL}$

假设的判断是否有方向？这也是我们提出假设时需要关注的一个问题。

无方向的判断：假设提出无方向的判断时，人们对预期研究结果关注的是自变量对因变量是否有影响。人们提出的假设通常是变量之间有影响，有相关性，或者不同类的样本存在明显的差异；检验中隐含的对立假设则是变量之间没有影响，没有相关性，不同类样本没有差异。

有方向的判断：假设提出有方向的判断时，研究者对预期研究结果关注的不仅是自变量对因变量是否有影响，还关心当这种影响存在时因变量的变化趋势是增大还是减少。

4）变量的选择

变量在实证法中非常重要，一定要仔细加以选择和定义。对于变量，我们首先可以将其分为定量的变量和定性的变量。定量的变量又有两种：①计量型变量，如财务指标、财务比率等；②计数型变量，如股票交易量、企业家数等。

同样，定性的变量也包括：①有序变量，如风险从小到大 1、2、3、4、5 排列；②虚拟变量，即名义变量，观察值只有两个时称为二分变量。

如何选择变量？这是一个非常复杂的问题，通常可以从以下几个角度加以考虑：

（1）理性思考

例如，在下面这篇论文，作者是这样选择变量的：

NATARAJAN. Stewardship Value of Earnings Components: Additional Evidence on the Determinants of Executive Compensation [J]. The Accounting Review (71), 1996.

选择变量的前半部分属理性思考：EARN（利润）、WCFO（经营营运资金净增加值）、CASO（经营现金净流量）。

（2）实际验证

同样是上文，选择变量的后半部分属实际验证。

选择变量的实际验证模型：

$$COMP_t = \delta_0 + \delta_1 EARN_t + \delta_2 WCFO_t + \delta_3 CASO_t + v_t$$

其中，$v_t = \varepsilon_t - av_{t-1}$

在上面的模型中，$COMP_t$为经理人员的报酬。检验的目的在于测试是否有至少一种现金流量指标可以显著增加单纯利润指标对经理人员报酬合同的说服力。通过回归检验，最后确定用 EARN 和 WCFO 两个变量构建报酬合同模型。

（3）对以前研究使用变量的参考与借鉴（直接引用、说明和评价、比较与修正）

如 Altman's Z 模型就有很多后来的研究者直接引用或修正采用。

$$Z = 1.2X_1 + 1.4X_2 + 3.3X_3 + 0.6X_4 + 1.0X_5$$

其中，X_1、X_2、X_3、X_4、X_5 分别代表（流动资产-流动负债）/总资产、留存收益/总资产、税息前利润/总资产、权益的市场价值/总负债的账面价值、销售额/总资产。

有时，研究问题涉及的影响因素是比较抽象的概念，没有直接与之相对应的经济指标，因而需要寻找替代变量。如研究"信息不对称对会计选择的影响"，就有作者使用了以企业普通股的交易量为基础的指标"股票年周转率"（annual share turnover）作为信息不对称的代表，且将该指标定义为在特定财政年度的普通股交易量除以该年度发行在外的普通股平均数，并用符号"INFOASYM"（信息不对称）加以表示。

5）模型的构造与统计分析

在实证法中，有的模型很复杂，有的模型比较简单。比如，上面我们提到过的这个模型就是一个很简单的模型：

$$COMP_t = \delta_0 + \delta_1 EARN_t + \delta_2 WCFO_t + \delta_3 CASO_t + v_t$$

其中，$v_t = \varepsilon_t - av_{t-1}$

通过这个模型，我们可以考察 COMP 与 EARN、WCFO、CASO 之间的相关关系，也就是经理人员的报酬究竟与哪些反映公司盈利能力的财务指标（EARN、WCFO、CASO）

有显著的相关性。

同样，统计方法也多种多样，有统计分析方法，也有统计检验方法。在统计检验方法中，有方差分析、线性回归分析（一般的线性回归、复杂的线性回归、Logit 回归分析）、聚类分析、判别分析、因子分析、实验方法和敏感性检验等。

对实证会计研究有浓厚兴趣的同学，建议专门参考有关方法论的教材。

本章小结

现代会计理论的两大流派是规范会计理论和实证会计理论。此外，还有行为会计理论等。

规范会计理论着重于说明会计“应当是什么”，主要从逻辑性方面概括或说明怎样才算是“良好的”会计实务。

实证会计理论研究的目的是解释所观察到的会计现象，并寻找这些会计现象发生的原因。实证会计源于哲学中的实证理论。

规范会计理论研究通常使用的研究方法有：归纳法、演绎法、伦理法、社会学法、经济学法。

归纳法的特点是，通过对大量现象进行观察，然后加以分类，从中概括出有关概念的内在联系，再把它们组织或表述为理论。其优点是，可以不受预定的模式束缚，并把理论概念或结论建立在大量现象的基础上。

演绎法是从一定的基本概念出发，推导出研究对象的逻辑性结构。演绎法的优点是可以保持相关概念之间的内在关系，使理论构建具有逻辑严密性。

伦理法又称道德法，是提出一些要求财务报告或会计信息应符合的道德标准，作为建立会计原则、准则或理论体系的依据。这些道德标准主要包括公允、真实、合理、不偏不倚等。

社会学法强调会计信息要能反映企业经营活动对社会的影响，或企业所应承担的社会责任。社会学法把“公允性”的概念扩展到“社会福利”方面，并强调会计技术和方法的社会效应。

经济学法侧重于采用不同的会计技术方法对宏观经济指标变动的控制能力的影响，讲求总体的经济影响和后果。

实证会计理论研究通常采用实证法。实证法来自西方哲学流派中的实用主义。它的特点是，必须对现实提出研究假设，然后运用模型的构造和统计方法取得经验或实际证据，证明研究假设存在与否，进而取舍有关的会计原则、准则和程序，直至整个会计理论体系。

用实证法开展会计研究，必须把握好这些研究环节：分析实务变化与制度背景、综合分析文献、提出研究假设、选择合理的变量、构建模型并进行统计分析。

主要概念和观念

□　主要概念

规范会计理论　实证会计理论　行为会计理论　归纳法　演绎法　伦理法　社会学法　经济学法　实证法　研究假设　变量

□　主要观念

会计理论研究需要运用一定的方法。不同的研究方法各有所长、各有特点。在设计一项会计理论研究时，除了要考虑研究内容外，还有认真思考研究方法的问题。

基本训练

□ 知识题

1. 什么是规范会计理论？它有哪些特点？

2. 实证会计理论研究的主要目的是什么？它主要致力于探讨什么问题？

3. 对于规范会计理论与实证会计理论各自的优势和劣势，你有何评论？

4. 规范会计理论研究的方法主要有哪些？各种研究方法有何特点？

5. 实证会计理论研究的基本程序有哪些？研究过程要把握哪些主要环节？

□ 技能题

1. 近年来，《会计研究》、《经济研究》和《管理世界》期刊都发表了一些实证会计理论研究的学术论文。你可以找出其中的一篇，分析该篇论文一开始是如何进行制度背景分析、文献述评的，中间是如何提出研究假设的，最后又是如何选择变量、构建模型和进行统计分析的。

2. 查阅我国《企业财务报告条例》和《企业会计准则——基本准则》中的财务报告目标，请分析：这些财务报告目标是如何形成的？它们对后面的会计理论研究（如财务报表要素）又有何影响？

□ 能力题

1. 结合我国对会计人员职业道德的要求，联系伦理法的基本特点，分析我国上市公司财务报告或会计信息应遵循哪些道德标准。

2. 在上海证券交易所和深圳证券交易所的网站上，有一个栏目叫上市公司“诚信档案”。在这个栏目中，两家交易所都对一些上市公司及其高管人员进行谴责。你可以根据“诚信档案”中的资料，设计一个实证会计的研究题目（如诚信监管与上市公司会计信息质量等），并根据相关的程序开展实证研究。

3. 我国的上市公司每年、每个季度都会对外公布其财务报表。你可以收集上市公司5年的盈利指标，对这些盈利指标编制“我国上市公司盈利指标分布图”，并对结果进行必要的分析与解释。

4. 在深圳证券交易所的网站“研究报告”栏目发布了由蔡奕2007年11月12日撰写的长篇报告——《股份全流通后大股东行为变化及监管研究》。以该报告提供的背景材料为主要线索，以“股份全流通后大股东行为变化与公司会计政策选择”为题，分别设计一个规范研究和实证研究的方案。

5. 查阅有关美国的资料，分析金融海啸发生后美国政治人物、国会和政府是如何关注公允价值会计准则的？为什么他们会关注？

6. 查阅中石化2011年度和2012年度财务报告，分析其对社会责任履新情况的信息披露，提出改进与完善社会责任报告的建议。

第 3 章 会计准则及其制定

学习目标

知识目标

要求了解美国公认会计原则和我国会计准则的形成与发展历程；认识美国公认会计原则制定和我国会计准则的制定方法及其变化趋势；理解会计准则的国际趋同与等效问题。

技能目标

掌握我国会计准则的特点及其国际趋同，分析我国会计准则制定与发展中涉及的国际趋同与等效问题。

能力目标

在客观评价美国公认会计原则的基础上，充分借鉴其经验，进一步完善我国会计准则的内容，提高我国会计准则的质量。同时，在会计准则国际趋同与等效中，不断增强中国会计准则的国际影响力。

3.1 公认会计原则的产生与发展

会计准则是会计规范体系中的一种重要形式。不同的国家对会计准则有不同的称谓，比如美国就习惯称为公认会计原则。

3.1.1 公认会计原则概述

1）关于"公认会计原则"一词的说明

"公认会计原则"一词由英文"generally accepted accounting principles"（GAAP）翻译而来，它在20世纪30年代初起源于美国。在美国，上市公司的财务报告一般都必须符合公认会计原则，所以公认会计原则一词在会计职业界、证券界和上市公司被广泛使用。

2）公认会计原则的定义

公认会计原则自产生以来，国际上众多会计专家、学者对其进行了不懈的探索和研究，已取得了显著的成果，并在会计理论与实务中发挥了重要的作用。但是，迄今为止，人们对公认会计原则的定义尚存不同的理解。为了便于分析，我们将一些具有代表性的见解介绍如下：

佩顿（William A. Paton）和利特尔顿（A. C. Littleton）在其1940年所著的《公司会计准则概论》中指出：公认会计原则的主体，非会计方法和程序，但为会计方法与程序的指南针。

美国注册会计师协会（AICPA）所属会计术语委员会在其1953年公布的第1号《会计术语公报》中指出：会计原则是所采纳的或宣称的一般法则，是行动的指针，是行为或实务的一个确立的基础。

美国会计原则委员会（APB）1970年在其发布的第4号《说明》中对公认会计原则的含义所作的阐述是：公认会计原则是会计人员所得出的一致性意见，认为在财务会计工作中，哪些经济资源应记录为资产，哪些经济义务应记录为负债；哪些资产和负债的变动应予记录，应在何时记录；资产和负债及其变动应如何计量；应当编制哪些会计报表，以及在会计报表中应披露哪些信息等。

柯勒认为：会计原则者，有关会计理论与程序之原理也。其目的在于解释通行会计实务，并为选择会计程序之指标。

沃尔巴克认为：公认会计原则这个用语具有一种指导方针的广泛含义，从最基本的观念、准则直到详细的方法和程序。它包含财务会计和财务报告每一方面的原则。

我国著名会计学家葛家澍认为：会计原则是会计的指导方针，公认会计原则是得到重大权威支持的会计原则。公认会计原则既要有权威性，又要有公认性，并能对会计实务在实际上起规范作用。他还认为，会计准则是指导财务报表和其他财务报告以及财务会计处理程序的指针。

综上所述，可以发现，尽管中外会计学者对公认会计原则的定义有不同的表述，但却各有优点且实质基本相同。分析以上各著名论断，我们至少对公认会计原则可以有两点认识：

一方面，公认会计原则是指导会计实务的规范，即制定会计主体的会计人员在对该主体的经济活动进行会计处理时，应当采用公认会计原则规定的方法与程序，以提高会计信息的可比性。

另一方面，公认会计原则必须得到公认，即必须具有相当权威的支持，一般要由全国性或国际性的会计职业团体表决通过，或者由政府有关部门审定后颁布，以保证会计准则在更大的范围内得到应用。

3.1.2　公认会计原则的产生与发展

1）产生原因

早在19世纪末期，随着资本主义经济的发展，股份有限公司纷纷出现，所有权与经营权开始分离，投资者对会计处理方法与程序以及财务报表的要求有所增强。企业也意识到应向股东以及有关方面及时提供财务报表，以获得他们的信任。但当时，美国的会计实务处理处于极度自由化的局面。那时，会计的目标仅仅是计算应税收益，会计处理方法与程序没有明确的规定，大多数企业不能定期编报财务报表，只有少数上市公司为了从社会上获取更多的资本才报送财务报表，但报表的内容和格式各不相同，根本不具有可比性。会计的这种自由化局面给投资者、债权人和税务部门带来诸多不利，不久便引起了会计职业界的注意，并努力寻求解决问题的途径。当时的美国会计师联合会（AAPA）任命了一个会计术语特别委员会，试图进行会计实务规范化的尝试。1915 年，美国联邦政府贸易委员会提出为全国主要企业制定一套统一会计制度的建议。1917 年，美国联邦储备理事会和联邦贸易委员会又一致决定，必须对企业向银行申请贷款而编制的资产负债表加以标准化，并委托美国会计师协会（AIA，其前身是美国公共会计师协会，1957 年又改名为美国注册会计师协会，简称 AICPA）提供一份统一于标准会计程序的备忘录。然而，这些要求和措施并没有导致公认会计原则的产生，而只是为公认会计原则的产生提出了内在要求和舆论上的准备。

1929—1933 年爆发的资本主义经济危机是导致美国公认会计原则产生的直接原因。剧烈的经济危机使美国的证券市场几乎完全崩溃。广大股票投资者遭受了巨大损失。社会公众一致认为，证券交易手续不完备、财务报表不真实是使投资者蒙受损失的主要原因。于是，他们严厉批评会计理论界和实务界，强烈谴责美国国会，纷纷要求制定一套既有官方支持，又能为企业界、会计界，乃至社会公众接受的会计原则。迫于这些压力，同时更为了维护资本主义的统治地位，美国国会很快于 1933 年和 1934 年分别通过了《证券法》和《证券交易法》，并成立了证券交易委员会（SEC），负责上市证券的管理。《证券法》和《证券交易法》授权证券交易委员会制定会计原则，而证券交易委员会认为应当由精通会计事务的专业团体来制定。最终，证券交易委员会把此项权力交给了会计职业团体——美国会计师协会（AIA）具体执行，但证券交易委员会要负责监督。证券交易委员会还要求股份公司在向社会公众出售股票以前，必须向证券交易委员会登记和报送财务报表。财务报表必须经过独立的审计人员审查，并附审计报告。在审计报告中应当对其财务报表是否遵守了公认会计原则予以说明。

实际上，美国会计师协会早在 20 世纪 20 年代末就对会计原则的产生做出了贡献，如它所属的一个特别委员会在 1927 年就曾研究过“已获盈余”的概念等问题。1930 年，纽约证券交易所与该协会举行了第一次讨论会，认为世界经济危机使美国证券市场崩溃，投资人、债权人以及社会公众等对财务报表产生了怀疑态度。为了扭转这种认识，需要讨论如何建立会计原则问题。纽约证券交易所寻求美国会计师协会帮助改进上市公司的财务报表列报工作。于是，美国会计师协会于 1933 年成立了一个由纽约证券交易所参加合作的会计原则发展特别委员会。该委员会当年就向纽约证券交易所建议了 5 项原则，并提出审计报告书的第一个标准格式，在该格式中首次使用了“公认会计原则”这个词。之后，该委员会又提出了关于捐赠股本和资产计价的原则。1934 年，美国会计师协会接受证券交易委员会授予它的制定会计原则的权利以后，其所属的会计原则发展特别委员会很快就通过了 6 项会计原则（基本是前一年交给证券交易所的 5 项原则和后来提出的关于捐赠股本和资产计价的原则），并以小册子——《公司账目审计》的形式正式发表，要求公司财务报表必须符合这些“公认会计原则”。从此，会计界不仅产生了“公认会计原则”一词，而且提出了公认会计原则的一些内容（尽管当时的公认性比较差）。

此外，美国会计学会（AAA，成立于1916年，原名为美国大学会计讲师学会，1935年改为现名）和一些会计学家对公认会计原则的产生也做出了应有的贡献。会计学会在20世纪30年代初就曾用概括性探讨的方法对企业财务报表的统一问题进行过研究。著名会计学家佩顿于1922年发表的《会计理论》一书被看做全世界最早对公认会计原则进行全面论述的著作。尽管他没有切实把会计原则理论和会计实务结合起来研究，但书中的实质内容几乎涉及会计主体经济活动的所有方面，而且论述得比较具体。

2）发展过程

美国公认会计原则自产生以来，伴随着美国经济和世界经济的发展而得到了长足的发展。其发展过程大致经历了以下4个阶段：

（1）研究形成阶段

20世纪30年代初到20世纪50年代末，按照证券交易委员会的规定，由美国会计师协会带头制定和发布会计原则。事实上，该协会把解决会计实务中的特殊问题和专题作为主要研究目的，并将具体工作交给其所属的会计程序委员会（ARB），研究成果也以《会计研究公报》（ARB）的形式出版。1939年9月，会计程序委员会出版了第1号《会计研究公报》，主要内容是它研究的有关库存股票利得或损失的报告，以及原来会计原则发展特别委员会的6项原则。到1959年，该委员会总共出版了51号《会计研究公报》。不过，这些公报并不是对该协会成员的指示，因为它们还没有得到会计职业界的“公认”，不具有权威性。该委员会由于在公认会计原则书面文件的草拟上一直行动缓慢，受到了社会各界的严厉批评，自身也感到由于缺乏研究设施而不能应付企业会计实务上比较重要的经常性变化，终于在1959年被美国会计师协会新成立的会计原则委员会所代替。它所出版的《会计研究公报》也直到1964年才由美国会计师协会理事会通过（“公认”），从而成为美国公认会计原则的主体组成部分。

（2）公认阶段

20世纪50年代末到20世纪70年代初是美国公认会计原则发展的第二个阶段。由于20世纪50年代末期会计程序委员会受到了社会公众的批评，美国注册会计师协会决定进行改进会计实务的组织变革，并将研究目的从解决会计实务中的特殊问题和专题，转移到试图建立基本会计理论和重要会计原则方面。1959年，该协会成立了会计原则委员会（Accounting Principles Board，APB）——由该委员会代替会计程序委员会，并以促进公认会计原则的书面表达方式、缩小恰当会计实务的差别为目标；同时成立了会计研究分部，专门从事会计原则的研究工作。在这一时期，会计研究分部主要依靠演绎法进行研究，共出版了15号《会计研究文集》，拓宽了公认会计原则的范围，但研究和论证不是十分完善和令人信服、研究结果的完成较缓慢等问题导致这些《会计研究文集》基本未在会计原则委员会发表的各项《意见书》中得到体现。会计原则委员会在它存在的14年间，也做出了显著的成绩：总共发布了31号《意见书》和4号《说明》。所有这些意见书大致可分为4类：一是对原会计程序委员会出版的公告或会计原则委员会过去出版的各号《说明》进行解释、修改和阐明的《意见书》；二是主要关于揭示财务报表中所未正式列示的信息的《意见书》；三是主要关于财务报表的格式或项目分类的《意见书》；四是试图减少资产负债的计价及净收益陈报额的备选办法。它们均得到了美国会计师协会理事会的“公认”，成为公认会计原则的主体组成部分。在总共4号《说明》中，其中的第4号《说明》——《企业财务报表的基本概念和会计原则》对会计理论的影响最大。它描述了发展会计理论和会计原则的主要步骤，其目的在于：①提出财务会计原则的书面说明；②论述财务会计的性质；③提出财务会计的目的；④介绍关于公认会计原则的说明。尽管如此，人们还是发现，会计原则委员会其实在它成立的前5年就已经不能履行缩小会计实务上的差别和不一致、改进新问题和完善财务陈报等使命。该委员会为此而受到了会计职业界本身与证券交易委员会和其他政府机构等几方面的抨击，最终被美国财务会计准则委员会所取代。

（3）成型阶段

20世纪70年代以来，美国公认会计原则的发展又进入了一个新的时期，即成型阶段。其标志是美国成立了“财务会计准则委员会”（Financial Accounting Standards Board，FASB），以接替会计原则委员会的工作。20世纪70年代初，人们对会计原则委员会的抨击日益激烈，甚至共同预言：如果会计原则委员会在制定会计原则上不加快步伐，证券交易委员会将采取主动的行动。在这种强大的压力下，美国注册会计师协会会长于1970年12月召开了一次由21个会计师事务所参加的特别会议，专门讨论会计原则的制定问题。此次会议提出了两个研究项目：一是探索制定会计原则的方法，二是审查和研究财务报表的目的。这些建议经过该协会理事会的批准后，于1971年3月成立了研究会计原则制定事宜的“惠特研究小组”。在该小组的建议下，财务会计准则委员会最终于1973年成立了，从根本上取代了会计原则委员会。财务会计准则委员会是一个民间组织团体，不受美国注册会计师协会的领导，也不属于政府管辖，具有较强的独立性。证券交易委员会指望财务会计准则委员会作为财务列报准则发展上的民间领导，大力制定和提高会计原则，并在第150号《会计通告文件》中指出：“财务会计准则委员会公布的原则、准则和实务，将由该委员会认作具有实质上的权威性支持，而违反财务会计准则委员会的这些公布文件的，将被视为不具有这种支持。”从此，财务会计准则委员会作为一个相对独立的民间组织，成为美国公认会计原则的正式制定机构。该委员会果然不负厚望。到现在为止，该委员会已发布了150多项会计准则（包括对原会计程序委员会和会计原则委员会的一些《会计研究公告》和《意见书》的修订）。这些准则（有的已经作废）在美国上市公司中得到普遍应用，并对其他国家和国际化组织具有广泛的影响，其数量和质量均居世界首位。目前，该委员会正在进一步探索如何提高会计准则质量并使其会计准则国际化的问题。

（4）不断完善阶段

近十多年来，特别是2001年发生安然等财务与会计丑闻后，美国公认会计原则的发展加快进入了不断完善的阶段。其中的两个发展方向值得我们关注：

一是进一步探索如何提高会计准则质量，发展目标导向的公认会计原则。关于这个问题我们将在后面专门介绍。

二是探索美国会计准则与国际财务报告准则的协调。2006年2月，美国财务会计准则委员会和国际会计准则理事会（IASB）签署了《国际财务报告准则和美国公认会计原则的趋同路线图》。双方同意通过高质量通用准则的制定，以最大限度地达到会计准则的趋同。同时，双方还达成了包括公允价值、借款费用、减值、所得税、投资性房地产、政府补助、研究和开发、合营、后续事项以及分部报告等目标的短期趋同，以及在 2011 年或 2012 年之前实现重大进展的 11 个领域，其中包括金融工具、合并、租赁、养老金以及企业合并等。

应当注意，在以上描述美国公认会计原则的发展过程时，我们主要围绕公认会计原则制定机构的工作成果进行了阐述。事实上，美国公认会计原则从产生到现在，每一阶段的发展都离不开美国证券交易委员会和会计研究机构等的大力支持。美国会计学会更是在其成立之时，就以研究会计原则、发展会计理论为根本目的。它的一系列研究成果为公认会计原则的产生和发展奠定了坚实的理论基础。美国国会与政府、社会各界及公众的要求与批评对公认会计原则的产生和发展也起了一定的推动作用。美国公认会计原则是众多产生原因与发展因素共同作用的结果。

3.2 公认会计原则的制定与初步评价

3.2.1 制定机构概况

美国公认会计原则自产生以来，其制定机构曾几易其主。为了制定公认会计原则，以规范企业的财务报告，确保企业向投资者、债权人、政府及其他会计信息使用者提供基本统一的、可比的会计信息，美国先后成立了会计程序委员会、会计原则委员会和财务会计准则委员会等 3 个机构。其中，前两个机构都隶属于美国注册会计师协会，独立性较弱。它们的主要研究成果分别是《会计研究公报》、《意见书》和《说明》，现在已经有较大一部分完全作废，其余部分也已由财务会计准则委员会作了解释、修订和补充并重新编号发布。因此，下面主要介绍美国财务会计准则委员会的概况。

美国财务会计准则委员会（FASB）成立于 1972 年，于 1973 年正式接替会计原则委员会，负责制定美国的财务会计准则。它是美国注册会计师协会在采纳了“惠特研究小组”的意见后成立的，但并不属于注册会计师协会的直接领导，也不属于政府管辖，而由财务会计基金会领导。该基金会由美国会计学会（AAA）、注册会计师协会（AICPA）、全国会计师联合会（NAA）、财务分析家联合会（FAF）、财务经理协会（FEI）和证券业协会组成，代表会计理论界、职业界、管理会计师、投资者、公司经理、投资银行等各个方面。该委员会是一个民间组织团体，具有一定的独立性，当时由 7 名专职委员组成，其中 3 名为职业会计师，另外 4 名分别是教育界、政府、企业界和银行的代表。基金会给他们优厚的报酬，要求他们割断与以前的雇主和事务所的一切联系，并在事实上免受外界的影响。因此，与以前的制定机构相比，财务会计准则委员会具有更大的权威性和独立性。它所制定的财务会计准则代表了各方面的利益，并得到了广泛的应用。财务会计准则委员会的成立是美国公认会计原则发展过程中的一个重要里程碑，它标志着美国公认会计原则从此开始由民间机构来制定。

该委员会是一个在人力和财力方面都很强的团体。它的 7 名专职委员具有充分的专业知识和积极的工作热情。他们不仅以较高的效率制定出数量很多的财务会计准则，而且深入研究了会计准则的制定依据，即财务会计概念框架，从而具有更强的理论性。在财力方面，该委员会更是资金雄厚。正如穆勒教授所言："美国在制定会计准则上花的钱比全球各国（制定会计准则）所花的钱都多……" 充足的资金在相当程度上保证了会计准则的及时性和质量。

3.2.2　制定程序

公认会计原则的制定程序是否科学和严密，对其质量具有直接的影响。美国财务会计准则委员会在制定会计准则时主要采用了如下程序：

①确定选题。由财务会计准则委员会主席根据各方面的建议，将需要制定的准则项目列入计划，并提请委员会审批。

②成立专题小组。在选题确定以后，财务会计准则委员会组织对选题内容具有丰富经验和深入研究的人员，形成专题小组（每个选题成立一个小组）进行研究、讨论，并提出书面讨论备忘录，报送委员会主席审批。

③举行公开听证会。财务会计准则委员会将会计理论界、职业界、企业界、银行、政府等各界有关人士聚集在一起，让专题小组广泛听取意见，并据以修改其书面讨论备忘录。

④提出草案。专题小组修改讨论备忘录后，制定出会计准则草案，经财务会计准则委员会主席审定后对外发布，供社会公众评论或再次进行公开听证。

⑤进行投票表决。财务会计准则委员会成员对会计准则草案进行投票表决。多数成员表示同意，即可直接形成或修改后形成正式的会计准则。

⑥研究复审意见。若在准则发布以前有人提出复审，应慎重研究和恰当处理。

⑦对外发布。

以上每一步程序都有充分的时间作保证，每项会计准则从确定选题到最后发布一般需要1年左右的时间才能完成。整个程序比较科学、严密、公开、谨慎，可以有效地防止少数人操纵和垄断，保证会计准则的权威性和社会性。

3.2.3　影响公认会计原则制定的主要因素

一项会计准则的出台总会有一些企业赞成，而另一些企业反对。这是因为会计准则的应用会对不同的企业和机构产生不同的经济后果。因此，他们会通过各种手段干预准则的制定过程，以引导或促使会计准则向有利于其自身利益的方向发展。企业的管理层希望利用会计准则增强市场竞争力，或者希望会计准则成为掩盖公司内部可能出现的灾难的"盾牌"；证券交易所既希望会计准则能维护其声誉，又不希望在执行准则时过分严格，因为过分严格地执行准则往往会使一些公司放弃证券上市交易的打算；政府希望发布准则，却又不希望政府部门的会计与这些准则保持一致。为了达到各自的目的，证券交易委员会等政府机构与美国注册会计师协会、美国会计学会、财务经理协会和全国会计人员联合会等各个会计职业组织经常发表各自的意见，以不同的方式影响准则的制定与发展，而会计准则的制定权利本身又是一种稀缺资源，拥有它就相当于取得一种政府保护的"特许权"，因此，在制定会计准则时，制定机构就会有所偏重地考虑政府和证券交易所等"关键"方的意见和压力。这样，制定机构就不能保证所制定的会计准则满足各方面的利益需要，只能强调相关大多数方面的经济利益和信息满足的协调统一，并允许在一定范围具有灵活性和选择性。这是美国，也是任何一个国家或组织的会计准则都无法完全解决的问题，我们必须认识到这一点。正如葛家澍教授所指出的：会计准则本身具有一定的经济后果，会计准则制定还在相当程度上体现了政治化的过程。

自2008年下半年以来，世界经济正经受历史罕见的“金融海啸”的严重冲击，全球的经济发展也受到很大的影响。这样的经济形势给公允价值会计准则带来多方面的挑战。此前作为防范金融风险利器的公允价值会计准则，在此轮国际金融危机中却被一些银行家指责为“帮凶”。美国银行界认为，公允价值计量规则严重恶化了信贷危机，但会计界断然否认它是导致危机的主因之一。尤其是在2008年9月16日雷曼兄弟申请破产之后，美国金融形势骤然恶化。美国政府提出了规模达7 000亿美元的救助方案。这场原被认为是隔靴搔痒的会计准则之争迅速升级。部分国会议员认为，修改公允价值会计准则将有助于帮助纳税人减少数十亿美元的救助成本，从而将会计准则的变动提升到减少纳税人损失的高度。平日并不关心会计专业问题的政治家们开始纷纷表达对会计准则的观点。2008年10月1日，60多名议员联名致信美国证券交易委员会（SEC），强烈要求监管者立即暂停公允价值计量。当日提交美国参议院讨论的金融救助法案修订稿明确支持SEC有权暂停公允价值会计准则。2008年10月3日，众议院通过的救助法案最终稿专门有两条针对会计准则，其中第132条授权SEC可以在其认为必要的情况下，停止执行157号准则等规则；第133条要求SEC调查157号准则中提出的公允价值计量对美国金融机构的影响以及修改该准则的可行性，并要求SEC在法案生效90日内向国会提交研究报告。2009年6月，奥巴马政府还宣布会计制度改革措施，包括检查现有会计准则、加快与金融危机有关的会计准则的改革进程等。

3.2.4 对美国公认会计原则的初步评价

美国公认会计原则具有产生早、发展快、数量多、质量高、影响远、权威性强等优点。这些也可以从许多会计专家和学者的论述中得到证实。难怪美国人认为，20世纪世界会计理论与实务发展史，几乎就是美国会计理论与实务发展史。按照美国人的理解，美国的会计准则制定机制也是最先进的，美国在准则上花的钱最多，制定的准则也最先进、最详尽。美国会计准则已成为近几十年来美国会计理论和实务的中心；它在（发布）方式上采用社会公认的做法，可以更广泛地吸收财务报表使用者的意见，具有更大的权威性和实用性；美国关于建立会计准则的文献非常丰富，从理论到实务，从会计术语到会计方法，从会计准则正文到解释，几乎应有尽有，无所不包，其数量之多，范围之广，为各国所不及。美国发布的会计准则的数量，几乎比各国会计准则数量的总和还要多。

任何事物都是相对的，美国的公认会计原则也不是尽善尽美的。正如恩尼沃尔森认为：“美国公认会计原则是根据美国证券市场的特定情况制定的，不能要求各国企业都按美国公认会计原则编制财务报表。”我们认为，美国公认会计原则规定得太细，是规则导向的，在实际运用中存在不足。

3.3 制定会计准则的理论框架

3.3.1 会计准则制定的主要参与者及其角色

在国际比较会计理论研究中，有一个重要的课题是“财务报告管制（regulating financial reporting）的理论框架”。按照我们的理解，财务报告管制的理论框架也就是这里所说的制定会计准则的理论框架，简称“准则理论框架”。

准则理论框架最初是由 Streeck 和 Schmttler 于 1985 年提出，经 Puxty、Willmott、Cooper 和 Lowe 等人综合而成的。根据他们的研究成果，制定会计准则有很多参与者，“市场”（market）、“政府”（state）和“团体”（community）是其中最主要的 3 个参与方面。如果把分别借助市场的力量，或政府、团体的力量制定会计准则作为三极，那么在现实中就会发现会计准则的制定有 4 种情形，即自由主义（liberalism）、联合主义（associationism）、合作主义（corporatism）和立法主义（legalism），具体如图 3-1 所示：

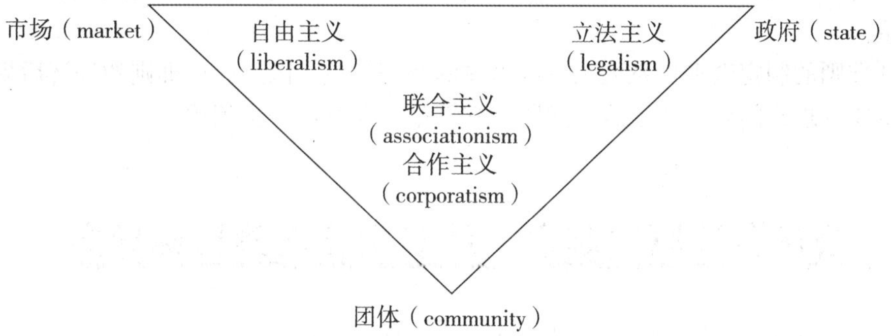

图 3-1　会计准则制定的主要参与者及其角色

根据图 3-1，在制定会计准则过程中，市场和政府的影响远远大于团体力量的影响。在这里，市场主要是指资本市场和企业，政府常常与国家同义，团体则指会计职业团体。完全由市场决定的自由主义理论是指 19 世纪英国未管制经济（unregulated economies）和美国未建立证券交易委员会（SEC）之前的情形。在这种情形下，会计规则的形成（那时还没有会计准则）完全取决于市场的力量，特别是受资本市场和企业自身压力的影响，各个企业自行决定其会计规则，自由选用会计处理方法和程序。制定会计准则的自由主义理论实质上是否定会计准则。与此相反，立法主义理论则期望会计准则完全依附于法律条文，是法律条文的具体解释，而法律是国家意志的体现，一般通过政府的行政权力加以实施。德国传统的会计规则（德国无严格意义上的系统会计准则）的制定是以立法主义的理论为主导的。

联合主义理论和合作主义理论从字面上是很难理解、区分的。因为它们都包含了自由主义理论和立法主义理论的内容，并受到团体的一些影响，但它们之间仍然有区别。根据联合主义理论，会计准则是由主要代表会计职业团体成员利益的民间机构发展和制定的；根据合作主义理论，会计准则在很大程度上受制于统治集团控制的国家原则

(state principle,主要指法律)。当然，政府并不是简单地把资本市场及投资者、会计职业团体抛在一边，而是把它们融入到集中的、统治集团的法规系统中。不难看出，合作主义理论和联合主义理论的根本区别在于：前者主要是政府依靠其他利益集团（资本市场及企业、会计职业团体）实现社会公众目的（包括政府利益），而后者则主要是政府依赖其他利益集团实现私人目的。根据 Puxty 等人的研究：瑞典运用的是合作主义理论；英国以联合主义理论为主；美国则包含了立法主义和联合主义的要素，且后者服从于前者。

3.3.2 会计准则制定与经济利益

从上面介绍的情况可以发现：在西方国家，会计准则的制定是有理论、考虑利益和讲究主义的。在自由主义理论下，会计规则的选用完全取决于市场利益；在立法主义理论下，会计准则很可能就是指由公司法、证券法、商法、税法等所认可的“有秩序的会计原则”；日常会计原则的确定工作，很可能是由税务法庭进行的。政府的税收利益和纳税人从纳税抵免中获得最大利益，是立法主义理论下会计准则的追求。在合作主义理论下，会计准则瞄准的是包括政府利益在内的社会公众利益，但这并不意味着社会公众利益的获得只能靠政府，靠立法手段。在联合主义理论下，会计准则着眼于私人目的和私人利益，但私人目的的实现和私人利益的取得是在法律许可范围内进行的，市场机制和活力当然被看得很重。

会计准则的制定牵涉一系列主体或团体的经济利益，因此会计准则的经济后果也就成为一个重要的理论问题。关于这个问题，本书第 9 章将进一步阐述。

3.4 公认会计原则制定：从规则导向到目标导向

3.4.1 高质量会计准则标准讨论的影响

1996 年 12 月，美国会计学会（AAA）与财务会计准则委员（FASB）联合举行的研讨会，认定 FASB 第 106、95、5、87、107 号《准则公告》为最佳会计准则，FASB 第 13、123、2、15 号准则公告和会计原则委员会（APB）第 16 号《意见书》为最差会计准则，其余会计准则被认为是介于其间。1997 年 12 月，AAA 与 FASB 的联合研讨会再次讨论了高质量会计准则，并形成了 6 份评论意见书，集中发表在“Accounting Horizon”第 12 卷第 2 期上。对高质量会计准则的评价，比较一致的意见是：

①高质量会计准则应能如实反映交易的经济实质，指出财务报告模式中的重大缺陷，并能及时加以改进。

②高质量会计准则是保证会计信息质量特征的前提，因此，必须制定高质量的会计准则并严格加以解释和运用，才能产生可靠、相关、可比、透明和一致的会计信息。

③高质量会计准则应该以简洁明了、易于理解的方式进行表述，确保执行会计准则的效益大于成本。

④高质量会计准则应能体现国际环境的内容而不仅仅局限于美国的情况。

⑤高质量的会计准则应接受财务会计概念框架的指导，要有独立的会计准则制定机构

和高素质的会计准则制定人员，要有独立、公开的会计准则制定程序，能及时对新问题做出反应等。

随后，FASB发表了题为《国际会计准则的制定：着眼于未来》的研究报告，指出高质量的会计准则应具备以下特点：

①必须与基本的财务报告概念框架相一致。

②只允许保留最低限度的备选会计程序。

③必须清晰和全面，使会计准则容易被编报者、审计师、监管者和使用者理解。

真正关于高质量会计准则的讨论源自美国证券交易委员会前主席利维特（Arthur Levitt）的讲话。他多次讲到：为建立发达和健全的资本市场，保证资本市场的公平、公开、有效运行，保护广大投资者的利益，降低资本成本，必须建立一套高质量的会计准则。1998年，当美国各界还陶醉在知识经济的辉煌成就中时，当全球都为美国的新成就倾倒时，利维特就在题为《数字游戏》（number game）的报告中尖锐地指出美国社会充满“违背原则的游戏，而这些原则恰恰是孕育市场力量、引导市场成功的原则……如不尽快采取措施，利润质量将受侵蚀，财务报告质量将受侵蚀，管理将被操纵所取代，诚信将被虚假所置换”。安然等财务和会计丑闻披露后，美国《时代》周刊、《国际先驱论坛报》等一针见血地指出，我们的问题不是会计问题，而是道德问题。

3.4.2　财务与会计丑闻事件的影响

2001年秋以来，美国爆发了一系列财务与会计丑闻：安然、世通等大公司破产，安达信这个有90多年历史的世界级会计师事务所也退出了审计市场。意大利的帕拉玛特案件、法国媒体巨头维旺迪的会计丑闻等一系列令人震惊的财务与会计丑闻，使人们再次将目光聚焦于会计准则及其制定。

安然丑闻爆发之初，各方面将眼光盯在虚假财务资料这一点上，并将火力集中于公司和会计师事务所。但事实上，导致安然公司崩溃的因素除了公司和会计师事务所外，投资银行、证券分析和投资咨询机构、资信评级组织、律师事务所、媒体，甚至政府监管机构和民间自律组织都难辞其咎。随着案件调查的不断深入，几乎美国所有主要金融机构都被查实与安然、世通等案件有牵连，财务分析师、投资咨询机构等因在财务丑闻中的恶劣表现而受到众人的谴责。连长期以来一直被视为与财务丑闻没有干系的律师事务所、资信评级机构等也开始受到各方的责难。交易所、注册会计师协会等则面临全社会的信任危机。尽管如此，会计行业还是被置于这次风潮的中心，其中会计准则的质量问题则成为人们质疑的焦点。

美国暴露一系列财务与会计丑闻后，在全球引起了会计准则究竟应当以原则为基础还是以规则为基础的争论。

为使讨论更加清晰，我们先看两个具有代表性的会计准则实例：

一个是“固定资产按原值的10%计提折旧，直到固定资产被完全折旧完为止”。这是典型的规则导向的会计准则。它没有任何职业判断的空间，任何会计人员都可以用固定资产原值乘以10%来计算折旧，而且不会出错。依据该会计准则规定计提折旧只能得到唯一的结果，会计信息的可比性和一致性得到严格保证，但缺乏相关性，因为它既不能反映交易的实质又无法适应经济环境和公司特征的变化。若存在技术更新或者资产贬值的情况，会计却仍按10%的比例机械地计提折旧，就不能实质性地反映现实的经济交易和会计事项。

另一个是“报告期折旧应反映固定资产经济价值的减少”。这是典型的原则导向的会计准则。这样的会计准则需要会计从业人员的职业判断。会计人员可以根据自己对整体经济环境变化的判断来把握折旧这一会计事项的实质，并确定计提的固定资产折旧比例，以真实反映经济交易和会计事项的实质。但与此同时，它也会导致不同企业有不同的判断，从而导致会计信息可比性的降低，更胜之，还可能导致企业依据自己的需要操控利润进而导致会计信息失真。

长期以来，人们普遍认为美国的公认会计原则是最好的，其中一个重要的表现就是它非常具体详尽。财务与会计丑闻表明，美国的公认会计原则也会出问题。当会计准则制定得太具体，尤其是有各种数量界线时，企业可能通过交易合约的设计甚至虚构交易，绕过会计准则的限制，从而使会计结果不能真实地反映经济交易和会计事项。相反，如果会计准则过于原则化，企业的操控余地过大，企业与其审计师也难以就有争执的问题达成一致意见，监管部门的监管难度也更大，会计信息也难有可比性。安然公司利用特殊目的实体是否应纳入合并报表的特别规定来掩饰公司的负债状况；卷入财务丑闻的不少美国公司都利用股权激励计划方面的法规及会计披露准则的漏洞和欠缺，与投资银行、财务分析师等相互勾结，操纵财务数据和股票价格，只顾自己从股权激励计划中谋利，而置公司与股东的利益于不顾，都是例证。

3.4.3 原则导向与规则导向之争

美国公认会计原则制定导向经历了由原则导向到规则导向再到原则导向的转变过程。最初美国的会计准则也是原则导向的。1934 年，美国注册会计师协会通过的第一批 6 条会计原则符合今天所说的原则导向。第一个会计准则制定机构即会计程序委员会（CAP）最初所发布的主要讨论会计名词、术语的会计研究公报（ARB），总体上也符合原则导向。但是，随着社会压力的不断增加，会计准则也逐渐变得更加细致、具体，从而最终形成今天这种规则导向。不同利益集团通过游说政府对会计准则制定机构施加压力，让会计准则能够兼顾各利益集团的利益。美国证券交易委员会（SEC）是会计准则制定的权力机构，因为 SEC 更倾向于规则导向。出于职业保护的考虑，FASB 也渐趋规则导向。这直接导致美国会计准则逐渐走向具体化和复杂化。财务会计准则委员会（FASB）在题为《美国会计准则制定中的原则导向法》的征求意见稿中指出：详细、具体且繁杂的美国会计准则是需求推动的，其产生的主要原因是，对现行会计准则应用的例外和大量的实施细则与指南性意见。FASB 的主席 Tweedie 在美国国会作证时也认为，美国会计准则的规则导向是那些受会计准则约束和影响的对象要求的结果：公司需要具体会计准则以减少交易安排的不确定性；审计师需要具体会计准则以减少与审计客户之间的分歧并在诉讼中自我保护；因为通常具体会计准则更容易监督，执行证券管制者也需要具体会计准则。

然而，安然事件后，美国舆论又开始回归会计准则制定的原则导向。SEC 首席会计师 Robert K. Herdman2003 年 3 月 14 日代表 SEC 作证时指出：一套理想的会计准则应以原则为基础，要求财务报告反映交易的经济实质而不是形式。SEC 认为，过去其在保证会计准则制定符合联邦证券法的目标方面放弃了许多责任，因此 SEC 要在保证会计准则使市场和投资者受益方面扮演更积极的角色，其中就包括：确保FASB发布原则导向的会计准则、把重点放在总体上的准确与完整、更快适应变化的商业环境。2001年，财务会计准则咨询委员会（FASAC）指出：FASB未来的议程应优先安排简化与典籍化（simplifying and codifying）会计准则及其相关的规范，以解决会计准则超载（standard overload，准则超载不仅指会计规则的数量、复杂程度与详细程度方面，也包括因此带来的令人困惑的附注披露和对某一特定项目难以找全所有的会计规定）问题，并提出了具体的解决方案，包括：提高所发布会计准则的可行性；把重点放在基本原则与目标上而不是制定详细的规定；例外事项与备选方案；减少准则详细程度的变化，使会计重点放在交易实质而不是形式上等。

2002年以来，美国不仅重视对会计准则制定方法调整的研究，而且已经有了可以操作的具体方案，并且这些方案正在实施和落实之中。其中：

①2002年10月，FASB发表了《美国会计准则制定中的原则导向法》（Principles-based Approach to U.S. Standard Setting）研究报告，公开征求对会计准则制定方法调整的意见。

②2003年7月，SEC的工作人员向美国国会提交了一份《美国财务报告系统采用原则导向会计体系》（Study Pursuant to Section 108（d）of the Sarbanes-Oxley Act of 2002 on the Adoption by the United States Financial System of a Principles-based Accounting System）的报告。该报告与2002年实施的《萨班斯-奥克斯利法案》有直接的联系。

③2004年，FASB先后发表了多份报告，提出了许多有关原则导向会计准则的具体方案，并开始具体落实。

需要进一步说明的是：2003年7月，SEC向美国国会提交的关于采用原则导向会计体系（a principles-based accounting system）的研究报告，建议在会计准则制定程序中更加一贯地以原则导向来发展准则。根据这份研究，一套原则导向的会计准则应具备以下特征：

①会计准则必须建立在经过改进的、可以持续一贯地运用的概念结构之上。

②会计准则的制定必须清晰地说明每一准则的会计目标。也就是说，会计准则必须贯彻会计目标，每个会计准则都应依据起指导作用的、内在一致的概念框架中所设定的会计目标来制定，从而使得整个会计系统成为统一的整体。

③会计准则需提供足够详尽的操作指南，以使准则能在一致的基础上得到运用。目标导向会计准则清楚地说明了其适用的交易类型，并包括足够详细的操作指南。

④会计准则应能避免例外情况。这些例外情况在本质上与实现原则导向的目标相悖，并会导致会计准则的内在不一致性。

⑤会计准则的制定应避免界线检验（bright-line tests，即避免使用use of percentages tests）。界线检验与原则导向目标存在固有的矛盾，因为交易形式或者结构的细小变化都会突破临界点，使得在经济上相关的交易形成不同的会计处理结果。

3.4.4　以目标导向制定会计准则

上述美国证券交易委员会的研究报告尽管倡导会计准则制定的原则导向，但也提出目标导向会计准则要优于单纯原则导向的会计准则和单纯规则导向的会计准则。

针对SEC的建议，2004年7月，FASB做出书面回应（FASB Response to SEC Study on the Adoption of a Principles-based Accounting System），还于2004年8月31日发表了《通向目标导向会计系统之路》（On the Road to an Objectives-oriented Accounting System）的研究报告。两份材料都认为目标导向方法（objectives-oriented approach）与原则导向法（principles-based approach）相类似，除了具有SEC已提出的特征外，还具有以下特征：

①会计准则的形式与内容。会计准则应清晰地表述会计的目标，清晰地构建会计准则所隐含的原则，会计准则还应改进其对采用这些原则的理由的说明以及这些原则与概念框架之间的关系。具体来说，可以在会计准则的引言段落中涉及会计准则的目标，使用黑体字显示会计原则，并提供一组有定义的术语（term）。尽管会计准则要使用大量的特定专业术语，但为了增加会计准则的可理解性，FASB准备改进会计准则的写作技术，使用更加简明的语言。如果会计准则是更加可理解的，它们也将更有可操作性。

②执行性指南（implementation guidance）。FASB认为，尽管目标导向的会计准则更加强调原则，但这并不意味着就不再需要为运用这些会计准则提供解释性或执行性指南。在目标导向的准则体系中，为了确保这些会计准则能一贯地得到运用，也需要一定数量的执行性指南。在这里，执行性指南是指所有需要用来解释和使原则可操作的指南，包括会计准则的解释、词汇的定义、指南和必要的例子。需要指出的是：FASB在这里所说的执行性指南与以前的指南并不完全相同。执行性指南不应该是范围相当窄、不具普遍性问题（如问题局限于某些特定的主体或行业）的指南，而应该是具有广泛运用性的指南。同时，执行性指南也同样支撑目标导向准则，它将解释或扩展会计准则中的原则或目标，因此不应该是一系列的规则或界线（rather than consisting of a list of rules or bright-lines）。

③范围例外（scope exceptions）。由于会计准则存在范围例外的问题，因而需要更多的规则。要实现目标导向，会计准则的制定必须合理地把握其范围。会计准则的范围过宽或过窄都有明显的负面影响。为此，FASB承认在做出理性与一致性的范围决策时必须小心翼翼。一个比较合理的范围决策应是在会计准则中几乎不再需要例外的处理方法，尤其是针对某些特定行业的例外。

④行为变化（behavioral change）。目标导向会计准则力求避免过于详细的规则、数字界限、例外和多种处理方法。目前的财务报告编报者和审计师习惯了这些东西，因此，目标导向会计准则的实现离不开他们的行为变化。FASB认为，只有司法部门、SEC、PCAOB（the Public Company Accounting Oversight Board）与其一道，才有可能推动支撑目标导向会计准则实施的上述行为变化。

⑤资产负债观（asset-liability view）。FASB承认只有全面贯彻资产负债观（包括汇总分类和企业业绩组成部分信息的列示），才是目标导向会计准则所要求的，而目前FSAB并没有一贯地、系统地采用资产负债观。

此外，FASB还于2004年9月30日发表了《FASB启航美国会计准则结构的历史性变化》（The FASB Embarks on a Historic Change to the Structure of U. S. Accounting Standards）的报告。报告显示：自2001年FASAC向FASB提出对公认会计原则进行简化和典籍化以来，FASB也于2002年和2003年开始进行包括简化与典籍化项目（simplification and codification projects）等多项努力，以处理简化典籍化国际趋同和其他方面的改进工作（simplification, codification, international convergence and other areas of process improvement)。2004年年初，FASB在典籍化与回溯项目（codification and retrieval project）方面投入了更多的精力，并于9月正式通过了典籍化与回溯项目。其目标是要使美国分散的公认会计原则和相关的会计处理规范（不包括政府会计准则）成为一体化的权威典籍（a single authoritative codification）。

综上所述，显然美国寻求的并不是纯粹原则导向的会计准则，而是一种在规则与原则之间达到平衡、既能引导公司的财务报告符合交易实质又能为其会计处理与财务报表列报提供可操作性指导的会计准则。这样的会计准则美国称之为目标导向会计准则。进一步看，目标导向会计准则具有以下特征：

①目标导向会计准则要为各类交易清楚地确立会计目标，给管理当局和审计师提供一个足够详细的会计框架，以使会计准则具有操作性。目标导向会计准则明确设立了各类交易的会计目标和会计处理模式，向管理当局和审计师提供了足够详细的会计框架，使会计准则能够得以应用。同时，若按最优方式构建，这种会计准则将向使用者以及监管者提供足够详细的资料，使他们能更好地理解和正确评价管理当局报告的并经审计师验证的经营成果。

②目标导向会计准则更强调管理当局和审计师的责任，以保证财务报告反映了会计准则目标。目标导向会计准则要求管理当局和审计师承担保证实现真实具体的会计目标和准确报告交易事项经济实质的责任。这种准确报告不是抽象的而是明确规定的，且受到贯穿于各种相关会计准则的基本目标的限制。SEC认为，这个责任在使管理当局和审计师利益与投资者利益相结合方面比规则导向会计准则和原则导向会计准则更有效。目标导向会计准则最终会使财务报表更有信息含量。

③目标导向会计准则有合理化的会计职业判断空间，有利于提高会计信息的一致性和及时性。原则导向会计准则要求财务报表编制者和审计师在核算交易事项时运用职业判断，而又没有提供充分依据来规范这些职业判断，因此可能导致报告主体间可比性的丧失。如果管理当局和审计师能正确履行责任以实现包容在目标导向会计准则中的被明确限定的实质性的会计目标，目标导向会计准则更可能反映交易事项的经济实质。而且，如果正确地制定会计准则，目标导向会计准则可能比规则导向会计准则或原则导向会计准则需要更少的职业判断，这样就更有利于会计信息的一致性。在目标导向会计准则体系下，会计准则制定者能更快地做出反应，规范实务中出现的问题，同时提供充分的指南，从而使会计准则具有可操作性。因此，与规则导向会计准则或原则导向会计准则相比，恰当制定的目标导向会计准则可以实质性地提高会计信息的一致性和及时性。

我们认为，美国公认会计原则制定的上述3项主要变化体现了美国会计准则由偏重规则导向向偏重原则导向逐步调整的价值趋向。判断的主要依据是：第一，现行美国会计准则强调统一会计目标的贯彻，每个会计准则都应依据起指导作用的、内在一致的概念框架中所设定的会计目标来制定，从而使得整个会计系统成为统一的整体。这是原则导向会计准则的基本标准之一。第二，尽量避免例外情况和界限检验，依据成本效益原则制定会计准则，确保其具有可操作性，同时又保持合理的职业判断空间。这是原则导向与规则导向相结合的特点。

3.5 我国会计准则的发展

3.5.1 我国会计准则体系的形成

新中国成立以来，我国一直通过制定分所有制、分部门和分行业的会计核算制度来规范企业的会计实务。这种做法是在20世纪50年代借鉴前苏联会计方法和经验的基础上发展而成的，是与高度集中的计划经济体制相适应的。因此，在20世纪50年代到70年代末期的会计出版物中，几乎没有“会计原则”或“会计准则”术语的出现。

20世纪70年代末期，我国开始进行经济体制改革，实行对外开放和对内搞活的经济政策，社会经济状况和企业经营管理开始发生较大的变化。会计作为一项重要的经济管理活动，当然应该适应经济形势的发展。因此，我国少数会计专家和学者开始关注会计准则问题，并引进和介绍西方会计理论，积极为新的经济体制寻找相应的会计核算模式。

20世纪80年代初期，我国企业经营机制的转换、合资企业与独资企业的出现以及企业组织形式的改变，使得原有的会计核算管理体制和会计核算模式的缺点日益暴露。由于各种会计制度规定的方法、程序和报表格式不同，不同所有制和部门的企业之间的会计信息不可比，给国家进行国民经济宏观管理和调控、外国投资者进行投资决策、银行进行贷款分析、经营管理人员进行企业内部管理和企业之间进行市场竞争等均带来很大的困难，严重影响了我国经济的发展。这时，会计理论界对会计准则的关注与讨论也逐渐增多。介绍西方会计准则、改革我国传统会计管理模式和建立我国会计准则的文章，基本成了这一时期会计出版物的热点问题。我国政府也及时地认识到：会计改革已成必然；只有使会计管理体制与国际会计惯例接轨，才能适应经济体制改革，促进社会主义市场经济的发展。

1986年，当我国经济改革的重点转到城市后，财政部提出了制定我国企业会计准则的设想；1988年，财政部召开会计工作座谈会拟定我国会计改革纲要，在正式发布的《会计改革纲要》中，明确提出要制定会计准则，改革会计核算制度；当年10月，财政部便成立了会计准则课题组，着手会计准则的研究和起草工作；1991年，财政部发布了会计准则草案，广泛征求各地各部门的意见；1992年11月，以财政部部长令的形式正式发布了《企业会计准则》（基本准则），并要求从1993年7月1日起在我国境内的所有企业实施。《企业会计准则》的发布，不仅标志着我国会计准则的正式产生，标志着我国会计准则从理论研究步入了会计实务，为我国会计准则体系的建立、发展和完善奠定了基础，同时还标志着我国会计管理体制与国际会计惯例的接轨，初步实现了我国会计的国际化。这一时期是我国会计准则研究发展的第一个高潮。

按照会计准则课题组当初制定的总体目标，要用3年的时间也就是到1995年，初步形成一个比较完整的会计准则体系，并将会计准则分为基本会计准则和具体会计准则两个层次。但是，由于种种原因，到1997年，我国才正式发布了我国的第1项具体会计准则——《关联方关系及其交易的披露》；随后，多次陆续发布了企业会计准则具体准则。经过多年的完善和发展，2006年2月15日，财政部发布了我国新的企业会计准则体系。新企业会计准则体系包括1项基本准则和38项具体准则（见表3-1）。其中，基本准则不同于具体准则，它是准则的准则，应当规定会计的目标、会计的基本假设、会计的基本原则、会计要素的确认与计量要求等等，从而对各项具体准则的制定起统领作用，属于准则体系的最高层次。

表3-1 **中国企业会计准则体系**

基本准则：
《企业会计准则——基本准则》
具体准则：
《企业会计准则第1号——存货》
《企业会计准则第2号——长期股权投资》
《企业会计准则第3号——投资性房地产》
《企业会计准则第4号——固定资产》
《企业会计准则第5号——生物资产》
《企业会计准则第6号——无形资产》
《企业会计准则第7号——非货币性资产》
《企业会计准则第8号——资产减值》
《企业会计准则第9号——职工薪酬》
《企业会计准则第10号——企业年金基金》
《企业会计准则第11号——股份支付》
《企业会计准则第12号——债务重组》
《企业会计准则第13号——或有事项》
《企业会计准则第14号——收入》
《企业会计准则第15号——建造合同》
《企业会计准则第16号——政府补助》
《企业会计准则第17号——借款费用》
《企业会计准则第18号——所得税》
《企业会计准则第19号——外币折算》
《企业会计准则第20号——企业合并》
《企业会计准则第21号——租赁》
《企业会计准则第22号——金融工具确认和计量》
《企业会计准则第23号——金融资产转移》
《企业会计准则第24号——套期保值》
《企业会计准则第25号——原保险合同》
《企业会计准则第26号——再保险合同》
《企业会计准则第27号——石油天然气开采》
《企业会计准则第28号——会计政策、会计估计变更和差错更正》
《企业会计准则第29号——资产负债表日后事项》
《企业会计准则第30号——财务报表列报》
《企业会计准则第31号——现金流量表》
《企业会计准则第32号——中期财务报告》
《企业会计准则第33号——合并财务报表》
《企业会计准则第34号——每股收益》
《企业会计准则第35号——分部报告》
《企业会计准则第36号——关联方披露》
《企业会计准则第37号——金融工具列报》
《企业会计准则第38号——首次执行企业会计准则》

随后，财政部还发布一系列的《企业会计准则——应用指南》。为适应社会主义市场经济发展，完善我国企业会计准则体系，提高财务报表列报质量和会计信息透明度，保持我国企业会计准则与国际财务报告准则的持续趋同，财政部还组织了对若干项《企业会计准则》的修订。

《企业会计准则》的发布和实施进一步完善了我国的会计准则体系，丰富了会计管理体制的内容，标志着我国适应社会主义市场经济发展进程、与国际财务报告准则趋同的企业会计准则体系已经基本建成，是探索我国会计发展道路迈出的非常重要的一步。此次发布的企业会计准则体系强化了为投资者和社会公众提供决策有用会计信息的新理念，实现了与国际惯例的趋同，首次构建了比较完整的有机统一体系，并为改进国际财务报告准则提供了有益借鉴，实现了我国企业会计准则建设新的跨越和突破。

3.5.2 我国会计准则制定方法的选择

1）会计准则制定方法应具备的特征

结合我国的具体情况，我们认为我国会计准则制定方法应该是“基于原则的规则导向”的方法。

基于原则的规则导向会计准则制定方法既不同于原则导向，又有别于规则导向的会计准则制定方法。我国基于原则的规则导向会计准则制定方法具有以下 8 个主要特征：

①强化会计专业发展规律的探索。会计准则与一般的行政法规既有相像之处，也存在较大的差别。就差别方面看，会计准则的专业特色非常明显，有比较多的内在发展规律，也有比较特殊的原理和原则。会计准则的制定，尤其是基于原则的规则导向方法涉及的情况复杂，影响面广。如果会计准则的制定偏离了会计专业发展规律，那么它就难以对会计信息的加工和披露起到很好的规范与指导作用。

②根据会计专业发展规律与使用者需求确定会计的目标。没有统一会计目标或者偏离统一会计目标的会计准则绝对不能称为原则导向或基于原则的规则导向的会计准则。因此，是否使用会计目标去统筹各项经济交易或会计事项的会计准则，是判断该项会计准则能否称得上为原则导向或基于原则的规则导向的关键。当然，会计目标既不是纯粹从会计理论推导出来的，也不完全由使用者自行提出，而是基于会计专业约束和使用者需求综合平衡的结果。

③形成比较完善的会计概念框架体系。会计专业发展规律通常是抽象的，会计目标也仅仅是方向性的。如果要将不同经济交易或会计事项的会计准则协调起来，或者要使某一具体经济交易或会计事项的会计处理方法体现统一的会计目标，目前比较可行和有效的途径是依托会计概念框架体系。因为会计概念框架体系不仅以会计目标为起点，能比较好地体现会计的专业发展规律，更重要的是，由包括会计目标、信息质量特征、确认和计量属性与原则、信息披露原则等内容的一系列概念所组成。由于这些概念原本就是为了指导和统筹会计准则的制定而发展起来的，比较适合有效地用于指导会计准则的制定。

④进一步确立一系列相互协调的会计基本原则。事实上，在会计概念框架体系中也有很多涉及会计基本原则的内容，但目前不同国家或机构提出的会计概念框架体系并不一致，在风格和内容详细程度上有差别。同时，对会计概念框架体系在会计准则体系中的地位及其作用也存在不同的认识。为了不影响或削弱其对会计准则制定的指导作用，还有必要进一步确立会计基本原则。

⑤科学地分析经济交易和会计事项的实质与影响。基于原则的规则导向会计准则的制

定工作实际上就是一项需要认真、深入分析、研究经济交易与会计事项的实质和影响的工作。

⑥采用会计准则制定过程中的民主程序。科学制定会计准则的一个关键是如何实现准则制定程序的事实民主，具体包括：现在的会计准则委员会成员中以来自政府部门的专家为主，有必要适当增加来自企业会计实务界的成员比例；总体上看，财政部公布的会计准则制定程序还不够详细具体，规范性不足而主观随意性较强；扩大征询意见的范围和次数，延长准则的制定周期；意见的征询方式和回收方法制度化、具体化，公开意见的征询、讨论以及汇总调整情况；将政府部门的主要职能从对会计准则制定的审批逐步转变为核准。

⑦实现准则内部的协调和准则之间的协调。这里所说的准则内部的协调主要是指每一项会计准则既要有能解决实际会计问题的规则，又要有体现会计专业发展规律的基本概念和基本原则，并且规则要充分体现原则的精神，使规则与原则相互配合、形成一个有机统一体。准则之间的协调是指每一项会计准则都需要依赖会计概念框架体系、会计基本原则，着眼于财务报告整体对企业经营状况和财务成果的可靠反映及对企业利害关系者提供具有相关性的信息这个大目标，科学、合理和有效地处理各种经济交易与会计事项。

⑧对会计准则进行结构性的调整。主要的目标是：形成一体化的会计准则制定权力结构，确立一体化的会计准则制定程序，建立一体化的会计准则体系。具体涉及重新配置会计准则的制定权力，重新确立会计准则的制定程序，重新规划会计准则体系的结构，理顺和集中现有分散的会计准则。

2）我国会计准则体系的基本要求

在我国，基于原则的规则导向的会计准则体系应当是：以财务报告的基本概念与原则为龙头，以主要经济交易和会计事项的确认、计量与披露准则为主体，以复杂经济交易和会计事项的准则指南为补充，浑然一体、统一的会计准则体系。对我国的会计准则体系还应提出以下基本要求：

①一体化的会计准则。在这里之所以强调一体化，主要是要体现我国会计准则体系中最基本的特色：一是我国的会计准则是一个统一体，而不是零零散散的；二是我国的会计准则具有行政法规的特性，突出其具有的与行政规定相同的效力；三是我国的会计准则采用“典籍化”的形式。

②财务报告的基本概念与原则是会计准则体系中的“宪法”。它本身就是会计准则体系的重要组成部分，同时又是制定其他会计准则的依据，还是判断企业单位财务报告的编报是否遵循了统一会计准则的依据。尽管国外比较流行采用概念框架，但鉴于我国实务界人士和普通老百姓的用语习惯，概念框架是一个非常学术化的术语，不是一个法律或专业实务上的术语，因此建议可以考虑将我国财务报告的基本概念与原则改为“财务报告的总纲与基本原则”。“财务报告的总纲与基本原则”的提法与它在会计准则体系中的“宪法”角色也比较匹配。除了可以考虑使用“财务报告的总纲与基本原则”，并在原有的《企业会计准则》基础上加以完善外，更重要的是财务报告的基本概念与原则要在其他所有会计准则中有充分的体现，具体包括：针对每一重要经济交易和会计事项的会计准则要有与基本概念与原则相配合的目标设定和原则精神；在针对每一重要经济交易和会计事项的会计准则中应以适当的方式表明：对本准则未具体规范的事宜应按照基本概念与原则的

要求处理等。

③针对主要经济交易和会计事项的会计准则应着眼于经济交易或会计事项的经济实质，并依照会计目标等基本概念和相应的基本原则对经济交易与会计事项的经济实质进行判断。目前，我国现有的会计准则体系还存在较多的范围例外和界线检验问题。就范围例外来说，由于我国的会计规范体系层次多、头绪多，有一些财务制度实际上也构成了会计确认与计量的标准，因此会计准则的范围不仅受到约束，也给会计准则理论上和实际运用上的适应范围带来了很大的不确定性。进一步分离统一财务制度与会计确认计量之间的关联，也是确保经济交易和会计事项能按经济实质进行会计处理的一个关键。

④针对复杂经济交易和会计事项的指南有继续存在的必要，但指南需要调整使之更好地服务于会计目标的实现和对经济交易与会计事项经济实质的反映。在基于原则的规则导向的会计准则体系中，指南不应“制造”更多的例外。指南也不是为那些想搞特殊化的企业而准备的。指南是为解决复杂经济交易与会计事项的经济实质而制定的。其主要作用在于：为人们判断复杂经济交易和会计事项的经济实质提供更具体的参考依据。针对某一特定情况或特定企业的解释补充规定和通知在基于原则的规则导向会计准则体系中是不应存在的。

3）进一步完善会计准则体系的配套条件

要将我国的会计准则制定方法转变为基于原则的规则导向的会计准则制定方法，尤其要在我国真正实现基于原则的规则导向的会计准则体系，还需要一系列的配套条件。

（1）有赖于较丰富和有效的会计理论的指导

基于原则的规则导向会计准则凸显了财务报告基本概念与原则的地位和作用，也非常强调对经济交易和会计事项经济实质的反映。很显然，所有这些都离不开人们对会计专业发展规律的科学认识，离不开人们对经济交易和会计事项经济实质的把握。因此，丰富和有效的会计理论是实现基于原则的规则导向会计准则的一个重要条件。

（2）有赖于会计准则制定机构行为模式的调整

任何机构和人员的行为模式都是在特定的历史条件下形成的。基于原则的规则导向会计准则既不同于我国传统的会计制度，也不同于美国或其他国家和国际组织制定会计准则的行为模式。会计准则制定机构的行为模式将对能否真正实现基于原则的规则导向会计准则产生重要的影响。按照我们的理解，这时会计准则制定机构的行为模式应具有以下特点：更加尊重科学和理论，更加尊重事实，地位更加超然独立，平衡与协调不同团体经济利益（而不是偏重于某一方面的利益）的角色更加明显，更多地透过程序民主的手段去实现实质民主等。

（3）有赖于社会道德水平和会计职业道德水平提升

任何准则的实施都离不开准则本身的技术特性和准则执行人的职业道德水准。即便会计准则的技术性再完美，只要会计人员缺乏职业道德，准则也是形同虚设。相反，较高的职业道德水准却可以弥补会计准则本身的缺陷。职业道德是正确实施职业判断的保证，在基于原则的规则导向会计准则的贯彻和执行中更是必不可少。

（4）有赖于会计人员行为模式的转变和业务水平的提高

如同会计准则制定机构，我国会计人员的行为模式也带有统一会计制度的许多特点，如逐一对照制度机械执行，不习惯做出职业判断等。基于原则的规则导向会计准则由于强调财务报告基本概念与原则的作用，看重的是对经济交易和会计事项经济实质的反映，因而符合会计目标与会计原则精神，符合经济实质的事实的职业判断就显得特别的重要。这时对会计人员行为模式的要求也发生了变化。具体的要求包括：更加尊重事实而不完全靠“本本”或“条条”；更多地贯彻职业精神；更多地考虑平衡和协调各方利害关系者的利益而不是一边倒向管理层或某一特定股东；更多地透过职业判断去分析、确定经济交易和会计事项的经济实质。与职业判断有关的会计人员的业务水平也需要进一步提高。

（5）有赖于审计市场和资本市场的进一步发展

发达的审计市场是实现基于原则的规则导向会计准则的一个重要条件。审计师还肩负着对经济交易和会计事项经济实质的进行独立的再次判断的重任。审计市场不发展、不完善，审计师就很难担负起这样的重任。此外，资本市场将对企业对其经济交易和会计事项的经济实质所做出的判断进行最终的判断。这种最终判断的有效性构成了基于原则的规则导向会计准则的一个前提条件。如果资本市场不具备这种能力，审计师和企业都可能放任自流，实施基于原则的规则导向会计准则的风险将大大增加。

（6）有赖于政治和法律环境的进一步改善

会计准则虽然有利于政府监管，但政府监管不是会计最主要目的，更不是唯一的目的。这就要求我们在制定会计准则时不能过于强调会计的政府导向而忽视了其根本。同时，由于基于原则的规则导向会计准则不像我国传统的法规（成文法），它应更多地彰显内含于会计中的基本概念与原则，给予企业根据这些基本概念与原则做出一定职业判断的余地，与现行的法规有一定的反差。在我国目前的政治和法律环境下，为容纳得下具有这种特点的会计准则，还需要创造更好的环境。

3.6　会计准则的国际趋同与等效

3.6.1　规则和制度安排与会计准则的国际趋同模式

基于制度经济学的分析，会计准则总体上是一种有助于降低交易费用的制度安排。会计准则的制定行为被认为是成本与社会收益之间的权衡，其发展取决于现实环境的需要，也体现为利益集团之间博弈的结果。随着全球经济一体化的不断发展，作为一项重要的国际经济与商业交往的规则和制度安排，国际会计准则（以及各国会计准则）的制定模式从最初的国际协调（harmonization）逐步向全球趋同（convergence）发展。2001年，国际会计准则委员会（IASC）改组之前，其总体目标是“协调”。这一思想在1992年10月11日通过的IASC章程规定的目标中得到充分说明。会计准则协调的目的是限制和缩小会计实务的差异，提高各国会计实务和财务信息的可比性，通过国家之间不同观点的调和及各国会计准则差异的协商调整，达到国际相互沟通、理解，减少障碍和矛盾。因此，协调的目标比较模糊，协调力度也较弱。2001年，IASC改组为国际财务会计理事会（IASB）；改组后，IASC章程所规定的目标发生了质的飞跃。

改组后新的IASC章程所规定的目标是：①本着公众利益制定一套高质量的（high quality）、可理解的（understandable）、具有强制性的（enforceable）、全球性的（global）

会计准则。这套准则要求在财务报表以及其他财务报告中提供高质量的、透明的（transparent）且可比的（comparable）信息，以帮助世界资本市场的参与者和其他信息使用者进行经济决策；②促使这些准则得到严格的执行；③促使世界各国会计准则与国际会计准则得到高质量的趋同。由此，IASB 在立场上和态度上发生了很大转变，会计准则全球趋同的思路在 IASC 实施改组的过程中逐渐清晰并得以强化。

IASC/IASB 在维持自身发展、适应内外部环境的改变与要求方面，寻求与各国和国际组织的广泛合作。经过多年努力，已经有越来越多的国际和地区接受和认可 IAS/IFRS。这一过程包括包含（incorporation）、比较（comparison）、认可（endorsement）与采纳（adoption）、等效（equivalence）等不同层次和阶段。

1）包含（incorporation）

IASC 原本是一个松散的民间会计准则制定机构，不少成员团体并非各自国家的会计准则制定机构。IASC 制定的国际会计准则并不具有强制性约束力，必须获得各国的支持才能赖以生存。因此，IASC 早期的会计准则制定工作在一种两难的境地中展开。为了使 IAS 能够被各成员国和有关的国际组织所认可和接受（或不至于与主要成员国的会计准则存在太大的差异），也为了得到不同成员国家的认可和支持，达到尽快建立会计准则体系的目的，IASC 采取了尽可能折中协调的处理方式，对相同的交易或事项允许采用不同的会计处理方法。这些方法分别包含（incorporation）了不同成员国家的会计实务。例如，IAS 2“存货”准则规定，可以分别采用先进先出法、加权平均法、后进先出法、成本与市价孰低法与基本存量法等多种会计处理方法对存货进行计价。

尽管早期的 IAS 包含了许多国家允许采用的会计处理方法，但随着 IAS 的改进，与国家会计准则的差异逐步增加，这种特点也反映在各国对 IAS 的运用模式中。1988 年，IASC 发布了一份关于其 54 个成员国遵循 IAS 的调查报告，从 7 个方面调查各成员国的国家准则与会计实务与当时已颁布的 26 项 IAS 的一致程度。Purvis et al.（1991）的研究结果表明，在 7 种运用 IAS 的方式中，成员国中大多数国家采用“参考 IAS 制定国家会计准则，国内准则与相应的 IAS 在实质上一致”与“国家会计实务在总体上与 IAS 一致”这两种方式遵循 IAS（compliance by standard），尤其是前英属殖民地国家。

2）比较（comparison）

20 世纪 80 年代末到 90 年代中期，各国的资本市场逐步开放，各国会计准则之间的差异对不同国家财务报告编制者和使用者的影响也越来越大，严重影响了会计信息的可比性。IASC 制定的准则也由于存在多种会计处理方法，难以有效地促进会计协调，遭到了来自各国的批评。1989 年 1 月，IASC 发布第 32 号公布草案（E32）“财务报表可比性/改进”，计划修订 13 个现有的 IAS，取消 23 项当时允许采用的会计处理方法，针对仍然允许备选方法存在的会计准则指定 12 项首选的会计处理方法（Salter et al.，1996）。修订或重新发布 10 项从 1995 年起生效的会计准则，标志着该计划的圆满完成。

从 1989 年到 1995 年，IASC 经过 6 年的努力基本上完成了可比性项目，把准则中可供选择的方法从 38 个减少到 15 个，为增强财务报表的可比性做出了实质性的努力，为稳定其在国际民间组织中制定全球会计准则的地位起了重要作用。在 IAS 中引入基准方法和备选方法受到了欢迎，并确定了在未来准则修订中缩小不同会计方法可供选择空间的领域。Hoarau（1995）认为，在国家相互承认会计准则的前提下提出基准方法是尊重不同国家的会计协调方式，比由美国一国独揽IAS的制定权、发言权更为合理。

1993年，IASC发布了一份调查报告，从3个层面对78个IASC成员团体、100多家大企业以及20多个国家运用和实施IAS的情况进行调查，很好地描述了IASC的可比性项目在实施过程产生的结果。结果表明，对大多数成员团体和国家而言，国家会计规范与实务在实质上与大部分IAS一致（通货膨胀会计除外），但一些当时刚刚制定出来的IAS与国家会计规范或实务的差异则相对较大。在信息披露方面，各国的调查结果都反映国家会计实务与IAS 5“财务报表披露的信息”（该准则后来被取消）一致，但超过20个国家的结果反映与IAS 14“报告分部财务信息”不一致，18个国家的结果反映与IAS 24“关联方披露”不一致。在公司层面，超过1/3的跨国公司在年度报告中明确表示遵循IAS，表明越来越多的国际企业意识到统一的会计语言有助于投资者对公司的财务信息进行比较（Terry，1993）。

3）认可（endorsement）与采纳（adoption）

经济全球化浪潮促进了日益增长的跨国资本流动和投资，以及各国资本市场的相互依赖。认可与采纳IAS/IFRS，努力与IASB准则同步发展，是相关国家与国际组织在会计准则与实务上国际趋同的举措。20世纪90年代中后期，各国会计准则制定机构开始日益关注国际会计准则的发展，并产生了同IASC合作的意向，证券监管机构也开始重视国际会计准则的制定。1993年，证券委员会国际组织（IOSCO）与IASC达成初步的合作意向；1995年7月，双方达成正式协议：假如IASC完成IOSCO提出的5个大类40个项目的核心准则，IOSCO将认可（endorsement）这套核心准则，并推荐其成员国允许在本国上市的外国公司编制财务报表时使用。1998年12月，IAS 39《金融工具：确认与计量》的发布标志着核心准则计划宣告完成。1999年，IOSCO开始对核心准则的审核。2000年5月17日，IOSCO对IASC已完成的40项核心准则中的30项通过了评审，并将其推荐给各个成员的证券监管机构使用。此举是全球财务报告协调化的一个里程碑。2000年6月，欧盟常设机构欧洲委员会（European Commission）要求欧盟7 000多家上市公司从2005年开始，采纳IAS/IFRS编制合并报表。

然而，无论是IOSCO还是欧盟，对IAS/IFRS都并不是毫无保留、无条件地接受。IOSCO对核心准则的核准或认可由一个委员会（第一工作组）进行。第一工作组向IOSCO技术委员会提供是否认可核心准则的建议（技术委员会由16个证券管理机构组成，包括美国证券交易委员会SEC）。2000年5月，IOSCO对IASC已完成的40项核心准则进行评审，只评估通过了30个核心准则（其中6项准则已与其他准则合并或由其他准则取代，另4项由于某些原因未得到评估通过），表明其有条件地认可IASC核心准则的立场。欧盟对IAS /IFRS也实行了严格的技术和立法两个层面的双重认可机制，分别由欧洲财务报告咨询组（EFRAG）和欧盟会计监管委员会（ARC）负责。这是一种在单个IAS/IFRS准则层面上的认可，目的是方便欧洲委员会对单个IAS/IFRS进行认可或拒绝（Schaub，2005）。

根据德勤会计师事务所的统计，2005年，要求国内上市公司使用IAS/IFRS的国家有39个，允许国内上市公司使用IAS/IFRS的国家有18个。在欧盟，上市公司必须根据IAS/IFRS编制合并报表，非上市公司（超过300万家）根据法律要求按照本国会计准则编制财务报表，但欧盟成员国被授权允许这些公司使用IAS/IFRS（奥地利、法国、爱尔兰、斯洛文尼亚和英国除外)。包括中国、罗马尼亚、俄罗斯联邦在内的国家，只有一些特定的主体被允许使用 IAS/IFRS，不过其中一些国家的会计准则已经日益与 IAS/IFRS 趋同，而阿根廷、巴西、加拿大、智利、印度、日本和美国等国家仍然不允许上市公司使用 IAS/IFRS。

4）等效（equivalence）

“等效”（equivalence）是指当东道国的准则、规定与外国公司的国家准则、规定充分接近或在功能上具有相互替代性时，东道国免除外国公司必须执行东道国准则、规定的要求。“等效”并不意味着百分之百完全相同，差异是允许存在的（Tzung－bor Wei，2007），但必须尽可能减少。具体到“会计准则等效”，则是第三国在实施国际财务报告准则的国家或地区上市，按照本国会计准则编制的财务报表不再进行调整，即使调整也只对个别项目做出说明或者编制极少项目的调节表，无须再按国际财务报告准则进行全面转换。与按照 IAS/IFRS 编制的财务报表相比，如果按照第三国会计准则编制的财务报表能够让投资者对证券发行企业的资产负债、财务状况和盈利状况及前景做出相似判断，并且很可能做出相同的投资决定，就可以认为等效。

早在2004 年，欧盟内部市场部理事长 Alexander Schaub 在美国众议院财务服务委员会作证时指出：“在许多情况下，仅在细节上趋同是不可行的……假如我们要往前走，就必须承认在一些情况下，重要的不是采取一样的步骤，而是同意我们具有广泛的等效步骤和共同的目标。……‘等效’表明双方承认，达到一个共同的目标存在多条路径。”作为世界主要经济体，欧盟自 2005 年 1 月 1 日起全面采纳 IAS/IFRS 后，便开始致力于第三国准则与 IAS/IFRS 等效的认定工作。2005 年 4 月，欧洲证券监督机构委员会（CESR）决定把加拿大、日本和美国的会计准则列作 IAS/IFRS 等效会计准则的备选方案，适用于在欧洲上市的非欧洲公司。2007 年 6 月，欧盟委员会表示将在 2008 年年底前做出中国企业会计准则与 IFRS 是否等效的决定。这意味着中国将成为欧盟确定的第四个“等效准则”候选国家。

2007 年 12 月，CESR 就第三国会计准则等效问题向欧盟委员会提出技术建议。2008 年 1 月 8 日，欧盟委员会宣布通过相关规定，为认定第三国会计准则是否与欧盟实行的 IFRS 等效确立了衡量标准。同年 4 月，欧盟委员会就欧盟第三国会计准则等效问题发布正式报告，提交欧洲议会讨论并将最终形成法律。根据一系列的安排，从 2009 年 1 月 1 日起，在欧盟资本市场上，只有按照等效准则编制的财务报表才可以免于根据 IAS/IFRS 进行报表调整。

3.6.2 欧盟与美国在会计准则国际趋同过程中的博弈分析

为了自身的利益，发达国家与地区在会计准则国际趋同这一国际经济与商业交往合作的重要规则和制度安排中进行博弈，并力图增加对 IASB 的影响。其中最具有代表性的是欧盟和美国在会计准则趋同和等效过程中所扮演的角色。一方面欧盟日益延长对 IASB 发布的新 IFRS 及其解释公告的认可程序，不断对 IASB 及其监管机构国际会计准则委员会基金会（IASCF）受托人施加压力，力求改变其组成以及运作方式。另一方面，为了争取制定国际准则的话语权，美国 FASB 加强了与 IASB 的合作，并敦促欧盟取消其接受 IFRS 的认可程序。更令人关注的是，2007 年，SEC 决定废除要求在美国上市的外国公司根据美国 GAAP 进行报表调整的规定，并考虑允许美国本国上市公司按照 IFRS 编制财务报表。

1）欧盟的会计准则国际趋同模式

欧盟是推动会计准则国际趋同与等效最具有成效的区域性国家联盟。在推进会计协调/趋同/等效的进程中，欧盟具有不同于其他政府间国际组织的能力。

早在 20 世纪 70 年代，欧共体（1993 年后改称欧盟）就开始了其内部会计协调。欧共体理事会通过发布一系列“指令”（directives）和“条例”（regulations），分别就关于企业的法律、税收、会计和报告等方面做出规范，要求各成员国通过修订、制定各自的相关法律予以采纳执行。1978 年，欧共体发布第 4 号指令——“不同类型公司的年度财务报表”，详细规范了企业年度报告中的财务报表种类与格式及报表编制的会计原则。此外，1983 年发布的第 7 号指令“合并财务报表”、1985 年发布的第 10 号指令“上市公司的跨国合并”、1986 年发布的“银行和其他金融机构的财务报表和合并财务报表”、1989 年发布的第 11 号指令“在一个成员国设立但受另一成员国法律管辖的公司分支机构的披露要求”等，都为欧共体范围内会计标准的协调做出不小的贡献，使欧共体国家财务报告的可比性有了显著的提高。但是，由于欧共体的指令不能完全替代成员国法律，各成员国必须通过修订其法律或重新颁布新的法律来执行指令，因此各成员国在会计政策协调进程中仍存在局限性，执行进程差别极大，导致为各项指令设置的最后截止期限经常会被成员国延后或忽略不计，因此，内部会计协调主要是以法、德为代表的欧洲大陆国家会计模式与英国会计模式之间的差异协调。

在国际趋同阶段，欧盟（EU）对 IASC/IASB 的工作给予了巨大的支持。1995 年，欧洲委员会宣布欧盟放弃发展其特定会计准则的长期目标，要求成员国今后将 IAS 作为编制财务报表的基础，以此支持国际协调活动。2000 年 6 月，欧洲委员会发布了题为《欧盟财务报告战略：未来走向》的备忘录，要求欧盟 7 000 多家上市公司从 2005 年开始，采纳 IAS/IFRS 编制合并报表。采用美国 GAAP 编制合并报表的公司将不能再继续采用美国准则。在美国 GAAP 与 IAS/IFRS 趋同之前，这些公司将要编制两套合并报表。2001 年 2 月，欧洲委员会发布规章草案，提交欧洲议会和欧盟部长级理事会审查通过，重申了采纳国际会计准则的决心。2002 年 7 月，欧洲议会和欧洲委员会通过了《关于运用国际会计准则的 1606 号法令》，欧盟决定上市公司财务报告应采用 IAS。“第 1606/2002 号法令”具备相当高的法律地位，即不需成员国批准，IAS 即可实施使用。

然而，欧盟对 IAS/IFRS 引入了近乎苛刻的双重认可机制。所有新修订或发布 IAS/IFRS 要先由欧洲财务报告咨询组（EFRAG）通过技术层次的认可，再由欧盟会计监管委员会（ARC）进行立法层次的认可。立法层次在认可国际会计准则方面起最终的决定性作用。2006 年，基于欧洲议会认为在“进行详细审查的监管程序”下成为新的 IFRS 及其解释公告是否能被认可从而可以在欧盟使用的最终仲裁者的时机已到这一认识①，欧洲委员会成立了准则建议评论组（SARG），保证 EFRAG 提出的建议均衡和客观。设置这些机制的目的，无疑是加大欧盟在会计准则国际趋同进程中对 IASB 的影响。

2）美国会计准则的国际趋同模式

美国制定会计准则的历史之悠久，所制定的“公认会计原则”之详细与完善，制定

---

① http：//www. iasplus. com/europe/0804endorsement. pdf.

准则的程序之充分、公开与独立，使得美国认为只有美国财务会计准则委员会（FASB）才有资格制定全球高质量的会计准则。因此，在IASC成立初期相当长的时期内，美国对IASC制定IAS的努力一直不以为然。

随着IASC的“可比性与改进计划”的立项、实施与完成，IASC及其准则对国际社会的影响越来越大，美国对IASC及其准则的态度转为观望，但仍然认为只有美国才能制定出高质量的准则。1991年，FASB宣布支持国际准则（但不一定是IASC准则）的制定，它使用了“国际公认会计原则”、“世界范围的会计准则”以及“全球认可的会计准则”等字眼，其用心是想牢牢把握全球准则的制定权，由美国来制定一套“全球会计准则”。

1995年7月，IASC与IOSCO达成了制定一套核心准则的协议，在美国引起了极大的反响。拒绝“核心准则”显然要遭受国际、国内巨大的舆论压力，因此美国的唯一对策是顺应时代潮流，与IASC合作，制定一套全球通用的高质量的会计准则。1996年，美国国会要求美国SEC报告IASC的进展情况，并希望其成功制定出一套国际公认的会计准则，供在美国上市的外国公司使用。当年10月，美国SEC经过与IASC对话后，发表了一个有条件支持IASC制定适用于跨国股票上市财务报表所有的会计标准的声明。然而2000年，当IOSCO认可了IASC的核心准则后，SEC仍然拒绝采取采纳IAS的行动。直到2001年安然事件暴发，美国会计准则受到越来越多的责难，美国才开始重新审视GAAP的效率及缺陷，美国国会也责成SEC对会计准则“原则导向”与“规则导向”的问题进行研究。这表明美国国会在原则上认定了现有的“规则导向”会计准则与安然事件的发生具有某种内在的联系。

2001年，IASC改组为IASB，美国的态度从拒绝合作转为全方位积极介入。2002年10月，世界上最具有影响力的两个会计准则制定者IASB与FASB签订了著名的“诺沃克协议”（Norwalk Agreement），正式将实现美国会计准则与IAS/IFRS相互间的不断趋同作为双方的义务。协议的核心是短期趋同计划（short-term international convergence），即在2003年完成主要差异的确认，并通过双方的合作，争取在2005年之前减少或消除这些差异。“诺沃克协议”为实现全球会计准则向前迈进了一大步，使国际资本市场上应用最广泛的两套会计标准有望最终走向统一。FASB主席Bob Herz把IASB和FASB之间的趋同项目形容为一个“一石三鸟”的机会：改进美国的财务呈报、简化美国的会计准则和准则制定以及为美国市场参与者提供国际趋同的好处（Tweedie，2004）。继“诺沃克协议”以后，2006年2月27日，IASB与FASB发布了一项谅解备忘录，重申了双方制定高质量全球资本市场通用会计准则的目标，认为一套通用的高质量会计准则将能够提高财务报表的一致性、可比性和有效性，能够使全球市场减少摩擦而顺利运行。

2005年4月，当时的SEC首席会计师Donald T. Nicolaisen宣布接纳外国上市公司用IFRS编制财务报表的计划（Roadmap），并表示在2009年决定废除按照IFRS编制财务报表的外国公司必须根据美国GAAP进行报表调整的要求。2007年7月，SEC发布了一项免除外国公司根据GAAP进行调整的提议，并从当年11月15日起正式实施。有猜测认为，SEC的决定在很大程度上来自美国财政部的压力，以及日益激烈的针对美国证券市场对外国公司不够友善的批评。为了执行SEC的规定，根据美国GAAP进行报表调整，每个在美国上市的欧洲公司每年约花费500万美元到1 000万美元。此外，《萨班斯-奥克斯利法案》过高的执行成本迫使某些外国公司退出美国市场。还有一个威胁是，假如美国不接受 IFRS，欧盟可能在欧洲市场上要求对执行美国 GAAP 的上市公司根据 IFRS 进行调整。2007 年 8 月，SEC 发布了建议《允许美国上市公司按照 IFRS 编制财务报表》的概念文告[①]。这一系列的变革，无疑是美国力求在制定全球通用的会计准则上增加自身的筹码，但也为 IFRS 成为全球通用的会计准则扫清了道路。

需要指出，尽管 2010 年 SEC 发布声明支持建立全球统一的高质量会计准则，承诺在 2011 年就是否要求美国本土企业采用国际财务报告准则做出决定，但随着美国经济的好转，2011 年 5 月 26 日，SEC 建议采用“趋同认可”的策略将国际财务报告准则并入美国会计准则体系，并征求各方意见。根据“趋同认可”策略，美国将推迟本国会计准则与国际财务报告准则趋同的时间。具体而言，在 5 ~7 年的过渡期间运用“趋同”策略，处理现有国际财务报告准则与美国公认会计原则之间的差异，而在过渡期结束后，根据美国准则编制的财务报表与根据国际准则编制的财务报表将取得一致。这就表明，美国仍将保留本国会计准则制定机构及其制定本国会计准则的权力。

3.6.3　中国从追求会计准则国际趋同转向等效的基本做法

当今世界经济发展的重要趋向之一，就是已形成全球性的统一大市场。作为世界经济发展中一个重要的新兴市场经济大国，我国企业不可避免地要参与国际竞争、实施跨国经营、进入国际资本市场。市场的国际化必然要求会计国际化，为国际与国内使用者提供真实、公允、可比的会计信息。在对待会计国际协调方面，我国一贯坚持立足我国国情、立足于我国当前会计环境的前提下，除了那些相关国际会计管理与我国的法律法规存在冲突或者明显不切合我国实际情况之外，我们都努力促使我国会计标准与国际财务报告准则相协调或者一致。改革开放至今，我国会计国际化的基本做法已经从单纯借鉴国际惯例、追求会计准则的国际协调、国际趋同逐步转向追求国家之间的会计准则等效。具体做法可以分为 3 个阶段：

第一阶段：借鉴国际准则和惯例，建立我国会计准则体系；

第二阶段：顺应时代潮流，走会计准则的国际趋同道路；

第三阶段：以趋同为起点，追求会计准则的国际等效。

2005 年 11 月，我国与欧盟签署《中华人民共和国财政部 欧盟内部市场总司会计准则国际趋同及双边合作联合声明》后，双方就将中国会计准则列为第三国等效准则的安排问题举行了多次讨论。2007 年 7 月，中欧会计等效会谈取得实质性成果，双方成立了联合工作组，启动了会计准则在政策和技术层面的合作，力争实现欧盟在 2008 年就中国会计准则等效做出最终决定的目标。根据欧盟 2007 年 12 月发布的“关于建立认可第三国证券发行者采用的会计准则等效的机制规则”之第四款，在 2011 年年底前，欧盟委员会允许中国证券发行者进入欧洲市场时使用中国会计准则，而不需要根据国际财务报告准则调整财务报表。2008 年 4 月，我国与欧盟委员会就中国市场经济地位的相关会计议题进行了深入会谈，欧方认可了我国会计准则建设与实施取得的进展，欧盟委员会发布了接受中国会计准则的正式报告，中欧会计等效工作取得了意义重大的阶段性成果。2010 年，

---

① SEC 2007, Concept Release on Allowing U. S. Issuers to Prepare Financial Statements in Accordance with International Financial Reporting Standards; Proposed Rule, 17 CFR Parts 210, 228, 229 et al., August 14.

双方签署联合声明，将共同努力实现中欧会计准则的最终等效。自 2012 年 1 月 1 日起，欧盟成员国上市公司在合并财务报表层面所采用的国际财务报告准则与中国企业会计准则等效。欧盟接受我国企业会计准则将有助于促进欧盟对我国完全市场经济地位的认定，改善我国企业的出口环境，促进我国对外经贸的发展。

2007 年 8 月，在美国证券交易委员会（SEC）在向外界公开征求意见，允许在美国上市的外国公司采用国际财务报告准则编制财务报告之际，我国与 FASB 进行了第一次沟通。双方均表示了合作的意愿，将在工作层面建立工作组，通过后续的交流与合作，从技术层面解决双方会计准则等效问题，为中国会计准则与美国 GAAP 实现等效初步奠定了基础。2008 年 4 月 18 日，我国会计准则委员会与美国 FASB 签署了中美会计合作备忘录，双方同意加强交流，在会计技术层面形成更多的共识；采用多种形式，交流两国会计准则建设、实施及其国际趋同的经验；建立交流信息和观点的工作机制，定期交换意见，并就世界主要经济体的会计准则趋同问题共享观点。

2007 年 12 月 6 日，我国财政部与香港会计师公会在香港签署中国内地与香港会计审计准则等效联合声明，宣布内地企业会计、审计准则分别与香港财务报告准则、审计准则实现等效。

2010 年 4 月，我国财政部发布了《中国企业会计准则与国际财务报告准则持续趋同路线图》，再次向国际、国内社会表达了我国与国际财务报告准则持续趋同的原则立场和明确态度，同时提出了我国下一步企业会计准则建设的方向，为建立全球统一的高质量会计准则而继续努力。其中，最核心的内容包括：中国支持建立全球统一的高质量会计准则，积极推进中国会计准则持续国际趋同。

在世界经济一体化的推动下，一套高质量、可理解、可实施的全球性会计准则的时代已经到来。透过会计准则国际趋同与等效，我国采取一种创新的模式，循序渐进，从最初的简单创新转向最终的系统创新，通过恰当的创新战略设计在会计国际趋同与等效方面取得成功。一方面推动了我国企业会计准则体系的建设、提高了中国会计准则的质量，另一方面也增强了我国在国际准则制定博弈中的实力，为中国企业参与国际竞争获取有利位置。我国在促进公平公正并符合发展中国家利益的国际经济与商业交往合作规则与制度安排中扮演着特别的角色，做出了独特的贡献，产生了显著的示范效应。

本章小结

会计准则及其制定方法在会计理论中具有重要的地位。

在美国，公认会计原则具有两个明显的特点：①公认会计原则是指导会计实务的规范；②公认会计原则必须得到公认。

公认会计原则最早产生于美国。1929 年到 1933 年爆发的资本主义经济危机是导致美国公认会计原则产生的直接原因。美国分别于 1933 年和 1934 年通过的《证券法》和《证券交易法》授权证券交易委员会制定会计原则，最终由美国会计师协会具体执行。

美国公认会计原则的发展过程大致经历了 4 个阶段：①研究形成阶段；②公认阶段；③成型阶段；④不断完善发展阶段。

会计准则制定受到多个参与方的影响，也牵涉多方的经济利益。因此，会计准则制定是有重要的经济后果的。

高质量会计准则标准问题的讨论以及 2001 年陆续发生的大公司财务和会计丑闻，促使美国重新检讨其会计准则制定方法问题。

美国提出的目标导向的准则及其制定应具备以下特征：会计准则必须建立在经过改进的、可以持续一贯地运用的概念结构之上；会计准则的制定必须清晰地说明每一准则的会计目标；会计准则需提供足够详尽的操作指南；会计准则应能避免例外情况；会计准则的制定应避免界线检验。

我国会计准则是随着经济体制改革而产生，并且随着经济的发展而发展的。迄今为止，我国已经形成比较完善的企业会计准则体系。

目前我国会计准则介于国际会计准则和美国会计准则之间。结合我国的具体情况，我们认为，我国会计准则制定方法应该是“基于原则的规则导向”。

IASB 自改组以来在会计准则的国际趋同与等效这一规则和制度安排中取得了很大的发展。在争夺国际准则制定权方面，欧盟和美国也一直基于自身的利益进行了博弈。

我国在应对 IASB 不断推进的会计准则国际趋同，以及在促进公平公正并符合发展中国家利益的会计准则国际趋同与等效机制的建立和完善过程中做出了巨大的努力。

主要概念和观念

□　主要概念

公认会计原则　会计准则　会计准则制定的联合主义　高质量会计准则　规则导向　原则导向　目标导向　会计基本准则　具体会计准则　国际趋同与等效

□　主要观念

由于会计准则本身具有经济后果，因此会计准则的制定是一个比较复杂的理论和政策问题。如何在会计准则中体现财务报告的目标，并在规则导向与原则导向之间中取得平衡是各国会计准则制定机构面临的一个新的挑战。

会计准则国际趋同有多种方式，其中认可、采纳和等效是最基本的三种方式。

基本训练

□　知识题

1. 在对公认会计原则定义时应把握的两个要点是什么？
2. 美国公认会计原则的发展经历了哪几个阶段？各有哪些特点？
3. 财务会计准则委员会是采用什么样的程序来制定公认会计原则的？
4. 会计准则制定主要有哪些参与方？其经济利益是如何表现的？
5. 高质量的会计准则应具有哪些特征？
6. 美国发生的一系列大公司的财务和会计丑闻对会计准则制定产生了什么样的影响？
7. 如何理解会计准则制定的原则导向和规则导向？
8. 会计准则制定的目标导向有哪些特点？
9. 我国的会计准则是如何产生与发展的？
10. 我国会计准则的现状如何？应如何评价？
11. 如何理解会计准则国际趋同与等效？
12. 如何评价我国会计准则的国际趋同与等效？

□　技能题

1. 将我国《关联方披露》会计准则与美国相关的公认会计原则和国际财务报告准则比较，各有何特点？

2. 分析比较会计准则国际协调过程中包含（incorporation）、比较（comparison）、认可（endorsement）、采纳（adoption）与等效（equivalence）等不同层次和阶段的特点。

3. 以知识产权、企业转型升级为主要背景内容，分析应如何完善《无形资产》会计准则才有助于企业创新？

□ 能力题

1. 在美国财务会计准则委员会（FASB）和国际会计准则理事会（IASB）的网站上查找一些你感兴趣的会计准则。针对这些会计准则，分析其在制定方法方面的特点，指出在制定方法方面的不足。

2. 查找一个你感兴趣的我国的企业会计准则（比如企业投资或资产减值），针对这一会计准则，分析其在制定方法方面的特点，指出在制定方法方面的不足。

3. 通过分析高质量会计准则与高质量会计信息之间的关系，说明高质量会计准则是否一定会形成高质量的会计信息。为什么？

4. 2006 年，我国新的企业会计准则体系发布后，我国的企业会计准则与国际财务报告准则实现了趋同。分析对比我国的企业会计准则与国际财务报告准则，看看在趋同的同时是否还存在一些差异？为什么这些差异应该存在？

5. 在学习《企业会计准则——投资性房地产》的基础上，查阅我国的房地产上市公司 2010—2012 年年度财务报告，用统计表格的办法归纳，并用文字分析我国的房地产上市公司在后续计量中采用历史成本和公允价值的情况。

第 4 章

财务会计概念框架

学习目标

知识目标

了解财务会计概念框架的形成原因与发展过程；理解财务会计概念框架在会计理论和会计准则中的地位与作用；掌握财务会计概念框架的内容及其相互关系。

技能目标

不断追踪国内外财务会计概念框架的变化，并应用于指导具体会计准则的制定、企业单位会计政策选择和信息披露等会计实务。

能力目标

根据客观经济社会环境和实际需要的变化，提出改进我国财务会计概念框架的建议，创新发展我国财务会计概念框架。

4.1 财务会计概念框架概述

财务报告是以估计（estimates）、判断（judgments）和模型（models），而不是以确切的描绘（exact depictions）为基础的。概念框架建立的概念就是指导这些估计、判断和模型的。① 财务会计概念框架的内容通常包括财务报告目标、会计信息质量特征、财务报表要素及其确认和计量等，是由互相关联的目标和基本概念组成的逻辑一致的体系。按照葛家澍教授等的理解，财务会计概念框架就是一系列由财务报告的目标和受目标决定的其他基本概念组成的一套理论体系。② 其目的在于指导财务报告的宗旨并为财务报告的报告主体、信息质量特征、报表要素、确认、计量、列报及披露提供基本的概念与原则。

---

① FASB. SFAC No. 8. Conceptual Framework for Financial Reporting.
② 葛家澍，陈朝琳．财务报告概念框架的新篇章［J］．会计研究．2011（3）．

4.1.1 财务会计概念框架的形成与发展

财务会计概念框架（CF，也称“概念结构”）是会计界重视理论研究的产物，是制定会计准则的需要，也是社会经济环境综合作用的结果。

早在1907年，斯普拉格的《账户的原理》（Philosophy of Accounts）就涉及了会计的一些基本概念，如账户、会计恒等式、资产、负债、权益等。在美国会计实务处于严重自由化的时代，特别是在1929—1933年的资本主义经济大危机发生后，社会各界对会计职业界的批评不断。许多有识之士在认真分析了各方面的意见后认为，应当提出一个基本的理论框架，作为未来制定会计准则的理论依据。于是，佩顿和利特尔顿在1940年出版了《公司会计准则概论》。书中提出：本书并非直接论述会计准则，而是试图将会计的一些基本思想编织起来，形成一个框架，便于未来公司会计准则构建于其中。因此，这部著作可以说是会计历史上最早明确要求建立由若干基本概念构成的会计理论体系的著作。后来，各国对财务会计概念框架的研究也仍然体现着该著作的基本观点。

受会计理论界和当时会计环境的影响，美国注册会计师协会很早就开始尝试研究会计的一些基本概念，以统一会计实务界对基本会计问题的认识。20世纪五六十年代，该协会对财务会计概念框架的研究有所深入。它的会计研究分部着手研究会计假设与会计准则，并试图以会计假设为起点进行探索。但是，当时就有学者认为，首先不是研究所谓的会计假设，而应研究会计的目的或目标。1965年，该协会所属的一个专门委员会向会计原则委员会提出4点建议：①在尽可能短的时间内，对公开的财务报表的目的与局限性提出看法；②列举并描述会计准则据以产生的基本概念；③说明会计实务与会计程序应当遵守的会计准则；④给出会计职业界广泛使用的术语的定义，如具有重大权威支持、程序、重要性、资产、收益等。这些建议极大地促使会计职业界更加关注基本概念的研究，使其沿着理论概念方向迈进。为了积极响应这些建议，会计原则委员会于1970年发布了第4号公告——《企业财务报表编报的基本概念与会计原则》。这份公告提出了会计假设和财务报表目标等基本概念问题。与此同时，美国会计学会对概念框架也进行了一些研究。最有代表性的成果就是1966年发表的《论基本会计理论》。该报告虽然没有直接建立概念框架，但它所提出的“会计是一个经济信息系统”的观点，为后来以财务报告目标为起点建立财务会计概念框架提供了最直接、最有效的理论准备。

进入20世纪70年代中后期以来，美国对财务会计概念框架的研究明显增多且正式起来。其原因是20世纪70年代以前，制定会计准则的理论依据主要是会计学会、注册会计师协会以及一些著名会计学家的专题研究报告，缺乏内在一致的理论基础，而社会各界一直认为应有一套有效且逻辑一贯的理论作为会计准则制定的依据。会计程序委员会和会计原则委员会虽然做过一些相关的工作，但都未形成一个连贯的理论体系，因而遭到了各方的责难。加之20世纪70年代以后，美国的经济形势发生了很大的变化。那时，美国等发达国家的经济呈现“滞胀”状态，从而给会计实务带来许多新问题，如企业兼并、融资租赁、养老金计划、物价变动、国际结算、外币折算等，迫切需要新的会计技术方法和会计准则。这就使得原有的会计理论概念明显落后于经济形势和会计实务的发展，不利于会计准则的制定和执行。原有的会计理论侧重于描述方法，与会计准则相关的一些重要文献往往观点不一，甚至相互抵触，从而导致会计实务混乱，引起会计信息使用者的强烈不满。这就急需建立一套能适应新经济形势的、完整的和规范的财务会计概念框架，以指导会计准则的制定和约束会计实务。于是，财务会计准则委员会顺应潮流，一成立便开始进行对财务会计概念框架的研究。被它列入最初议事日程的7个项目中就有“制定概念框架”。按照财务会计准则委员会的最初理解，概念框架为会计准则制定提供哲理基础或一组普遍概念，并且以财务报告目标为起点。该委员会在1976年12月2日公布的《关于企业财务报表目标的暂行结论》、《财务会计与报告概念框架：财务报表的要素及其计量》和《概念框架研究项目的范围与含义》3个文件中正式使用了“财务会计概念框架”一词。从1978年到2000年，该委员会先后发布了7份财务会计概念公告（Statement of Financial Accounting Concepts），形成了一个比较完整的概念框架体系：

第1号《企业财务报告的目标》（Objectives of Financial Reporting by Business Enterprises，1978.11）

第2号《会计信息的质量特征》（Qualitative Characteristics of Accounting Information，1980.5）

第3号《企业财务报表的要素》（Elements of Financial Statements of Business Enterprises，1980.12）

第4号《非营利组织财务报告的目标》（Objectives of Financial Reporting by Nonbusiness Organizations，1980.12）

第5号《企业财务报表的确认与计量》（Recognition and Measurement in Financial Statements of Business，1984.12）

第6号《财务报表的要素》（Elements of Financial Statements，取代第3号，1985.12）

第7号《使用现金流量信息与会计计量中的现值会计（Using Cash Flow Information and Present Value in Accounting Measurements，2000.2）

随着社会经济环境和需求的变化以及会计理论研究的深化，尤其是会计准则的国际趋同，美国财务会计准则委员会于2010年9月又发布了第8号概念公告：

第8号《财务报告的概念框架》（Conceptual Framework for Financial Reporting，取代第1、2号，2010.9）

这些概念公告之间的相互关系是：财务报告目标是概念框架的起点，起着指引方向的作用；会计信息质量特征是连接财务报告目标与其他概念的桥梁；财务报表的要素及其确认与计量，是财务报告目标的具体体现，也是实现财务报告目标的重要手段。

继FASB建立了财务会计概念框架之后，英国、澳大利亚、加拿大等国家以及国际会计准则的制定机构也开始对本国或国际财务会计概念框架的研究，并发布了阐述概念结构的重要文件和报告。其中，英国会计准则委员会（ASB）于1999年发布的“财务报告原则公告”（The Statement of Principles for Financial Reporting），其内容在很多方面都体现了创新与超越美国财务会计概念框架的意图，但仍然是在美国的基础上进行的，带有一定的美国色彩。加拿大会计准则委员会发布的相关文件称做《财务报表概念》，其内容是对美国概念框架的模仿。澳大利亚会计准则委员会发布的相关文件是《会计概念报告》，其内容基本上是美国概念框架的再版。国际会计准则理事会（IASB）也于1989年发布了“财务报表的编报框架”。该框架后被2010年IASB发表的“财务报告概念框架”（Conceptual Framework for Financial Reporting）所取代。总之，从世界范围来看，美国的财务会计概念框架不仅形成最早，而且最具有代表性。它因会计准则制定和应用的需要而产生，随社会经济环境的变化以及人们对会计理论认识的深化而发展。

4.1.2 财务会计概念框架的作用

财务会计概念框架是以市场经济与现代企业的一些基本理论为基础的。离开市场经济、资本市场发展和现代企业的基本理论，就很难理解概念框架。财务会计概念框架主要明确财务会计中的一些核心概念。它以财务报告目标、会计信息质量特征、财务报表要素及其确认和计量为核心，形成了一个内在一致的理论体系，具有重要的指导作用。

财务会计概念框架最明显的作用是指导会计准则的制定与应用，作为会计准则制定的指南和判断现行准则是否恰当的依据。具体来说，它可以用来评价已发布的会计准则，以对原来的准则做出修订；可以用于指导与发展新的会计准则和会计实务；可以保持会计准则相关文件的内在逻辑一贯性，缩小不同准则之间的差异或冲突，限制会计实务中相同交易的多种处理方法与程序，提高会计准则的规范化；可以帮助会计信息使用者更好地理解财务报告所提供信息的目的、内容、性质与局限性，以做出合理的决策；可以为会计准则的制定和重大会计问题的解决提供方向；可以减少准则制定过程中的个人偏向，抵御不同利益集团的压力；可以使会计理论发扬光大，促进会计理论的发展及应用。

正是由于财务会计概念框架具有指导会计准则制定与应用的作用，各个会计准则制定机构都坚信：只要建立了财务会计概念框架，就可据以形成一套完善且内在一致的质量较高的会计准则，并通过会计准则指导会计实务，最终实现财务报告的目标。因此，FASB认为：财务会计概念框架可用于引导前后一贯的会计准则，并指出财务会计与财务报告的性质、作用与局限性。该委员会希望它所确认的概念框架能“指导机构负责建立会计准则”。英国会计准则委员会（ASB）也认为：概念框架确立了指导对外财务报表编报的概念。其主要目的是为会计准则委员会制定与审查会计准则提供一个内在一致的参考体系。它还可以在特殊情况下为选择不同的会计处理方法提供依据。该委员会希望它所确定的概念框架“可以帮助委员会发展未来会计准则和评价现有会计准则，为委员会减少立法和会计准则所允许的多种备选处理方案提供基础”；IASB 则希望它制定的概念结构能够“帮助国际会计准则理事会发展今后的国际财务报告准则和复议现有的国际财务报告准则，为减少国际财务报告准则所允许的备选会计处理方法的数目提供基础，借以协助其倡导协调与编报财务报告有关的法规、会计准则和程序”。

此外也应认识到，对 FASB 等这类民间机构来讲，财务会计概念框架还具有充当其辩解的“借口”的作用。有了概念框架，财务会计准则委员会就可以此抵御政府的各种干预，因为概念框架可以向社会特别是政府表明，会计准则有其内在的科学性，制定会计准则需要一套完整、严密的理论指导。这样，FASB 就可以长期地拥有会计准则的制定权，以维护自身的利益。

应当明确，财务会计概念框架对会计准则制定和实施的指导作用也有一定的局限性。会计准则虽然在性质上主要是一个技术性规范，但它的制定在一定程度上仍然无法完全摆脱政治干预的影响。同时，会计环境因素也会影响人们对概念框架的理解，因而，财务会计概念框架作用的发挥就会受到一定的影响。这就是说，概念框架并不是万能的，并不能解决会计准则制定中的所有会计问题。

4.1.3　西方财务会计概念框架的缺陷

财务会计概念框架侧重于对会计的一些基本概念做出解释。这些基本概念十分有用，但极少是完整无缺的。西方国家现有的概念结构都或多或少地存在一些缺陷，从而遭到一些会计专家和学者的批评。例如，高尔就在其著作中列举了美国财务会计概念框架中的7条观点混乱的现象、10条未实现承诺和6项未解决的问题。安东尼更是认为，财务会计只有为数不多的几个基本问题，财务会计准则委员会却全都视而不见。我国也有人认为，美国财务会计概念框架的内容并不完整，至少缺少有关财务会计的基本假设、对象和会计记录的理论。葛家澍教授等在《会计大典——会计理论卷》中指出：美国的财务会计概念框架研究方法不一致，先是演绎法，后又为归纳法，使概念框架内在的逻辑性受到损害；财务报告与财务报表的运用不明确；资产的定义与确认、计量之间不一致；目标定位不恰当，文字不严密，没有涉及财务报表及其编报等。

当然，由于FASB第8号概念公告和IASB“财务报告概念框架”的发布，财务会计概念框架的质量得到明显提高。正如葛家澍教授等所言：总体上说，这两份报告是具有显著改进和提高的高质量框架文献，是编报企业财务报告基础概念的新篇章，将使财务报告更具有可理解性和可比性，能更好地沟通国际投资、理财等活动。这对迅速促进后危机时代的全球经济复苏和各国经济的紧密合作具有重要的深远意义。

4.1.4　完善我国财务会计概念框架的必要性

20世纪80年代末以来，部分学者多次提出了建立我国财务会计概念框架的问题，随后对这一问题研究感兴趣的人日益增多。国外对概念框架的研究已比较成熟，我国会计研究人员的能力不断增强，懂外语的会计专家和学者越来越多，一批国外的研究成果被引进和介绍，这些都为研究我国的概念框架提供了便利。我国的具体会计准则开始出台并不断增多，人们很快便发现，1993年7月1日开始实施的《企业会计准则》（基本准则）运行效果并不十分理想。它不仅没有真正给具体会计准则的制定起到指导作用，还与具体会计准则之间存在不一致性。具体会计准则本身的缺点也在实际运用中不断暴露出来。人们普遍认为当时我国的会计规范体系不完善。这不仅给我国会计准则制定机构形成了压力，也促使会计专家和学者积极探索、研究有关会计准则理论的问题。会计理论界很多有识之士认为，我国应建立一套财务会计概念框架，以指导未来具体会计准则的制定，并弥补当时具体会计准则的不足。

需要指出，我国财政部2006年发布的企业会计准则体系中有一项《企业会计准则——基本准则》。在我们看来，《企业会计准则——基本准则》相当于西方的财务会计概念框架，因为，基本准则不同于具体准则，它是准则中的“准则”或“宪法”，规定了会计的目标、会计的基本假设、会计的基本原则、会计要素及其确认与计量的基本要求等，从而对各项具体会计准则的制定起统领作用，属于准则体系中的最高层次。

我国的财务会计概念框架由财政部制定并发布，其依据就是《会计法》。这有利于概念框架与具体会计准则保持内在的一致性，促进会计准则质量的提高。在具体制定概念框架时，既要吸收别国的长处，以降低制定成本，又要立足我国国情，使概念框架为我国会计准则的制定与应用起到切实的指导作用。我国是一个发展中国家，目前正处于经济转轨时期。其社会经济运转与发达市场经济国家存在一定的差别，无论是资本市场的规模还是成熟程度，都不能与发达国家相比。许多经济现象，如上市公司的资产重组、资产置换、股权交易等，都带有一定的中国特色。但是，经济全球化是当今世界的发展趋势。世界经济一体化、知识经济、网络信息、金融危机、生态环境等问题已在世界范围内普遍存在。因此，概念框架在全球的趋同也将是大势所趋。此外，在制定概念框架时，还应遵循完整性原则。要从总体上把握概念框架应包括哪些基本概念、划分为几个层次；要坚持前后逻辑一致、用词连贯、使整个概念框架形成一体；要有一定的超前性，尽可能稳定，避免经常修改和变动；要向国际化方向努力；要有一定的继承性，对传统会计理论不能全部抛弃。

当然，我国学术界也有人提出需要建立中国的财务会计概念框架。他们认为：该框架应独立于会计准则，是制定会计准则的重要理论依据。同时，他们也对财务会计概念框架的内容存在不同的理解，比如有一些会计专家和学者认为：我国财务会计概念框架的内容应包括三个层次：第一层主要包括会计目标、会计对象、会计假设；第二层次主要包括会计信息质量特征、会计要素、会计核算的一般原则；第三层次主要包括会计要素的确认、计量、记录与报告等。

4.2 财务报告目标

在现有的中外会计文献中，人们常常将“财务报告目标”、“财务报表目标”、“财务会计目标”、“会计目标”等词语混同使用。这主要是因为会计虽然被划分为财务会计和管理会计两大分支，但对管理会计目标的研究目前还很少，而财务会计目标可以在财务报表中得到体现，财务报表又是财务报告的核心部分。因此，本书也对这些词语不加区分，但为了便于理解，我们尽可能使用财务报告目标一词。

4.2.1 财务报告目标的意义

目标是指从事某项活动预期所要达到的境地或标准。它具有主观见之于客观的特点，即在一定的客观环境下，目标表达了人的主观意识。财务报告目标就是人们通过会计实践预期所要达到的境地或标准。它是会计基本理论的中心，也是财务会计概念框架的起点。在财务会计概念框架体系中，财务报告目标起着指引方向的作用。因为按照系统论的观点，会计是一个经济信息系统，而经济信息系统要运行，就必须要有一个明确的财务报告目标，以指引其运行的方向。以财务报告目标为基础，财务会计信息的质量特征、财务报表的要素及其确认与计量就可有机地建立并联系起来。只有以财务报告目标为起点和确立的概念结构，才能较好地指导会计准则的制定与应用。如果不研究财务报告目标，所制定的概念结构必将与会计准则存在不一致性，难以被会计实践所接受，甚至可能对会计实践产生负面影响。

财务报告目标之所以是财务会计概念框架的起点与核心，是因为它首先具有连接会计系统和会计环境的特征，即财务报告目标是会计系统对外的直接“接口”。经济业务是会计环境的综合反映，而任何经济业务都需要进行会计处理，最终则以财务报告的形式对外公开。其次，财务报告目标具有连接会计理论和会计实践的特征，即财务报告目标属于会计理论，但它又能指导会计准则，并通过会计准则指导会计实务。最后，财务报告目标具有能制约其他会计理论并不能被其他会计理论所推倒的特征，即财务报告目标明确了会计系统的方向，它可以检验其他会计理论是否脱离了会计系统的运行轨道。

4.2.2　财务报告目标的研究情况

人们对财务报告目标的认识是从模糊趋向清晰的。在 20 世纪 60 年代以前，财务报告目标并没有引起人们足够的重视。1938 年，美国会计师协会的一份研究报告对会计目标作了初步的解释，认为会计目标是“有助于企业的运行，以达到其既定的目的”。1940 年，佩顿和利特尔顿在《公司会计准则概论》中指出：会计目标是“提供关于某一企业的财务数据，加以汇集、整理与提供，以满足管理当局、投资者和社会公众的要求”。直到 20 世纪 50 年代，会计理论界才开始有人以“会计目标”为直接的研究对象。利特尔顿在《会计理论结构》一书中比较详细地对会计目标进行了论述。他认为：会计目标可以划分为前提目标、中间目标和最高目标，会计是以数据为手段来帮助人们了解企业的。会计必须对数据如实分类、正确浓缩并充分报告。1955 年，美国会计学会（AAA）所属的一个专门委员会发表了《公开财务报告的揭示准则》，也对财务报告的目标进行了一定的论述，但并没有引起人们的重视。

1966 年，AAA 为纪念其成立 50 周年，专门发表了《论基本会计理论》的报告。这份报告最早权威性地使用了“会计信息系统”的概念，并指出会计应当为下列目的提供信息：

“对有限资源的利用所做出的决策，包括辨认决定性的决策领域，并确定目标与方向；有限地管理和控制一个组织的人力资源与物质资源；记录与报告资源的受托责任；促进会计主体的社会职能并控制此种资源。”

这份报告的发表公开表明会计目标应成为财务会计理论体系中最为重要的内容之一。在它的影响下，人们开始重视对财务报告目标的讨论，进而推动了这一问题的研究。其中，主要的研究成果有：

（1）1970 年 AICPA 所属的会计原则委员会发布的第 4 号公告《企业财务报表编制的基本概念与会计原则》。这份报告对会计目标进行了阐述。报告提出：财务会计与财务报表的目的就是提供关于一个企业的定量化的财务信息，且这些信息有助于报表使用者（主要是业主和债权人）进行经济决策。通过财务会计和财务报表的目标，可以确定财务会计信息的适当内容和财务会计信息的有用属性。同时，这份报告还把遵守公认会计原则，公允地揭示财务状况、经营成果和财务状况的变动等，作为具体的财务报表目标。

（2）1971 年 AICPA 委托特鲁伯鲁德委员会（Trueblood Committee）专门研究财务报告目标，并指导性地提出以下 4 个参考课题：

①谁需要财务报表？

②他们需要什么信息？

③在他们所需要的信息中，有多少能由会计师提供？

④为了提供所需要的信息，要求有一个什么概念框架？

经过认真的研究，该委员会于 1973 年发表了一份题为《财务报告目标》的研究报告。该报告指出，财务报表的基本目标就是提供“据以进行经济决策的信息”。报告还把财务报表目标分解为基础目标、使用者和用途、需求的信息、信息性质、财务报表和特别推荐的报表等12项。

（3）1978年11月，FASB发布了它的第1号概念公告——《企业财务报告的目标》。这份公告对财务报告目标作了具体的论述，明确指出编制财务报告的目标是“提供对投资和信贷决策有用的信息”——财务报告“应为现在和潜在的投资者、信贷人以及其他用户提供有用的信息，以便做出合理的投资、信贷和类似的决策”——并且进一步将财务报告目标确定为以下7个方面：

①财务报告应该提供对现在的和潜在的投资者、信贷人以及其他使用者做出合理的投资、信贷及类似决策有用的信息。这类信息对那些相当了解经营和经济活动并愿意花费适当精力去研究这类信息的人们来说，应该是全面的。

②财务报告应该提供有助于现在的和潜在的投资者、信贷人以及其他使用者评估来自销售、偿付、到期证券或借款等的实得收入的金额、时间分布和不确定性的信息。

③财务报告应该提供关于企业的经济资源、对这些资源的要求权以及使资源和对这些资源的要求权发生变动的交易、事项和情况影响的信息。

④财务报告应该提供关于企业在某一期间的财务经营业绩的信息。由计量收益的尺度及其组成成分所提供的企业经营业绩的信息正是财务报告主要的中心。

⑤财务报告应该提供关于企业如何取得并花费现金的信息、关于企业举债和偿还借款的信息、关于资本交易的信息以及关于可能影响企业偿债能力的信息。

⑥财务报告应该提供关于企业管理当局对受托资源使用情况的信息。

⑦财务报告应该提供对经理人员和董事们在按照业主利益进行决策时有用的信息。

这份公告的发布充分展现了美国对财务报告目标的研究已经从纯粹的理论研究逐步走向应用。从此，对财务报告目标的研究在美国受到全面的重视。在美国的影响下，其他国家也都开始将财务报告目标作为研究财务会计概念框架的起点，且始终作为一个核心概念。

（4）经过多年的深入研究，2010年9月，FASB又发布了财务会计概念公告第8号——《财务报告的概念框架》，其中取代的一项内容就是《企业财务报告的目标》。《财务报告的概念框架》主要涉及财务报告目标和会计信息质量特征。关于财务报告的目标，这份报告首先给“目标”予以明确的定位。报告提出：“通用财务报告的目标是形成概念框架的基础。概念框架的其他部分即报告主体概念、有用财务信息的质量特征与约束条件、财务报表的要素、确认、计量、列报和披露都理所当然地来自目标。”从这段话中不难看出：财务报告的目的与宗旨为编报财务报告指引方向；所有其他基本概念都产生于目标的要求并共同为实现目标服务。[①]《财务报告的概念框架》明确提出通用财务报告的使用者不仅在企业外部，也包括企业内部的经营管理层，但主要的使用者是现在的和潜在的投资者、贷款人和其他债权人。《财务报告的概念框架》还明确提出：“通用财务报告”的信息不是针对个别主要使用者的特殊需要，而是针对他们投资信贷决策的共同需要。通用财务报告的财务信息主要是报告主体的经济资源与其要求权、经济资源与其要求权变动

① 葛家澍，陈朝琳. 财务报告概念框架的新篇章［J］. 会计研究. 2011（3）.

的信息。

其中，报告主体经济资源与其要求权变动的信息应当区分为两种变动：

①财务业绩（financial performance）引起的变动；

②来自其他事项和交易（如发行债务或权益工具）产生的变动。进一步看，来自经营业绩的变动又有两种不同的信息：

一是经营业绩反映了权责发生制会计（Accrual Accounting）；

二是经营业绩的反映通过过去的现金流。

在美国大力开展财务报告目标研究的同时，国际会计准则理事会（IASB）也做出了卓有成效的努力，继其1989年发表《财务报表编报框架》提出财务报表的目标后，更进一步在其2010年的《财务报告概念框架》中提出了通用财务报告的目标。这份报告提出：通用财务报告的目标是提供关于报告主体的、有助于决策是否需要向企业提供资源和这些资源是否被管理层有效利用的财务信息。这些决策包括购买、出售或持有主体的权益和债权工具，及向主体提供贷款的金额和信贷形式。同时，通用目的的财务报告也需要提供关于主体的资源及主体管理层、董事会对交付给他的资源的经营成果和受托责任，从而有助于现在或潜在的投资者、贷款人和其他债权人评价主体未来净现金流入的前景。

4.2.3　财务报告目标的两种不同观点

财务报告目标是人们通过会计实践预期所要达到的宗旨与境地，但这只是财务报告的基本目标。从国外对财务报告目标的研究来看，会计理论界对财务报告的目标已经形成了两种不同的观点，即“受托责任观”和“决策有用观”。

“受托责任观”认为，财务报告的目标就是向资源所有者（股东）如实反映资源的受托者（企业管理当局）对受托资源的管理和使用的情况。财务报告应主要反映企业历史的客观的信息，即强调信息的可靠性。其理由是：在市场经济条件下，股份公司大量出现，企业的所有权与经营权分离，受托责任几乎无所不在。作为委托人的所有者十分关注资本的保值与增值，而通过财务报告所反映的资源的管理和使用情况即可达到此目的。这种观点在研究方法上以描述为主，因此也被称为“描述性目标”。多数会计专家和学者认为，在资本市场不是十分发达的情况下，受托责任观比较切合实际，它可以使企业的会计行为与其经济行为相一致。由于美国、英国等国家的资本市场已经非常发达，因此，“受托责任观”并不是会计准则制定机构所接受的主流观点。

“决策有用观”认为，财务报告目标就是向会计信息的使用者（主要包括现有的和潜在的投资者和债权人以及企业管理当局、政府等）提供对他们进行决策有用的信息。对决策有用的信息主要是关于企业资源及其要求权、企业资源及其要求权变动、经营业绩和现金流动的信息。财务报告应主要反映现时的信息，即更强调信息的相关性。其理由是：在高度发达的资本市场中，所有者（委托人）与经营者（受托人）的委托与受托关系已变得比较模糊，作为委托人的所有者更加关注整个资本市场的可能风险和报酬以及所投资企业的可能风险与报酬。多数会计专家和学者认为，这种观点适用于资本市场发育成熟，并对整个社会经济的运行具有全面影响的情况。FASB发布的第1号和第8号财务会计概念公告都是按决策有用观确立财务报告目标的。其他主要会计准则制定机构也倾向于这种观点。它们在确定财务报告目标时，将向信息使用者提供对其决策有用的信息放在首位。

例如，澳大利亚会计准则委员会于1987年指出：通用目的的财务报告的目标是向信息使用者提供对制定并评价稀缺资源配置有用的信息。它还可用作管理当局免除向报告使用者所承担的受托管理责任的手段。ASB于1991年指出：财务报表的目标是提供有关企业的财务状况、业绩和财务适应能力，以便对一系列广泛的使用者在进行经济决策时有用的信息。

上述两种观点虽然存在明显的差异，但从根本上说并不互相排斥，即便在高度发达的资本市场环境下，会计信息与受托责任之间仍然存在着某种关联。评价企业管理当局履行经管责任要求的信息通常也是资源配置决策需要的信息，因此，决策有用性也就包括了受托责任观。即使如此，我们仍然要强调每一种观点都与具体的经济环境相关联。如果离开具体的经济环境去争论孰优孰劣，就不是科学合理的。

近年来，随着实证研究方法在会计中应用的逐步深入，有些学者开始尝试用实证研究的思路来解释财务报告目标。在这些学者看来，财务报告目标就是降低企业作为一系列契约的联结的契约成本（包括签约成本和监督成本等）。对于实证研究者的这种结论，葛家澍认为：尽管实证研究方法在总体上也是归纳法，但为了与当前的理论术语相一致，我们还是将实证研究所得出的会计目标称为“实证性目标”。这样，财务报告目标便新增了一种观点，我们不妨称它为“契约成本论”。

总之，财务报告目标并非一成不变，它将受到提出财务报告时所处的经济、法律、政治和社会环境的影响；同时，也受到财务报告所能提供信息的特性和局限性的影响。

4.2.4 我国财务报告目标的研究

20世纪90年代以前，我国会计领域几乎没有出现过“会计目标”、“财务报告目标”等术语。如果从新中国成立以后说起，20世纪50年代早期，我国会计界比较重视对会计任务的研究，普遍认为：“会计核算的最主要任务之一，就在于系统地反映计划执行的进程和结果，从而可以发现偏差，发掘潜在力量，使国民经济计划能够正确地反映国民经济有计划的发展法则，并在各个方面适合社会主义基本经济法则的要求。”从我国对会计任务的描述可以看出，会计任务的实质与当今所说的财务报告目标多少有些相似。

20世纪50年代后期，我国会计界又开始研究会计的职能问题，并很快成为当时会计理论研究的一个热点。到了20世纪60年代，受马克思关于簿记是“过程的控制和观念的总结”的启发，我国对会计职能的讨论更加热烈，并且很快达成共识，认为“反映”和“监督”是会计的两个基本职能。这个结论也与当时我国将会计概念界定为“经济管理的工具”的认识有关。

进入20世纪80年代后，我国实行经济体制改革，会计理论研究活动逐渐增多，学术界再次展开了对会计职能的热烈讨论。其讨论焦点包括会计的基本职能到底是什么？“反映”与“核算”的含义是否相同？以基本职能为基础可否分离出新的职能？直到1985年1月我国的《会计法》颁布以后，这些问题才有了基本一致的答案。学术界普遍认为，反映与核算的实质相同，会计的职能除反映与监督外，还有预测、决策、分析和控制等新的职能。但是，新的问题又开始出现了，如反映与监督谁更重要？会计各职能之间有何关系？随着对这些问题的讨论，我国会计理论界在20世纪80年代中期也就基本形成了两大代表性的流派：一是认为会计的职能以反映为主，因为会计是一个经济信息系统；另一流派则认为会计应以监督和控制为主要职能，因为会计是一种经济管理活动。

我国会计界对会计职能进行了如此长期而深入的研究，那么，会计职能与会计目标之间有无联系呢？我们认为，会计职能更多是客观存在的，会计目标则更多是主观的要求，二者性质上有一定的差异。但无论是会计目标，还是会计职能，都要经过人们的主观认识过程，才能被发现和认同。人们对会计目标认识的深化一定会推动对会计职能认识的进步，而对会计职能的深入研究，也将会给会计目标的研究奠定坚实的理论基础。

那么，我国的会计目标应该是什么呢？葛家澍等在《会计大典——会计理论》一书中指出：研究财务会计目标并给出一个结论，要建立在大量、有效的调查研究的基础上。仅仅凭着简单的推理，就希望形成一个充分、有效的结论，恐怕是不可能的，因此，我们尚无法对财务会计目标给出一个充分且确当的结论。但是，我们可以根据上面所作的论述，推出财务会计目标的一般结论。这一结论可以作为未来进一步研究财务会计目标的参考。按照他们的论述，我国当前还不能像美国财务会计准则委员会那样，完全用“决策有用观”去建立财务会计的目标。他们认为，考虑到我国目前的资本市场、现代企业制度以及信息使用者的素质等环境，当前我国财务会计的主要目标应定位在向委托人报告受托责任的履行情况上。也就是说，应主要按“受托责任观”来建立我国的财务会计目标。财务报告应该向委托人报告受托责任的履行情况，以提供有关经营业绩的计量及其结果的信息，并提供企业经济资源的状况及其变动信息。同时，他们还指出，财务会计目标不是一成不变的。随着我国的经济环境的变化，特别是资本市场的发育成熟并在社会经济中具有全面的影响，财务会计的目标也应该随之变化、发展和完善。

我们认为，以“决策有用观”确立我国企业财务报告日标比较恰当。第一，“受托责任观”和“决策有用观”在实质上是相关联的，都要求财务报告提供信息，信息使用者都要根据财务报告进行决策，只是决策的目的不同（前者要对是否更换受托人进行决策，后者要对是否追加或转让投资进行决策），因而需要的信息多少、质量特征、得到信息的形式有些差异。第二，我国的资本市场发展迅速，在20多年的时间里，股票市场从无到有，从一个区域性的市场发展到全国性的市场，正向国际化市场发展；从无规范可循到基本法律和监管体系的初步形成；从手工操作到几乎完全计算机化、网络化，已经取得了显著的发展。“决策有用观”所需的环境已基本具备。第三，有利于财务会计概念框架与会计准则国际趋同。第四，避免经常修改财务报告目标，节约研究制定成本。但是，我国的会计环境毕竟与其他国家不同，按“决策有用观”建立财务报告目标以后，应结合我国的实际情况去进行具体的理解和运用，尤其是要将“受托责任观”的精神充分吸收进来。

根据我国发布的《企业会计准则——基本准则》，财务会计报告的目标是向财务会计报告使用者提供与企业财务状况、经营成果和现金流量等有关的会计信息，反映企业管理层受托责任履行情况，有助于财务报告使用者做出经济决策。财务会计报告使用者包括投资者、债权人、企业管理层、政府及其有关部门和社会公众等。对照上述理论分析，目前会计基本准则中对财务报告目标的认识还是不够深入与完整的。

4.3 会计信息质量特征

4.3.1 会计信息质量特征的意义

从某种意义上讲，会计信息就是会计主体向社会提供的一种“公共产品”。产品都要有质量，而且产品的质量越高，对消费者的影响就越大。会计信息作为一种“公共产品”尤其应该如此。会计信息虽然主要以数字的形式表现出来，但它并不是抽象的数字。这些数字代表着一定的经济意义。数字不同对使用者做出决策的影响就不同。因此，会计信息必须要有一定的质量要求。越是高质量的会计信息，对信息使用者进行经济决策的影响就越大，会计信息的使用者就会越多，财务报告的目标也才能较好地得以实现。反之，低质量的会计信息对使用者的经济决策不但没有好处，反而会贻害各方，财务报告的目标也就难以实现。

会计信息的质量特征，也就是使会计信息有用的特征，即会计信息所要达到或满足的质量标准。它是进行会计选择时所应追求的质量标志。在财务会计概念框架中，会计信息的质量特征与财务报告目标存在内在的逻辑关系。一方面，财务报告是会计信息的载体，财务报告目标是基本目标，是判断会计信息质量优劣的基础。有了目标，才能对会计信息的质量特征做出规定。另一方面，会计信息的质量特征是质的目标，它维护着财务报告目标，是联系财务报告目标与实现该目标的各种手段之间的桥梁。它对财务报告所提供的会计信息起着约束作用，使其能符合财务报告目标的要求。

4.3.2 会计信息质量特征的演变

在会计发展史上，人们对会计信息质量特征的探索和研究只有半个世纪的历史。美国是最早研究这一问题的国家，所取得的研究成果也最具代表性。20 世纪 70 年代，AAA 首先开始进行对会计信息质量特征的研究。1970 年，其发表的第 4 号报告提出：会计信息的质量应满足相关性、易懂性、可验证性、中立性、及时性、可比性和完整性等 7 条标准。经过进一步的研究，AAA 又于 1977 年发表了题为《会计理论与理论认可》的报告，明确提出：为了使财务报告对投资者和债权人的决策有用，会计信息必须具备以下标准的质量要求——首要的是相关性，其次是可靠性；并指出客观性、可验证性、不偏不倚以及精确性等是与可靠性重叠的术语，即包括在可靠性之内，其他质量特征如可比性、可理解性、及时性以及节约性等也很重要。这份报告对会计信息的质量特征作了比较全面的论述，为财务会计准则委员会明确会计信息质量特征奠定了初步的理论基础。

1980 年 5 月，FASB 发布了第 2 号财务会计概念公告——《会计信息的质量特征》。这份公告的发布标志着美国对会计信息质量特征的研究从纯粹的理论研究正式走向了实际应用。在报告中，FASB 对会计信息的质量特征进行了全面而详细的论述。它认为，会计信息质量的各种特征具有一定的层次结构，其中最重要的特征是决策有用性。相关性和可靠性是决策有用的重要质量特征，而相关性又包括预测价值、反馈价值和及时性，可靠性则包括真实性、可核查性和中立性。可比性（包括一贯性）是决策有用的次要质量特征。

可理解性是针对用户的质量。另外，会计信息的效益大于成本和重要性是会计信息质量特征的两个约束条件。会计信息质量的层次结构如图 4-1 所示。

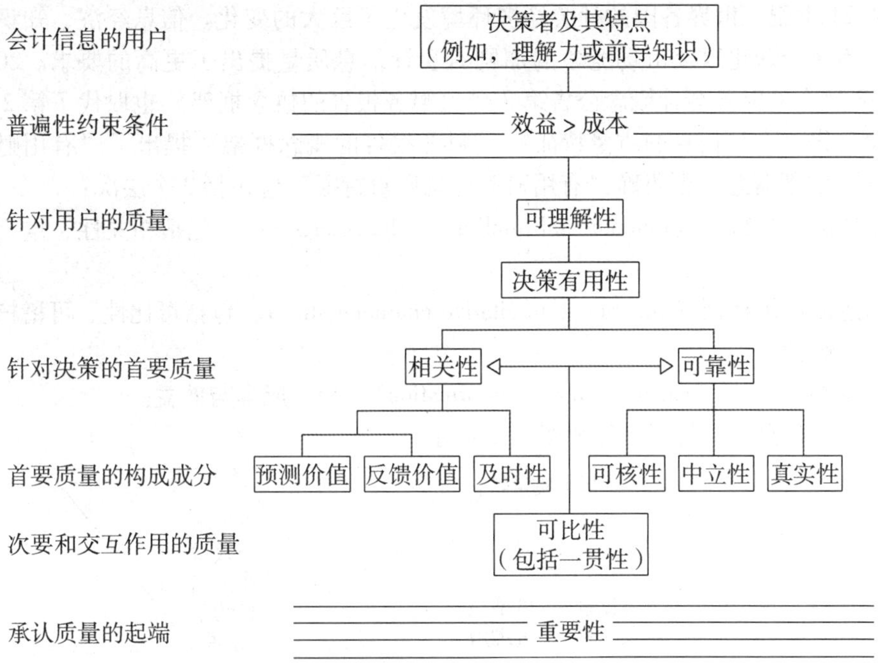

图 4-1　会计信息质量的层次结构

为了便于理解图 4-1，并进一步阐明会计信息各质量特征之间的关系，我们可将会计信息质量特征划分为 4 个层次：第一层是有用性。这是对会计信息质量的总体要求。第二层是相关性和可靠性。它们是会计信息的两个重要特征。第三层是预测价值、反馈价值、及时性和真实性、可核性、中立性。它们是对相关性和可靠性的具体说明。第四层是可比性（包括一贯性）。它是会计信息的次要特征。此外，提供会计信息时应当满足两个约束条件，即效益大于成本和重要性。至于可理解性，我们认为它主要是对会计信息使用者的知识水平提出的要求。当然，为了让使用者更充分地理解并使用会计信息，会计人员在提供信息时，应使用通俗易懂的表达方式。应当指出，给会计信息质量特征分层的目的是为了阐明一定的关系，而不在于指定相对权重。不同质量特征的相对权重必须随环境而变动。

在 FASB 的影响下，英国、加拿大等国的会计准则制定机构也都将会计信息的质量特征作为各自财务会计概念框架的重要内容，进行了一定的研究。其中，英国 ASB 的研究成果有一定的创新。该委员会在其发布的《原则公告》中，将会计信息质量分为三大部分：①与内容有关的质量（主要有相关性和可靠性）。相关性包括预测价值和证实价值，可靠性包括如实表述、实质性、中立性、谨慎、完整性等。②与报表表述有关的质量（主要有可比性和可理解性）。可比性包括一致性和会计政策的充分披露，可理解性包括汇总与分类、使用者能力要求等。③对信息质量的约束（主要有在质量标准间的权衡、及时性、效益大于成本等）。此外，还有作为先决质量的重要性，以及英国对财务报表信息的传统要求——真实性与公允性。加拿大会计准则委员会对会计信息质量特征的规定比较简单。该委员会在它发布的财务报表概念中提出，会计信息要具备可理解性、相关性、可靠性和可比性等 4 项质量特征，并指出其中的可靠性包括如实表述、可验证性、中立性、稳健性等具体特征。

进入 21 世纪，世界各国的社会经济环境发生了巨大的变化。信息经济、知识经济发展、资本市场全球化以及市场竞争的加剧对会计信息质量提出了更高的要求。2010 年 9 月，FASB 发布的财务会计概念公告第 8 号《财务报告的概念框架》也取代了第 2 号财务会计概念公告《会计信息的质量特征》。《财务报告的概念框架》提出了“有用财务信息质量特征”的新概念，更明确“有用财务信息质量特征”应包括 3 个层次：

①基本的质量特征（fundamental qualitative characteristics），包括相关性、重要性和如实反映。

②增进的质量特征（enhancing qualitative characteristics），包括可比性、可稽核性、及时性和可理解性。

③信息约束条件（constraint on the information），是指成本与效益。

有用财务信息质量特征具体如图 4-2 所示：

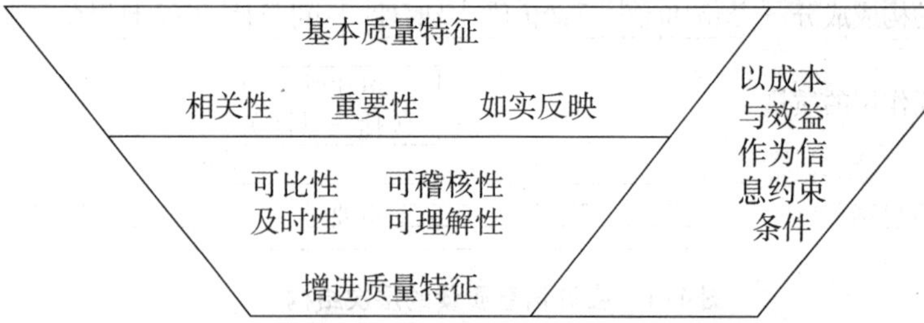

图 4-2 有用财务信息质量特征

与美国相类似，2010 年，IASB 发布的《财务报告概念框架》也修订了其对会计信息质量的要求。《财务报告概念框架》提出：“如果财务信息是有用的，它必须是相关的并且如实反映。如果它是可比的、可验证的、及时的及可理解的，财务信息的有用性将被加强。有用财务信息的质量特征也被分为基本的质量特征、增强的质量特征以及对有用财务报告的成本约束。”

在基本的质量特征中：①相关性是指财务信息具有预测价值和证实价值，而重要性也是一个主体相关性的特定方面。其中，预测价值是指财务信息可被使用者用作输入信息，以预测未来的结果；证实价值则指财务信息能提供关于以前评估的反馈情况；重要性是指当遗漏或虚假陈述某信息时，将会影响使用者依据关于报告主体的财务信息做出的决策。②如实反映要求财务信息完整、中立且免于错误（free from error）。

在增强的质量特征中：①可比性是指财务信息能与其他主体类似的信息以及同一主体不同时期的信息相比较；②可验证性则要求确保信息如实反映了其意欲反映的经济现象；③可验证性是指在特定描述是如实反映的前提下，不同知识背景且独立的观测者能够达成一致的意见，尽管不一定完全一致；④及时性指可利用的信息是及时的，以便能够影响信息使用者的决策；⑤可理解性要求清晰、简明地对信息进行分类，按特征进行描述和列报。

有用的财务信息还需要考虑成本与效益这一约束条件。

4.3.3 我国的会计信息质量特征

我国很早就在有关的会计制度中规定了对编制财务报表的基本要求，很多教科书上也明确指出：编制财务报表的基本要求是数字真实、内容可靠、全面完整和编报及时等。1992年发布的《企业基本会计准则》规定了12条会计核算的一般原则，其中有7条也是对财务报表所提供的会计信息提出的质量要求，即可靠性、相关性、可比性、一致性、及时性、明晰性和重要性。具体会计准则开始实施以来，对会计信息的要求又有所增加，比如也提出了实质重于形式等。从这些要求或原则的内容上看，它们与国外的会计信息质量特征有很多相似之处，只是与国外相比，我国的内容较少，没有划分层次，尚不完善，而且没有以单独的形式明确提出会计信息的质量特征。这就在一定程度上影响了会计信息的决策有用性。

2006年我国财政部发布的《企业会计准则——基本准则》明确规定了“会计信息质量要求”，共8条，分别是：客观性、相关性、明晰性、可比性、实质重于形式、重要性、谨慎性和及时性，其中：

①客观性是指企业应当以实际发生的交易或者事项为依据进行会计确认、计量和报告，如实反映符合确认和计量要求的各项会计要素及其他相关信息，保证会计信息真实可靠、内容完整。

②相关性是指企业提供的会计信息应当与财务会计报告使用者的经济决策需要相关，有助于财务会计报告使用者对企业过去、现在或者未来的情况做出评价或者预测。

③明晰性是指企业提供的会计信息应当清晰明了，便于财务会计报告使用者理解和使用。

④可比性强调企业提供的会计信息应当具有可比性，同一企业不同时期发生的相同或者相似的交易或者事项应当采用一致的会计政策，不得随意变更。确需变更的，应当在附注中说明。不同企业发生的相同或者相似的交易或者事项，应当采用规定的会计政策，确保会计信息口径一致、相互可比。

⑤实质重于形式是指企业应当按照交易或者事项的经济实质进行会计确认、计量和报告，不应仅以交易或者事项的法律形式为依据。

⑥重要性要求企业提供的会计信息应当反映与企业财务状况、经营成果和现金流量等有关的所有重要交易或者事项。

⑦谨慎性要求企业对交易或者事项进行会计确认、计量和报告应当保持应有的谨慎，不应高估资产或者收益、低估负债或者费用。

⑧及时性则要求企业对于已经发生的交易或者事项，应当及时进行会计确认、计量和报告，不得提前或者延后。

目前，我国大多数人已经认识到，虽然各国的情况不同，但作为维护财务报告目标的会计信息质量是每个国家都应予以重视的。我国也应重视对它的研究，并在适当的时候单独对它做出规定，以提高信息的有用性，促进我国经济的发展。近年来，研究我国会计信息质量特征的人越来越多，很多人对公允性、实质重于形式、效益大于成本、各个特征之间的矛盾与平衡等问题非常感兴趣，也发表了较多与会计信息质量特征有关的文章。在具体研究思路和措施上，也有人提出了很好的见解。例如，葛家澍教授认为，我国应借鉴美国等发达国家在构建会计信息质量特征时所采用的思路，也就是说，构建我国会计信息质量特征时也应以会计目标的实现为最终目的，以会计实践的可操作性为约束性条件。有些人则认为，我国会计信息的质量特征主要是公允性和可靠性。其中，公允性包括真实性和中立性，可靠性包括如实反映和可验证性。此外，可比性和及时性应作为理解信息和使用信息的次要质量特征。

所谓公允性，就是要求财务报表提供的信息能公平允当地反映委托、受托双方的经济利益关系。在我国，会计信息还被认为具有利益协调或参与分配的作用。因此，公允是利益协调或分配所必须持有的基本立场。真实性要求财务报表信息真实地反映企业的经济现实。我国当前的会计信息有严重失真的现象。强调真实性，有利于维护委托方与受托方的经济利益，特别是有利于维护国家这一委托人的经济利益。中立性，就是不偏不倚，要求财务报表的提供者在具体加工、生成财务报表信息的过程中，不应偏袒任何一方的利益。财务报告的目的是为具有多种不同利益的信息使用者服务的，没有一个预定的结果能符合所有使用者的所有利益，尽管会计人员提供信息时不可避免地会受到一些人为的干扰，但中立性要求企业决不能根据某一个或一类使用者的利益，预先确定了所期望的结果，再去选择信息以得到结果。

有些人认为，从目前我国法律法规的角度看，我国会计信息的相关性和可靠性是兼顾的，对信息有用性具有较为明确的要求。但实际上，我国现阶段的会计信息在相关性和可靠性方面仍存在较多问题。由于我国目前的经济决策主要不是依据会计信息，或者说信息使用者目前对会计信息的相关性要求并不很高，所以，我国的信息是以可靠性为最重要的质量标准的，改进我国现行的财务报告必须以提高可靠性为主。这与美国在信息可靠性问题大体已获解决的前提下更注重相关性是不同的。也就是说，目前我国应主要强调会计信息的可靠性，在可靠的基础上再谈相关性。

还有些人认为，我国的会计信息使用者尤其是企业家群体比较缺乏必备的财务观念和会计知识，对他们中的许多人而言，会计信息可能只是一堆读不懂的数字。有些会计信息在我国是可能被误解和误用的。报表提供的信息越多，误解和误用的可能性也就越大。因此，我国应简化财务报表项目，增加财务数据分析，强调信息的明晰性（可理解性）。

尽管对构建我国会计信息质量特征的认识和看法尚不一致，但随着我国资本市场的不断完善，会计改革的不断深入以及信息使用者对会计信息理解力的增强，我国会计信息的质量特征将日趋完善。

4.3.4 关于实质重于形式

在认识会计信息的质量特征时，有一条关键性的原则需要注意，这就是实质重于形式。

实质重于形式是指会计人员应根据会计事项的实质和经济现实进行会计处理并提供会计信息，而不能根据其法律形式或人为形式。

尽管美国、英国等经济发达国家的会计准则制定机构以及 IASB 都明确了各自的会计信息质量特征，并且起到了较好的作用，会计信息的质量特征不是不变的，会受到编制财务报告时的经济、法律、政治和社会环境的影响。当获得新的深入见解和研究成果时，这些特征就应当改变。由于种种原因，现有财务报告提供的信息还存在许多质量问题，世界各国都应继续深入地研究会计信息的质量特征。

会计信息质量特征无论如何变化，实质重于形式是永恒不变的。无论是我们研究会计信息质量特征，还是会计准则制定机构建立财务会计概念框架，都必须始终如一地遵循这一原则。

4.4　财务报表要素

4.4.1　财务报表要素的意义

要素是某一事物总体中必要的（或体现其特征的）组成部分。财务报表要素就是构成财务报表的必要组成部分，是构成财务报表的“材料”，也就是财务报表所包含的各大类项目。葛家澍教授认为：“要素是报表的基石或大类。要素在财务报表中的确认形成财务报表的内容”。财务报表要素指的是大类，诸如资产、负债等。各大类所包含的各个特定经济事项是项目。

由于财务报表是财务报告的主体，财务报表要素也叫基本的会计要素，它们在本质上没有区别，仅仅是认识归纳的角度不同。财务报表要素主要是从财务报告目标出发，对会计信息的经济特征所作的基本分类。它是设置会计科目、规范会计核算指标体系以及编制财务会计报表的理论依据。

FASB 在第6号财务会计概念公告中将财务报表要素定义为“构成财务报表的模块（building blocks），而这些项目的分类构成了财务报表。财务报表的这些项目通过文字和数字描述了特定主体的资源、对这些资源的要求权以及交易、其他事项和环境影响导致的这些资源和要求权变化的结果”。“要素涉及大的分类，诸如资产、负债、收入和费用。特殊的经济情况和事项，诸如库存现金或待售商品……不是报表使用项目的要素。”

广义一点理解，财务报表要素是财务会计对象的具体体现，是对资金运动的两种形态的基本分类。它通过金额和文字对特定会计主体的财务状况、经营成果以及财务状况变动在财务报表上做出反映。

财务报表要素是会计人员基于一定目标而对其工作内容进行合理与系统的划分而形成的基本类目。所有的会计要素之和构成了会计工作内容总体。

财务报表要素是一个最基本的会计概念，也是概念框架中的重要内容。在财务会计概念框架中，有了财务报表要素，才能进一步对要素进行确认与计量，最终实现财务报告目标。

4.4.2　国外对财务报表要素的划分

1）基本内容

目前国际上关于财务报表要素的划分是多种多样的。FASB 把财务报表要素划分为两类10项，IASB 将其划分为两类5项，我国则划分为两类6项。相对而言，美国的划分最为详细和具体，故以下予以重点阐述。

FASB 曾先后两次发布财务会计概念公告，对财务报表要素做出解释。先是1980年

12 月发布的第 3 号概念公告，名称为《企业财务报表的要素》。这份公告提出了 10 个要素，即资产、负债、业主权益、业主投资、派给业主款、综合收益、收入、费用、利得和损失。后来 FASB 又于 1985 年 12 月发布了第 6 号概念公告，名称为《财务报表的要素》，以此取代第 3 号概念公告。第 6 号公告的主要变化是对第 3 号公告提出的 10 个要素的适用范围有所扩大，指出除业主投资、派给业主款和全面收益 3 个要素外，其余 7 个要素对企业和非营利组织均适用，因此，在名称上去掉了“企业”二字。对非营利组织而言，业主权益就是净资产。由于第 6 号公告对各种定义引申到了非营利组织，所以它不仅完全取代了第 3 号公告，也修正了第 2 号公告，还在事实上基本自然取消了第 4 号公告。

FASB 的第 6 号概念公告指出，财务报表共有 10 个要素，即资产、负债、业主权益、业主投资、派给业主款、综合收益、收入、费用、利得和损失。各要素的定义及其特征如下：

①资产是可能的未来经济利益，它是特定个体从已经发生的交易或事项所取得的或加以控制的。

②负债是将来可能要放弃的经济利益，它是特定个体由于已经发生的交易或事项，将来要向其他个体转交资产或提供劳务的现有义务。

③业主权益或净资产是某一个体的资产减除其负债的剩余部分。

④业主投资是在特定企业里业主权益的增加。它是由其他个体转入有价值的东西以便在其中取得或增加业主权益的结果。业主投资最常见的是收到资产，有时也可能是接受的劳务或抵偿的本企业负债。

⑤派给业主款是在特定企业里业主权益的减少。它是企业向业主转交资产、提供劳务或承担债务的结果。

⑥综合收益是企业在报告期内除去业主投资和分派业主款以外的交易、事项和情况所产生的一切业主权益（净资产）的变动。它包括报告期内除业主投资和派给业主款外的一切业主权益上的变化。

⑦营业收入是某一个体在其持续的、主要或核心业务中，因交付或生产了货物，提供了劳务，或进行了其他活动而增加的资产或减少的负债，或二者兼而有之。

⑧费用是某一个体在其持续的、主要或核心业务中，因交付或生产了货物，提供了劳务，或进行了其他活动而减少的资产或增加的负债，或二者兼而有之。

⑨利得是某一个体除来自营业收入或业主投资以外，来自边缘性或偶发性交易以及来自一切其他交易和其他事项与情况的业主权益的增加。

⑩损失是某一个体除出于费用或派给业主款以外，出于边缘性或偶发性交易以及出于一切其他交易和其他事项与情况的业主权益的减少。

需要特别指出：综合收益（comprehensive income）是建立在“资产负债观”基础之上的报告期内企业与所有者以外的其他各方之间的交易或事项所引起的净资产的变动额。将综合收益引入财务报表要素，突破了收益表的局限，有助于把全部已确认但未实现的利得或损失纳入财务报表中；还突破了传统会计收益的实现原则，有助于引入公允价值计量属性。综合收益作为财务报表要素，首次出现于第 3 号财务会计概念公告之后。1997 年，FASB 正式发布了第 130 号财务会计准则——《报告全面收益》。综合收益包括净收益和其他全面收益，其中：净收益仍由收益表提供，只反映已确认和已实现的收入（利得）

和费用（损失）；其他综合收益则包括那些已确认但未实现、平时不记入收益表而在资产负债表部分表述的项目，如外币折算调整项目、最低退休金负债调整、现金流套期保值衍生品的利得或损失、可销售证券的利得或损失。

按照第6号财务会计概念公告的论述，以上要素可分为两大类，前3个属于第一类，用以描述一瞬间的资源或对资源要求权的水平或金额；其余7个为第二类，用以描述在一定期间内影响企业的交易和其他事项及情况的结果。这两类要素类似于照相和动画。前一类是静态要素，后一类则是动态要素。它们互相关联，前一类经由后一类而变动，在任何时候都是后一类的累积结果，即“某一期间的期初余额加减期内变动=期末余额”；一项资产的增加（或减少）不能在没有另一项资产的相应减少（或增加），或是一项负债或业主权益的相应增加（或减少）的情况下发生，即“资产=负债+业主权益”。

FASB对财务报表要素的划分，归纳起来有以下特点：

①突出了权益要素。它将影响业主权益要素的两项重要内容，即业主投资和派给业主款作为两个独立的要素。既要求提供业主权益的静态信息，又要求提供业主权益的重要变动信息，有利于使用者了解业主权益的静态状况与动态变化。

②突出了综合收益要素。它将影响综合收益的两项特殊内容（利得和损失）也作为两个独立的要素，既要求提供经营性的收支（营业收入和费用），又要求提供非经营性的收支（利得和损失）。这样做有助于更充分地反映全面收益的形成来源，比较全面地揭示业主权益变动的基本原因和结果。之所以做这样的划分，主要是因为在高度发达的市场经济环境下，企业的利得、损失内容相对较多，企业权益项目数量多且变化复杂。借助证券市场筹资而形成的众多投资者有详细了解权益状况及其变动的要求。不过，这种划分也存在一些局限：一是业主权益包括业主投资和派给业主款，从而把具有包容关系的三者作为并列的要素，导致层次不清；二是对收入与利得的定义有些混乱，利得中的一些内容实际应归入营业收入等等。

尽管美国已经划分了10个要素，但第6号公告还明确强调，这些要素仅与直接计量企业的经营成果和财务状况有关，并不是财务报表仅有的要素。由权责发生制会计提供的关于某一企业的经营成果和财务状况虽然是财务报告所关注的首要的中心问题，但其他中心问题就可能需要其他要素。这就是说，财务报表要素并非一成不变，如有需要还会增加。

IASB的前身IASC于1989年发布了《关于编制和提供财务报表的框架》，提出：财务报表描绘交易和其他事项的财务影响是根据交易和其他事项的经济特性，把它们分成大类。这些大类称做财务报表的要素。与资产负债表中财务状况的计量直接联系的要素是资产、负债和权益，与收益表中经营业绩的计量直接联系的要素是收益和费用，也就是将财务报表要素划分为5个——资产、负债、权益、收益和费用。该框架还明确指出，收益的定义包括收入和利得；费用的定义除包括那些在企业日常活动中发生的费用外，还包含损失。从这种划分可以看出，IASC采用了大口径的划分方法，对收益和费用的解释也比较全面。报告认为，收益是会计期间内经济利益的增加。它通过资产的流入、增值或负债的减少而引起权益的增加，但不包括与产权所有者出资有关的类似事项。费用是指会计期间经济利益的减少，它通过资产流出、递耗或发生负债而引起产权的减少，但不包括与产权所有者有关的类似事项。利润是收益与费用相抵之差。只要确认与计量了收益和费用，就能够确定利润。因此，无须再将利润作为一个会计要素。与 FASB 相比，这种划分有些粗糙，不能满足各国的信息使用者对信息的要求。

2）近年来的发展

财务报表要素的划分和确定直接影响财务报告目标的实现。为了更科学地实施确认、计量和报告，人们对财务报表要素的认识也在不断深化。

2008 年 10 月 16 日，FASB 与 IASB 共同成立的财务报表列报项目组发布了《财务报表列报的初步观点（讨论稿）》（discussion paper/Preliminary Views on Financial Statement Presentation），对财务报表，特别是资产负债表和收益表的结构和内容作了重大调整，将财务会计要素的定义重新表述为：贯穿财务会计确认、计量、记录、报告全过程（或贯穿财务会计信息生成的全过程），根据经济特性和信息使用者的需求对交易和事项的基本分类。从这一基本观点出发，财务报表的要素仍然可以从资产、负债、业主权益、综合收益、收入、费用、利得和损失等概念中去发掘。其中，综合收益的范围和确认有较大的发展空间。

目前，各国划分会计要素的基本思路、基本格局是相同的，特别是对静态要素的划分，几乎没有差异，而对动态要素，尤其是全面收益和现金流的考虑存在较大的差异。

4.4.3 我国的财务报表要素

我国会计界把财务报表要素归纳为 6 个：资产、负债、所有者权益、收入、费用和利润。各个要素的定义都在我国的《企业会计准则——基本准则》中有规定。例如，资产是指企业过去的交易或者事项形成的、由企业拥有或者控制的、预期会给企业带来经济利益的资源；负债是指企业过去的交易或者事项形成的、预期会导致经济利益流出企业的现时义务；所有者权益是指企业资产扣除负债后由所有者享有的剩余权益，公司的所有者权益又称为股东权益；收入是指企业在日常活动中形成的、会导致所有者权益增加的、与所有者投入资本无关的经济利益的总流入；费用是指企业在日常活动中发生的、会导致所有者权益减少的、与向所有者分配利润无关的经济利益的总流出；利润是指企业在一定会计期间的经营成果。利润包括收入减去费用后的净额、直接计入当期利润的利得和损失等。

需要指出，《企业会计准则——基本准则》也明确：所有者权益的来源包括所有者投入的资本、直接计入所有者权益的利得和损失、留存收益等。直接计入所有者权益的利得和损失，是指不应计入当期损益、会导致所有者权益发生增减变动的、与所有者投入资本或者向所有者分配利润无关的利得或者损失。其中，利得是指由企业非日常活动所形成的、会导致所有者权益增加的、与所有者投入资本无关的经济利益的流入；而损失是指由企业非日常活动所发生的、会导致所有者权益减少的、与向所有者分配利润无关的经济利益的流出。我国财务报表要素与美国的区别主要是没有利得和损失两个要素，而是把利得和损失的内容作为所有者权益要素的构成部分。

我国对财务报表要素的划分具有以下优点：①与会计对象在理论上协调一致。经过近半个世纪的研究，我国会计界对企业会计对象的认识逐步达成共识，认为企业的资金运动有静态和动态两种类型。财务报表要素作为会计对象的两种基本分类，是会计对象的具体表现。②与会计方程式和财务报表理论协调一致。资产、负债、所有者权益三要素之间的数量关系，构成资产负债表的理论依据；收入、费用、利润三要素之间的关系是建立利润表的理论依据。

4.4.4　财务报表要素的改进

对财务报表要素改进的思考站在了更高的角度，来阐明中外会计专家和学者对世界范围内财务报表要素的改进观点。理论是对实践的总结和概括，而且理论必须具有科学性和逻辑性。财务报表要素是人们对会计或财务报表所考察和反映的内容进行适当分类所赋予的称谓，因此要素的划分和设立是人的主观意识和客观要求相结合的产物。各国在财务报表要素上的差异是由主客观两方面的原因形成的。其中，由主观原因导致的差异是文化与理解以及传统习惯等差异的一种综合体现，而客观原因则源于各国经济环境的不同。各国对会计要素的划分都有其合理之处，也都存在进一步改进的问题。目前看来，各国的财务报表要素普遍存在一定的缺点，应当改进。

各国在改进财务报表要素的过程中，应注意以下几点：

（1）涵盖性与穷尽性

涵盖性与穷尽性就是所有的财务报表要素要能涵盖全部经济事项，也即任何一项经济事项都能明确归属在特定的财务报表要素中。在这里，需特别说明事项、交易和情况等概念。事项是某一主体发生的重要时间。它可能是发生在主体内的内部事项（如在生产中使用原料及设备），也可能是涉及这一主体及其环境间的相互作用的外来事项（如同另一专题的交易，这一主体购买或销售的货物或劳务的价格变动，一次洪水或地震等）。交易是外来事项的特殊种类，即涉及在两个（或更多）主体之间转移某些有价值的东西（未来经济利益）的外来事项。交易可以是交换（交互性转移，如购买或销售货物或劳务），也可以是非交互性转移（如业主投资、对业主的分配、捐赠、被窃等）。情况则是由一件或一系列事项发展成的　种或一整套状态（某个债务人破产了是一个事项，但债权人面临债务人的破产则是一种情况）。

（2）互排性

互排性就是每个要素都有其特定的内容，各个要素之间不能有相互交叉的内容。

（3）适当性

适当性就是要素的数量不可太多，否则就会失去归类功能的意义，但也不能太少，否则很难反映类别的特征。

（4）协调性

协调性是指对要素的划分应与相关的会计理论、会计准则相协调。财务报表要素不是孤立的，无论是作为会计理论的一个概念，还是作为会计准则的一项内容，它都应前后一致，相互协调，存在一定勾稽关系。

目前很少见到现金流量表要素，因为现行财务报表要素基本都是对资产负债表和收益表而言的，没有一个是针对现金流量表的。尽管可以根据现有要素和前两张表编制现金流量表，但还是缺乏直接的理论依据，不利于实际操作。由于现金流量表越来越被会计信息的使用者所关注，增加现金流量要素可以提高会计信息的有用性。有学者提出应设立现金流入、现金流出和现金流量净额 3 个要素 ，而且这 3 个要素构成“现金流入-现金流出=现金流量净额”的数量关系。至于这几个要素的定义，可以根据各国对现金流量表提供信息的要求做出解释。例如，我国可将它们定义为，现金流入是指企业在一定期间的经营活动、投资活动和筹资活动所产生的现金和现金等价物的流入数额；现金流出是指企业一定期间的经营活动、投资活动和筹资活动所产生的现金和现金等价物的流出数额；现金流量净额就是企业一定期间的现金流入与现金流出的差额。此外，还应当设立递延要素。目前各国的资产负债表上几乎都有递延项目的列报问题。这些项目从本质上看既不属于资产，也不属于负债和所有者权益，因此，报表对它们的列示显得没有根据，缺乏合理的解释。设立该要素后可以避免这个问题。

总之，财务报表要素应能体现信息使用者的要求，并随着会计环境的发展和财务目标的变革而不断发展。

4.5 财务报表的确认与计量

4.5.1 财务报表确认与计量的意义

财务报表的确认与计量也称做会计的确认与计量，是指将某一项目作为一项资产、负债、收入、费用等之类正式地列入某一会计主体的财务报表的过程。凡是已经确认与计量了的项目，要同时以文字和金额加以描述，其金额包括在财务报表总计之中。

在会计理论中，“确认”是一个广泛的概念。广义的确认已包括了计量。计量只是确认的一部分。但是，从会计理论发展的现实来看，确认与计量可以分开来研究。其中，财务报表的确认是指根据一定的基础和标准来判断某一项目属于哪个会计要素，应何时列入财务报表。它主要解决“是什么”、“何时是”与“如何记录与报告”的问题。财务报表的计量则是在确认的基础上，根据一定的计量单位和计量属性来认定某一项目的金额大小。它主要解决“是多少”的问题。

从人们在会计实务中对某一项目确认与计量的分析程序看，确认与计量一般包括初始确认与计量、再确认与计量和终止确认与计量3个环节。其中，初始确认与计量是指对某一项目认定为资产、负债、收入、费用等要素，并进行会计记录；再确认与计量是指在初始确认与计量的基础上，对所有项目的数据进行筛选、浓缩，最终列示在财务报表里，并对财务报表的合计数产生影响；终止确认与计量是指如果有足够的证据表明已经经过第一个环节或第二个环节确认与计量的某一项目，因某些原因而发生了变化，应立即修正或终止对它的确认与计量，甚至将其从财务报表上剔除。

经济业务的会计处理主要包括确认、计量、记录和报告4环节。其中，确认和计量是记录与报告的前提。实际上，在会计信息系统中，确认与计量活动贯穿于会计系统的整个过程，从原始数据的收集、加工和整理到账簿的登记，最后到会计信息的对外提供，无一没有对会计项目的确认与计量。正因为如此，财务报表的确认与计量理论被视为会计理论的重要部分。在财务会计概念框架中，财务报表的确认与计量是实现财务报告目标的必要手段。只有经过严格的确认与计量，财务报表上所反映的信息才会对使用者的经济决策产生影响。

4.5.2　确认与计量理论的简要回顾

概括而言，在确认与计量理论的发展过程中，美国等经济发达国家的会计准则制定机构以及国际会计准则理事会都对确认作了广义的解释，即将计量看做确认的一部分，而且主要论述了收入、费用的确认，后来才逐渐将确认与计量分开，并对资产和负债等要素的确认与计量进行了一定的论述。

在会计实务中，人们在复式簿记产生以后就对经济业务进行了比较规范的价值记录。虽然在记录以前肯定进行过一些判断和认定，但当时还没有从理论上对确认与计量加以论述。到了18、19世纪，会计理论界开始有人探讨企业的经济事项应在何时、以何种金额记录的问题，但一直到20世纪的二三十年代，少数会计学者的论著才提出“确认”一词。例如，1938年，佩顿在《会计纲要》一书中使用了“收入确认”一词，并提出在账户中确认收入与费用的恰当时机问题。1940年，佩顿和利特尔顿在《公司会计准则绪论》一书的第4章也论述了收入确认问题，并提出销售和现金两种确认基础以及完工比例法的应用。但是，这一时期的论述具有明显的缺陷：①主要论述收入和费用的确认问题，对于资产、负债等要素的确认与计量极少涉及；②对“确认”与“实现”不加区分，他们所说的收入“确认”，实际是收入的“实现”。

1970年，美国会计原则委员会在其发布的第4号报告《企业财务报表编报的基本概念和会计原则》中，全面阐述了企业财务会计的基本概念和所运用的会计原则。该报告在论述其中的第1条原则即“初始入账原则”时指出，该原则决定了：①进入会计系统处理的数据资料；②入账的时机；③资产、负债、收入和费用被记录的数额。紧接着又在论述具体的应用原则时，要求会计人员辨认应予以记录和报告的事项，强调并非所有影响企业经济资源和义务的事项在其发生时就能进行记录和报告。这些论述虽然没有明确使用“确认”和“计量”两个术语，但其实质已经基本体现了目前所讲的确认与计量理论的基本含义，因而它直接推动和导致了会计上对“确认”与“计量”的广泛运用，促进了确认与计量理论的发展。

FASB成立以后，很快开展了对财务会计概念框架的研究，并将财务报表的确认与计量作为其中的一个重要问题专门予以讨论。1984年12月，该委员会发布了第5号概念结构公告《企业财务报表项目的确认与计量》，对财务报表的确认与计量进行了权威性的论述。在此之后，经过实践应用和进一步的研究，该委员会又于2000年2月发布了第7号概念结构公告《使用现金流量与会计计量中的现值会计》。确认与计量问题成为美国财务会计概念框架的重要组成部分。

在美国的带动下，英国、加拿大等国家的会计准则制定机构以及IASB也都纷纷研究并发布了各自的概念公告，并对确认与计量问题作了一定的论述，有些论述还有所创新。例如，加拿大会计准则委员会在其1988年发布的《财务报表概念》中指出：“确认不是指在财务报表附注中的揭示。附注既可以提供财务报表所确认项目的进一步的信息，也可以提供那些因不满足确认标准而不能在报表中予以列示的有关项目的信息。”与此同时，各国的会计学术界也都对确认与计量问题进行了广泛而深入的研究。而今，确认与计量理论已经对各国会计准则制定和会计实务操作起到了积极的指导作用。随着会计环境的不断发展变化，财务报表的确认与计量将会有新的问题出现，在世界范围内人们对它的研究也将继续下去。

4.5.3 财务报表的确认

1）确认基础

财务报表的确认基础是指在时间上对某一项目的确认做出规定。在对某一项目进行确认时，首先要选择一定的确认基础，因为不同的确认基础会产生不同的确认结果。在传统的会计理论和实务中，可选择的确认基础一般有两个，即收付实现制和权责发生制。

收付实现制亦称现金制，是指以款项的收付作为会计项目确认的依据，而无论其权利与责任（或义务）是否已经发生。据有关文献记载，14、15 世纪时，意大利的商业簿记方法就运用了收付实现制的方法：凡是本期收到的款项，就确认为本期的收入；凡是本期支付的款项，就确认为本期的费用。那时，由于企业的经营活动非常简单，基本上不存在非现金交易，因此，在收付实现制下，企业的收入也就是现金交易收入。之后，随着企业经营活动的日益复杂，非现金交易越来越多，人们逐渐发现了收付实现制的不足。为了解决市场经济所广为涉及的信用关系问题，也使企业的资产形式多样化，对于赊销赊购等经济业务，在按收付实现制确认收入和费用的前提下，同时确认了企业的债权债务或非流动资产等其他事项。后来，收付实现制就逐渐被权责发生制所取代。

权责发生制亦称应计制，是指以权利的形成和责任（或义务）的发生作为会计项目确认的依据，而无论款项是否已经收付。这种确认基础大约形成于 20 世纪的三四十年代。早期的权责发生制只涉及收入和费用的确认。直到 1970 年，美国会计原则委员会才开始在它的第 4 号报告中，尝试将权责发生制应用于资产和负债的确认。随后，FASB 的财务会计概念公告又确立了权责发生制下资产和负债的确认标准，并完善了收入实现原则和费用配比原则。现在，人们已经可以运用权责发生制对财务报表的各个要素加以确认。

权责发生制与收付实现制是互相对应的两个概念，当权利、责任发生的时间恰好与款项收付的时间一致时，根据二者确认的结果相同，但不一致时，根据它们所确认的结果会有一定的差异。长期以来，世界各国的会计理论和实务中普遍将权责发生制作为财务报表的确认基础。

2）确认标准

对某一项目的确认不仅要在时间上选择合理的确认基础，而且要掌握切实可行的确认标准。按照 FASB 第 5 号概念公告的论述，确认任何一个项目都必须同时满足 4 个基本的确认标准，即：①符合要素定义，指所确认的项目要符合财务报表某一要素的定义；②可计量性，是指所确认的项目要具有一个相关的可计量属性，要能可靠地予以货币量化；③相关性，是指因所确认的项目所生成的信息应对使用者的决策有足够的影响；④可靠性，是指所确认的项目应该是真实的、可核查的和中立的。这就充分表明，一个项目要正式列入特定的财务报表，不仅必须符合某一要素的定义，而且应当符合可计量性、相关性和可靠性的要求。对于那些符合要素定义但不能满足其他确认标准的项目，应排除在财务报表的正式组成之外，至多在附注中予以反映。

4.5.4 财务报表的计量

财务报表的计量主要解决已经确认项目的货币计量问题。计量的过程就是对符合财务报表要素定义的项目予以货币量化的过程。在这个过程中，需要重点考虑计量单位和计量属性问题。

1）计量单位

计量单位也叫计量尺度，是指对计量对象量化时采用的具体标准，如千克、米、美元、人民币等。笼统地讲，会计上的计量单位就是货币，只有货币才具有综合反映经济业务的能力，从而使会计信息更适用于使用者的经济决策。由于任何一种计量单位都必须要求自身度量上的统一性，因此对财务报表项目的计量就要求货币单位在不同时期保持稳定，以便使计量结果具有可比的基础。然而，这种理想的财务报表计量单位在现实中是很难找到的，因为货币的度量单位就是它的购买力，而货币购买力要受不同时期的生产力水平和货币供应量等因素的影响，所以实际的货币购买力是经常变动的。为了满足会计信息的决策有用性，在会计上就产生了名义货币和一般购买力货币两种计量单位供企业选择。

名义货币单位是指各国或地区主要流通货币的法定单位，如美国的美元、英国的英镑、我国的人民币元以及欧盟地区的欧元等。财务报表项目按名义货币单位计量时，对货币购买力随着时间的推移而发生的变动不做任何调整。即无论货币购买力如何变动，会计上都采用法定的货币单位，因此也被称做“变动的货币单位”。在世界各国的会计实务中，名义货币单位一直被广泛使用，并将继续使用下去。这主要是因为按照名义货币单位进行计量具有以下优点：①符合“币值稳定”的会计假设；②可以保证计量单位的统一，便于会计核算；③在物价变动不大的情况下，能比较准确、真实地反映企业的财务状况和经营成果；④可以简化计量手续，减轻会计人员的工作量。但是，在物价上涨幅度较大的情况下，采用名义货币单位就不能反映货币的实际购买力，会造成资本不能保持，有些企业甚至可能出现虚盈实亏，影响会计信息的决策有用性。因此，按照国际惯例，只要物价变动不超过恶性通货膨胀的程度（其主要标志是3年累计的通货膨胀率接近或超过100%），一般都以各国法定的名义货币作为计量单位，而不考虑货币购买力的变化对财务报表的影响。

一般购买力货币单位就是将各国货币的一般购买力或实际交换比率作为计量单位。根据一般购买力单位进行计量时，应对不同时期的货币购买力变动加以调整，即以一定时日的货币购买力（以一般物价指数近似地表示）调整或折算不同时期的名义货币单位，从而使不同时期的货币保持在不变的计量基础上，因此也叫“不变货币单位”。这种计量单位的存在以物价变动为前提，在物价变动时它能够反映货币购买力变动对会计信息的影响，保持会计计量结果的可比性。但是，这种计量单位的调整换算过程比较复杂，加之各国即使出现恶性通货膨胀（很多国家曾发生过），由于积极采取措施，延续的时间一般都不会很长，所以目前基本没有在会计实务中应用。

此外，在讨论会计的计量单位时，还可能涉及记账本位币、功能货币等概念。比如，一家跨国公司开展全球化经营，在不同的国家都有收入、支出、投资等活动。在日常的记账中，这家跨国公司的总部及其每一家子公司用什么样的货币记账，在年终合并全球报表时，使用什么样的外币报表折算方法，就需要考虑记账本位币和功能货币的问题。

2）计量属性

计量属性是指被计量对象的特性或外在表现形式，即被计量对象予以数量化的特征或方面。在会计上，财务报表的计量属性就是资产、负债、收入、费用等要素中的各类或各个项目予以货币量化的具体表现形式。计量属性是财务报表计量的一个重要构成因素，是用以区分各种计价模式的主要标准。20 世纪 70 年代以来，西方会计计量理论与实务的一个重大发展就是对计量属性所进行的系统研究。按照他们的研究成果，目前主要有 5 种计量属性，即历史成本、现行成本、现行市价、可变现净值和未来现金流量现值。

（1）历史成本

历史成本是指企业取得或建造某项财产物资时所实际支付的现金及其等价物，也叫实际成本或投入价值。在历史成本计量属性下，企业的资产、负债等要素都应当基于经济业务的实际交易价格，而不必考虑随后市场价格变动的影响。历史成本反映了资产、负债的过去价值，也使收入与费用的配合建立在实际交易的基础上，并且由于企业持续经营，其债权债务关系可以以交易价格存在，因而不必考虑清算变现。

按历史成本进行计量，有助于各项资产、负债确认与计量结果的检查与控制；促使会计核算与会计信息的真实可靠；各期的会计信息能够保持一致和可比。这种计量属性具有客观、可验证、易取得、简单等优点。因此，长期以来，历史成本一直是世界各国通行的最重要的会计计量属性。大部分固定资产和存货最适宜用历史成本计量。在历史成本下，负债按最初的发生金额入账。但是，按历史成本计量也有一些局限性：

①历史成本一旦入账就不再变动，但随着时间的推移，资产对企业的“价值”可能发生变化，因而，时间一长，历史成本就不一定代表资产的真实价值。例如，某些早期的厂房其账面价值很低，但实际价值并非如此。

②不同时期取得的相同资产，其历史成本并不相同，将它们加在一起作为财务报表上资产的合计数会使会计信息使用者难以理解。

③在计算利润时，收入是不久前的货币价值，而成本是历史成本，两者不能合理配比。

正因如此，历史成本计量属性一般在物价变动不大的情况下使用。由于近年来，世界经济不断发展变化，新的经济业务不断出现，历史成本的缺点暴露得日益充分，各国都采取了一些措施，允许在某些情况下，放弃使用历史成本。例如，我国会计准则和会计制度规定：外币的货币性项目要用期末的市场汇价折合成人民币；存货的期末计价采用“成本与可变现净值孰低法”；依法进行财产重估后，可用现时重置成本来报告资产的价值等。同时，我国企业计提资产减值准备也是对账目历史成本的一种调整。

（2）现行成本

现行成本是指如果在现时重新取得相同的资产或其相当的资产将会支付的现金或现金等价物，也叫重置成本或产出价值。现行成本反映了资产、负债现在的价值。在会计实务中，少数的固定资产和存货可以按现行成本计量。在现行成本下，负债应按当前要求清偿债务时未贴现的现金或现金等价物金额来记录。在不同的情况下，现行成本具有不同的含义：①重新购置同类新资产的市场价格；②重新购置同类新资产的市场价格扣减持有资产已使用年限的累计折旧；③重新购置具有相同生产能力的资产的市价；④重新购置或制造同类资产的成本；⑤重新生产或制造同类资产的成本扣减持有资产的累计折旧。严格而言，现行成本与重置成本并不一定相等，它们之间的差异就是资产的持有损益，但如果从实物资本保持的立场出发，资产的持有损益便不存在。

现行成本计量属性下，在价格变动时，可以合理地确定生产耗费的补偿，从而实现实物资本的保持；以现行收入与现行成本配比，使盈利具有可比性和可靠性，而且在逻辑上具有统一性；财务报表上的会计信息可以反映现时的财务状况；便于区分企业的经营收益与持有收益，正确反映企业的经营成果。但是，现行成本的确定比较困难，计算上缺乏足够的依据，影响会计信息的真实性和可靠性；没有完全消除货币购买力变动的影响，财务报表项目之间缺乏可比性。重置成本含义的多重性难以使重置成本与原持有资产保持完全吻合。

现行成本和历史成本存在密切的联系。在原始交易日，二者在数量上是相等的。但如果不是在原始交易日，由于资产供求关系、技术水平和生产成本会发生变化，二者往往不相等。

（3）现行市价

现行市价是指在正常清算条件下，出售某项资产所能获得的现金或现金等价物即资产的变现价值或“现时现金等值”，也叫现行脱手价值。它等于所出售资产的市场价格扣除预计的销售费用后的差额。这个市场价格是指卖方市场价格（现行市价不像重置成本那样依据买方市场价格）。现行市价反映了资产、负债的现在价值、产出价值、假定价值。

现行市价主要表示资产销售的现在价值，是企业进行经营决策的一种机会成本。在对资产是继续持有还是予以出售、企业是继续经营还是进行改组等问题做决策时，现行市价是很重要的信息。现行市价可以提出反映企业财务应变能力的变现价值的相关信息；现行市价是对企业适应市场能力的一个较好的“指示器”。一般而言，企业资产的变现价值越大，企业适应市场的能力就越强。反之，如果企业的资产仅有少量的变现价值或没有变现价值，企业适应市场变动的机会就非常有限。由于企业是在市场中运行的，而市场又瞬息万变，企业要根据市场变化随时做出决策，就必须了解其资产的现行市价。但是，用现行市价计量预期使用的资产是不合理的，因为并非所有资产（如无形资产和专用设备）或负债都存在变现价值，它们的现行脱手价值也难以确定；由于这一计量属性假定企业资产随时处于清算状态，违背了继续经营的基本假定，同时未等销售发生就确认价值实现也有悖于收入的实现原则；这一计量属性未考虑一般购买力的变动，所以不能消除通货膨胀的影响。

FASB 认为，现行市价一般适用于某些有价证券上的投资，以及那些将以低于以前账面价值的价格出售的资产或某些涉及有市价的商品和证券的负债。IASC 也认为，有价证券可以按其现行市价来计量。

（4）可变现净值

可变现净值是在正常经营过程中，某项资产可望带来的未经贴现的现金或现金等价物，扣除该资产转换时尚需发生的直接成本，也叫预期脱手价值。可变现净值反映了资产、负债的未来价值、产出价值和预期价值。由于可变现净值无法囊括全部资产，一般适用于计划未来销售的资产或未来清偿既定数额的负债。

可变现净值与现行市价有相同之处。它们都反映资产未贴现的变现价值。

可变现净值与现行市价也有不同之处。现行市价是基于当期的脱手价值，适用于现时销售的资产，而可变现净值是基于预期的未来销售价格或未来清偿的既定负债；现行市价假设企业处于清算状态，不符合持续经营假设，而可变现净值假设企业处于正常经营状态；现行市价是指某项资产在现在处置可望实现的现金或现金等价物，而可变现净值表示该项资产预期最终完工销售所得到的现金流入在扣除为继续加工所需现金流出后的净额。例如，一项已完工资产在近期内出售，它们的现行市价和可变现净值是一致的，如果资产在出售以前还要加工，则现行市价和可变现净值就存在差别。再如，某一半成品，可以直接出售，也可以加工后再出售。如果直接出售，其现行市价为500元；如果加工后再出售，最终市价为800元，但需要支付100元的加工费用，则其可变现净值为700元。可见，现行市价是指该半成品在现时状态下即期处置可望获得的现金，而可变现净值则表示该半成品预期完工销售所得现金流入扣除为继续加工所需现金流出后的净额。

FASB认为，短期应收账款和某些存货按其可变现净值报告。IASC认为，按照以适当方式出售资产而在当前能够获得的现金或现金等价物来记录资产，按负债的清偿价值来记录负债，即以预期要支付的未贴现现金或现金等价物来记录，以满足负债的一般定义。例如，对已知数额的应收款应扣除可能发生的坏账损失，计算其可变现净值。

(5) 未来现金流量现值

未来现金流量现值是指在正常经营状态下资产所带来的未来现金流入量的现值，减去为取得流入量所需的现金流出量现值，即资产在使用过程中可望得到的现金净流入量的现值。在这种计量属性下，负债应按在正常经营过程中预期要清偿的未来现金流出的现值来计量。未来现金流量的现值反映了资产、负债的未来价值、产出价值和预期价值，也反映了资产的获利能力。一般情况下，现值越大，资产的获利能力越强；反之，现值越小，资产的获利能力越弱。长期应收款和长期应付款一般适宜按未来现金流量现值计量。

这种计量属性的主要依据是，资产是预期的未来经济利益。这种经济利益的大小与预期现金流入的时间分布有关，即要考虑货币的时间价值。因此，资产的价值应按其预期的未来现金净流入的贴现值来计量。未来现金流量现值最能反映资产的经济价值，会计信息的决策相关性最强，最有利于财务决策，但会计信息的可靠性最差，无法编制出能真实反映企业财务状况和经营成果的财务报告，因而在会计实务中无法运用。例如，应付融资租入固定资产的租金、企业的长期债券投资等可按未来现金流入的现值来计量。资产的获利能力越强，其现值就越大；反之，资产的获利能力越弱，其现值就越小。

以上5种计量属性反映了被计量对象的不同特征或方面。在时间上，要分清过去、现在与未来；在交易的性质上，要分清实际交易、假设现时交易和预期交易；在交换价值的类型上，要分清投入交换价值和产出交换价值；在会计信息的质量特征上，要分清是强调相关性还是可靠性；在操作的可行性上，要分清是容易还是困难。各种计量属性特征的概括描述见表4-1。这5种计量属性之间也有一定的共同性。它们都是针对特定资产和负债存在的不同形式而言的，在某一特定的时点上，往往具有相同的计量结果。只要是在资产的交易日（取得日），按历史成本、现行成本和现行市价计量的结果就是一致的。随着时间的推移，特别是在价格发生变动的情况下，它们会出现不同的货币数额。这些计量属性并不绝对互相排斥。现行财务报表虽然倾向于历史成本计量属性，但也允许多种计量属性同时并存。企业应在编制财务报表以前根据所计量项目的性质、计量属性的相关性和可靠性来选择计量属性。

表4-1　**各种计量属性的特征**

计量属性＼特征	时间秩序	交易性质	交换价值类型	信息质量特征		可操作性
				可靠性	相关性	
历史成本	过去	实际	投入	强	弱	易
现行成本	现在	假定	投入			
现行市价	现在	假定	产出	↓	↓	↓
可变现净值	未来	预期	产出			
未来现金流量现值	未来	预期	产出	弱	强	难

3）公允价值会计

随着会计理论的发展，计量属性也在不断发展变化。特别是近年来，各国经济环境变化较大，对会计计量属性提出了新的挑战。当前普遍应用并不断创新的金融工具为会计计量属性的发展提供了很好的契机。于是，一种新的计量属性——公允价值便应运而生了。所谓公允价值是指在公平交易中，熟悉情况的交易双方自愿进行资产交换或债务清偿的金额。自1990年起，FASB发布的第105号、第107号、第115号、第119号、第125号等准则都不同程度地要求企业使用公允市价。1998年6月发布的第133号会计准则《衍生工具和避险活动会计》就认为，衍生金融工具应在财务报表中予以报告，公允价值是金融工具最相关的计量属性，而对衍生金融工具来说，可能是唯一相关的计量属性。之后，主要针对133号准则的不足，FASB又发布了第137、第138、第140和第149号财务会计准则公告，进一步规范衍生金融工具的会计计量问题。国际会计准则理事会（IASB）也在其第32号、第39号和第40号国际财务报告准则中对公允价值的使用做出了规定。例如，第39号准则《金融工具——确认与计量》规定，绝大部分金融资产应以公允价值计量，极少部分以历史成本计量。此外，IASB的很多专家也认为，对房地产投资、生物资产和收获时的农产品等也应采用公允价值计量。

特别要提出的是：2003年6月，FASB启动了制定《公允价值计量》准则的计划后，分别于2004年6月与2005年10月发布征求意见稿和准则工作草案，并于2006年9月正式发布FASB第157号准则——《公允价值计量》。在该准则中，公允价值被定义为：会计主体所在市场的参与者之间进行的有序交易中出售一项资产所收到的价格或转移一项负债所支出的价格。公允价值计量针对特定的资产或负债，因此在计量时应考虑资产或负债的特点，比如资产（或者负债）的情况、位置以及使用（或销售）的限制。该准则还阐明了这样一个原则：公允价值应该基于市场参与者所采用的对资产或负债进行定价的各种假设之上。此外，该准则还包含估价前提、估价技术、公允价值层级和披露等内容，特别强调了公允价值是在非强迫性交易中的脱手价格，强调企业持续经营的状态。FASB承认随着主体进行不同的商业活动，参考市场和市场参与者也有所不同。参考市场是主体对资产或负债进行交易时最有利的市场。基于资产使用的最大化和最佳化（the highest and best use of the asset），准则提出了“在用估价”和“交换估价”两个估价前提（估价技术包括市场法、收益法和成本法），并建立了一个区分各种属性优先次序的公允价值层级，用以确定估价技术的选择。随后，公允价值成为国际上流行的计量属性，在国际上将得到较广泛的应用。在较完善的资本市场中，公允价值的使用可以赋予管理者和审计师比较大的自主空间，有利于公司真实地反映经济业务的实质和公司的市场价值。

自 2008 年下半年以来，世界经济正经受历史罕见的“金融海啸”的严重冲击，全球的经济发展也受到很大的影响。这样的经济形势给公允价值会计准则带来多方面的挑战。舆论普遍认为：公允价值计量并没有真实反映金融资产的真实价值，引起银行收益和资本波动性增加，削弱了银行的流动性转换功能和银行平滑经济冲击的功能，对加重金融危机起推波助澜的作用。曾被称为“代表未来计量方向”的公允价值，一夜之间成为众矢之的。

为此，2008 年 10 月 4 日，美国众议院通过了大规模金融救援方案，并授权 SEC 暂停按市值计价的会计准则（SFAS 157）。2008 年 10 月 15 日，欧盟议会通过允许金融机构暂停使用公允价值会计准则的决议。为了应对挑战，IASB 和 FASB 联合成立了金融危机咨询组（FCAG），以在国际范围内协调处理因全球金融危机产生的财务报告问题。经过深入研究，双方共同发布了关于公允价值计量与披露的最新准则《国际财务报告准则第 13 号——公允价值计量》（IFRS 13）与《2011 年第 4 号会计准则更新——公允价值计量：为取得美国公认会计原则与国际财务报告准则对公允价值计量与披露要求的统一而作的修订》，将同时适用于国际财务报告准则（IFRS）与美国公认会计原则（U. S. GAAP）。此次准则更新意味着向会计准则全球趋同的共同目标又迈出了积极的一步。

4）计量模式

计量模式是指计量单位和计量属性的组合形式。从理论上讲，两种计量单位和 5 种计量属性可以组成 10 种计量模式，即历史成本/名义货币单位模式、历史成本/一般购买力单位模式、现行成本/名义货币单位模式、现行成本/一般购买力单位模式、现行市价/名义货币单位模式、现行市价/一般购买力单位模式、可变现净值/名义货币单位模式、可变现净值/一般购买力单位模式、未来现金流入的现值/名义货币单位模式、未来现金流入的现值/一般购买力单位模式。

各种计量模式都有一定的优缺点，企业应当依据不同的会计环境以及不同时期的客观需要，选择相应的计量模式。目前，世界各国的会计实务能够用到的计量模式主要是前 4 种，其余 6 种由于它们所涉及的计量属性不适合所有的项目或实际操作性太差等，都难以成为一种独立的计量模式而被会计师事务所采用，其中最常使用的是历史成本/名义货币单位模式。这种模式以财务资本保持概念为基础，认为只有当期末净资产的财务或货币金额在扣除了这一期间对所有者的分配和所有者的投资以后超过期初净资产的财务或货币金额时，才算实现了利润。在物价稳定、币值基本不变的情况下，这种模式具有可靠、客观的优点，但是在物价上涨、购买力下降时，该模式提供的会计信息就缺乏可比性和相关性。因此，为了弥补其不足，许多国家对传统的计量模式进行了一定的改进，如允许对存货采用后进先出法，对一些固定资产允许采用加速折旧法等。

计量模式以资本保全概念为基础的，认为只有在资本保持完整无损后才能确认收益。资本保全概念有两种，一是财务资本保全，二是实物资本保全。在目前使用的前 4 种计量模式中，①和②以财务资本保全概念为基础，③和④以实物资本保全概念为基础。

4.5.5 我国财务报表的确认与计量

从总体上看，我国企业财务报表的确认与计量越来越完善：在确认上，以权责发生制为确认基础；在计量上，采用多种计量属性。根据《企业会计准则——基本准则》，企业在将符合确认条件的会计要素登记入账并列报于会计报表时，应当按照规定的会计计量属性进行计量，确定其金额。会计计量属性主要包括：

（1）历史成本

在历史成本计量下，资产按照购置时支付的现金或者现金等价物的金额，或者按照购置资产时所付出的对价的公允价值计量。负债按照因承担现时义务而实际收到的款项或资产的金额、承担现时义务的合同金额，或者按照日常活动中为偿还负债预期需要支付的现金或者现金等价物的金额计量。

（2）重置成本

在重置成本计量下，资产按照现在购买相同或者相似资产所需支付的现金或者现金等价物的金额计量。负债按照现在偿付该项债务所需支付的现金或者现金等价物的金额计量。

（3）可变现净值

在可变现净值计量下，资产按照其正常对外销售所能收到现金或者现金等价物的金额扣减该资产至完工时估计将要发生的成本、估计的销售费用以及相关税费后的金额计量。

（4）现值

在现值计量下，资产按照预计从其持续使用和最终处置中产生的未来净现金流入量的折现金额计量。负债按照预计期限内需要偿还的未来净现金流出量的折现金额计量。

（5）公允价值

在公允价值计量下，资产和负债按照在公平交易中，熟悉情况的交易双方自愿进行资产交换或者债务清偿的金额计量。

《企业会计准则——基本准则》同时规定，企业在对会计要素进行计量时，一般应当采用历史成本，采用重置成本、可变现净值、现值、公允价值计量的，应当保证所确定的会计要素金额能够取得并可靠计量。

在这里，需要特别指出：我国《企业会计准则——基本准则》第42条明确地将公允价值列入5种主要的企业会计计量属性之中，38项新的企业会计准则及其应用指南都不同程度地直接或间接涉及公允价值，包括《长期股权投资》、《投资性房地产》、《生物资产》、《非货币性资产交换》、《股份支付》、《债务重组》、《企业合并》以及《金融工具确认与计量》等准则。

例如，第3号准则《投资性房地产》和第5号准则《生物资产》都允许公司采用成本模式或公允价值模式作为后续计量的核算模式，但是，公允价值模式的执行条件非常高，准则对公允价值模式的运用设定了较为严格的标准。《投资性房地产》准则首先规定了投资性房地产的确认条件，以及投资性房地产必须以历史成本进行初始计量的原则；其次，指出必须在有确凿证据表明投资性房地产的公允价值能够持续可靠取得的，才可以对投资性房地产采用公允价值模式进行后续计量。采用公允价值模式计量的，必须满足以下条件：①投资性房地产所在地有活跃的房地产交易市场；②企业能够从房地产交易市场上取得同类或类似房地产的市场价格及其他相关信息，从而对投资性房地产的公允价值做出合理的估计。企业对投资性房地产的计量模式一经确定，就不得随意变更。已经采用公允价值模式计量的投资性房地产，不得从公允价值模式转为成本模式。

又如，第22号准则《金融工具确认和计量》把金融资产分成4类：①以公允价值计量且其变动计入当期损益的金融资产，包括交易性金融资产和指定为以公允价值计量且其变动计入当期损益的金融资产；②持有至到期投资；③贷款和应收款项；④可供出售金融资产。同时，把金融负债分为以公允价值计量且其变动计入当期损益的金融负债和其他金融负债两类。符合条件的金融资产和金融负债，在初始确认时可以指定为以公允价值计量且其变动计入当期损益的金融资产和金融负债，但在活跃市场没有报价、公允价值不能可靠计量的权益工具投资，不得指定为以公允价值计量且其变动计入当期损益的金融资产。除了某些情况外，企业应当按照公允价值对金融资产进行后续计量，且不扣除将来处置该金融资产时可能发生的交易费用。划分为以公允价值计量且其变动计入当期损益的金融资产的公允价值变动在损益中体现，而划分为可供出售的金融资产的公允价值变动在在权益中体现。

再如，在第2号准则《长期股权投资》中，公允价值计量主要体现在非同一控制下企业合并形成的长期股权投资初始投资成本的计量上，购买方在购买日将按照第20号准则《企业合并》确定的合并成本作为长期股权投资的初始投资成本，购买方在购买日对作为企业合并对价付出的资产、发生或承担的负债应当按照公允价值计量，公允价值与账面价值的差异计入当期损益。按照第20号准则《企业合并》的规定，非同一控制下吸收合并的购买方确定的企业合并成本与取得被购买方可辨认净资产公允价值的差额应确认为商誉或计入当期损益；对于非同一控制下的控股合并，母公司在购买日编制合并资产负债表时，对于被购买方可辨认的资产、负债应当按照合并中确定的公允价值列示，合并成本大于合并中取得的被购买方可辨认净资产公允价值的差额，应确认为商誉。合并成本小于合并中取得的被购买方可辨认净资产公允价值的差额，调整盈余公积和未分配利润。

总之，随着国际国内理论和实务界对会计确认与计量理论研究的不断深入和我国资本市场对财务报表的确认与计量要求的不断提高，我国财务报表的确认标准、计量单位和计量属性等也将会有更加完整的论述和规定。

本章小结

财务会计概念框架是由互相关联的目标和基本概念组成的逻辑一致的体系，其内容主要有财务报告的目标、会计信息的质量特征、财务报表要素和财务报表的确认与计量等。

美国最早开始了对财务会计概念框架的研究，而FASB发布的概念公告最具代表性，被世界上其他国家所效仿。

财务会计概念框架最主要的作用是指导会计准则的制定与应用。很多会计准则制定机构都认为：建立了财务会计概念框架，就可据以形成一套完善且内在一致的质量较高的会计准则，并通过会计准则指导会计实务，最终实现财务报告的目标。

我国财政部2006年发布的《企业会计准则——基本准则》在一定程度上体现了我国的财务会计概念框架。

财务会计概念框架的起点是财务报告目标，即人们通过会计实践预期所要达到的境地或标准。理论界对财务报告的目标有两种主要观点——“受托责任观”和“决策有用观”。

会计信息的质量特征，就是使会计信息有用的特征，即会计信息所要达到或满足的质量标准。传统上认为，会计信息质量的两大重要特征是相关性和可靠性，辅以可理解性、可比性和实质重于形式等其他特征。成本效益原则是会计信息质量的约束条件。

"有用财务信息质量特征"应包括基本的质量特征（含相关性、重要性和如实反映）、增进的质量特征（含可比性、可稽核性、及时性和可理解性）和信息约束条件（成本与效益）。

财务报表要素是从财务报告目标出发，对会计信息的经济特征所作的基本分类。在财务会计概念框架中，财务报表要素是会计信息质量特征的表现形式，与会计信息质量特征共同构成概念框架的基础层次。

各国在财务报表要素的划分上存在差异，都有其合理之处，也都需进一步改进。

财务报表的确认与计量也称做会计确认与计量，是指将某一项目作为一项资产、负债、收入、费用等之类正式地列入某一会计主体的财务报表的过程。

确认基础有收付实现制与权责发生制。确认的4个基本标准是：符合定义、可计量性、相关性和可靠性。

会计计量过程中两个最关键的要素是计量单位和计量属性。会计上可选用的计量单位有名义货币单位和一般（不变）购买力货币单位。目前，计量属性主要有5种。

计量模式是指计量单位和计量属性的组合形式，常见的有历史成本/名义货币单位模式、历史成本/一般购买力单位模式、现行成本/名义货币单位模式和现行成本/一般购买力单位模式。前两种以财务资本保全概念为基础，后两种以实物资本保全概念为基础。

我国财务报表的确认与计量主要以权责发生制为确认基础，计量属性则包括历史成本、重置成本、可变现净值、现值和公允价值。

主要概念和观念

□ 主要概念

财务会计概念框架　财务报告目标　会计信息的质量特征　相关性　可靠性　财务报表要素　财务报表的确认与计量　收付实现制　权责发生制　计量单位　计量属性　公允价值　计量模式

□ 主要观念

会计准则的制定并非没有理论可循。财务会计概念框架可用于指导会计准则的制定。如果缺乏一个由互相关联的目标和基本概念组成的逻辑一致的体系（财务会计概念框架），具体会计准则体系就不可能成为一个整体，高质量会计准则就难于形成。

基本训练

□ 知识题

1. 财务会计概念框架是如何形成和发展起来的？
2. 财务会计概念框架的目的和作用有哪些？
3. 美国财务会计概念框架有哪些特点？
4. 对财务报告目标有哪两种基本观点？
5. 什么是会计信息质量特征？什么叫相关性和可靠性？
6. 目前对有用财务信息质量特征的理解有何新特点？
7. 什么是财务报表要素？国外与我国对财务报表要素各自是如何划分的？有何异同？
8. 应当如何理解财务报表确认与计量的含义？
9. 什么是收付实现制？什么是权责发生制？两者的区别在哪里？

10. 按照 FASB 第 5 号概念公告的论述，确认任何一个财务报表项目都必须同时满足哪 4 个基本确认标准？应如何理解它们？

11. 什么是计量单位？名义货币单位与一般购买力货币单位有什么差别？

12. 什么是计量属性？现行主要的计量属性有哪些？

13. 什么是计量模式？总共有几种计量模式？会计实务中，哪种是常用的计量模式？

14. 如何理解公允价值的含义？公允价值会计计量的复杂性主要表现在哪些方面？

□ 技能题

1. 对照我国的《企业会计准则——基本准则》与美国财务会计准则委员会（FASB）发布的第 1 ~8 号概念公告，列出两者之间最主要的差异？

2. 查阅 FASB 和 IASB 的网站，动态跟踪并归纳整理财务报告目标的最新发展。

3. 查阅 FASB 和 IASB 的网站，动态跟踪并归纳整理有用财务信息质量特征的最新发展。

□ 能力题

1. 迄今为止我国已经发布了 38 项具体会计准则。分析一下这 38 项具体会计准则与基本准则之间的关系。基本准则是否真正指导具体准则？说明理由。

2. 对照财务会计概念框架的理论，查阅有关的文献，设计一份“关于我国企业会计基本准则的问卷调查表”，向有关的专家学者和实务工作人员调查基本准则中存在的不足和需要完善的方面。

3. 设计一份“关于我国企业财务会计信息质量特征的问卷调查表”，主要目的是讨论并建立我国企业财务会计信息质量特征体系。

4. 查阅上海证券交易所和深圳证券交易所网站上有关谴责上市公司的栏目及资料，归纳我国上市公司财务造假的主要类别。

5. 查阅一家公司 2007—2012 年的财务报告，分析经济繁荣（特别是流动性泛滥）与金融海啸（特别是流动性紧缩）发生后公允价值计量对公司财务业绩、税赋、高管薪酬、银行债务融资等方面的影响。

第 5 章

资产确认与计量理论

学习目标

知识目标

要求了解各种资产概念，把握资产确认的标准；明确各种计量单位、计量属性及由此组成的资产计量模式；掌握各类主要单项资产计量的目的、方法和相关理论，企业总体资产计量的目的、方法和相关理论。

技能目标

要将这些理论在实践中加以应用，从而提供决策和确定有关经管责任履行情况的信息。

能力目标

既能从会计实务和会计准则中归纳总结出资产确认与计量理论，又能够用资产确认与计量理论去解释会计实务和会计准则中的问题。

5.1 资产的概念与确认标准

在会计确认与计量中，资产和收益的确认与计量被认为是两项最为重要的内容。其中，资产是企业存在和持续经营的必要条件。在所有会计要素中，资产是关键性的要素，其他会计要素的定义都以资产为基点。资产确认与计量不仅影响资产负债表，也对收益产生影响。随着资产属性及相关业务日益复杂，资产确认与计量理论和实务也在不断地发展，并且对会计理论也产生了深刻的影响。

5.1.1 资产的概念

概念是对一事物的本质、特点、内涵及外延的总体描述。站在不同角度认识事物，人们可得出不同的概念。资产的概念也是如此。长期以来，许多会计学者和会计专业机构持续不断开展了对资产概念的研究，提出了许多不同的观点。这些观点对会计理论的研究在不同程度上起到了推动作用，对会计实务也起到了指导作用。

1）资产概念的演变

会计学中对资产概念的理解有一个演变的过程，主要包括：

（1）资产的未来劳务观

主张这种观点的是坎宁（John B. Canning）。1929 年，他在《会计经济学》中将资产解释为：资产指任何货币形态的未来劳务或任何可转换为货币的未来劳务（对那些由合同而产生的未来劳务要扣除合同双方都未履行的部分）。这种劳务只有对某人或某批人有用时才是资产。

这是最早对资产作明确定义的，也是对资产早期的一种认识，认为资产是劳务。这种观点虽然指出了资产对人有用的属性，但与现代会计的资产概念还是有明显的差异。

（2）资产的借余观

借余观出自于美国会计师协会所属的会计术语委员会 1953 年所发布的“会计术语公报”。该公告提出：凡根据会计标准正确地结转下期的借方余额或理所当然地应该结转的借方余额（负债项目中那些偶尔出现的借方余额例外）都是资产，因为它们反映了已取得的财产权或财产价值，或者代表为取得财务权或有益于未来所发生的费用支出。

这种观点在当时对资产的界定产生了较大影响。它纯粹是从会计计量技术角度去定义资产，并没有揭示资产的经济实质，即资产具有什么样的功能和经济实质，能为其所有者或使用者带来什么。

（3）资产的成本观

这种观点是出于关心收益的确认，将资产的性质强调为未耗用的成本或应结转至未来期间的数额。

按照这种观点，需将成本划分为两部分：一部分是已耗用的，称为费用；另一部分是未耗用的，称为资产。

将资产作为未耗用的成本，从会计确认与计量的角度来看，是把资产的形成看做资本耗费。凡在当期支出但没有转化为费用的都是资产，而已经转化为费用的支出则不作为资产。这样，可以把收益性支出和资本性支出的划分与资产的确认联系起来，有一定的现实意义。但是，这一观点也没有揭示资产具有为企业带来经济利益的能力。

（4）资产的经济资源观

美国会计原则委员会认为：资产是按照公认会计原则确认与计量的企业经济资源，也包括某些虽不是资源但按公认会计原则确认与计量的递延借项。国际会计原则委员会（IASC）也认为：资产是一项作为过去活动的结果而为企业所控制的资源，由此所产生的经济利益预计在未来将流入该企业。我国企业会计准则也基本上持这种观点：资产是指企业过去的交易或者事项形成的、由企业拥有或者控制的、预期会给企业带来经济利益的资源。

这种观点在认为资产是经济资源的同时，又限定必须能以货币计量。其优点是把资产的界限与经济学联系了起来，可以明确资产的经济属性，也剔除了那些难以进行货币计量的经济资源，如人力资源、信息资源等，但没有更加明确资产为企业带来未来经济利益的特征。

(5) 资产的经济利益观

持这种观点最权威的代表是FASB。它在1985年发表的第6号《财务会计概念公报》中明确指出：资产是可能的未来经济利益，它是特定主体从已经发生的交易或事项所取得或加以控制的。其实这一概念早在20世纪60年代就有人提出，穆尼茨（M. Moonitz）与斯普劳斯（R. T. Sprouse）在《企业普遍适用的会计准则》中认为：资产是预期的未来经济利益，这种经济利益已经由企业通过现在或过去的交易的结果获得。

这是一种目前仍较为流行的有关资产定义的观点。它注重资产为企业带来未来经济利益的能力。凡能为企业带来未来经济利益，即能导致企业现金流入者为资产，凡不能为企业带来未来经济利益者不为资产。对于会计上常见的递延费用是否具有未来经济利益的特性，则有不同认识。一种认为，递延费用是过去交易引起的资产价值的转化，通过摊销计入损益，并不直接为企业产生现金流入量，因而不具有收益能力；另一种认为，递延费用是企业为获取长远利益而必须发生的支出，不能设想企业不承担代价而获取任何利益，因而属于为企业间接获益的资产。

将资产定义为预期的未来经济利益，应该说比较符合企业持有资产的根本目的，因为从一个营利性企业来看，它持有资产的目的，当然是为了获得未来的经济利益。

2）资产概念的发展

资产概念始终处于发展之中。进入21世纪以来，FASB与IASB开始进行合作项目，重新审视财务报告概念框架，其中的一项研究内容就是资产的定义。由于对资产原有的定义存在“可能的”、“预期的”和“控制”指代不明，以及过分强调“未来经济利益”与“过去交易或事项”等方面的缺陷，因此它们更关注资产的操作性定义。2006年年初，他们认为特定主体的资产是：该主体持有的现金，该主体获取现金的现时权利，该主体获取能直接或间接为其带来经济利益的资源的现时权利或其他现时特权。到2006年11月，FASB和IASB明确将资产定义为“主体的一项资产是主体对其拥有排他的权利或其他权益的现时经济资源”（an asset is a present economic resource to which the entity has a present right or other privileged access）。从这个定义可以看出，它们对资产定义强调以下3点：

(1) 经济资源（economic resource）

作为经济资源，资产应具有确定的经济价值，能够反映生产、交换等经济活动的实质（单独或与其他经济资源组合），从而直接或间接地增加现金的净流入或者减少现金的净流出。经济资源包括与其他主体签订的合同（有生效条件的除外），如付款合同、运输合同、提供劳务合同等，只要能增加现金净流入或者减少现金净流出，就应确认为经济资源。

(2) 现时（present）

现时指的是在资产负债表日，经济资源以及获得该经济资源的权利或其他特权应实际存在。

(3) 拥有排他的权利或其他权益

一项现时权利或其他特权（a present right or other privileged access）的获得使特定主体能够直接或间接地使用现时经济资源，并排除和限制其他主体使用该资源。权利和其他特权需通过合同或其他合法途径来获得。

2007 年 10 月，IASB 和 FASB 的联合会议把资产定义修订为：

“主体的一项资产是主体目前具有实施权利或其他人不具备的其他进入权的现行经济资源。一项经济资源是指稀缺的或能够单独地或与其他经济资源一起直接或间接地产生现金流入或降低现金流出的某物。一项实施权利是主体对现行经济资源建立进入权或保护其不被其他人进入。权利可以合法实施或通过等效方法实施。主体在保护不被其他人进入经济资源的同时，进入其他人不具备进入权的现行经济资源。”

这个新定义强调资产是主体具有排他权利的现时经济资源，可以理解为资产的“经济资源观”的新发展。此外，资产概念的上述表述也与经济学的资产概念保持了一致，是一个值得期待的定义。

5.1.2 资产的确认标准

上述各种不同的资产概念反映了不同阶段会计学界对资产认识上的不断发展过程。上述概念产生了重大影响的概念主要有两类：一是会计技术决定论，二是未来经济利益决定论。

会计技术决定论是比较早期的对资产含义的表述，也就是前述的“借余观点”。按照借余观点对资产的表述，资产取决于记账结果，因此，复式记账的具体规则成了确认资产的标准。具体说来，关于将支出列作有关账户的借方余额，以在未来期间转作费用的具体规定，就是确认资产的具体标准。至于资产的真正效用及其经济实质，则退居次要的地位。正因为如此，厂房建筑物、机器设备作为企业所实际拥有的财产资源是企业的资产；应收账款作为企业的财产权是企业的资产；待摊费用和递延资产，甚至一些待处理、待转销损失也是企业的资产，因为它们符合具体的会计规则。

由此可见，早期关于资产的确认标准并不明确，资产被认为是按照一定的记账程序与规则记录而形成的余额。这样，记账程序与规则就成为资产的确认标准。

未来经济利益决定论是 20 世纪 80 年代以来会计界对资产的一种新认识。随着会计理论的发展，人们对资产的认识已由表象深入到实质。也就是说，人们不再从“记账的结果”这一角度来理解与界定资产，而是从资产的经济特征角度进行阐述，并以此为基础进一步说明会计确认的标准。

按前述 FASB 第 6 号《财务会计概论公告》对资产的表述，资产应具有如下特征：①它蕴蓄着可能的未来利益；②某一特定主体对其具有排他性的控制权；③产生这一利益的交易或事项已经发生。这些特征是对资产本质比较科学、合理的认识，也是确认资产的标准，具体来说：

第一，资产蕴含着可能的未来利益，即它单独或与企业的其他要素结合起来而具备的一种能力。这种能力将来能直接或间接地产生净现金流量。这是资产确认的前提条件。若不具备这种能力，就不能确认为资产。

第二，特定的主体对其具有排他性的控制权，即未来的利益必须归属于特定的主体（如某一企业），应具有排他性。只要一项资产按照符合法律的程序进入企业，它便是企业的资产。这是确认资产的法律特征。这里的控制权是指企业对特定资产的支配使用权。企业控制的资产不一定全部归其所有，如从银行取得的贷款企业可以支配使用，但不归企业所有，到期需要归还；结算中的应付款项所形成的资产，企业也可以暂时使用，但也不归企业所有。它们都是企业资产的一部分。对于现代企业来说，所有资产都应是有控制权的，但只是其中的一部分才同时拥有所有权。

第三，产生上述利益的交易或事项已经发生，即与资产有关的，导致资产形成的经济业务已经发生。按照会计确认的四项标准，即可定义性、可计量性、相关性和可靠性的要求，其中最可靠的数据来自于取得资产的交易活动。因此，具体的、明确的相关交易活动的存在是现代会计实务中确认资产最为重要的依据。交易活动不仅代表企业确认资产的权利与责任已经具备，它同时还为资产的货币量化提供了具体、可靠的条件。

由此可见，资产的确认标准决定于资产的概念，是一个理性化的过程。它会随着实践的丰富而发展变化。已形成的概念总会帮助人们去认识事物，但它又总会表现出与现实的距离。

例如，现实的资产计量与在按“未来经济利益”决定论确认资产的标准就存在这种距离。具体表现在：

①交易活动立足于过去已发生的经济行为，并以此作为确认资产及其变动的唯一计量依据，从而使那些也能为企业带来未来经济利益的一些经济资源被排挤在资产之外，如人力资源资产、信息资源资产等。这可能导致企业资产数据不真实、与现实不符。

②对资产的货币量化表示以过去交易价格（历史成本）作为主要的计量标准，当历史成本与公允价值存在明显差距时，会严重歪曲会计的计量。

5.2　资产计量属性

5.2.1　资产计量的概念

所谓资产计量是以特定的计量尺度对资产的价值进行的数量化描述，或者说是对资产进行的货币性量化过程。计量尺度也称计量标准，通常包括计量属性和计量单位两个方面。计量属性也称计量基础，指所用量度的经济属性，如原始成本、现行成本、变现价值、未来现金流入的现值等。计量单位指计量尺度的量度单位，在以货币为计量尺度的前提下，存在选择何种货币量度单位的问题，如名义货币单位或一般购买力货币单位。资产计量属性和计量单位的组合是实施资产计量的重要条件。同一资产项目，采用不同的计量属性和计量单位会产生不同的计量结果。

不同的计量属性、计量单位各有利弊，也各有不同的适用条件。在会计选择中，计量属性和计量单位的选择取决于计量的目的、条件和环境。

5.2.2　资产计量的目的

资产计量的目的是会计目标的一个重要组成部分，是财务报告目标的一种具体体现。由于财务报告的目标首先是满足决策的需要，因此资产计量的目的也是要满足各种类型的决策者对信息的不同需求。归纳起来，资产计量要达到下列主要目的：

（1）作为收益计量的一个重要步骤

传统会计中的收益计算是通过配比程序完成的。在收入与费用的配比中，资产计量是一个重要的前提条件。由于费用是已耗资产的成本，因此费用的确认决定于资产的计量。

资产计量的传统方法是以可变现价值记录货币性资产，以原始购置成本（历史成本）记录非货币性资产。对非货币性资产计量的一个主要目的是计算本期的收益，即将有关收入与相关费用（包括所耗资产的历史成本）相配比的差额作为收益。这个计算过程也就是收入与费用的配比过程。因此，资产计量是收益计量的一个重要步骤。

这里的问题是，企业的大多数经营活动难以做到精确的配比，因而，将资产的计量结果分摊于产品或费用的会计实务存在一定程度的随意性，不仅影响企业收益的真实性，而且使结转于以后会计期间的资产价值与未来经济利益并没有太大的关联，从而使传统会计在资产负债表上计列的资产价值并不完全反映其真实的经济价值。

（2）向投资者反映企业的财务状况

企业的财务状况通常是通过财务报表形式表现出来的。财务报表又是以账簿记录为基础编制的。由于传统会计使用的是配比原则和历史成本计价原则，因此资产负债表实际上是一种余额表。其中的现金和应收账款项目反映的是现时购买力或预期未来现金流量，而非货币性项目却只反映历史成本和其摊余价值。

尽管人们对这种传统的资产计量模式下的资产负债表提出了许多批评，但它可以反映投资者所投入资本的经管责任的履行情况，即既可以从企业发生的业务，又可以从期末的余额追溯实际投入的资本，因而，舞弊和贪污等现象就易于被察觉。同时，资产负债表还概括了企业经营的性质以及企业货币性资产和未耗劳务的性质，以及这些资产和劳务的量度。从而可以向投资者反映企业的财务状况。

（3）向债权人反映企业的偿债能力

20 世纪以前，编制资产负债表的目的之一是向债权人提供财务信息。由于缺乏可靠信息，债权人不得不依靠贷款担保品作为保证。相对其他计量标准而言，清算价值被认为是一个十分重要的计量基础。当时，稳健主义对资产的计量产生了很大的影响。如果企业有较大可能持续经营下去，企业的债务可以从经营过程中所获现金流量支付，而不是以拍卖置存资产所获现金支付，那么清算价值对资产的计量毫无意义，而历史成本则是可行的。由此可见，资产计量标准的选择是向债权人反映企业经营能力和偿债能力的一个重要标志。

（4）向企业管理人员提供经营管理信息

从管理的目的出发，资产计量标准的选择应与企业的经营决策相关。企业管理人员所需的会计信息与投资者和债权人所需信息并不完全相同。投资者主要关心企业的盈利能力，债权人主要关心企业的偿债能力，而企业管理人员主要关心的是制定企业未来的经营决策。因此对于管理人员来说，对资产的计量标准多选择机会成本、边际成本、差别成本及预期差别现金流量的现值等。这些计量信息可以不在财务报表中反映，但可以列入内部报表以供管理人员随时使用。

归纳起来，资产计量的目的可分为两类：一是反映经管责任，二是对决策有用。反映经管责任要求资产计量的结果尽可能客观、可靠，有助于说明管理层的经管责任履行情况，因此其资产计量倾向于采用历史成本模式。决策有用目的要求资产计量结果能与投资、信贷和经营等决策相关，因而资产计量倾向于采用现行成本模式。大体上，前者更注重可靠性，而后者更注重相关性。

5.2.3　资产计量属性的选择

1）选择计量属性应考虑的因素

计量属性的选择是会计计量的核心，FASB在《财务会计概念框架：财务报表的要素及其计量》中指出：每一个财务报表要素都有多种属性可以计量，而在编制财务报表之前，必须先确定应予以计量的属性。计量属性直接影响计量的结果，并在很大程度上决定会计信息的质量。也就是说，如果所选择的计量属性与计量对象是相配的，计量结果可能就是合理的，能够反映计量对象的真实价值；若选择的计量属性不适当，计量结果就会不合理，不能反映计量对象的真实价值，甚至发生严重背离。因此，选择计量属性必须综合考虑以下因素：

（1）计量对象

不同的计量对象可能需要不同的计量属性。会计的计量对象是会计要素，在各种会计要素中，由于要素本质上的差异，对计量有不同的要求。如资产和负债计量的主要目的有两个：一是确定取得（投入）的价值，它对企业耗费的价值和资本成本计算具有重要的意义；二是确定变现（产出）价值，它对考察资产流动的结果或企业为偿付债务需要准备的流动性资源（预计的现金流出）同样重要。对收入和费用的计量，则主要是为了揭示企业的经营净收益，或者说是为了实现配比的需要。因此，资产和负债的计量可采取历史成本和变现价值的双重标准，而收入和费用的计量更适合用现行价值标准。

（2）计量环境

所谓计量环境是指币值稳定环境和币值波动环境。币值稳定环境下，传统的历史成本计量属性就足以保证计量结果的可靠性；但在币值波动环境下，历史成本显然会遇到极大的挑战，它会导致计量结果失真，不利于衡量企业财富的真实价值。因此，应在不同环境因素下，选择不同的计量属性，以保证计量结果的有用性。

（3）计量效果

尽管会计计量有很多目的，但最终的目的是要达到计量结果能客观、准确地反映被计量对象的真实价值，既使企业的财务状况和经营成果得到真实的反映，又使财务报表所提供的信息具有决策有用性。在一定程度上，现存的财务会计计量模式可能更多地考虑计量的可比性、一致性、便捷性，而没有考虑最终的计量效果。这是一个重大的缺陷，显然不能达到最终目的的计量属性的选择，其科学性令人怀疑。长期以来，许多经济学者和会计学者都从各自的理论角度揭示了历史成本计量的问题。历史成本计量模式与现代经济制度、经济环境的不适应性终将引导人们走向突破，因为计量属性的选择应以保证会计信息有用性为原则。

2）资产计量属性的种类

根据资产计量的目的，无论是在财务报表的揭示、收益的确定上，还是有关投资者、债权人和财务报表的其他使用者进行决策所需信息的揭示上，使用单一的计量属性是不可能的。信息需求的多样化必然会导致多种计量属性的产生。

首先，从资产计量的时间上可以将计量属性归为过去、现在、未来三种时间区隔。从对资产估价的立场上，则又有反映投入价值的计量属性和反映产出价值的计量属性。投入价值是指为取得资产而支付的价格，一般是已支付的价格，也包括预计需支付的价格。其主要特点是具有客观的计价依据，并且可验证性强。目前的财务会计模式主要遵循投入价值基础，就是基于这一特点。投入价值只能作为资产变现计量的依据，而与资产变现值无必然关系。产出价值是以资产通过交换或转换而可获得的现金数额，是衡量资产变现的主要尺度。因为资产的变现是非现金资产向现金资产的转换，或者通过交付其他资产，或者通过提供劳务而实现。变现过程既是上一个营业循环的结束，又是下一个营业循环的开始。资产变现值总是与目前的市场价值相联系的，而与其原始成本或原始入账价值并不一定相等。因此，产出价值更适合计量资产的变现值。

从对资产计量的时间和资产估价的立场双重标准看，传统上人们将资产计量属性划分为以下 6 种，见表 5–1：

表 5–1 **资产计量属性**

项　目	过　去	现　在	未　来
投入价值	历史成本	现行成本	未来成本
产出价值	历史售价	现行市价	未来售价

根据可能性组合，表中可有 6 种计量属性。其中，未来成本和历史售价在会计实务中是不使用的，因为它们与计价不相关。因而，传统上，人们常选择 4 种计量属性作为资产的计价标准，它们是：

①历史成本，即原始成本，是指取得资产时的原始交易价格。

②现行成本，又称重置成本，是指在本期重置持有资产所要付出的代价。它又有多种含义，如重新购置同类或具有相同生产能力新资产的市场价格等。

③现行市价，又称脱手价值，是指资产在正常处置条件下的变现价值或现实现金等值。

④未来现金流量的现值，是指资产预期可创造的未来现金净流量的现值。

除了上述这 4 种可供选择的计量属性外，从资产估价的角度对金融工具，特别是衍生金融工具又提出了公允价值这一计量属性。公允价值是指理智和知情的双方，在一个开放的、不受干扰的市场中，在平等的、相互之间没有关联的情况下，自愿进行交易的价格。它可以用市场价格或未来现金流量的贴现值代表。关于公允价值计量模式，稍后我们再讨论。

5.3 主要的资产计量模式

如前所述，会计计量模式是由不同的计量要素构成的。会计计量的实质性要素包括计量属性和计量单位。这两个要素的不同组合形成不同的会计计量模式。显然，不同的计量标准和计量模式影响会计要素的入账价值不同。资产计量在所有会计要素的计量中最为复杂、最为重要。不同的会计环境、不同的计量目的、不同的计量要求，产生了多种不同的资产计量模式。

下面主要讨论在会计实务中使用较多的计量模式。

5.3.1 名义货币单位下的资产计量模式

名义货币单位，是指在假设币值不变的前提下，确定资产入账的货币金额。由于不考虑币值的变动，资产的入账价值完全是由所选择的计量属性决定的，因此又形成了以下4种计量模式：

1）历史成本计量模式（历史成本/名义货币计量模式）

从企业资产流动的总过程来看，资产的价值首先是以历史成本表现出来的，即企业在取得资产时实际支付的金额。历史成本是一种投入价格。它是在市场交易中客观形成并确定下来的，具有客观性和可验证性的特征，因而成为资产入账价值的最佳选择。由于历史成本计价的这一优点，目前，各国会计准则无一例外地把历史成本作为资产计量的基本原则。我国《企业会计准则》第十九条也明确规定：各项财产物资应当按取得时的实际成本计价。物价变动时，除国家另有规定外，不得调整其账面价值。

实际上，以历史成本确认的资产入账以后，其价值的变动是经常的，而且还可能是剧烈的。在物价波动的环境下，企业置存的各种资产的市场价值与其原始的账面价值的背离会日益加剧，致使其账面价值失去现实的意义。这一问题会导致企业向投资者、债权人提供的财务状况失真，即无法反映真实的资产、负债和业主权益，也无法反映企业真实的收益。历史成本虽然是真实的，但它是过去的信息，而非现在的信息。过去的信息对投资者和债权人的决策的有用性是有限的。历史成本的这一问题促使人们持续不断地探索新的计量模式。

2）现行成本／名义货币计量模式

现行成本／名义货币计量模式又称现行重置成本计量模式，表示企业现实为取得现有相同资产所需的交换价格。如果企业个别资产无法取得相关的交换价格，则需要利用同类资产的价格指数或通过估价的方法做出近似的现行重置成本。

现行成本已成为会计上重要的计量基础，尤其是作为列示通货膨胀对企业影响的信息手段，它具有如下优点：①现行成本表示企业在目前为取得该项资产或劳务必须支付的数额，因此它代表了企业投入价值的最佳量度，以便能与现时收入相配比。②它使营业收益与持有资产的损益分开列示成为可能。③以各项资产现实价值相加的总数比不同时期所发生的历史成本总和更富有意义。

现行成本的缺点主要表现在：①现行成本的确切含义难以确定，因而就难以找到恰当的现行成本。②由于受一些主观假设因素的影响，现行成本缺乏某些客观性。③按现行成本计价的企业资产价值并不能反映在复杂的现实环境中企业投资的实际能力或运用经济资源的实际能力，因此与投资决策的相关性受到影响。

3）现行价值/名义货币计量模式

现行价值亦称脱手价值或现行市价。上述历史成本和现行成本计量模式都将投入价值作为资产计量的基础。它们所使用的均是资产的购进价格。两者的差别仅是购进时点不同。现行价值计量模式则是以产出价值作为资产计量的基础，通常是用有关资产的市价来计量的。市价是资产交易市场上成交的价格，在市场发育健全和完善的环境下，可以根据类似物品在类似情况下的收盘价格来确定。

现行价值实际上是特定资产在不出现意外的情况下预计将能出售的价格，虽然还不是已实现的价格，但已与实际价格极为相似。

以产出价值为依据的现行价值计量，在会计上很早就被作为一种会计计量模式加以探讨和研究。1939 年，麦克尼尔（K. Macneal）在其《会计中的真理》一书中就认为，历史成本会计报表不能反映企业资产的真实价值，主要资产应按现实销售价格计量，并建议企业的销售性资产（如存货）应按市场价格（脱售价格）计量，非销售性资产应按现实重置成本计量，收益表应分别反映已实现置存资产收益和未实现置存资产收益。另一位会计学家钱伯斯（Chambers，1966）也认为，企业所拥有的现时现金等值即“企业资产按现实销售价格所表现的金额”是企业存在和发展的基础。因为资产的变现价格较之其购进价格或重置成本更能反映企业的环境适应能力。这种环境适应性是与股东要求尽量多的现金股利密切相关的，所以企业只有持有和不断地扩大其资产的现时现金等值，才能满足股东及债权人的需求。斯特林（Sterling，1970）则在《企业收益的计量理论》一书中明确主张，现实销售价格是与企业的决策最相关的价格，指出这种价格具有相关性、客观可靠性、可相加性和一致性的特点。他同时还论述了投入价值与产出价值导致的两种不同企业收益观念，即已实现收益和可实现收益。这些思想仍有相当现实的借鉴意义。

尽管这种计量模式在决策相关性上受到人们的肯定，但以它作为企业资产计量的普遍适用标准却会受到限制，具体表现在：①它仅仅适用于为销售而持有的资产；②用它来替代未来售价，其转化的相关性令人怀疑；③企业资产并不都能根据售价来计价，其结果可能会使所计算出的资产总额变得毫无意义；④使用这种方法导致在产品或劳务最终交换之前就陈报收益，不符合收益确定的实现原则。

4）未来现金流量的现值/名义货币计量模式

未来现金流量的现值是把未来预计将能收回的现金按一定的折现率折为目前的价值。它是按未来销售价格计量企业可以获得的未来现金流量的现值。计价从性质上看，未来销售价格属于产出价值的计价类型。

未来现金流量现值计价侧重于计量未来，它在很大程度上背离了传统会计的会计假设和会计原则，如货币计量假设，以及历史成本、收入确认、收入与费用配比等项原则，并且否定了传统会计所谓的可靠性和稳健性原则，因此具有一定的主观性。尽管如此，未来现金流量现值这一计量标准仍然被人们所重视。现代经济学家认为，未来现金流量的现值是资产的一项最基本的属性，它符合资产的基本定义，即资产是未来的经济利益。企业之所以购置资产，是因为预期这些资产的未来经济利益的折现数额会大于这些资产的现实购进价格。因此，直接以未来经济利益的折现数对资产计价，是有充分的理论依据的。或者说，未来现金流量的现值可以作为一种规范性的计量基准来运用。

现行会计实务虽然仍大量采用历史成本计量模式，但由于现代经济理论的影响和会计理论的推动，历史成本计量模式加入了许多变现价值模式的因素。例如，当一项资产的实际价值（市价）明显低于其账面价值（历史成本）时，需要按历史成本以外的例外计价标准对其进行计量，如按市价、成本与市价孰低、可变现净值等产出价值计量。举例来说：对应收账款提取坏账准备，从本质上讲是把其账面历史成本转换为变现价值的手段，因为剔除坏账后的应收账款净额才能够真正反映这部分资产的可变现金额，这部分价值才是对企业有用的价值。在存货计价中，按历史成本确定其初始入账价值后，为反映库存存货实际价值与账面价值的背离，也需要计提存货跌价准备，或采用成本与市价孰低法来确认存货跌价损失，把期末存货账面价值调整为预计可变现价值。在我国，根据会计准则和会计制度的规定，企业可以对存货、固定资产、在建工程、无形资产和委托贷款等8个项目计提减值准备。

由此可知，资产的入账价值，不论采用什么计量模式，本质上都应以能够反映其真实价值为标准。当某种计量模式不能实现此目的时，就应加以改变。从这个意义上讲，历史成本计量模式在物价稳定条件下有其存在的足够理由；而在物价波动激烈时，就应该考虑以其他计量模式取而代之，以实现其真正的计量目的。

5.3.2 不变购买力货币单位下的资产计量模式

所谓不变购买力是指用于会计计量的货币单位本身是稳定不变的，其所计量的资产或其他会计要素的价值具有可比性的一种计量尺度。

由名义货币单位改变为不变购买力货币单位，是物价变动会计的初始着眼点。人们之所以选择不变购买力货币单位，是因为可以不去改变已经习惯的历史成本计量基础，而认为应该把不稳定的计量尺度改变为稳定的计量尺度，从而形成了不变购买力模式。这种模式的特点是用代表一定购买力的不变价格来代替币值已发生变动的历史价格，通常是用物价变动指数把财务报表上的历史金额换算为不变价格金额，以消除价格变动对计量结果的影响。下面讨论两种不变购买力计量模式。

（1）历史成本/不变购买力计量模式

历史成本/不变购买力计量模式也称历史成本/不变币值计量模式。这一模式的基本设想是不改变历史成本的计量属性，因为历史成本并没有缺陷，问题在于需要有一个稳定的、可比的会计计量单位，因而建议以代表货币一般购买力的不变价格来代替币值已经变动的历史价格。具体做法是，按照特定的物价指数把财务报表上的名义货币金额调整为不变购买力货币金额。其中，物价指数的选择是一个关键问题，可以是城市消费物价指数、批发物价指数、全国居民消费物价总指数、全国零售价格指数、生产资料物价指数等。在计量时，需要划分货币性资产项目与非货币性资产项目。由于货币性资产不因购买力变动而改变其账面金额，虽然会形成购买力变动损益，但不需要按物价指数将账面金额换算为一般购买力金额；而非货币性资产项目，由于其价格随物价变动而变动，不会形成购买力变动损益，故需要将账面金额换算为一般购买力金额。其换算公式为：

$$\text{某项资产的一般购买力价值}=\text{该项目以名义货币计量的金额}\times\frac{\text{报告期物价指数}}{\text{基期物价指数}}$$

（2）现行成本/不变购买力计量模式

前述历史成本/不变购买力计量模式是在不改变计量属性，只改变计量单位的前提下的计量模式；而现行成本/不变购买力计量模式既要将计量属性由历史成本改为现行成本，又要将计量单位由名义货币单位改变为不变购买力货币单位。这种模式的基本设想是，为了全面消除物价变动的会计影响，要将不变购买力模式和现行成本模式结合起来，才能反映企业的经济资源、盈利能力和现金流量的真实变化。但是，由于这一模式在实务处理上十分繁琐，遭到了人们的反对。还有人指出，把现行成本模式与不变购买力模式结合在一起，既综合了它们的优点，又不可避免地同时包含了它们的缺陷。

5.4 公允价值计量问题

在资产和净资产的计量中，公允价值计量是一个越来越受到关注的问题。下面重要予以介绍和讨论。

5.4.1 FASB 对公允价值的定义

公允价值早在 FASB 成立之前已经见于 1953 年会计研究报告（ARB）第 43 号《会计研究报告的重述和修订》以及 1970 年美国会计原则委员会（APB）第 16 号意见书《企业合并》。最早对公允价值进行定义的是 1970 年发布的 APB 第 4 号报告书《企业财务报表的基本概念和会计原则》，之后该委员会在几份意见书中多次使用了公允价值的概念。FASB 成立初期，公允价值就出现在 1975 年发布的 SFAS 第 8 号会计准则《外币交易折算会计和外币财务报表》和 SFAS 第 12 号会计准则《有关流通证券的会计处理》中。FASB 成立以来共发布了 160 多项会计准则，20 世纪 70 年代、80 年代和 90 年代以后，分别有 7 个、15 个、29 项 FASB 发布的会计准则运用了公允价值概念。

FASB 首次对公允价值进行定义是在 1976 年发布的 SFAS 第 13 号准则《租赁会计》。当时，对公允价值进行界定的范围主要是资产，负债被排除在公允价值应用范围之外。1980 年，SFAS 第 33 号准则《财务报告与物价变动》的征求意见稿在公允价值定义中加入了不确定的因素，认为公允价值是"可以合理预期的交换价格"。到 1988 年的 SFAS 第 98 号准则《租赁会计》发布为止，FASB 给出的公允价值定义都没有涉及公允价值计量问题。直到 1991 年发布的 SFAS 第 107 号准则《金融工具公允价值的披露》，FASB 才在定义中把开列市价（quoted market price）作为公允价值的指示器，并在开列市价不可得时引入了现值作为公允价值的估价技术。1996 年，SFAS 第 125 号准则《金融资产转移和服务以及债务清偿的会计处理》对公允价值的定义不仅包括了资产，而且也包括了负债，并对参加交易的各方、交易市场和交易时间进行了严格的界定，对取得资产或负债的公允价值设定了许多限制条件。在"非强制非清算销售"环境下的公允价值定义，强调了企业持续经营的状态。表 5-2 列示了美国各个阶段对公允价值的不同定义。

2000 年，FASB 发布的第 7 号概念公告（SFAC No. 7）《在会计计量中运用现金流量信息和现值》，从概念框架的层次把公允价值作为一种主要的会计计量基础。FASC No. 7 对公允价值的承认与 1984 年发布的第 5 号概念公告（SFAC No. 5）《经营企业财务报表的确认和计量》形成鲜明对照。SFAC No. 5 列举了 5 个资产的计量属性（包括历史成本、现行成本、现行市价、可变现净值和未来现金流量的现值），没有将公允价值列为计量属性之一。

尽管 SFAC No. 7 对公允价值的运用具有重要意义，但由于对公允价值进行计量需要设定一系列的假设，因此在概念中存在着对公允价值估计的不确定性。为此，2004 年 6 月，FASB 发布了《公允价值计量》准则的征求意见稿，重新定义了公允价值的概念，进一步说明交易是在"熟悉情况的"各方中进行，意味着信息是对称的，参与交易的各方都是拥有相同信息的市场参与者。在充分征求意见之后，FASB 接受了市场不一定完全有

表5-2　美国各阶段对公允价值的定义

发布时间	会计文告	公允价值技术含义
1970年10月	APB Statement 4	在包含货币价格的交易中收到资产时所支付的货币金额，（以及）在不包括货币或货币要求权的转让中交换价格的近似值
1976年11月	SFAS 13	在出售时一项财产的交易中不关联各方自愿达成的价格
1980年	SFAS 33（征求意见稿）	在非关联交易中自愿的买方和卖方对交换价格的合理预期
1982年	SFAS 67	在自愿的买方和卖方之间非强制性非清算性的房地产现行出售中将获得的现金或现金等价物的金额
1985年	SFAS 87	在非强制性、非清算性的现行销售中，自愿的买方和卖方对养老金计划投资所得的合理预期
1991年12月	SFAS 107	在非强制非清算销售情况下的当前交易中，一项金融工具在自愿的、不关联的各方中进行交换的金额。如果该项工具的市场价格可以获得，披露的公允价值是该项工具的交易单位数量及其市场价格的乘积
1996年10月	SFAS 125	在非强制非清算销售情况下的当前交易中，自愿的各方之间进行资产的买卖或负债的发生与清算中的金额。活跃市场上的开列市价是公允价值的最好例证。如果存在，应作为计量的基础；如果开列市价不存在，公允价值则是交易单位的数量与市场价格的乘积
2000年2月	SFAC No. 7	在非强制非清算销售情况下的当前交易中，不关联的、自愿的各方之间在购买（出售）一项资产或产生（清算）一项负债时自愿支付的金额
2004年6月	FVM（征求意见稿）	当前交易中在熟悉情况、不关联、自愿的各方之间进行资产（或负债）的买卖（或发生与清算）的金额
2005年10月	FVM（准则草案）	在当前交易中出售一项资产或转移一项负债时该项资产或负债的参考市场中市场参与者愿意支付的价格
2005年10月	FVM（准则草案）	在当前交易中出售一项资产或转移一项负债时该项资产或负债的参考市场中市场参与者愿意支付的价格
2006年9月	SFAS 157	在有秩序的交易中出售一项资产或转移一项负债时市场参与者在计量日支付的价格

效、信息有可能不对称的反馈意见，在2005年10月发布的《公允价值计量》准则草案中又对该定义作了进一步的修正，把公允价值定义为“在参考市场中市场参与者愿意支付的价格”，并强调交易主要为资产的出售或负债的转移，认为出手价格（exit price）为与该项资产（或负债）相关的未来现金流入（或流出）的市场估计提供了直接的计量方法。2006年9月，FASB发布SFAS第157号准则《公允价值计量》，把公允价值定义为“在有序交易中出售一项资产或转移一项负债时市场参与者在计量日支付的价格”。

5.4.2 IASB 对公允价值的定义

国际会计准则委员会（IASC，2001 年改组为国际会计准则理事会（IASB））从 20 世纪 80 年代开始使用公允价值的概念。从 1973 年到 2006 年，IASC/IASB 共发布了 48 项会计准则（41 项国际会计准则（IAS），7 项国际财务报告准则（IFRS））。20 世纪 70 年代、80 年代和 90 年代以后，分别有 1 项、9 项、20 项 IASC/IASB 发布或修订的会计准则运用了公允价值概念。

1982 年，IASC 在 IAS 第 16 号准则《不动产、厂房和设备》中首次把公允价值定义为“一项资产在熟悉情况、不关联、自愿的买方和卖方之间进行交换时的金额”，强调公允价值是交换一项具体资产时买方和卖方同意的价格。在 1993 年修订 IAS 第 16 号准则时，IASC 给公允价值下了一个比较广义的定义，不再强调交易中具体的买卖双方，而是泛指参加交易的各方。其后，IASC 在陆续发布的多项国际会计准则中给出了公允价值的定义，包括 IAS 17《租赁会计》（1982）、IAS 18《收入确认》（1982）、IAS 20《政府补助会计和政府援助的披露》（1983）、IAS 22《企业合并会计》（1983）、IAS 25《投资会计》（1986）等。不过，在 IAS 17（1994 年修订）、IAS 25（1994 年修订）中，IASC 又重新恢复了 1982 年发布 IAS 16 时的公允价值定义。

在 IAS 18《收入》（1993 年修订）、IAS 21《汇率变动的影响》（1993 年修订）、IAS 22《企业合并》（1993 年修订）中，公允价值被定义为“一项资产（负债）在熟悉情况、不关联、自愿的各方中进行交易时的交换（清算）金额”。定义中不仅包括资产，还包括负债，大大地拓宽了 IASC 的公允价值应用范畴。在其后发布或修订的准则中，如 IAS 32《金融工具：披露与列报》（1995）、IAS 33《每股收益》（1997）、IAS 17《租赁》（1997 年修订）、IAS 19《员工福利》（1998）等，IASC 给出的公允价值定义也继续沿用这一思路。IAS 40《投资性房地产》（2000）进一步解释了公允价值定义中“自愿的、熟悉情况的各方”、“自愿的买方”、“自愿的卖方”、“非关联交易”等术语。

从 1982 年 IAS 16 首次给出公允价值的定义，到 1998 年发布 IAS 18《无形资产》，IASC 对公允价值定义的修正大部分都是基于反映具体会计准则中的内容，并没有对公允价值计量给出具体的指引。直到 2000 年对 IAS 39《金融工具：确认和计量》进行修订，IASC 把在活跃市场上的开列市价作为公允价值的最佳例证。由于市价不总是存在，IAS 39 提出了公允价值计量的若干公认的计量技术，包括市场参与者在估计公允价值时可能使用的假设，如预付款比率、估计的信贷损失、利率和折现率等。

1989 年 IASC 发布的《编报财务报表的框架》虽然没有为公允价值下一个明确的定义，但框架中对公允价值的提及隐含着公允价值可作为企业对资产进行初始确认时的一种计量选择的含义。Truong 和 Zijl（2005）认为，FASB 第 5 号概念公告（SFAC No. 5）并没有提及公允价值，因此 IASC 的概念框架对公允价值的认识甚至比 FASB 更早一步，但是 2000 年 FASB 第 7 号概念公告（SFAC No. 7）的发布已经远远弥补这种差距。

根据 FASB 和 IASB 的定义，结合实务中公允价值的运用，可以认为，公允价值首先是是一种会计计量属性。会计准则中的公允价值要求是一种事前的计量与确认，是一种假设条件下的判断与估计活动，通过交易事后的检验，可以验证公允价值的准确性。其次，公允价值是一种客观的价值。公允价值的发现不仅仅依赖于人的主观愿望，它也是客观事物的一种价值反映。正因为如此，公允价值可以通过客观、独立和公正的评估手段去发现和揭示，包括市场法、收益法、成本法、现金流量折现法等评估技术方法的采用。第三，公允价值是对客观价值的一种主观性判断的活动。它更多地表现为市场供需力量的对比，是人们主观好恶的体现，是揭示客观价值的一种主观方法。

"公允价值"一个被普遍认同的特点是"在公平交易中，熟悉情况的当事人自愿进行资产交换或负债清偿的价格（或金额）"。公允价值需要借助某种途径或某个机构来确定，并得到当事双方的认可。公允价值可以由会计师或评估师在市场上询问取证，或通过评估方法来揭示和发现，供公允价值的需求方采用。但是，这样引入的公允价值可能存在瑕疵：一是部分企业从单方面的利益考虑，为达到某些特定的财务目的，如融资或交易，可能存在高估或低评公允价值的愿望，因此确定公允价值的独立性无法保证，也缺乏客观性与公正性。二是公允价值的揭示与发现，客观上也会涉及许多专业知识，普通的会计人员难担胜任，必须依靠资产评估行业，因此客观、独立、公正的评估原则是公允价值不可或缺的保障。

5.4.3 公允价值的计量技术及其运用条件

2003年6月，FASB启动了制定《公允价值计量》准则的计划，并于2004年6月发布征求意见稿，一共收回93封来自社会各界的反馈意见书。在对反馈意见进行充分讨论后，FASB于2005年10月发布了准则工作草案。2006年9月，FASB正式发布SFAS第157号准则——《公允价值计量》。该准则于2007年11月15日正式生效。

SFAS 157提供了一个完整的公允价值计量的基本指导架构，包括公允价值定义、估价前提、估价技术、公允价值层次和披露等内容。准则给出的定义特别强调了公允价值是反映在有序交易（orderly transaction）中出售一项资产或转移一项负债时市场参与者在计量日支付的价格。该价格是在非强迫性交易中的脱手价格，强调企业持续经营的状态。脱手价格（exit price）为与资产相关的未来现金流入以及与负债相关的未来现金流出的市场估计提供了一个直接的估量（测度），因此是形成公允价值计量基础的价格。这与FASB的SFAC 6对资产和负债的定义是一致的。FASB认为，"市场观察到的价格包含了所有市场参与者对一项资产或负债的效用、未来现金流量和现金流的不确定性以及市场参与者承受这些不确定性的程度的一致看法"（SFAC 7）。而随着主体进行不同的商业活动，参考市场和市场参与者也有所不同。FASB从主体的角度承认这些不同，认为参考市场是主体对资产或负债进行交易时最有利的市场，即出售一项资产可以获得最高金额或转移一项负债可以支付最低金额的市场。

基于资产使用的最大化和最佳化（the highest and best use of the asset），准则提出了两个估价前提。当市场参与者能够使资产保持目前已经安装好的或与其他资产配套成组使用的状态，就构成了"在用估价"前提；当市场参与者不能够使资产保持目前已经安装好的状态或资产只能单独使用而不能与其他资产配套使用时，就构成了"交换估价"前提。公允价值的估价技术包括市场法、收益法和成本法。为了确定估价技术的选择，准则建立了一个区分各种属性优先次序的公允价值层级。具体来说，就是根据相对可靠性，把各种属性分组成为5个层次，把最高优先权分配给反映在活跃市场上同类资产或负债的开列市价的市场属性（第一层次），把最低的优先权分配给企业属性（第五层次），并阐明了中间各层级的属性（第二层次到第四层次）。虽然各种属性的可用性及其相对可靠性会影响估价技术的选择，但公允价值层级所关注的并不是估价技术本身。

公允价值本身是对资产真实价值的一种近似估计，因为市场标价是公允价值的最佳计量，公允价值的运用需要一个活跃的交易市场以及市场中存在的现行市价。但是，对一些定制资产或无形资产，市价不一定都存在。当参考市场不活跃或不存在类似的参考市场时，需要采用某种计量技术来探求公允价值，比如未来现金流量的现值。公允价值的计量技术通常涉及某种估价模型的运用。通过这些模型得到的公允价值应该基于来自流动市场的信息输入，以减少操纵的可能性的范围。Barth et al. （1995）以及 Bernard et al.（1995）的研究显示，与以历史成本为基础的净利润相比，以公允价值为基础的净利润比较不稳定。实证研究发现，依靠估价技术获取的公允价值对股票价格的解释力明显弱于市价，Barth（1994）、Petroni and Wahlen（1995）的研究表明，从活跃市场取得的公允价值比从非活跃市场（或通过内部股价模型）取得的公允价值更相关。

确定公允价值的计量方法有一定的难度。不同的估价模型具有不同的信息输入和前提假设，如果在资产负债表项目之间存在差别的运用，可能显著地降低信息的可比性。SFAS 第 123 号准则《股票基础报酬计划的会计处理》要求在附注中对职工股票期权公允价值的估计信息进行披露，并规定了用标准期权定价方法（如 Black-Scholes 模型）来估算期权补助金的公允价值。对职工股票期权进行定价还存在有其他的备选方法，如 APB 25《向职工出售股票的会计处理》（1972）规定的内在价值法（intrinsic value method）等。Landsman et al. （2005）的研究发现，4 种备选的职工期权会计处理方法获得的公允价值估计中，只有一种方法取得的会计数据在股东价值上正确地反映了职工股票期权的稀释效应，其余的几种方法都高估了现行的权益价值。

除此之外，估值的日期和估值的目的对于确定公允价值也是至关重要的。特别是信用风险模型。由于存在不同的模型和不同的估值目的，财务报告的可靠性可能会受到负面影响，从而不利于企业的经营行为进行客观评价，错误的判断可能引发过激的反应，进而对公司财务状况产生负面影响（司振强，2007）。在考虑公允价值计量技术的可行性方面，对会计人员的专业水平要求也比较高。可见，公允价值计量技术的运用，是制约公允价值会计供需关系的一种重要因素。为了获得可靠、可比的公允价值估计，除 SFAS 第 107 号准则《公允价值计量》外，IAS 第 36 号《资产减值》和 IAS 第 39 号《金融工具的确认与计量》都对评估公允价值适用技术的目标和使用提供了清晰合理的指南。IAS 36 和 IAS 39 在“结论基础”中，详细阐述了准则修订过程中得出有关公允价值计量要求中考虑的因素。

5.4.4 金融危机发生后公允价值会计的完善

2008 年发生的金融危机引起了人们对公允价值计量模式负面影响的广泛关注。为了缓解公允价值会计的顺周期效应，增加财务信息的透明度，无论是 FASB 还是 IASB 都采取改革措施，进一步完善公允价值会计。其中，最主要的变化有：

①简化金融资产的分类与计量，将金融资产由 4 类调整为两类。

②采取单一的减值模型，终结多种减值模型并存的格局。改进金融资产减值模型，探索以预期损失模式取代已发生损失模型。

③为缺乏流动性的金融资产公允价值计量提供更详细的指引。

④赋予报告主体更大的公允价值选择权。

⑤改革套期繁琐的规则，简化套期会计处理。

⑥改进风险披露准则，大幅增加金融工具风险披露的内容。

在这些研究的基础上，FASB《公允价值计量和披露》（SFAS 157）以及 IASB 的 IFRS 第 13 号《公允价值计量》于 2011 年都得到了更新。

5.5　单项资产与总体资产的计量问题

5.5.1　单项资产与总体资产的概念及范围

这里所说的单项资产是指可确指、可计量的资产项目，如固定资产、流动资产、长期投资、无形资产（自创商誉除外）等，不包括不可确指、无法单独确切计量的资产项目，如自创商誉等。

总体资产是指由一组单项资产组成的，具有获利能力的资产综合体。典型的整体资产一般是指一个企业，也可以是一个车间、一条生产线或是一组无形资产的综合体。其确定标准在于是否能单独地计算其获利能力。这里需指出的是，单项可确指资产价值的总和并不等于总体资产的价值，因为总体资产的价值除了包括各单项资产的价值外，还包括不可确指、无法确切计量的资产如商誉的价值。

传统会计进行资产的确认、计量、记录和报告是分单项资产进行的，虽然也可以将作为资产综合体的企业的总资产的价值计算出来，也只不过是单项资产价值的简单加总。如果要将总体企业作为商品进行买卖，其计价基础就不能再以单项资产价值总和来确定了。这样，总体资产的计价与重估价问题就成为资产计量理论中的一个新视点。

5.5.2　单项资产的计量

1）流动资产的计价

流动资产，亦称流转资产，是指企业通常能够在一年或一个生产经营周期转换为现金的资产。流动资产一般包括现金、应收账款、短期投资、存货和预付费用等项目，其中：现金包括库存现金、银行存款以及各种票据；应收账款包括购销业务应收账款和非购销业务应收账款；短期投资包括企业用闲置的资金购买的各种债券和股票；存货包括企业储存的原材料、零部件和产成品（库存商品）等；预付费用包括预付租金和预付保险费等，是为了在未来获得效益，而在本期所支付的费用。从上述流动资产包括的内容可以看出，它实际上是由一些性质不同的资产项目所组成的。

所谓流动资产计量，俗称流动资产计价，就是确定上述资产项目的价值。在流动资产中，由于存货价值所占的比重最大，而且从性质上看，它属于非货币性流动资产，因此流动资产计量主要是存货的计价。存货计价不仅对正确计算企业收益具有重要影响，而且与企业的财务状况和未来现金流量的预测也存在密切的联系。存货计价的理论主要应关注：

（1）存货计价的目的

存货计价的目的是研究存货计价理论的出发点。不同的计价目的会导致不同的计价模式。总起来讲，存货计价的目的有如下 3 个：

①确定期间净收益。在传统会计中，存货计价的主要目的是计量期间净收益，即在确认收入时，将与收入相关的存货成本分配于销售实现时的会计期间，实现收入与费用的配比，计算期间的净收益。

②反映存货项目的实际经济价值。恰当的存货计价是正确反映企业资产的经济价值，进而反映企业真实财务状况的保证。

③预计企业未来的现金流量。这可以从两个方面来达到：第一，通过所持有存货数额的大小来预测未来现金流入量，因为企业持有存货在正常经营活动中出售时可能会产生现金流入量。第二，通过现有存货数额大小预测未来进货的现金需用量。因此，存货的计量有助于企业预计未来的现金流量。

（2）存货计价基础的选择

从上述存货计价的目的以及能揭示使投资者和债权人预测企业未来现金流量的信息角度看，存货的产出价值要比投入价值具有更大的相关性。若企业在不改变存货价格的情况下可以把存货全部销售出去，则这种产出价值计价是最合理的。但是，这种产出价值往往具有高度的不确定性，同时它在正确计量收益、反映库存存货实际经济价值方面不恰当，也不利于企业未来进货的现金流出量的预测。因此，传统会计实务按投入价值对存货计价，而不是按产出价值计价。

目前理论上阐述的存货计价基础主要有：

①投入价值计价。

投入价值是指企业为了获得存货而投入的资源。投入价值计价的标准一般有历史成本、现时成本、成本与市价孰低法确定的成本等。其中，关于历史成本和现行成本在前述资产计价模式中已作了详细介绍。这里只介绍成本与市价孰低法。

成本与市价孰低法中所指的市价实际上是现时重置成本，所以它属于按投入价值计价，而不是按产出价值计价。这种方法所依据的理论基础是稳健性原则，即从债权人的角度来看，希望商品存货的损失在出售以前予以确认；但由于市价上涨而增加的收益却不予入账。因而，这种计价基础有利于维护债权人的权益。

反对采用这种计价基础的人认为：它允许在不同的期间甚至在存货内部各项目之间采用不同的计价基础，因而违反了一致性原则；市价的确定过于主观；由于这种计价基础所依据的观念是，当市价低于原购入成本时立即确认损失，当市价高于原购入成本时却在销售时才确认收入。后一种情况就低估了存货的价值，因此，在资产负债表上所反映的存货价值并不反映它们的真实经济价值。

②产出价值计价。

存货按产出价值计价所采用的计价模式标准一般有现行市价和变现价值。其中，现行市价在前述资产计量模式中已详细阐述，下面讨论变现价值。

变现价值是指存货的现行市价扣除预计的销售、交货费用后的净额。主张采用这种计价基础对存货计价的理由是：由于在以产出价值对存货计价的情况下，必然会发生销售、交货费用。正确估计这些费用，并在商品销售价格中予以扣除才能更合理地确定收入与费用，从而更合理地计量本期收益。变现价值能更好地反映存货的实际经济价值。资产负债表上的存货如果以变现价值计价，可以更好地反映资产的实际偿债能力。

变现价值计价基础的缺点：存货市场价格不稳定会给变现价值的确定带来困难，而且销售费用也很难预计，因而带有较大的主观性。与现行市价一样，变现价值也包括尚未实现的销售收益，因而也不符合稳健性原则和收入实现原则。

（3）存货成本的分配方法

存货成本的分配是指将存货的成本在已销和未销存货之间进行成本分配。这是确定本期收益与期末存货成本的一个会计理论问题。

在已销与未销存货之间分配存货成本的方法主要有以下几种：

①个别鉴别法，亦称个别计价法，是每件存货均在存货卡片上注明进货成本，销售后直接与收入相配比，计算出其销售毛利。这种方法可以达到收入与成本的密切配合，使收益计算更精确，但这种方法的适用范围受到严重限制，只适用于那些贵重的、可以按最小单位分别计价的存货。

②平均成本法，由于每次购进存货的成本是不同的，所以在存货成本分配时就涉及按什么价格计算库存成本和已销成本问题。平均成本法就是将计算的存货平均成本作为存货成本分配的价格。它在收入与成本的配比上没有明确的配比关系，对存货计价也没有明确的解释。其具体方法包括全月一次加权平均法和移动加权平均法。

③先进先出法，即假设先购进的存货先售出或先领用，而库存存货是最近或最后购进的存货。

这种方法下库存存货成本近似于现实成本，可以反映存货的实际经济价值。在物价持续上涨的情况下，本期售出存货与其收入配比形成的收益中既包括营业收益，又包括物价上涨所形成的收益。因而这种方法不符合稳健性原则。

④后进先出法，即假设最后入库的存货最先售出或领用，而库存的存货是最先入库的存货。

在这种方法下，对存货计价持稳健态度。在存货价格上涨时，库存存货价格较低，已售存货成本接近于现时成本，有利于现时收入与现时成本的配比，从而正确地反映本期收益。同时，可以递延一部分所得税，抵消一部分通货膨胀的影响。因而，这种方法被许多国家广泛采用。但是，这种方法下，存货成本与现行成本不符；资产负债表上反映的存货价值偏低，损益表上反映的收益中不包括因物价上涨所形成的库存存货收益；在最早购进存货被售出时，也很难实现收入与成本的恰当配合。

上述不同的存货成本分配方法对企业存货计价和收益计量均会产生不同的影响，或者说对企业的资产负债表和损益表均会产生不同的影响。需要指出的是，按这些方法分配的存货成本均是存货的历史成本，而非现行成本，因此所提供的有关存货价值的信息以及本期销售收益的信息，在决策相关性上必然会有很大的局限性。

2）固定资产的计价

固定资产计价是单项资产计量中的又一重要内容。固定资产代表了企业的生产能力。固定资产计价可以反映企业固定资产的经济价值，为固定资产成本的费用化提供计量依据，进而为企业的收益预测和投资决策提供会计数据。

(1) 固定资产的计价标准

按照经济学的观点，固定资产理想的计价标准应当是产出价值，而不是其投入价值。按产出价值计价，能够提供企业现时财务状况的会计信息以及企业未来扩展能力和收益能力的会计信息。产出价值一般是指现行市价或折现现金收入。由于现行市价的不确定性和折现现金收入计算的复杂性，以及二者在计算上的主观性，许多会计学家认为，固定资产的计价标准不宜采用产出价值，而应使用投入价值。

计量固定资产的投入价值也有两种选择，即历史成本和现行成本。由于固定资产的使用期限较长，因而当经济环境和价格水平发生变化时，给固定资产历史成本计价的相关性和可比性所带来的影响要比流动资产大得多。采用现行成本对固定资产计价就可以使固定资产的价值接近于它的变现价值，即实际经济价值，因此要比按历史成本计价更相关。一些经济发达国家的会计专业团体目前已要求大型企业在年报中公布固定资产的现行成本，作为正式年度会计报表的一项补充数据。

(2) 固定资产的折旧方法

固定资产折旧是固定资产成本（价值）的费用化过程。在资产计价理论中，固定资产折旧是固定资产计价理论中的重要组成部分。不同的折旧方法对固定资产计价和收益计算会产生不同的影响。折旧会计理论中阐述的折旧方法有：

①产量折旧法，亦称变动费用法。这种方法是将折旧作为效用的函数，即将应提折旧按照其发挥效用（工作量）的大小来计量。这样，折旧额就被视为一种变动费用，某一时期的折旧额大小取决于该时期工作量的大小，其折旧额随着工作量的变动而变动。假定每单位工作量的折旧额是固定不变的。但计算单位工作量折旧额时需要用到的资产预计工作总量是很难精确地预计的，其中带有较大的主观臆断，况且资产提前陈旧的年限更难于预计。这是这种折旧方法的主要不足之处。

②使用年限法，亦称固定费用法。这种方法是将折旧作为时间的函数而不是效用的函数。决定固定资产服务能力降低的决定因素是时间推移所造成的陈旧和损坏，而不是使用所造成的有形磨损。因此，固定资产的服务能力在各个会计期间等量地降低。这种方法的优点是使用方便和易于理解。其缺点是，忽略了折现因素，给人以投入资本总额收益率在不断提高的假象。

③加速折旧法，亦称递减费用法。其中最普遍使用的是年限总和法和余额递减法。这类方法在折旧理论上的依据是：第一，固定资产净收入是递减的；第二，可以用递减的折旧费用抵补递增的修理和维护费用；第三，未来净收入难于准确预计，早期收入比晚期收入风险小，所以，应收固定资产成本的大部分在早期收回。

上述折旧方法虽然都有理论依据，但都有局限性，而且它们所依据的大部分数据都是难以精确计量的变数。因此，在传统会计理论中，折旧会计理论一直被认为是最薄弱并容易遭受严厉指责的领域。它所存在的主要问题是：第一，折旧的目的是为了计算损益，而不是计算固定资产的真实价值；第二，折旧的过程是在各个会计期间按有规则和合理的方式分摊固定资产原始成本，而不是一个不断的计价过程；第三，它们都存在一定的主观性和武断性，这些方面的问题导致传统会计的折旧方法不能提供固定资产的真实价值信息，使固定资产的计价信息缺乏真实性和客观性。

3）无形资产的计价

关于无形资产的计价理论，会计学界与准则制定机构一直比较关注。其重点在于探讨如何正确地反映无形资产的价值，体现无形资产所能提供的未来收益或净现金流量，从而有助于投资者、债权人做出合理的决策。

（1）无形资产的计价方法

根据不同无形资产的各自特点，主要有如下两种可供选择的计价方法：

①按历史成本（取得成本）计价，主要适用于那些可辨认无形资产，如购买或自创的专利权，可按实际支出金额或研究与开发成本计价。传统会计实务对无形资产就是采用历史成本计价的。

②按企业资产总值减去有形资产总值计价。对于不可辨认无形资产，如自创商誉，其价值确认是在收购整个企业时，按整个企业的总价值减去有形资产总价值后的余额计列。这种方法实际上也属于按历史成本计价，但在整个企业价值的确定过程中，投资者有较大的主观判断成分，往往不能反映无形资产的实际经济价值。

（2）无形资产的价值摊销

同有形资产一样，无形资产的价值也会随着它作用的发挥而逐渐丧失，而无形资产能为企业带来的经济效益的期限通常都在一个生产经营周期以上。根据传统会计的收入与费用的配比原则，无形资产的价值也要在其发挥作用的会计期间进行合理的分摊，以正确确定企业各个期间的收益。

从理论上讲，无形资产的价值摊销应按其实际发挥作用的大小来计算。但实际上，人们很难预计其在未来各个会计期间的实际经济效益，所以无形资产价值的摊销方法一般选用直线法，即在无形资产的法定使用年限内，平均摊销其价值。

5.5.3 总体资产的计量

既然总体资产计量所考虑的是企业作为一个总体资产的生产能力或获利能力。因此，它就不会像单项资产计量那样就资产论资产。企业的生产能力或获利能力不是通过各项资产本身的价值表现出来的，而是通过企业各项资产之间的有机联系所体现的价值表现出来的。这种有机联系包括各种有形资产以及以人力资产、组织管理资产、知识产权资产和市场资产为内容的无形资产的有效结合。总体资产计量，其实也就是对总体资产的生产能力或获利能力的价值或价格的判定，或者说是对企业总体价值的判定。

1）总体资产计量的目的及计量标准

如前所述，总体资产是指具有独立获利能力的资产综合体，一般是指一个企业或一个车间等。将企业的全部资产视为一个有机整体，作为一个计价对象进行计量，目的是向人们提供一个客观公正的价值依据及企业的获利能力信息，以满足于投资者的投资决策需要，满足企业进入产权交易市场从事交易活动的需求，满足管理当局的经营决策需求。

总体资产计量的标准取决于其计量的目的。无论是从提供客观公正的价值依据角度，还是从提供获利能力信息的角度，根据信息的使用对象，都应以市场价格作为资产计量的标准。

2）总体资产计量的方法

总体资产计量的方法不同于单项资产计价的方法。单项资产计量的方法是依据有关原始凭证，运用一系列会计程序和方法对有关资产价值的确认、计量、记录和计算过程。对单项资产的计量是企业内部的会计行为。总体资产计量则是依据企业现有资产的整体规模，从总体上对企业的生产能力和获利能力的一种价值确定。严格来说，它不是企业内部的会计行为，也不是按照会计的方法和程序来进行的，或者说在很大程度上它依据的不是会计理论，而是经济理论。所采用的方法也不是会计上的方法，而是经济分析的方法，即运用有关的数学模型等来计算确定。目前，总体资产计量的基本方法有：

（1）收益现值法

收益现值法是指通过预测企业未来收益并将其折算成现值，据以确定企业整体资产价格的计算方法，具体包括年金资本化价格法和分段估算法。

①年金资本化价格法是把企业未来可预测的若干年内的各年收益进行年金化处理，并以此年金的资本化价格来判定企业总体资产的价值。其具体方法是：先预测未来若干年内的企业收益，并计算其现值之和，然后求取一个能带来等额现值的年金，并假定企业从现在至未来无穷远，每年都能获得此年金收益，则该年金的资本化价值即为企业总体资产价格。

②分段估算法是将持续经营的企业收益期划分为两段，对前段企业的预期收益采取逐年折现累加的方法，而对后段的企业收益则针对企业具体情况假设它按某一规律变化，并按收益变化规律，对后段企业收益进行还原及折现处理。将前后两段企业收益现值加总即得到企业总体资产的价格。

这两种方法是企业总体资产计量最为直接的方法，也是首选方法，因为企业总体资产计量的直接对象是企业的整体获利能力，而收益现值法正是以此为标的进行计量的。

收益现值法涉及企业预期收益和折现率等参数。参数取得的难易度是个限制条件。一般来说，采用收益现值法，应具备以下条件：①企业的未来收益能够预测，并能以货币尺度来衡量。②与企业获取未来收益相联系的风险能预测。

（2）加和法

加和法是将企业视为一个生产要素的组合体。这个组合体的价值是以各单项可确指资产和不可确指资产的价值的总和来确定的。用公式表示就是：

$$企业总体资产价值=\sum（各单项可确指资产的价值）+不可确指资产的价值$$

公式中，各单项可确指资产是指企业所拥有的各单项有形资产和各单项可确指无形资产，而不可确指资产是指企业商誉。显然，公式中“$\sum$（各单项可确指资产的价值）”即是企业的要素资产价值之和，也是企业的重置成本。

（3）市场比较法

市场比较法是指将产权市场上与企业相同或相似企业的交易及市场成交价作为参照。通过与被参照企业之间的对比分析，进行必要的差异调整，修正市场交易价格，从而确定企业总体资产价值的一种方法。

这种方法存在的前提条件是有一个高度发达成熟的产权交易市场。

在上述总体资产计量的3种基本方法中，收益现值法是企业总体资产计量最主要的方法，也是首选方法。加和法和市场比较法可以作为企业总体资产计量的辅助方法。当收益现值法所需的参数资料无法收集或由于其他原因不具备收益现值法计价的条件时，可以用后两种方法。有时后两种方法也可作为收益现值法的验证方法。

3）企业估价模型

对一家企业来说，总体资产计量也就是企业估价。企业估价是包括实业投资和金融资产投资在内的所有投资的核心问题。随着证券市场的发展和市场交易化活动的增加，估价问题日益重要，对估价的实际需求也日益迫切。目前，以下3种估价方法和技术是最具代表性的：

（1）威廉-戈登模型（William-Gardon model）

$$V_0 = \sum_{t=1}^{\infty} D_t / (1+k)^t$$

其中：V_0——企业价值；

D_t——第t期现金股利；

k——预期未来股利的贴现率。

威廉-戈登模型也称股利贴现模型（DDM模型）。在该模型中，企业的价值似乎直接取决于现金股利而非盈利。尽管如此，Beaver将盈利信号作用分为3个连续衔接的过程：当期盈利可以预测未来的盈利，未来盈利信息用于预测未来的股利支付能力，未来股利的折现值决定企业价值。从会计盈利信号作用机理的过程描述可清楚地认识到，股利预期来源于当期的盈利信息。

（2）米勒-莫迪利安尼模型（Miller-Modigliani model）

该模型的核心就是资本资产定价模型（CAPM）。在完全市场、理性行为、无税收差异和无风险假设的基础上，可以推演出：

$$V_0 = \sum_{t=1}^{\infty} \frac{(TE_t - TI_t)}{(1+k)^{t+1}}$$

其中：V_0——企业价值；

TE_t——第t期盈利总额；

TI_t——第t期投资总额；

k——预期贴现率。

米勒-莫迪利安尼模型也称MM模型。很明显，该模型在代数公式上体现了盈利信息对公司估价的决定作用：市场对公司的定价在很大程度上取决于公司获取盈利的能力。

（3）奥尔森-费尔森模型（Ohlson-Feltham model）

$$V_0 = BV_0 + \sum_{t=1}^{\infty} \frac{UX_t}{k}$$

其中：V_0——企业价值；

BV_0——现行资产净值；

UX_t——第t期非正常盈利；

k——预期贴现率。

奥尔森-费尔森模型也称为剩余收益估价模型。该模型构建了一个结合资产净值信息和（非正常）盈利信息为基础的企业估价模型，将静态（资产）信息与动态（盈利）信息的成功结合是该模型近年来受到会计学界推崇的根本原因。在该模型中，由于资产净值一般处于相对稳定状态，盈利信息在比较（具有相同资产规模）公司市场评估价值方面是起决定作用的。

综合起来，在上述3个企业估价模型中，盈利是其中起决定作用的变量因子。可见，盈利信息与企业价值评估联系紧密，尽管我们知道，财务会计并不是设计用于直接计量一个企业的价值，而是提供对那些希望预测企业价值的人有用的信息。

本章小结

资产的概念有多种，诸如成本观、经济资源观和未来经济利益观。目前，尽管在实践中影响最大的还是"未来经济利益观"，但应关注经济资源观的最新发展。

资产的概念决定了资产的确认标准，即满足可定义性、可计量性、相关性和可靠性的要求。

资产计量是对资产进行货币性量化的过程。资产计量的目的：一是反映经管责任的履行情况，二是对决策有用。

资产计量涉及计量属性和计量单位两个方面。选择资产计量属性时应考虑的主要因素有计量对象、计量环境和计量效果。

传统上可供选择的计量属性有历史成本、现行成本、现行价值和未来现金流量的现值。可供选用的计量单位有名义货币和不变购买力货币。计量属性和计量单位的不同组合构成不同的计量模式。

近20年来，公允价值会计得到了广泛的关注。特别是2008年金融危机发生后，有关公允价值会计准则得到完善与发展。

资产计量分为单项资产计量和总体资产计量。财务会计中主要采用单项资产计量方式。在将整个企业作为交易对象进行交易时，就要运用总体资产计量方式。

单项资产计量主要采用历史成本计量模式，有时辅之以现行成本（或现行价值）/名义货币计量模式；总体资产计量则以未来现金流量的现值/名义货币计量模式（收益现值法）为主。此外，企业估价可以采用威廉-戈登模型、米勒-莫迪利安尼模型和奥尔森-费尔森模型。

主要概念和观念

□ 主要概念

资产　资产的经济资源观　资产的未来经济利益观　资产计量　历史成本　现行成本　现行价值　未来现金流量的现值　公允价值　名义货币单位　不变购买力货币单位　投入价值　产出价值　收益现值法　市场比较法　威廉-戈登模型　米勒-莫迪利安尼模型　奥尔森-费尔森模型

□ 主要观念

资产计量理论是会计理论的重要组成部分。资产是企业存在和持续经营的必要条件。在所有会计要素中，资产是关键性的要素，其他会计要素的定义都以资产为基点。由于资产计量不仅影响资产负债表，而且也与收益计量密切相关，因此同时受到会计理论和实务界的重视。掌握资产计量理论，有利于理解有关会计准则的规定，增强灵活运用会计准则的能力。

基本训练

□ 知识题

1. 对资产的概念有哪些不同的观点？你认为哪种观点最符合资产的本质？
2. 如何理解FASB与IASB对资产的最新定义？

3. 资产的确认标准有哪些？为什么需要这些标准？

4. 资产的计量模式有哪些？财务会计中主要采用什么计量模式？为什么？

5. 什么是公允价值？如何计量公允价值？

6. 如何进行单项资产的计量？

7. 如何进行总体资产的计量？

8. 财务会计未来的计量模式可能会朝着哪个方向发展？

□　技能题

1. 以《无形资产》会计准则为例，对比我国、美国和国际财务报告准则中有关无形资产确认与计量上的差异。说明这种差异形成的主要原因。

2. 查阅 FASB、IASB 网站上的有关资产定义研究的内容，归纳资产定义的变化及其特征。

3. 查阅 FASB、IASB 网站上的有关公允价值会计研究的内容，整理出公允价值会计准则变化的主要内容。

□　能力题

1. 根据我国财政部所颁布的《无形资产》、《固定资产》和《存货》会计准则，分析这些准则所隐含的资产概念、计量属性？

2. 自己查阅一家上市公司年报中有关会计政策说明中的内容，列出其在资产计量中最主要的会计政策有哪些？同时分析这些会计政策的合理性和科学性。

3. 东方航空（600115，00670）2009 年 1 月 12 日发布公告称，随着全球金融危机的进一步加剧，国际油价持续震荡下行，纽约商品交易所 WTI 原油于 2008 年 12 月 31 日的收盘价为 44.60 美元/桶。截至 2008 年 12 月 31 日，公司于 2008 年 12 月当期的航油套期保值合约发生实际现金交割损失约为 1 415 万美元。根据公司的初步测算，公司航油套期保值合约于 2008 年 12 月 31 日的公允价值损失约为 62 亿元（未经审计）。截至目前，公司实际赔付不会对公司的现金流产生重大不利影响。查阅东方航空公司 2007—2010 年的年报，分析其航油套期保值合约的会计处理（公允价值会计）与公司盈亏变化之间的关系。

4. 查阅一份对公司的资产评估报告，归纳企业估价的常用方法及其特点。

5. 选择一家高科技企业（如中兴通讯）和一家公用事业企业（如中原高速），比较其未来现金流的特征（如确定与不确定）对公司估值和股票定价的影响？

第 6 章 收益确认与计量理论

学习目标

知识目标

要求了解各种收益概念；明确资本保持与收益计量、收益与现金流量的关系；掌握收入与利得、费用与损失的确认标准与计量方法。

技能目标

认识我国的利润与国外盈利、综合收益以及净收益在构成内容上的异同，并能准确加以计算。

能力目标

要正确理解和运用有关收益确认和计量的会计准则，对收益确认与计量理论有更深入地理解，甚至创新和发展收益确认与计量理论。

6.1 收益的概念

收益是企业经营管理的重心。收益确认与计量理论在财务会计理论中居于重要地位。收益确认与计量理论既是会计理论研究的重要课题，也是经济学家十分关心的经济问题。本章所探讨的收益概念、资本保持与收益计量、收入与费用的计量、利得与损失的计量以及收益与现金流量，都是收益确认与计量理论中最基本的问题。明确它们将有助于发展和深化会计理论，并促进会计实务的不断完善和规范。

6.1.1 资本与收益

企业向投资者编报财务报告的主要目标是提供投资决策和其他经济决策所需的信息。就投资者而言，他们主要是从两层意义上关注其投资的：一是如何保持并增加其资本的价值，二是如何保持并增加从其资本投入中得到收益。因此，在研究收益的确认与计量问题时首先必须区分资本和收益两个概念。

1）资本

古典经济学家和现代经济学家都站在不同角度对资本有过不同的论述。1776年，亚当·斯密（Adam Smith）在他的《国富论》中，把资本作为影响国民财富增长的重要因素来研究。他提出了两个有关资本的定义：其一，资本是提供收益的储蓄；其二，资本是用来继续生产的积蓄。在这两个定义中，第一个定义揭示了资本的本质特征，即资本能产生收益。

马克思在《资本论》中，从社会属性方面揭示了资本是能够带来剩余价值的价值。他认为，资本不是物，而是一种以物为媒介的人与人之间的社会关系。

1936年著名经济学家凯恩斯在他的《就业、利息和货币通论》中从信贷资本的角度研究了资本的性质，在一定程度上说明了资本能带来价值增值。

由此可见，经济学家所研究的资本，一方面因其所站的立场不同，形成的资本定义也不同；另一方面，就资本的本质来讲，既有其自然属性，又有其社会属性。资本的内涵包括了以劳动为中心的各种生产要素，反映的是一种劳动关系。资本是劳动条件，劳动是资本的目的。一定的资本规模可以组织一定的劳动规模。一定的劳动规模可以给企业带来一定的收益。

会计学中的资本，通常是指企业出资人投入企业的那部分财产。这部分财产的所有权归出资人所有，并以资本账户的形式得以描述和量化。在世界上，公司的资本制度通常可分为3类——法定资本制、授权资本制和折中资本制。我国实行的法定资本制，由于资本同时具备着信用、担保和准入门槛的含义，因此实收资本的概念非常重要。事实上，资本账户成为联系企业与投资者的核心。因此，会计理论中的资本与资产在概念上是有很大差别的。资本是投资者拥有产权的资产，是投资者权益或净资产，而企业可支配的资产既包括投资者投入的，又包括债权人投入的（负债）。因而，在会计上，资产的概念大于资本的概念。同时，资本概念反映了一定权力主体的产权关系。资本的增加或减少代表了投资者对企业财产求偿权的增加或减少。资产则不反映这种关系。

从经济学和会计学对资本概念的分歧中可以看出：会计学的资本概念强调其法律意义而不完全是其经济意义，反映的是产权关系；经济学中的资本指的是作为劳动条件的资产，反映的是一种劳动关系。

2）收益

通常，收益也有经济收益和会计收益之分。尽管严格地说，收益并不是经济学所研究关注的主要现象，但一些经济学论著都程度不同地提到“收益”概念，并进行了一定的阐述。亚当·斯密在《国民财富的性质和原因的研究》中，第一次把收益定义为“财富的增加”，并认为收益“乃是以不侵蚀资本为条件”，从而使收益与资本保全联系起来。经济学家费雪（lrving Fisher）和希克斯（John R. Hicks）等也曾致力于研究资本与收益等概念。如费雪认为，经济学的收益具有三方面的含义：得到心理满足的“精神收益”，财富增加的实际收益，增加资产货币价值的“货币收益”。尽管这三种收益形态的存在是现实的，但要分别加以准确计量却又是不现实的。比如，主观性极强的精神收益的准确计量就难以做到，而货币收益因未考虑货币时间价值则成为静态概念。这样，实际收益就成为经济学家们关注的重点。

就实际收益，现代经济学家主要是对其来源和形成进行了深入的研究。萨缪尔森等就曾指出，实际收益的来源有三：一是资本收益，即提供资本所带来的收益；二是风险收益，即承担不确定性的报酬；三是垄断收益，即垄断权力所带来的收益。

经济学家希克斯对收益的定义，则更容易被会计界所接受。他在其著名的《价值与资本》一书中提出，收益是一个人在期末与期初保持同等富裕的情况下所可能消费的最高数额，而非可能支出的最高数额。这一定义说明，收益是通过对比两个时点上个体价值量的变化来计算的。但是，这个定义对什么才算“保持同等富裕程度”并未做出明确说明。这就为各种不同的收益计量模式的选择大开了方便之门。具体地说，经济收益同“保持同等富裕程度”的解释是密不可分的。

经济收益把所有资产看做代表着未来可望由它们带给公司的收入。由于期初期末的差异代表了收益，即希克斯主义中所说的“可被消费的数额”，因此，主要的计量问题在于会计期初与期末预计未来净收入的资本化价值的对比。由于预计未来净收入的资本化价值的不确定性，有些经济学家将经济收益称为“主观收益”，并由于无法将其令人满意地应用于经营中而对这一概念不予承认。这也是希克斯本人对这一概念的不满之处。

概括而言，经济收益概念以实物资本保持概念为依据。它强调收益是企业所有财富的增加，是在实物资本得到保持的前提下，企业本期可以消费的最大金额，具有以下主要特征：

①以现行成本（实际生产能力）为计量属性，有利于生产耗费的足额补偿，使资产负债表可以反映企业资产的真实经济价值。

②反对币值稳定的假设，既考虑交易对收益的影响，又考虑非交易对收益的影响，使收益表能够反映货币价值的变化，即通过货币价值调整来反映企业的“真实”收益和资产的现时价值。

③既包括营业所得，也包括意外收获和其他活动所得；既包括已实现收益，也包括未实现收益。

经济收益概念将使收益表反映企业的所有收益，为信息使用者提供决策有用的信息。但由于意外收获和其他活动所产生的收益以及未实现的收益难以合理地确认与计量，因此，经济收益概念的主观性较强，不利于反映受托责任的履行情况。

在早期的会计理论研究中，人们并不十分重视企业的收益，而是只关心对企业财产的反映，认为只要某一期末的财产数额超过了该期期初的财产数额，就说明企业有一定的盈利能力。复式簿记出现以后，收益确定逐渐成了复式簿记的主要特征之一。人们用已经实现的收入减去与其相关的成本的方法来确定收益（当时称做盈利），但在有关的会计理论著作中却没有明确的收益概念。

股份公司在西方资本主义国家纷纷出现之后，企业的投资者越来越多，人们对收益重要性的认识更加深刻。收益是企业支付股利的前提已众所周知。收益确认与计量在会计确认与计量理论中的地位有所提高，会计理论界研究收益概念的人也从无到有，由少到多，对收益概念的论述也就丰富起来。但是，绝大多数会计专家和学者认为，收益是指企业在本期已实现的收入与其相关的历史成本之间的差额。这一概念被后人称为“传统的会计收益概念”。

传统会计收益概念假定企业处于静态的外部经济环境之中，即假定没有物价变动、没有任何不确定性、不存在交易之外的各种潜在风险与报酬。在理论上，它以财务资本保持概念为依据，并具有以下主要特征：

①以会计分期、币值稳定和权责发生制为基础。认为收益是企业在一定会计期间的经营成果。

②强调收益必须与交易相联系。认为收益是企业实际发生经济业务的结果，不必考虑物价变动的影响。

③强调收入实现原则。认为收益必须是已实现的，凡尚未实现的一律不能确认为收益。

④以历史成本为计量属性。资产按历史成本计价，因而与收入相关的成本是指所耗用资产的历史成本。

⑤强调费用配比原则。认为收益是收入与其相关的成本相互配比的结果，凡不能与收入配比的费用不应在确定收益时考虑。

⑥适当运用稳健原则。对未来可能发生的费用可以合理地预计，但并不确认尚未实现的收入。

正因如此，在传统会计收益概念下确定的收益额比较客观、可核查，有利于反映企业受托责任的履行情况。

与经济收益概念相比，传统会计收益概念也存在一些缺点：①在物价上涨时，所确定的收益将会高于企业真实财富的增长。企业如果按照这种虚增了的收益上缴税金、支付股利，就会逐渐丧失市场竞争力，甚至不能继续经营。投资者如果根据这种虚增了的收益增加对企业的投资，就可能使其蒙受损失。反之，在物价下跌时，所确定的收益将会偏低，不能充分反映企业所增加的财富。②以现时价格计量收入，而以历史成本计量费用，使得成本未能得到真正的回收，不能从实物形态或使用效能上保全实物资本。③使收益表上所反映的收益，只是企业已实现的收益，并非企业的全部收益。④由于同一种资产在不同时期的历史成本并不相同，因而所耗用的同一种资产的历史成本也不相同，与收入配比后所确定的各年度收益就缺乏可比性。⑤由于以历史成本计价，使得资产负债表上的资产只不过是尚未分摊的资产成本余额，而不是资产的真实经济价值，也难以准确地反映企业在市场中所可能遇到的各种风险和不确定因素。

20世纪50年代以后，西方国家的通货膨胀比较剧烈，按传统会计收益概念提供的财务报表越来越不能反映企业真实的财务状况和经营成果，给会计信息使用者的经济决策带来了严重影响。这使得会计学家不得不考虑经济学家的意见。为了使财务报告反映企业更为“真实”的收益，许多会计学家（如亚历山大和所罗门等）主张以财务资本保持概念为依据，按照经济收益概念确定企业收益。但是，因为其操作难度较大，在较长一段时间都没有被会计准则制定机构和会计实务界所接受。另外一些会计学家（如坎宁、吉尔曼以及后来的爱德华兹和贝尔等）则在吸收经济收益概念的基础上进一步研究了会计收益概念，提出一些介于经济收益概念和传统会计收益概念之间的收益概念，使传统会计收益概念逐渐向经济收益概念过渡。按照他们的观点，收益应当是企业在一定会计期间的“财富的净增长”；某些未实现的或意外收获和其他活动所得也应当确定为收益；某些资产应当按其现行成本、公允价值计价等。这便是我们称之为“扩展会计收益概念”的基本特征。

从总体上看，扩展会计收益概念仍以财务资本保持概念为依据，但允许有适当的灵活性。它既考虑了经济收益概念所强调“真实”收益，丰富了传统会计收益概念下的收益内容，又注意到收益项目在计量方面的可操作性，因而容易被接受。在扩展会计收益概念的影响下，美国财务会计准则委员会在其第3号概念公告中提出了“综合收益”的概念，并把它作为财务报表的10个要素之一，指出：收益是企业在报告期内，从业主以外的交易以及其他事项和情况所产生的权益变动。它包括报告期内除业主投资和派给业主款外，一切权益上的变动。英国会计准则委员会也在其原则公告中提出“全部已确认利得和损失表”，并指出该表还包括因物价变动对收益的影响。葛家澍教授等也指出：目前可能的暂行方法是，一方面在期末运用公允价值或现行市价等计量属性对企业的资产、负债等项目进行调整，以反映市场因素变化的影响，同时在表外尽可能补充披露企业各项资产、负债等项目上所可能存在的风险与报酬因素，以使最终所反映的会计收益贴近企业在过去期间“财富的净增长”。这些权威性的论述显然丰富了收益的组成内容，缩小了会计学收益概念与经济学收益概念的差别。

按照财务报表确认与计量理论的要求，财务报表要素包括的每一个项目都应该可以确认、计量、记录和报告，而经济收益的某些项目可以不符合会计上的这些要求。因此，会计收益概念和经济收益概念完全走向统一是不太可能的事情。不过，未来的会计收益概念将会进一步适应动态经济环境的需求却是令人信服的。这也是会计收益概念发展的大势所趋。

6.1.2 与收益相关的几个概念

在会计理论与实务中，经常出现盈利（earnings，很多时候也叫“盈余”）、净收益与综合收益3个词语。它们具有互不相同的含义，但在内容上又有许多相同之处，很容易被混淆。这主要是因为这3个词语都与企业的获利能力有关。为了明确区分这些概念，我们将美国财务会计准则委员会第5号概念公告中的有关简要报表整理后列示如下：

营业收入	100
-费用	80
+利得	3
-损失	8
=盈利	15
+会计原则变动对以前年度的累积影响	(2)
=净收益	13
+业主交往以外的其他权益变动	1
=综合收益	14

从以上实例可以清楚地发现，盈利与净收益的主要区别在于对“会计原则变动对以前年度的累积影响”项目的处理不同。净收益包括了该项目的数额，而盈利则不包括。净收益与综合收益的主要区别在于对“业主交往以外的其他权益变动”项目的处理不同，综合收益包括了该项目的数额，而净收益则不包括。从盈利到净收益再到综合收益的过程，反映了收益概念所经历的逐渐变化或演进的过程。一个企业的净收益或综合收益主要取决于盈利的大小。盈利是报告期内业绩的一个重要指标。它既包括收入与费用，又包括

利得与损失。上述的收入与费用、利得与损失项目主要是已经实现的结果。按照经济学收益概念，收益还应当包括未实现的结果，因此，扩展后的会计收益概念仍与经济收益概念存在一定的差距。

利润一词是我国会计界以及有关各界非常熟悉的一个概念。按照我国企业会计准则的规定，利润是指企业在一定会计期间的经营成果。利润包括收入减去费用后的净额、直接计入当期利润的利得和损失等。其中，直接计入当期利润的利得和损失，是指应当计入当期损益、会导致所有者权益发生增减变动的、与所有者投入资本或者向所有者分配利润无关的利得或者损失。利润金额取决于收入和费用、直接计入当期利润的利得和损失金额的计量。

6.1.3　收益与资本的关系

资本和收益两个概念具有密切的关系。从经济理论上讲，资本是某一特定时点存在的财富，收益是某一特定期间内由财富产生的利益流动。两者之间的关系在 Glautier 与 Underdown 所著《会计理论与实践》一书中有过精辟论述：资本和收益之间的关系如同树与果实之间的关系——果实长在树上，果实可以消费掉。若将树毁掉，就不再有果实了；细心保养树并施肥，将来树就会结出更多的果实。然而，一旦将价值这个概念沿用到资本和收益中，这种关系的本质就变清楚了……看起来……收益一定来自于资本，从某种意义上讲，这是对的。收益来自资本货物（capital goods），而收益的价值并非来自资本货物的价值。相反，资本的价值来自于收益的价值……直到搞清楚了某个项目可能为我们带来多少收益以后，我们才能对那部分资本进行估价。庄稼的确依赖于土地，但庄稼的价值并不取决于土地。相反，土地的价值取决于生长在土地上的庄稼。

在资本和收益关系的许多方面，会计学和经济学的观点是一致的。比如，他们都认为只有收益才能用于消费，而为了计量收益必须保持资本完整。但是，由于会计理论与经济理论界定资本和收益的原则、范围不同，所持的资本保全概念也不同，因而对收益的确认与计量也会产生不同的影响。

6.2　收益的确认与计量

6.2.1　收益与资本保全

所谓资本保全，是指在资本得到保持或成本得以补偿之后，多余的部分才可确认为收益。这实际上是确认收益的一个很重要的目的，即将资本和收益区分开来。资本保全是计量期间收益的重要争论点。不同的资本保全概念，在确定收益时产生的结果是不一样的。

根据经济学的收益概念确定收益，既不遵循持续经营的基本假设，又不以历史成本为基础计算资本价值，而是先确定企业未来的获利能力，然后计算企业的现行资本净值。这种理论实际上是以企业的实物资本的保全为前提的，由此确定的收益是一种真实收益。

会计学中的收益，传统上是以一系列会计基本理论（包括四大会计假设、历史成本计量原则、配比原则和会计信息的披露要求）为基础，并按权责发生制的收入费用确认原理加以确定的。会计学虽然也强调资本保全，但与经济学相比，又具有不同的概念。

目前，主要有三种资本保全的概念：

（1）财务资本保全

财务资本保全亦称名义资本保全、货币资本保全，是传统会计所主张的观念。这一资本保全概念主张应以名义货币所表示的资本的保全为基础来确定企业收益。当企业在一个特定会计期间的名义收入超过其发生的成本费用，达到了资本保持的目标，其超过额就可确认为企业该期间的收益。这一概念不考虑货币价值的变动。

（2）不变购买力资本保全

不变购买力资本保全亦称一般购买力资本保全，主张在不改变会计计量标准但改变会计计量单位的前提下来确定收益，即企业的收益确定必须保持原有资本的购买力不变。企业的现实收入超过原有资本购买力的部分，才确认为收益。

（3）实物资本保全

实物资本保全亦称再生产能力资本保全，主张企业的生产经营活动必须保持原有的实物资产或原有的生产经营能力。由于企业生产经营具有持续性的特征，故要求企业在一个资本循环的终了收回的资本应当至少满足下一个资本循环垫支的需要。这一资本保全概念引入了重置成本，即企业在生产经营过程中所发生的费用，必须以重置成本而不是以历史成本来计量，在企业已消耗的实物资本未得到重置前，不能确定企业的收益。

依据不同的资本保全概念可以提出多种评价资产和资本的方法，根据不同的评价方法又会得出许多不同的收益计量模型。

收益计量就是确定各项收入和费用的货币数额，也叫收益确定。收益计量是经济发展到一定程度的必然结果，而正确地计量收益也在一定程度上促进了经济的健康发展。近年来，收益计量的重要性已日益为人们所理解，越来越多的投资者和信贷人以及会计信息的其他使用者关心企业财务报表上的收益数额。但是，不同的资本保持概念对收益计量的影响是不同的。财务资本保持观念下，收益是以货币表示的净资产的增加，而在实物资本保持观念下，收益是保持企业实际生产能力不变之后的实际物质财富的增加。不过两种资本保持概念都是以货币计量单位为基础的，而货币计量单位又有名义货币单位和一般购买力货币单位之分。因此，两种资本保持概念与货币的两种计量单位可以组合成 4 种不同的资本保持模式：

①名义货币单位/财务资本保持；

②一般购买力单位/财务资本保持；

③名义货币单位/实物资本保持；

④一般购买力单位/实物资本保持。

各种资本保持模式下收益的计量结果并不完全相同。下面以实例来说明它们之间的区别：

例如，某企业期初资产净值为 5 000 美元，期末资产净值为 8 000 美元。假定期末要维持与期初相同的实际生产能力需要的资产净值是 6 000 美元。该期内物价上涨指数为 5%。4 种模式下的收益额分别计算如下：

① 在名义货币单位/财务资本保持模式下，收益为 3 000 美元（8 000−5 000）；

② 在一般购买力单位/财务资本保持模式下，收益为 2 750 美元（8 000−5 000×

(1+5%))；

③ 在名义货币单位/实物资本保持模式下，收益为2 000美元（8 000−6 000）；

④ 在一般购买力单位/实物资本保持模式下，收益为1 700美元（8 000−6 000×（1+5%））。

由上例可以得出5点主要结论：

①在物价上涨时，按名义货币单位计量的收益大于按一般购买力单位计量的收益，按财务资本保持计量的收益大于按实物资本保持计量的收益，也就是会计收益大于经济收益。其差异主要是由于币值下降，企业资本仅得到货币资本的保持，而未能得到实物资本的保持所致。

②在名义货币单位/财务资本保持模式下，收益是投入名义货币资本在一定时期内的增量，这时，本期持有资产的价格上涨部分（5 000×5%）即持产损益全部确认为该期的收益。在一般购买力单位/财务资本保持下，收益被视为本期投入的固定购买力或不变币值货币资本的增加。这时，在资产价格的提高中，只有大于一般物价水平增加的那一部分才被确认为收益，其余部分只能作为资本保持的调整，归属于产权的一部分。在其余两种模式下，收益被视为投入的实物资本在本期内的增加。这时，所有影响企业资产和负债的价格变动在计量企业实际生产能力时，都作为资本保持的调整，归属于产权的一部分，而不作为收益。

③不同计量单位、相同资本保持概念下收益之间的差异，实际就是物价上涨率与期初净资产或保持实际生产能力的净资产的乘积。如前两种之间的差异实际为250美元(5 000×5%)，后两种之间的差异实际是300美元（6 000×5%）。

④相同计量单位、不同资本保持概念下收益之间的差异，实际就是保持实际生产能力的净资产与期初净资产之差额或者该差额及其与物价上涨率之乘积。如第1种与第3种之间的差异实际是1 000美元（6 000−5 000），第2种与第4种之间的差异实际是1 050美元（1 000×（1+5%））。

⑤从理论上讲，企业在选择具体的资本保持模式时，除了根据会计信息使用者的需求在财务资本保持概念和实物资本保持概念之间选择以外，还应考虑通货膨胀因素。如果物价稳定或上涨幅度不大，应选用名义货币单位；反之，则应选用一般购买力单位。但是，在会计实务中，只有名义货币单位/财务资本保持模式被普遍采用。

6.2.2　收益的确认

在会计上，收益的确认不仅受不同的资本保全概念影响，而且也受不同的收益观影响。企业的经营成败，既决定于企业主观的经营管理水平，也决定于客观的经济条件变化等因素。后者带有相当大的偶然性，因此在收益的确认上，是只反映企业经营活动带来的收益，还是应同时包括客观经济条件变化的影响，存在两种不同的收益观——本期经营收益观和全面收益观。

1）本期经营收益观

本期经营收益观主张企业的收益应只反映本期的经营（活动的）收益，而非常项目的收益则不包括在内。

持这种收益观的理由是：企业的收益应能够反映企业在一定时期所获得的经济效益，

而企业的经济效益又应是企业生产经营管理水平的具体体现，即企业各项经济资源的有效利用，并以此来评价企业的经营业绩。

本期经营收益观特别强调“本期”和“经营”，主张损益表中所计列的收益额应该仅反映企业管理人员能够控制的业务活动和本期经营管理决策所获得的成果。

按本期经营收益观确认收益，主要涉及两个方面的问题：

第一，经营收益与非经营收益的区分。正确区分经营收益与非经营收益，其目的是使损益表中的收益数额能恰当地计量企业业绩，经营收益是企业在生产经营活动中赚取的，包括本期内产生经营收入的各种活动（经营、投资和理财等）的最终成果。因此，经营收益中不应包括非企业经过努力所赚取的收益，因为这些利得不能用来评估企业管理部门的业绩。凡企业持有的为保证持续经营所必需的那些资产的价值，由企业不可控的外界因素造成的增值，并非交易和事项的结果，不论是否确认，都应排除在经营收益之外，但是已确认的这部分利得则可包括在全面收益之中。

第二，本期与非本期收益的区分，即列入经营收益的收益应与本期业绩相联系。这样才能使不同会计期间的收益可以更好地比较，以对不同时期的业绩做出评价。会计上常发生的前期事项调整，如由于会计政策变动而应提高前期收益的那部分利得，也不应列入经营收益。因此这部分利得同样不能反映本期的经营业绩。

2）全面收益观

全面收益观亦称总括收益观，主张企业的收益既包括经营收益，又包括非经营收益。既有企业有效经营管理的成果，又有企业客观经济环境变化影响的结果。这一收益观所反映的收益额较前一种收益观更为客观。持这种收益观计量收益的理由是：

①经营收益与非经营收益的界限很难划分清楚，而且也很难找出一个统一的标准。一项交易可能被一个企业划分为经营收益，也可能被另一个企业划分为非经营收益；某一年度被划为经营收益，而另一年度则可能被划为非经营收益。这样就使得企业之间和年度之间的收益额无法比较。从短期来看，有些可能属于非常项目，但从较长时期来看，这些非常项目却是经常发生的。

②按全面收益观编制的损益表，由于较少掺杂企业主管人员和会计人员的主观判断，从而使会计报表更具客观性。不同的会计人员使用相同的数据，可以编制出相同的会计报表，也更容易为报表使用者所理解。否则，如果掺杂了管理人员和会计人员的主观判断的影响，则所陈报的收益额就有可能被人为地加以修饰。

③全面收益观可以将年内收益变动的性质予以充分提示，财务报表使用者可据以做出独立的分类，进而得出恰当的收益量度。管理人员和会计人员的评判标准是难以适用于财务报表各使用者的特定需要的。

综上所述，本期经营收益观与全面收益观的主要区别是：两者报告收益的目标不同。本期经营收益观强调反映本期的经营管理成果，并且以它来预测企业的未来收益能力。全面收益观则认为应从几个年度，而不是一个年度预测企业的收益能力。这是由于企业非流动资产的使用期限较长，要跨越许多会计期间；许多产生收益的经济业务，也不是在一个会计期间就可以实现的。因此，一个会计期间的收益数额的确定往往带有暂时的主观判断因素。它必须为以后年度的企业收益情况所证实。

正因为如此，会计理论界一般赞同全面收益观，要求将企业的全部收益列入企业的损益表。FASB 第 16 号准则公告中指出：除极少数情况外，该年度内确认的所有损益项目都应包括在年度收益的计算之中。这一公告注重所陈报净收益的客观性和可验证性。在本期经营收益观下，人们总是将任何可能的收入都纳入损益计算范围，而将损失尽可能地纳入非经营损益计算范围，从而导致了会计实务上的混乱。这也是全面收益观被人们所接受的原因。

传统会计对收益的确认是建立在收入实现原则和稳健性原则导向之上的。下面只要讨论收益的确认原则问题。

（1）收益确认的实现原则

收益确认的实现原则亦即收入确认的实现原则，因为二者是同源的。收入（益）实现原则的重心在于明确最恰当的收入（益）记录的时点。它包括两层含义：什么是收入（益）？收入（益）何时实现？

什么是收入（益）？亦即收入（益）应包括什么？对这一问题，前面已作过讨论，即一种观点认为收益来自于经营业务中的对外交易活动，以全部经营收入扣除所对应的成本费用就是收益。另一种观点认为，除经营收益外，资产置存收益也应包括在内。尽管会计理论界比较赞同后一种观点，但实务中遵循的准则还是比较少地将持有利得和损失纳入正式的确认过程。会计准则只是将收入谨慎地限定在那些由交易行为导致的资产增加的范围之内。FASB 的“财务会计概念公告”也没有完全突破这一限定。

实现原则所讨论的另一个核心问题是收益何时才算实现，由于收益是建立在交易行为发生的前提基础上，因而，收益的实现时点一般要与交易行为的发生时点联系起来考虑，即交易已经发生，收益实现后才能确认收益的发生。

（2）收益确认的稳健性原则

所谓稳健性原则，是指对资产和收入若有几种可能价值估计的话，则应按其最低的价值来陈报；而对于负债和费用若有几种可能价值估计的话，则应按其最高的价值陈报。它还意味着对于费用宁可早确认，而对于收入则宁可晚确认。因此，净资产一般是按低于现行交换价值计价的，而收益的计算则很可能要以几个备选的数额中的最低数额来计列。也就是说，在财务报告上，通常采取了保守的态度。

稳健性原则之所以成为传统会计计价的一项重要原则，主要是因为 20 世纪初，企业管理人员和业主往往过于乐观，在会计报表上高估企业的财务状况和经营成果。为了抵消这种乐观倾向，稳健性被认为是必要的。它对于保护债权人的权益、防止企业将资产作为收益发放给股东，曾发挥过一定的作用。

6.2.3　收益的计量

收益的计量，是指对收益形成过程的量化表述过程，也就是确定形成收益各项目的货币数值。收益可计量是收益能够被确认的一个重要前提。从广义上说，收益的计量包括在收益确认的范围之内。

收益的计量主要有两个方面的问题：

1）货币计量单位

会计是以货币作为计量标准的。以货币作为计量标准的优点是可以综合反映各项实物指标，从而使会计信息更适用于企业经营管理决策。但是，以货币为计量单位计量收益也会存在币值变化对收益的影响问题。

按传统会计的货币计量及币值稳定假设为前提计量收益，在通货膨胀情况下，会计报表上所反映的收益并不能真正反映企业的真实经营成果。会计报表上所反映的企业收益是以现时价格计量收入，却以历史成本计量费用（特别是折旧费用）。因此，传统会计的会计报表在某些特定的经济环境下并不一定能够正确地计量收益。

经济学家主张会计报表应该反映货币价值的变化，即通过货币价值调整来反映企业的实际收益和企业资产的现时价值。近年来，许多国家的币值受到了通货膨胀的影响。面对这样的现实，会计学家不得不考虑经济学家的意见。

经济环境日趋复杂，人们对决策信息质量要求不断提高，使得很多经济学家不仅主张以现实重置成本对资产计价，还主张以产出价值而不是投入价值计价。这不仅需要对资产的价格进行估价，还需要测算资产未来现金流量的现值。

尽管经济学家的观念有时严重脱离现实会计实务，但两种观念还是具有一定内在联系的，即经济学家的很多观念来自于会计实务，而很多会计实务的设计则又是为了反映实质性经济问题。因此，在会计理论中引进经济学家的观念是非常必要的。

2）收入与费用配比

在收益的计量中，收入与费用的配比是非常重要的一环。当某项营业收入已经在某一会计期间确认时，所有与赚取营业收入有关的成本均应在同一会计期间转为费用，以便与营业收入配合而正确地计算损益。AICPA 第 4 号《会计名词公报》明确指出，在收入与费用之间存在以下因果关系：

①成本，指购置资产所支付的金额。成本又可以划分为：未耗用成本（资产），用于产生未来经济利益（营业收入）；已耗用成本（费用），用于产生本期经济营业收入，因而应从本期营业收入中扣减。

②费用，是指产生经济利益（营业收入）的成本耗用。

③损失，是指未产生营业收入的成本耗用。

这种关系可用图 6-1 表示：

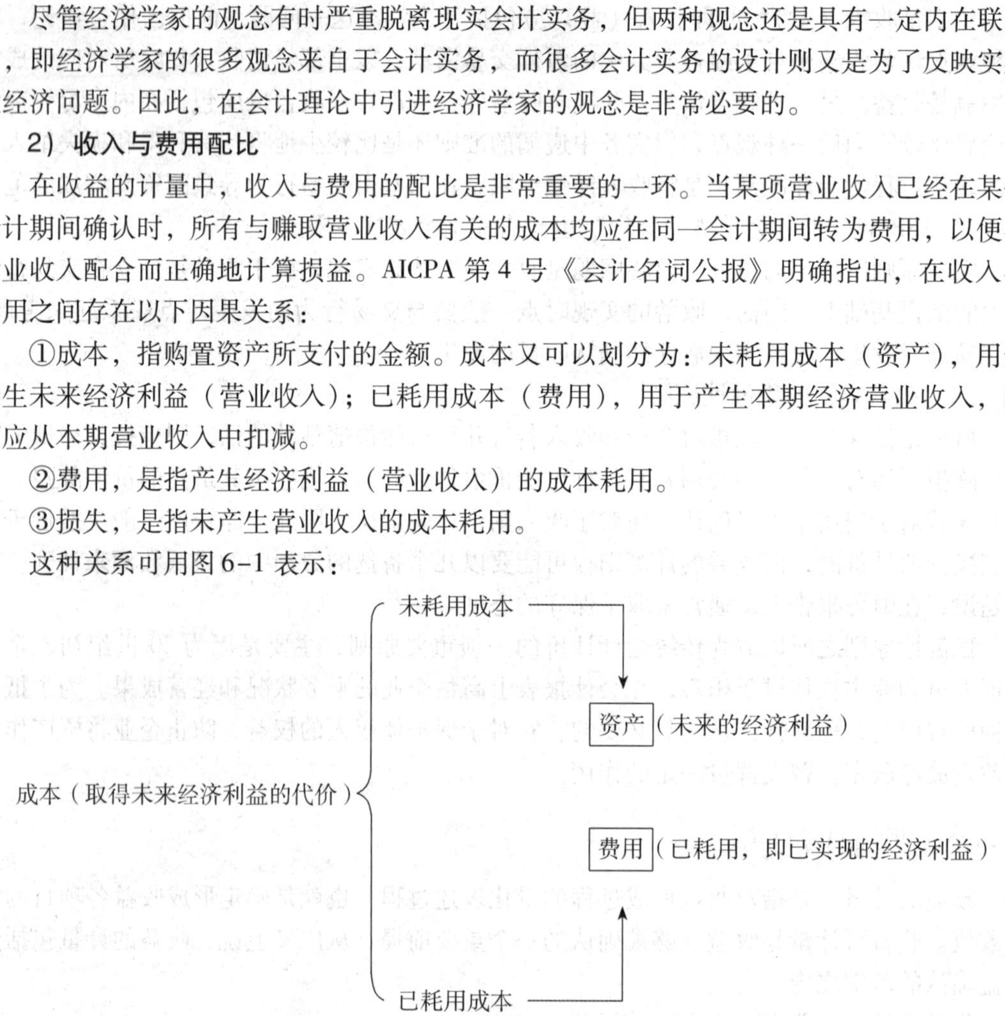

图 6-1 收入与费用的配比关系

会计学家将营业收入与费用的配比过程描述为：第一，成本的资本化过程，即花费一定数额的成本购置资产，资产可视为可提供未来经济利益或服务潜力的存量。第二，费用的分配过程，即根据资产所提供的经济效益或服务潜力，对所产生的营业收入分配费用。

传统会计依据配比原则计量收益的主要优点是：①它以实际发生的营业收入和实际发生的费用相配比，因而具有客观性和可验证性；②由于它使用了应计方法，使有因果关系的营业收入与费用进行配比，从而计算出一个合理的年度收益额。

配比原则所存在的主要缺陷是：直接配比（例如直接材料、直接工人和直接制造费用）固然比较精确，但间接配比（间接费用的分配）则通常有一定的主观和武断成分，其中包括固定资产折旧费、企业开办费、无形资产摊销以及债券溢价或折价的摊销等。这些费用在各个会计期间如何分配，往往缺乏精确的标准。例如，固定资产折旧费无论是采用直接法还是余额递减法计算均是会计人员主观决定的标准，在计算上存在相当大的随意性。

由于配比原则存在的这些缺点是不可避免的，因而它受到了越来越多会计学家的批评。因为传统历史成本会计的核心内容是损益的计量，亦即营业收入的确认和费用的配比，因而传统历史成本会计信息的有用性受到了一些质疑。尽管如此，人们并没有放弃配比原则的应用，也未否定以成本分配为基础的传统历史成本会计信息的效用，即认为成本分配仅构成传统会计信息的一小部分，而大部分会计信息并不包含分配因素。从会计信息的成本效益分析角度来看，以成本分配为基础的传统历史成本会计，比其他会计模式具有更大的效用。因此，美国权威会计专业团体--财务会计准则委员会坚持采用配比原则，并采取了一些措施，以尽量减少成本分配上的主观性和武断性，提高会计信息的质量。

6.3　收入与费用和利得与损失

收入与费用、利得与损失是确定企业收益的重要内容。其中，收入与费用是收益的两个最重要的组成部分。收益的确认与计量取决于收入的确认与计量以及与之相关的费用的配比。收入和费用是一切以营利为目的的企业所关注的焦点。没有收入就无所谓收益，在收入和收益之间，收益的大小决定于与收入相配合的费用的大小。下面，将进一步研究与收益决定相关因素的确认与计量问题。

6.3.1　收入的确认

1）收入的性质

关于收入的定义，可以从有关部门文献中找到两种论点：一种论点着眼于企业在日常活动所形成的经济利益总流入，如《国际财务报告准则》对收入的界定；另一种论点是，将企业日常活动及其之外的活动形成的经济利益流入均视作收入，如澳大利亚的收入准则。

第一种论点是比较传统的收入定义，即将收入定义为企业在销售商品、提供劳务及他人使用本企业的资产等日常活动中所形成的经济利益总流入。其中，“日常活动”意为一个企业的持续的、主要的或核心的业务活动，也就是企业为完成其经营目标所从事的所有活动，以及这些活动的延伸。这一论点把收入的记录时点与收入的过程混淆起来。一般地说，资产的增加或负债的清偿都是在销售或提供商品或劳务时实现的，而收入的数额传统上是根据收入资产的倾向计量来确定的。因此，这个定义是和传统实务一致的。这一论点要求必须分清什么样的流入量应作为收入处理和什么样的流入量不应作为收入处理。资产的增加和负债的减少，其原因是很多的，收入只不过是其中的一个原因。而且，如果收入是按这个论点进行解释的，就必须对例外的情况清楚地予以说明。

收入也常根据其对所有者权益的影响来解释，即收入能增加资产或减少负债，或二者兼而有之。因此，根据“资产-负债=所有者权益”的公式，企业取得收入一定能增加所有者权益。但是，收入扣除相关成本费用后的净额则可能增加所有者权益，也可能减少所有者权益。这里仅指收入本身导致的所有者权益的增加，而不指收入扣除相关成本费用后的毛利对所有者权益的影响。因此，第一种论点将收入定义为“经济利益的总流入”。

第二种论点认为：收入是企业在报告期内、导致权益增加（不含所有者投入所引起的增加）的未来经济利益流入或其他增加，或流出的节省，表现为企业资产的增加或负债的减少。此定义比国际财务报告准则中收入的定义的外延要大得多，不仅包括销售商品等日常活动形成的收入，还包括处置非流动资产形成的收益以及债务豁免等。

在我国企业会计准则中，收入是指企业在日常活动中形成的、会导致所有者权益增加的、与所有者投入资本无关的经济利益的总流入。收入只有在经济利益很可能流入从而导致企业资产增加或者负债减少，且经济利益的流入额能够可靠计量时才能予以确认。

2）收入的确认标准

收入的确认同其他要素的确认一样，首先必须符合确认的基本标准，如符合收入的定义和特性。任何会计要素的确认都必须同时满足 4 个前提条件，即可定义性、可计量性、相关性和可靠性，而实现原则则是确认标准在收入这一特定会计要素上的具体运用。

实现原则的理论基础是权责发生制。它具体指导人们在收入概念范围内确定何时才可客观地将有关业务作业收入加以确认。它在会计实务中占有很重要的地位。

从理论上讲，一个持续经营企业的收入获得是个持续不断的过程，所有经营活动的目的都是赚取收入，因此选择确认收入的时点就成为一个关键的问题。FASB 在《企业财务报表项目的确认和计量》中指出，收入通常在已经实现或可实现、已经赚取时才予以确认。实际上这也就是收入的实现概念。在这个概念中，其中所谓已实现是指商品或劳务已交换成现金或已有了现金的求偿权，亦即已有交易发生。所谓可实现是指商品或劳务有公开的市场及明确的市价，随时可以出售变现，且无须支付重大的推销费用或蒙受重大的价格损失。所谓已赚得是指赚取收入的活动全部或大部分投入。

与 FASB 不同，国际财务报告准则强调从所售资产在所有权上的重要风险和报酬是否已经转移给买方并以这一基本标准来界定收入的确认时点。其中，所谓风险是指资产由于贬值、损坏、报废等原因造成的损失。报酬，主要是指资产中包含的未来经济利益，包括资产因升值等给企业带来的经济利益。如果一项资产发生的任何损失均不需由本企业承担，带来的经济利益也不归本企业所有，则意味着该商品所有权上的风险和报酬已转移出企业。

我国《企业会计准则——收入》将企业的收入分为 3 类，并分别规定了收入的确认条件。其中，销售商品收入同时满足下列条件的，才能予以确认：①企业已将商品所有权上的主要风险和报酬转移给购货方；②企业既没有保留通常与所有权相联系的继续管理权，也没有对已售出的商品实施有效控制；③收入的金额能够可靠地计量；④相关的经济利益很可能流入企业；⑤相关的已发生或将发生的成本能够可靠地计量。提供劳务收入的确认既包括方法又包括条件。

企业在资产负债表日提供劳务交易的结果能够可靠估计的，应当采用完工百分比法确认提供劳务收入。完工百分比法，是指按照提供劳务交易的完工进度确认收入与费用的方法。提供劳务交易的结果能够可靠估计，是指同时满足下列条件：①收入的金额能够可靠地计量；②相关的经济利益很可能流入企业；③交易的完工进度能够可靠地确定；④交易中已发生和将发生的成本能够可靠地计量。

让渡资产使用权收入包括利息收入、使用费收入等，其确认须同时满足下列条件的：①相关的经济利益很可能流入企业；②收入的金额能够可靠地计量。

我国企业会计具体准则在收入确认原则上与国际会计准则一致。美国财务会计准则在收入的确认上将更多的判断交给了会计人员，而这并不一定适用于我国的实际情况。当然，对于大多数业务来说，我国会计准则和美国财务会计准则的处理不存在根本区别。

由此可见，实现原则成了何时确认收入比较实用的标准。尽管实现的标准有所不同，但标准一经确立，便为实务操作提供了便利。

关于实现原则，不同的人对它有不同的理解。有人认为，实现原则只是用于对交易事项的收入确认的具体规则，而其他一些人则认为它包括了所有价值的增加，而不仅仅只限于交易事项，即不管收入属于何种类别或来自何处。

一般认为，实现意味着商品或劳务必须已经转移给了客户，同时发生现金的收入或对现金和其他资产的要求权。根据这一观点，持有资产或仅仅取得生产过程的成果并不表明收入已经实现，因此，“实现”这一术语指为销售所证实的收入的确认。在销售之前或之后确认收入通常被认为是对收入原则的修正。

6.3.2 费用的配比

费用同收入一样，都是企业收益的构成项目。实现原则确认了收入实现的时机，而实现的收入与其相关的费用的配比问题则又是会计中的一个难题。

1）费用的性质

笼统地说，费用是企业的耗费。费用的发生会引起企业资产的减少或负债的增加，进而直接影响企业收益的大小。

然而，企业的耗费又包括可以相应地产生收入的耗费和不能产生收入的耗费。这些耗费是否都能作为费用呢？这就涉及有关费用的定义问题。一些会计专业机构对费用作过如下不同的解释：

AICPA 会计术语委员会于 1957 年发表的第 4 号《会计术语公报》中的定义：费用是指应从营业收入中扣除的已耗用成本。这个定义提出了费用的实质是已耗用的成本。

美国会计原则委员会（APB）在 1970 年发布的第 4 号说明书中将费用定义为：因一企业改变其所有者权益的那些盈利活动中所产生的资产养活或负债增加的总额，并在对其进一步解释时认为，费用与成本是密切相关的，具体包括：①为形成收入而耗用的资产的成本（如销售成本、销售与管理费用等）；②从非交互转让及非常事故而来的费用（如税收、火灾等）；③处理产品以外的成本；④徒劳无功的成本；⑤待售存货市价的下跌。从上列项目可以看出，这一定义将产生营业收入的耗费与不产生营业收入的耗费均视为费用，即它是个广义的费用定义。

FASB在1985年发表的第6号概念公告中，将费用定义为：费用是某一个体在其持续的，主要或核心业务中，因交付或生产了商品，提供了劳务，或进行了其他活动，而付出的或其他耗用的资产，或因而承担的负债（或两者兼而有之）。这是一个狭义的费用定义，即费用是进行主要经营活动而发生的耗费。它同时指出：损失同样导致企业资产的减少，但其原因是出于偶然事件，不是企业所能够控制的；损失并不产生营业收入，因而在性质上不同于费用。

IASB在《关于编制和提供财务报表框架》这一文件中，将费用定义为：费用是指会计期间经济利益的减少，其形式表现为由资产流出、资产递耗或是发生负债而引起业主权益的减少，但不包括与所有者分配有关的类似事项。这个费用定义是一个广义的费用定义，既包括企业日常经营活动中发生的费用，又包括损失。该报告认为，损失是在企业日常经营活动之中或之外发生的符合费用定义的项目。损失也是经济利益的减少。这一点与其他费用在性质上没有差别，因此，不应将其作为一个单独的会计要素。

从上述定义中可以得出两种不同的费用定义，即广义的费用定义与狭义的费用定义：

广义地说，费用是企业的全部耗费，既包括产生营业收入的耗费（狭义的费用），又包括不产生营业收入的耗费（损失）。这一观点的代表机构是国际会计准则委员会。

狭义的费用则仅指企业在生产经营过程中发生的耗费，是从营业收入中扣除的已耗用成本。这一观点的代表机构是美国财务会计准则委员会。

我国《企业会计准则——基本准则》将费用定义为：费用是指企业在日常活动中发生的、会导致所有者权益减少的、与向所有者分配利润无关的经济利益的总流出。

从费用的定义可以看出，费用与收入一样，是与企业的盈利活动相联系的。企业为了取得收入或收益而耗费的各项支出就是费用。它代表企业为了达到盈利目的所做的努力。正如佩顿和利特尔顿指出的那样：费用是对努力所作的计量，收入是对成就所作的计量，其差额就是收益，是对企业最终成果所作的计量。

费用的性质揭示了费用与收入的内在联系及其由此产生的直接结果，即费用与收入的配比原则，费用与收入的配比原则亦称为费用的确认规则。

2）费用的确认规则

根据费用的定义，在我国，费用只有在经济利益很可能流出从而导致企业资产减少或者负债增加，且经济利益的流出额能够可靠计量时才能予以确认。其中，企业为生产产品、提供劳务等发生的可归属于产品成本、劳务成本等的费用，应当在确认产品销售收入、劳务收入等时，将已销售产品、已提供劳务的成本等计入当期损益；企业发生的支出不产生经济利益的，或者即使能够产生经济利益但不符合或者不再符合资产确认条件的，应当在发生时确认为费用，计入当期损益。企业发生的交易或者事项导致其承担了一项负债而又不确认为一项资产的，应当在发生时确认为费用，计入当期损益。

联系起来看，费用的确认与收入的确认密切相关，确认费用不能离开收入而单独进行。因此，费用的确认亦称费用的配比。

费用与收入的配比要求在二者之间找到一个恰当的关系。形成费用的支出有的直接产生收入，有的间接产生收入，有的不产生收入；有的产生本期收入，有的产生其他各期收入。根据费用与收入的相互关系，可将费用分为直接配比费用、间接配比费用和期间配比费用3项。与此相对应，传统会计所应用的费用配比原则也包括以下3项确认规则：①结合因果关系确认费用；②系统地和合理地分配费用；③支出发生时立即确认费用。其中第①项规则是基于会计理论，最有利于确认费用，第②、③项规则是不可能采用第①项规则时的变通办法。

（1）结合因果关系确认费用

结合因果关系确认费用又称为直接配比确认费用。尽管收入与费用的因果关系比较难于证明，费用确认的最理想办法是找出收入与费用的相互关系，即费用的发生是与产生某一个会计期间的营业收入相关联的。例如，企业购入或生产准备销售的商品，与这些商品相联系的成本，在有关收入得到确认之时才可转为费用，从而得到费用与收入的恰当配比。生产企业的商品或劳务的耗用是与某一具体产品相联系的，而此产品又与所陈报的收入相连，这样，假如收入在销售实现时（产品离开企业时）予以陈报，那么，将产品的成本或所记录的价值确认为费用就被认为是合理的，因为已有一项新资产取代了它的位置。此外，在产品离开企业前，为制造该产品的所有相关成本被确认为企业未来的经济利益，因此，将其记录为资产并于确认收入的期间将其结转为费用。

在存在收入与费用的因果关系中，只要确认了收入，就一定要确认与其相关的费用。

（2）合理地和系统地分配费用

在会计实务中，有些费用不能以因果关系直接加以确认。例如，一项资产长期在企业中使用，各会计期均会收到它所提供的经济效益，从而产生营业收入，因而各会计期均应承担它的一部分成本。这时，就要按照各期的受益情况将成本合理地和系统地分配为不同会计期的费用。再如，一项费用是与几项收入存在共同联系的，如辅助生产费用、联合制造费用，在与各收入对象进行配比中，同样需要合理和系统地分配给各受益对象，进而转为各期的费用。

这些间接配比费用在分配过程中免不了带有人为的主观和武断性，因而使分配结果失去客观真实性。同时，以分配作为费用确认原则必然会导致许多不同的会计程序和方法同时存在，从而增加不同企业会计实务的差异。

（3）成本发生时立即确认费用

成本发生时立即确认为费用，亦称期间配比费用。期间配比费用大多不与某一笔收入直接相联系，但却与某个期间的总收入相联系。例如，那些既与生产不直接相关又与销售不直接相关的管理活动所发生的管理费用，企业在一般经营活动和销售活动中所发生的支出等，都会涉及获取未来收入的产品生产，而又没有合理的途径将相关支出与未来收入相联系，或未来期间经营活动的收益不很确定，那么唯一解决的途径就是将它们直接列作当期费用。广告费支出就是典型的实例。广告可以为企业取得长期的经济效益，但很难确定哪个会计期间获得多少效益。因此，广告成本不得不立即确认为费用。

除此之外，企业还有一些支出，或者找不到合理的和系统的分配基础；或者不能与某项收入直接联系而又必不可少，即不能采用第①、②两项费用确认规则时，就可以选择立即确认的规则。

以上简要地阐述了传统会计的费用确认规则，亦称费用的配比原则。配比概念是传统会计理论结构中的一个重要组成部分，费用与收入配比得是否合理，直接关系到会计信息的真实性和可靠性。会计学家一直非常重视对配比概念的探讨，同时也提出了一些批评意见。

第一，配比原则要求在收入和费用之间找到一种合理的关系，但实际上在二者之间很难找到一种合理关系，每一项配比都是以一种假定为前提进行的，并不像确认收入那样要求有客观证据。同时，配比概念所要求的费用分配的系统性和合理性也没有一个明确的标准，它只不过是一个非常抽象的规范观念而已，其结果是使人们在确认费用方法上增加了主观随意性。

第二，在配比原则下，企业的资产成了未耗用成本，即未确认的费用。为获取未来期间收入而预付的费用，资产负债表成了账户余额表，从属于损益表，其作用只不过是暂时尚未耗用成本的一个附表。但实际上，资产负债表的作用并不仅限于此。因此，配比概念导致人们对资产负债表作用的误解。

6.3.3 利得和损失

利得和损失是与企业正常经营活动没有关系的收益和损失。之所以称之为利得，是由于它往往是一种意外的或偶然的获得，而不是企业在正常经营中赚取的，当然也包括那些与企业持续目标无关的经常性附属活动。

按照全面收益概念，利得和损失也应当是收益的解释性项目，即也应当包括在收益的计算之中。

利得和收入同是构成企业收益的有利因素，但二者的性质并不相同。收入是企业正常经营过程中所产生的，而利得则是指非正常经营中的收益。

APB 在解释收入概念时认为：除销售产品和提供劳务外，还应将诸如厂场设备及投资等非产品性资财的销售纳入收入之中，即收入不仅包括销售产品的收入，还包括利得。

FASB 则认为收入不应包括利得，同时给利得下了这样的定义：利得是某一个体除来自营业收入或业主投资得利的收款以外，来自边缘性或偶发生交易，以及来自其他交易和其他事项与情况的收益（净资产）之增加。

根据我国的企业会计准则，利得是指由企业非日常活动所形成的、会导致所有者权益增加的、与所有者投入资本无关的经济利益的流入；损失则指由企业非日常活动所发生的、会导致所有者权益减少的、与向所有者分配利润无关的经济利益的流出。

由此可见，利得与收入的区分是以非正常经营活动与正常经营活动的区分为前提的，而且这种区分往往又是必要的，其目的在于向财务报表使用者提供更为有用的信息。然而，这种区分又是困难的，因为对于不同企业及不同时期，正常与不正常并没有一个统一的标准。

利得的确认与收入的确认和费用的配比相类似。因为大多数利得属于交易事项，为确认利得，需要对交易中所获及其与之相应的交易中所耗用的或所交换的商品或劳务的价值进行配比。因此，配比原则同样适用于利得的确认与计量。例如，企业出售闲置设备，其出售收入与该设备的账面价值及相关的出售费用相配比，二者的差额就是利得（或损失）。

同样，确认利得的时间与确认收入的时间也相似，即也是直到交易或销售发生时才予以确认。因此，实现原则也同样适用于利得的确认。当然，也有例外，如证券市价的上升数额通常也被认为是确认利得的充分证据。理由是它具备了收入确认的确定性和可计量性这两个条件，尽管这种变动还未被交易活动所证实。如果具备了这些条件而不予以确认，则可能违背了会计一致性的要求。

损失与费用一样，都是确定收益中的不利因素。损失是与任何期间收入都无关的成本耗用或流失。损失是在非正常的、偶发的事件中产生，是人们意料之外的。损失不同于经营亏损。经营亏损是在正常经营活动中由于许多因素而导致的某一期间的费用大于收入的部分。损失又不同于费用。费用是在取得收入过程中的成本耗用。费用是为一定目的而发生，是可以预计的。然而，不可预计的价值流失是一笔损失，那么假定它们是可以预计的，是否就可以将它们归为费用呢？答案并不很清楚，但实务中人们往往将其作为费用处理。例如，一笔应收账款收不回来，被列作坏账，是一笔损失。但是，如果已预计到其收不回来的可能，就可以预先提取坏账准备，此时就作为费用处理了。

损失同费用一样都是已耗用成本，所以损失的计量与费用的计量很相似。但是，损失的确认要考虑其发生的那个期间。如果是非正常交易的资产出售以及因自然灾害所招致的损失，其应记录的时间是相当明确的。但是，若价值下降是在若干期间逐渐发生的，那么就很难确定应在何时记录损失。

损失不予确认或故意结转到以后期间都是错误的。只要损失相当明确，而且数额可以合理地计量，就应于确定时即予以入账。

6.4 收益与现金流量

6.4.1 现金流量及其与收益的关系

所谓现金流量是指一个企业在特定的会计期间现金的流入量、流出量及其两者相抵后的差额。它是衡量企业资产流动性和获利能力的重要财务指标，因而在会计理论和实践中日益受到重视。

现金流量与收益指标密切相关。收益是一定期间的收入与相应的成本、费用相抵后的差额，收入必然会引起现金流出量的增加。两者相抵后的净现金流入量，即为企业的收益。从持续经营的一段延续的会计期间（如一年）来说，其收入、成本、费用和相应期间的现金流入、现金流出和现金净流量大体上应该是相近的。因为按权责发生制原则本期确认的收入不一定在本期收回现金，但正常情况下应当在下期或随后的期间收回现金；本期确认的成本费用不一定在本期发生现金流出，但可能在上期已付出现金或将要在随后期间付出现金。因此，在正常的经济秩序下，企业的账面利润总额也应当与其经营活动的现金净流量总额尽可能保持一致。但就某一特定会计期间来说，其收入、成本费用及收益和相应期间的现金流入、现金流出及现金净流量往往是不一致的。这就形成企业普遍存在的账面利润与经营活动现金净流量不一致的现象。在短期内，现金净流量似乎无法反映企业的获利能力。

6.4.2 现金流量的分类

现金流量信息的有用性取决于现金流量的分类，目前有代表性的分类有3种：

其一，FASB 将现金流量分为3类：①经营活动的现金流量；②投资活动的现金流量；③筹资（理财）活动的现金流量。

其二，英国会计准则委员会的分类是：①经营活动的现金流量；②投资与理财报酬收支相抵后的现金净流量；③支付税金的现金流量；④投资活动的现金流量；⑤理财活动的现金流量。其中第②项包括利息收入和利息支出、股利收入和股利支付。第③项包括英国公司税和海外税。第④项包括购买有形固定资产、购买子公司但应扣除子公司拥有的现金和现金等价物、财产和设备的销售、销售一个企业等。第⑤项包括多项股票、债券的发行与收回等。

其三，IASC 的分类是：①经营活动的现金流量；②投资活动的现金流量；③融资活动的现金流量。

这几种分类实际上大同小异。第一种和第三种是基本相似的，只有第二种多了一个关于税收的分类。

我国企业会计准则在借鉴国外做法的基础上，将企业的现金流量归为3类，即：①经营活动的现金流量；②投资活动的现金流量；③筹资活动的现金流量。

6.4.3 收益与现金流量的分析评价

收益与现金流量是当代会计反映的两项重要信息。两项信息中哪一项信息更重要，在会计界曾展开过激烈的争论，争论的两派各持已见。其中，主张现金流量信息更重要者认为：现金流量信息是反映一个企业业绩的信息，现金流量是企业业绩的整体部分，是企业主体活动的最终结果，而利润不是，利润是抽象化的，现金才是实体的资源。大多数经济学和财务学方面的文献认为：企业价值最终是由企业的现金流量而不是由权责发生制收益来决定的。主张收益信息更重要者认为，收益信息比现金流量信息可靠。在评价一个企业的短期盈利能力时，现金流量是无法替代盈利计算的。因此，究竟是现金流量信息更重要还是以权责发生制原则为基础的收益信息更重要，至今并无定论。这就需要我们进行更深入的研究。

收益与现金流量的分析评价主要是看企业已实现的收益是否已为变现的收益，以此来评价企业收益的质量。通过这种评价有助于解释有些企业有盈利却没有足够的现金支付工资、股利和偿付债务，有的企业没有盈利却有足够的资金偿付债务，甚至进行对外长期投资等。

收益与现金流量分析评价的方法是通过对公司账面实现的收益与其相应的现金流量对比。前二者是否大体一致，是否适当配比，一般可通过如下指标来进行：

①销货收到现金与销售收入的比率，亦称销货收现率，主要反映企业每一元的销售收入中，有多少是实际收到现金的收入。其计算公式为：

销货收现率=销货收到的现金/销售收入

销货收现率大于1，说明企业当期的销货全部变现，而且还收回了部分前期的应收账款；销货收现率近似于1，说明企业的销货没有形成挂账，收入基本收回，周转良好；销货收现率小于1，说明账面收入高，变现收入低，挂账较多，必须关注其债权资产的质量。

②购货支付现金与主营业务成本的比率，亦称成本付现率，主要反映企业每一元购货

成本中，有多少是实际付出现金的成本。其计算公式为：

（销货）成本付现率＝购货支付现金／销货成本

这一指标的前提是假定本期购货基本在本期内售出。（销货）成本付现率大于1，表明企业不仅支付了本期的全部账款，还偿还了以前期间的欠款，虽然现金流出较多，但也可能树立了较好的信誉；（销货）成本付现率近似于1，说明购货成本基本是付现成本，没有因购货形成债务；（销货）成本付现率小于1，表明赊购较多，虽然节约了现金流出，但增加了负债，对以后形成偿债压力。

③经营活动净现金流量与营业利润比率，亦称营业利润变现率，反映在企业实现的账面利润中，有多少是流入的现金利润，其计算公式为：

营业利润变现率＝经营活动净现金流量／营业利润

这一指标说明，企业实现的账面利润中流入的现金利润越多，则企业营业利润的质量越高。因为只有真正收到的现金利润才是实体的资源，而非抽象化的"观念利润"。

④投资活动净现金流量与投资收益比率，亦称投资收益变现率，反映企业投资收益中变现收益的含量。其计算公式为：

投资收益变现率＝投资活动净现金流量／投资收益

该指标越大，说明企业实际获得现金的投资收益越高。

⑤净现金流量与净利润比率，亦称净利润变现率或净收益变现率，反映企业全部净收益中收回现金的收益是多少。其计算公式为：

净收益变现率＝净现金流量／净利润

该指标与指标③、④基本相同，即指标值越大，企业获得现金的收益（利润）越高。

当然，我们站在不同的角度去观察事物自然会得出不同的结论，收益信息的重要与现金流量信息的重要只是针对不同的信息需求者而言的。其实，收益与现金流量两个指标亦有其必然的内在联系。在评价企业收益的质量方面，现金流量像一面反射镜。因此，我们可以将两个指标联系起来，综合分析评价企业的收益及其变现能力。

本章小结

会计学与经济学中的资本和收益概念存在差别。会计学中的资本概念反映了一定权力主体的产权关系，而传统的会计收益概念是指企业在本期已实现的收入与其相关的历史成本之间的差额。

在会计上，收益的确认受到不同的资本保全概念的影响，也受到不同收益观的影响。

所谓资本保全，是指在资本得到保持或成本得以补偿之后，多余的部分才可确认为收益。目前主要有3种资本保全的概念——财务资本保全、不变购买力资本保全和实物资本保全。

在收益的确认上，存在两种不同的收益观——本期经营收益观和全面收益观。传统会计对收益的确认是建立在收入实现原则和稳健性原则导向之上的。

收益的计量，是指对收益形成过程的量化表述过程。从广义上说，收益的计量包括在收益确认的范围之内。收益的计量主要解决两个方面的问题——货币计量单位、收入与费用配比。

收入与费用、利得与损失是确定企业收益的重要内容。其中，收入与费用是收益的两个最重要的组成部分。收益的确认与计量取决于收入的确认与计量以及与之相关的费用的配比。

传统的收入定义是：企业在销售商品、提供劳务及他人使用本企业的资产等日常活动中所形成的经济利益总流入。另一种观点认为收入是企业在报告期内、导致权益增加（不含所有者投入所引起的增加）的未来经济利益流入或其他增加，或流出的节省，表现为企业资产的增加或负债的减少。我国会计准则采用的是传统的收入定义。

收入实现原则是会计要素确认标准在收入这一特定会计要素上的具体运用。收入确认的具体方法有 3 种：在销售时确认收入、在销售前确认收入、在销售后确认收入。

广义的费用是指企业的全部耗费，既包括产生营业收入的耗费（狭义的费用），又包括不产生营业收入的耗费（损失）。狭义的费用则仅指企业在生产经营过程中发生的耗费，是从营业收入中扣除的已耗用成本。

费用的确认亦称费用的配比。传统会计所应用的费用配比原则包括 3 项确认规则：①结合因果关系确认费用；②系统、合理地分配费用；③支出发生时立即确认费用。

利得和损失是与企业正常经营活动没有关系的收益和损失。利得和损失的确认和计量可以参照收益和费用的确认和计量，但它们也有自身的特点。

现金流量是指一个企业在特定的会计期间现金的流入量、流出量及其两者相抵后的差额。它是衡量企业资产流动性和获利能力的重要财务指标，因而在会计理论和实践中日益受到重视。现金流量与收益指标密切相关。

现金流量信息的有用性取决于现金流量的分类，目前有代表性的分类是 FASB、英国会计准则委员会和国际财务报告中分类。我国会计准则将企业的现金流量分为 3 类，即经营活动的现金流量、投资活动的现金流量、筹资活动的现金流量。

收益与现金流量是当代会计反映的两项重要信息。收益信息的重要与现金流量信息的重要是针对不同的信息需求者而言的。收益与现金流量两个指标有其必然的内在联系。我们应该将两个指标联系起来，综合分析与评价企业的收益及其变现能力。

主要概念和观念

□ 主要概念

资本　收益　会计收益　经济收益　财务资本保全　不变购买力资本保全　实物资本保全　本期经营收益观　全面收益观　收入　费用　配比原则　利得　损失　现金流量

□ 主要观念

收益确认与计量在会计理论中占有重要的位置。在收益确认与计量过程中，会牵涉到一系列的反映企业盈利能力的指标，如盈利、净收益、综合收益、利润等等。在理论上需要厘清这些概念的含义，在实践中要能正确使用这些概念、确认与计量这些项目。

基本训练

□ 知识题

1. 会计学中的资本概念是什么？与经济学中的资本概念有什么区别？
2. 会计收益与经济收益的差别主要表现在哪些方面？
3. 比较盈利、净收益、综合收益与利润等概念，看看它们之间有没有差别。
4. 收益与资本之间有什么样的关系？
5. 什么是资本保全？会计学上的资本保全主要有哪些种类？
6. 什么是本期经营收益观？什么是全面收益观？两者之间区别表现在什么地方？

7. 收益确认的原则有哪些?

8. 什么是收入实现原则? 什么是稳健性原则?

9. 什么是配比原则? 它包括哪些具体内容?

10. 收入的定义主要有哪几种? 我国企业会计准则是如何定义收入的?

11. 费用的性质是什么? 费用确认的规则有哪些?

12. 利得与收入、损失与费用之间有什么区别? 举例加以说明。

13. 什么是现金流量? 我国对现金流量是怎样分类的?

□　技能题

1. 对比我国、美国和国际会计准则理事会所颁布的有关收入的会计准则，列出它们之间的相同点和不同点? 解释为什么会有这样的差别。

2. 随着收入和费用定义的变化（可以比较我国1991年底发布的企业会计准则（基本准则）和2006年发布的企业会计准则——基本准则)，说明配比原则是否仍然有效。

□　能力题

1. 查阅一些经济学家有关资本的最新认识，说明他们的认识对资本的会计理论研究是否有参考价值。为什么?

2. 股权结构对会计理论研究有很大的影响。查阅一家国有控股上市公司和一家民营上市公司的股权结构，分析资本与股权结构有何关系，说明股权结构对公司的收入和费用确认与计量可能存在哪些影响。

3. 根据我国财政部所颁布的《企业会计准则——建造合同》，分析该准则所隐含的收入确认原则。

4. 举例说明什么是未实现的收益? 根据有关会计准则的规定，哪些未实现的收益在会计上通常会加以确认和计量? 为什么?

5. 查阅广州保利地产股份有限公司2006—2008年的财务报告，对比分析利润与现金流量的差异。说明哪些原因造成了它们之间的差异。

6. 以一家进行过债务重组的公司为例，说明利得或者损失是如何影响资产负债表和利润表的。

第 7 章 财务报告理论

学习目标

知识目标

要求了解财务报告理论在财务会计理论中的重要地位、财务报告传递的信息及其作用、会计信息披露的理论模型；理解充分披露原则、财务报告体系的构成内容、财务报表与其他财务报告的区别以及表外披露的范围、内容和方法；掌握其他财务报告信息披露的内容与形式。

技能目标

要熟练掌握三大基本财务报表即资产负债表、收益表、现金流量表的性质、提供的信息、作用及其设计，以及财务报表附注在信息披露方面的分工及优缺点。

能力目标

能正确看待和理解现行通用财务报表的局限，从而能正确认识与评价对现行财务报表所作改进的努力，并能认清和把握财务报告的未来发展方向与趋势。

7.1 财务报告体系

7.1.1 充分披露原则

在市场经济中，由于所有权与经营权分离，现代企业（尤其是股份有限公司）“外部”（主要是投资人、债权人）与“内部”（主要是企业经营者）之间具有委托代理关系，从而存在信息不对称问题。同时，现代企业必须面向市场，进行筹资、投资和经营活动。这在客观上要求企业向市场披露信息，以帮助现在和潜在的投资人做出投资、信贷及类似的正确决策，并提供国家进行宏观决策与控制时所需要的基本信息。企业对外披露的会计信息中，主要是通过对外报告会计——财务会计所提供的财务报告信息。为了尽可能降低信息不对称程度，企业在财务报告中要对自身的财务状况、经营成果和现金流量等相关信息进行充分披露，并在披露过程中遵循会计规范，诸如《公司法》、《证券法》、会计准则及信息披露规则等。

所谓充分披露原则（full disclosure principle），也称财务报告原则，是指为了达到公允表达企业经济事项所必要的信息均应完整提供，并让使用者易于理解，亦即财务报告应揭示所有对使用者的理解及决策有用的重要信息。换言之，若某项信息被忽略或遗漏，将引起使用者对财务报告的误解或误导，那么该项信息就应予以揭示。因此，充分披露原则还必须连同重要性（materiality）原则一起来考虑。

在一般人看来，财务报告中披露的信息越多，就越能降低信息不对称程度，也说明会计人员越尽职尽责，其实不尽然。与过少的信息一样，过多的信息也会产生误导，因为冗长而又充斥诸多无关紧要的细节性信息会掩盖真正相关的信息。因此，充分披露原则并不意味着事无巨细地揭示信息，而是指应该用简洁明确的方法，提供重要的既可靠又相关的信息。

企业既受因政府和法律管制而产生的对外充分提供信息的外在压力，也有因想取信于市场与社会而产生的对外充分提供信息的内在动力，按理企业会因此而向市场提供尽可能详尽的信息，即企业会被强制或自愿满足充分披露原则要求。然而，实际情形并非如此，还存在一些限制企业充分披露信息的因素，也是我们在更好地理解充分披露原则时应加以注意的：

①为了保护自身的竞争地位，企业在对外披露信息时总是要将那些属于商业秘密的信息（如产品成本构成、新产品开发、财务计划等信息）限制在有限范围内，而不向社会公开。

②如果企业提供某项信息不符合成本效益原则，企业也不会主动提供这一信息，除非法律要求如此。

③会计信息是在企业经营者主持下“生产”出来的，为了自身利益最大化，往往也会隐瞒一些信息，或避免披露一些对其不利的信息（报“喜”不报“忧”），甚至还会进行盈余管理（earnings management）。这说明在存在委托代理关系的前提下，利益冲突总是不可避免的，委托代理双方的信息也就不可能做到百分之百对称。我们也应该认识到，即使严格地遵循充分披露原则，也只能减轻信息不对称程度，而不能彻底解决信息不对称问题。

7.1.2 财务报告体系

财务报告（financial reporting）是企业正式对外披露财务信息和非财务信息的书面文件。财务报告的内容是沿着下面的路径来发展和丰富的：账户余额表→资产负债表→收益表→财务状况变动表（资金来源与运用表）→现金流量表→财务报表附注→财务报表以外的财务信息和非财务信息（其他财务报告）。这一演变过程充分揭示了：财务报告的发展遵循了充分披露原则，如今要用“财务报告体系”才能准确、完整地加以描述。财务报告体系可用图 7-1 表示。

在美国 FASB 的框架下，基本财务报表是 FASB 所定义的确认范围，即用于表述基本

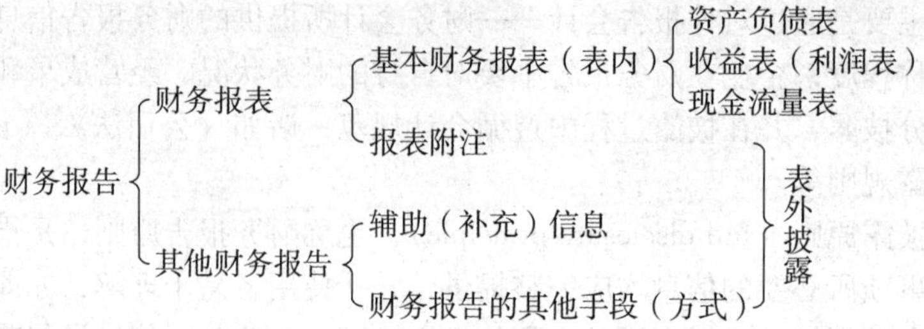

图 7-1　财务报告体系

的财务信息；报表附注和其他财务报告一起则是 FASB 所定义的披露，即用于披露财务信息以及与财务信息有关的信息。

我国国务院于 2000 年 6 月 21 日颁布的《企业财务会计报告条例》（自 2001 年 1 月 1 日起实施）中规定财务会计报告应当包括会计报表、会计报表附注、财务情况说明书，其中会计报表应当包括资产负债表、利润表、现金流量表及相关附表。我国财政部 2006 年发布的《企业会计准则——基本准则》也明确规定：财务会计报告是指企业对外提供的反映企业某一特定日期的财务状况和某一会计期间的经营成果、现金流量等会计信息的文件。财务会计报告包括会计报表及其附注和其他应当在财务会计报告中披露的相关信息和资料。会计报表至少应当包括资产负债表、利润表、现金流量表等报表。小企业编制的会计报表可以不包括现金流量表。其中，资产负债表是指反映企业在某一特定日期的财务状况的会计报表；利润表是指反映企业在一定会计期间的经营成果的会计报表；现金流量表是指反映企业在一定会计期间的现金和现金等价物流入和流出的会计报表；附注是指对在会计报表中列示项目所作的进一步说明，以及对未能在这些报表中列示项目的说明等。在这里，会计报表相当于财务报表；财务情况说明书相当于其他财务报告。不过，我们认为使用财务报表概念更科学些：一则会计报表除了财务会计报表外，还包括成本会计报表、管理会计报表，将会计报表等价于财务会计报表显然不妥；二则资产负债表即财务状况表，利润表即财务成果表，现金流量表也是以现金为基础的财务状况变动表，这三份基本财务会计报表无不同财务有关，概括为“财务报表”是很恰当的。

在财务报告体系中，最重要、最可靠的财务信息是由财务报表提供的，而财务报表的附注和其他财务报告则是补充提供财务信息和非财务信息的重要手段。财务报表连同它的附注是财务报告的核心，其他财务报告则是财务报告的必要补充。它们共同构成一个完整的对外报告体系。那么，财务报表与其他财务报告的界限在哪里呢？二者的主要区别如下：

①财务报表项目及其金额来自账簿（主要是分类账），并需在报表中再确认。确认需遵循会计准则，符合公认会计原则（GAAP）；而其他财务报告的资料不必全来自会计系统，且无须经过会计确认，也不必符合公认会计原则。这是二者的根本性差别。

②财务报表内项目属于财务信息，报表项目连同金额是文字说明与数字（倾向于金额）描述相结合的整体，缺一不可；而其他财务报告没有这种要求，可以既有文字说明和数字描述，也可以只是文字说明。实际上，很多其他财务报告的信息是分析和说明性质的，用得较多的是文字。

③财务报表中的项目有小计、合计和总计，其金额必须相符，且存在既定的勾稽关

系。如资产负债表要符合“资产=负债 + 所有者权益”；收益表要符合“收入-费用=利润”；现金流量表要按“现金流入-现金流出=净现金流量”分类展开。相比之下，其他财务报告则不一定存在特定的数字勾稽关系。

④与其他财务报告不同，财务报表作为一个信息的整体，彼此之间还有勾稽关系。例如，在没有所有者增减投资并且没有向所有者分配利润的情况下，资产负债表上期末、期初所有者权益的变化应与收益表中的净利润相符；现金流量表同时与资产负债表、收益表之间也存在着一定的勾稽关系。

⑤财务报表及附注因来自过去的交易和事项，有可靠的凭证作为原始证据并遵守GAAP进行确认、计量和报告。因此，它的真实性与公允性应由注册会计师进行审计（auditing）；而其他财务报告因不具备上述条件，所以一般只请注册会计师或企业以外专家进行审阅（review）。

最后，还必须指出的是，企业报告（business reporting）所披露的信息已超越财务报告信息范畴，可以描述为：企业报告=财务报告+其他报告。企业报告是一种广义的披露概念，表明企业将对外公布一切有助于用户决策的信息。因此，如今企业对外披露的信息并非全为财务会计信息，虽然财务报告还是企业报告的主体部分。据此还可以推断，上市公司信息披露中所出现的问题不能简单地归结为财务会计（或财务报告）问题。如果把上市公司信息披露的责任全部认定为（财务）会计责任，从而对财务会计以及会计人员横加指责，那就有失公平了。因为上市公司信息披露的责任大多由董事会和管理层担负，具体由董事会秘书办公室操作。

7.1.3　财务报告传递的信息及其作用

1）财务报告传递的信息

编制财务报表主要应面对企业外部利害（利益）关系集团，向他们提供有助于其做出各种经济决策的信息。一般来说，财务报告应当提供以下几个方面的信息：

①关于企业经济资源（资产），这些资源上的权利（包括企业向其他主体交付资源的债务和所有者权益）以及引起资源和资源上权利变动的各种经济业务事项的信息即特定时日的财务状况信息。

②关于企业在报告期内的经营绩效，即企业在经营活动、投资活动、筹资活动中所引起的资产、负债和所有者权益变动及其结果的信息，主要反映在收入、费用和利润要素的形成上。

③关于企业怎样取得和使用现金——现金流动的信息。因为一个企业过去、现在和未来的净现金流量是衡量其在经济上有无活力、在财务上有无弹性、在未来发展上有无后劲的重要标志，所以信息使用者特别关注企业净现金流量的金额、时间分布和不确定性的信息。

④反映企业经营者向资源提供者报告如何利用受托使用的资源，进行资源的保值、增值活动并履行法律与合同规定的其他义务等有关受托责任的信息。

⑤有关企业经营者的分析、评价和预测等方面的信息，以提高财务报告的有用性。根据社会经济的发展，逐渐扩大财务报告的信息量，如非财务信息和未来（预测）信息，是财务报告的发展趋势。例如，如何利用财务报告信息进行企业财务分析与评价、价值评

估（投资估价）、财务困境预测等，也可以看成是在解释与利用财务报告信息方面所进行的有效延伸。

在理解财务报告所提供的信息时，人们应把握好以下几点：

①财务报告以财务报表为中心，最有用的信息应当由财务报表提供。这种信息在最综合的意义上可分为两类：一类是经过一段时期，资源流动的结果，即“流量”信息，主要由收益表和现金流量表来提供；另一类是在特定时点，资源的状况，即“存量”信息，主要由资产负债表来提供。

②不同的信息使用者对财务报告信息的需求并不一样，而财务报告所提供的只是它们共同关心、都能有用的信息，即财务报告是满足不同信息使用者共同信息需求的一种通用财务报告。

③财务报告信息量的大小受企业组织形式和经营环境的复杂性、信息技术水平、物价变动程度、信息使用者需求、财务会计人员素质以及财务会计本身的局限性等因素的制约。

④由于财务报告所提供的信息涉及众多外部集团的利益，为了增加外部信息使用者对财务报告真实性和公允性的信赖，各国的法律法规或权威机构都对财务报告的内容与格式以及审核要求做出了具体规定，即财务报告信息是受管制的，企业不可任意缩减披露的信息量。在我国，《会计法》、《公司法》、《证券法》、《企业财务会计报告条例》、《企业会计准则》、《股票发行与交易管理暂行规定》、《公开发行股票公司信息披露的内容与格式准则》、《公开发行股票公司信息披露实施细则（试行）》等等，都对公司的财务报告信息披露作了详细规定，尤其是上市公司的信息披露制度日臻完善。

2）财务报告信息的作用

财务报告的目标，简而言之，是提供有助于信息使用者（用户）进行决策的经济信息（主要是财务信息，即用“货币表述”的信息）。具体地说，财务报告有以下作用：

①报告并解除企业经营者（受托人）的受托（经管）责任（accountability）。

②为企业各利益相关者分配财富提供依据，即签订与执行诸多经济合同（契约）的重要依据。

③有助于投资者和债权人进行合理决策，也有助于企业的供应商、工会、证券分析师、税务机关、主管部门等其他信息使用者进行各种决策。例如，证券市场的有效性是建立在上市公司的业绩评价基础之上的，而上市公司财务报告披露的信息是投资者据以评价上市公司业绩最主要的信息来源，从而它对其股票在市场中的定价有重要影响。一般认为，当某一上市公司的财务报告对外公布后，证券市场上的投资者能够迅速地利用财务报告中的新信息进行估价与投资决策，从而引起该上市公司的股价发生变动。

④能帮助企业经营者改善经营管理，协调企业与相关利益者的关系，促进企业快速、稳定的发展。

⑤能帮助国家有关部门实现其经济与社会目标，并进行必要的宏观调控，促进社会资源的有效配置。这一点在我国社会主义市场经济体制下显得尤为重要。

7.2 基本财务报表

7.2.1 资产负债表

1）资产负债表的性质

资产负债表（balance sheet），也称财务状况表（statement of financial position），是根据“资产 = 负债 + 所有者权益”这一基本的会计恒等式，按照一定的分类标准和顺序，把企业特定日期的资产、负债、所有者权益三项要素所属的项目及其金额予以适当排列编制而成的，用以反映企业在特定日期的财务状况的一种资源存量的报表。所谓财务状况，通常指企业在某一时点资产、负债、所有者权益的构成及其相互关系。资产负债表的任务就是报告企业的财务状况，即其资产结构（资产的类别、数额及其构成比例关系）和财务结构（负债和所有者权益的主要类别、数额及其构成比例关系）状况。

资产负债表是企业重要的财务报表之一。从财务报表产生之初，人们就将重点放在资产负债表上。随着人们对收益的重视和配比原则被广泛应用于财务会计，收益决定一般遵循收入／费用观，于是财务报表的中心便由资产负债表转向损益表。但到20世纪70年代，美国财务会计准则委员会（FASB）在着手起草其概念框架时，又开始运用了资产／负债观来决定收益，似乎再次把财务报表的重心从收益表转向资产负债表。

2）资产负债表提供的信息及其作用

财务报表的有用信息绝不限于报表中的表面数据。“财务状况”的含义应当具有更丰富的内涵，含有比资产负债表上显示的数字更多更有用的信息。因此，应对资产负债表内含的信息进行深层次的挖掘，以便更准确地把握好资产负债表的作用。

（1）资产负债表提供的信息

我们知道，报表提供的是信息，而日常的会计记录乃是数据。报表与账簿的一个重要不同是报表把账户及数据不仅集中起来，形成项目，还对项目进行必要的浓缩（合并）或分割（细分），并有目的地加以分类、排列；除揭示每一项目的金额外，还揭示用于汇总不同层次类别的小计、合计和总计。报表上的集合、浓缩、分割、分类、排列并进行小计、合计和总计，看似是十分简单的编表技术，实则这些技术能为信息使用者提供若干有用信息。在资产负债表中，我们可以发现：

第一，从“总计”、“合计”、“小计”中，可以了解一个企业作为一个整体在编制资产负债表日的全部资源的“存量”和各大类、各小类资源存量的构成。一眼扫描过去，即可大致判断出该企业的经济规模和实力、资产质量及资产结构的合理性。

第二，资产负债表中资产和负债项目通常是按流动性分类的，每一类又按流动性的强度排列。通过这种排列，在资产方，可以评估不同类别资产的变现能力，从而有助于预测未来的现金流入大小、时间先后及其不确定性；在负债方，可以评估不同类别负债的偿还时间先后，从而有助于预测未来的现金流出的金额、时间顺序及其不确定性。综合这些信息，还可判断出长、短期偿债能力的强弱。

第三，某些有关联的项目常被排列在一起。通过不同的计量，便能获得补充信息，可用于评估资产所承受的损失风险。最常见的例子有：

① 存货（按账面成本）

减：存货跌价准备

存货净额（按成本与可变现净值孰低）

② 应收账款（按账面价值）

减：坏账准备

应收账款净额（实际可收回账款）

③ 固定资产（原价）

减：累计折旧

固定资产净值（折余价值）

第四，资产负债表中的负债和所有者权益项目，反映了财务结构，包括负债结构、所有者权益结构及资本结构等信息，可用于评估财务结构的合理性，从而判别财务风险大小，并有助于进行破产预警分析。

（2）资产负债表的作用

资产负债表的作用主要有：

第一，有助于评价与预测企业的偿债能力。

偿债能力指企业以其资产偿付债务的能力。负债按其流动性（偿付期限的长短及到期日的迫近程度），有流动（短期）负债与非流动负债之分，从而偿债能力也有短期偿债能力与长期偿债能力之分。短期偿债能力是指企业资产流动性（变现能力）对流动负债的保证程度，它主要借助于流动比率、速动比率等来评价与预测。这些比率的计算又有赖于资产负债表提供的流动资产、流动负债等信息。长期偿债能力是指企业支付非流动负债本息的能力，主要取决于盈利能力和资本结构。资本结构特指非流动负债与所有者权益的相对比例，盈利能力则可结合收益表信息来衡量。一般而言，资产负债率越大，债权人面临的风险就越大，企业的长期偿债能力相对越弱。企业是否有足够的资产及时变现，以清偿到期债务本息，对债权人是非常重要的，有时甚至关系到企业的生死存亡，因为不能偿还到期债务本息，就可能面临债务重组乃至破产清算的厄运。此外，合理的资产结构与资本结构不但表明企业有较强的偿债能力，也能反映企业的财务实力，即筹资能力和营运能力。总之，资产负债表是按资产、负债、所有者权益三大要素分项目揭示的。它可为信息使用者评价与预测企业的资本结构和长期偿债能力提供信息支持。

第二，有助于评价与预测企业的经营绩效。

企业经营绩效的好坏直接关系到各利益相关者的回报，从而影响企业持续经营和发展的能力。企业的经营绩效主要表现为获利（盈利）能力及其风险。获利能力用绝对指标来衡量，主要体现为某一会计期间的利润总额与净利润，但以相对指标来衡量则表现为投资（资产）报酬率、资本收益率、每股收益等指标。显然，用相对指标来评价企业的经营绩效就离不开资产负债表信息。对企业经营绩效的评价还不能满足于事后的测评，最好能预计企业在未来经营过程（包括投资、筹资活动）中所面临的风险。所谓风险，是对企业的未来不利的结果的预测性表述。这里，未来不利的结果是指损失。风险意味着这种损失既有可能发生，也有可能不发生。按风险同资产负债表之间的关系，风险可分为表内风险和表外风险：①资产负债表内风险，即会计损失风险（risk of accounting loss），是指企业在最坏的情况下，在财务报表上列示的最大损失金额。例如某一企业有应收甲公司的账款为20万元，由于甲公司破产，所有负债可能按40%偿付，则该企业在应收账款上的最大损失为12万元；②资产负债表外风险（off-balance-sheet risk），是指企业因持有或发行某些金融工具（尤其是衍生金融工具），有些并未在会计上确认，有些虽已确认但遭受的损失都可能超过该企业在资产负债表上所列示的该金融工具的会计损失风险。令人遗憾的是，资产负债表不能直接显示这种表外风险，但可凭借资产负债表及其他相关信息找出一些蛛丝马迹来加以识别。此外，资产负债表有助于评估企业的财务风险。财务风险是企业为了获取财务杠杆利益而进行负债经营时，增加了破产机会和所有者权益资本收益率（或每股收益）变动的机会所导致的风险。这种风险也直接影响企业的经营绩效。一般而言，资产负债率越大，企业的财务风险也越大。

第三，有助于评价与预测企业未来创造现金流量的能力。

在持续经营的前提下，一个企业的财务状况最终取决于其偿债能力，而偿债总是表现为企业的现金流出。因此，偿债能力又取决于企业产生未来现金流入的能力。可见，这一能力是反映企业财务状况的集中表现，而企业产生未来现金流入的能力又取决于：盈利能力（earning power）、变现能力（liquidity）、财务弹性（financial flexibility）、财务风险（financial risk）。

关于盈利能力、变现能力及财务风险在前面均已述及，这里先总结一下它们之间的关系。变现能力是用来描述某项资产（如应收账款、应收票据）产生现金流入的时间间隔，或某项负债按约定到期日应予偿付而产生现金流出的时间间隔的。资产变现能力还包括对债权人至关重要的偿债能力。变现能力首先与盈利能力有关，但还取决于财务风险和财务弹性；变现能力与盈利能力具有负相关关系（由于操作衍生金融工具而持有的金融资产可能是例外，但伴随巨大报酬率的是巨大风险）。变现能力信息之所以重要，是因为它直接关系到企业现金资源的消长并可用来评价企业在不久的将来现金流量的时间分布；短期现金流入量是全部现金流入量的一部分。掌握合理适当的短期现金流入量对于一个企业充分利用新的投资机会和偿付流动负债都是必需的。债权人通过变现能力来关心偿债能力，而所有者（现在的和潜在的）则利用它来评价企业未来支付现金股利的能力或未来扩充经营的可能性。资产负债表信息最直观地体现了企业的变现能力、债务清偿要求及其相互适应关系。

财务弹性亦称财务适应性（financial adaptability），是指企业迅速采取有效行动来改变其现金流量金额、时间分布，借以应付意外的突发性现金需要（如因外部环境变化而提前偿债）或满足有利的机遇（如因市场变化而捕捉的有利投资甚或投机机会）的能力。财务弹性影响企业的风险和变现能力。良好的财务弹性能帮助企业渡过财务难关或抓住有利的机会。一般来说，财务弹性越强，企业失败的几率就越小。为此，企业必须保持合理的资产结构与财务结构，如流动资产比重稍高，而流动负债比重稍低。财务弹性主要来自：①及时调整生产经营活动以增加净现金流量的能力；②短期内筹集新资金（如发行债券或股票）的能力；③在不影响正常经营前提下，变卖资产获取现金的能力；④凭借其与债权人的良好合作关系而推迟偿债的能力。保持较高的财务弹性往往要付出一定的代价，例如持有较多可随时出售的资产会降低盈利能力；增加新的债务则会降低偿债能力。当然，资产负债表本身并不能直接提供有关企业财务弹性的信息，但是它所列示的资产分布、负债流动性、资本结构等信息，再借助于收益表及其他报告信息，可有助于评价和预测企业的财务弹性，进而估计企业适应市场环境变化的财务能力。

此外，通过对不同时期资产负债表相同项目的纵向比较，还可以客观地了解企业财务状况的发展趋势。

3）资产负债表的设计

(1) 资产负债表项目的分类

资产负债表项目的分类，是指在编制资产负债表时，按照一定的标准，对所有资产、负债、所有者权益项目加以归类，从而形成资产负债表各项目在内容上的有机联系。其目的在于：通过分类，既可把相同类别的资产、负债和所有者权益项目加总；又可将相关数据资料进行有序的排列，以便于揭示有关要素之间的关系。

财务报表项目的分类有助于财务分析人员了解一组项目具有的共同特性和不同项目的不同特征。一般来说，资产负债表项目的分类是由该报表的最终用途与会计信息的特征决定的：

①如果一项资产的存在形式或预期功能不同，则应分开报告，例如将存货与固定资产分开报告。

②对财务弹性有不同影响的资产和负债应分开列示。例如将经营性资产与投资性资产分开报告。

③具有不同流动性的资产和负债应分开列示，如将现金和存货分开报告。

目前，资产负债表项目的分类标准主要有两种：一种是按货币与非货币性分类。货币性项目是指持有的货币以及将以固定金额或可确定金额收回（支付）的资产（负债）；除此以外，则属于非货币性项目。另一种是按流动性分类。在会计实务上，绝大多数企业采用这一分类方法。

资产负债表项目按流动性分类，是指对企业资产、负债要素按其流动性大小进行划分，并列示在资产负债表上。按此分类方法，资产分为流动资产与非流动（长期）资产；负债分为流动负债与非流动（长期）负债；所有者权益分为投资（投入）资本和留存收益。在资产负债表上，资产按其变现能力进行排列，变现速度快的在前，慢的则在后。这一排列方式的重要意义在于：变现能力是投资安全性的重要标志；变现能力不同的资产在企业经营中有截然不同的作用，通过流动性分类，便于了解企业资产的构成及分布状态，分析企业经营、投资及盈利能力；流动性分类为不同资产项目选择合适的计价基础提供了较为明确的前提，还可以反映不同资产项目转换成现金的可能性（不确定性）、金额及时间分布。负债则按到期日的远近排列，近者在前，远者在后，以反映偿债的迫切程度以及破产风险大小；所有者权益就按永久性程度排列，永久性大的在前，小的在后，以反映所有者的投入资本及享有的权益份额和共享权益，以及指定用途和未指定用途但可供分配的积累盈余。资产负债表项目按流动性分类的结果及其排列方式如图 7-2 所示。

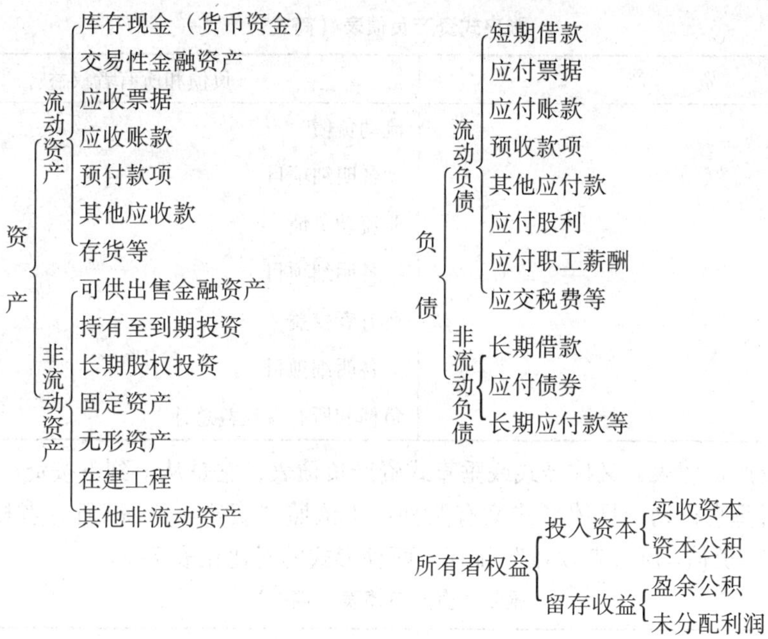

图 7-2　资产负债表项目的分类

从世界范围来看，在采用流动性分类的前提下，不同国家资产负债表的排列方式是有差异的。例如，在英国及受英国影响的国家，其资产负债表上将流动性弱的资产项目排列在前，而将流动性强的负债项目排列在后，因为英国的会计模式主要面向债权人（特别是那些大银行或大金融财团的债权人）。

（2）资产负债表的格式

格式是内容的表现形式。作为表述企业财务信息的基本书面文件，资产负债表为便于信息使用者阅读和分析，需要对所揭示的内容按照一定的格式进行设计。一般来说，资产负债表由表首、表体和附注组成。表首列示报表及企业名称（编制单位）、编制日期、货币单位和报表编号。这些内容正好体现了会计假设，即会计主体假设、持续经营假设、会计分期假设以及货币计量假设。表体（资产负债表"表内"）用于反映企业在一定时点（一般为月末）的资产、负债和所有者权益。附注主要用于进一步详细说明和解释报表的主要项目和编制基础。由于表首和附注的格式很简单，所以一般所说的资产负债表格式就是指表体的格式，即主体部分各项目的分类和排序方式。

前已述及，资产负债表通行的分类标准是按流动性分类的。在此分类基础上，根据不同的排序方式，可将其格式分为三种：账户式（account form）、报告式（report form）和财务状况式（financial position form）。

账户式资产负债表，又称横式或水平式资产负债表，它按"资产 = 负债 + 所有者权益"分左方、右方进行项目排列，左方列示资产项目，右方按上、下分别列示负债和所有者权益项目，形成左右对称结构，类似"T"形账户。"账户式资产负债表"也由此而得名。这一格式能较好地将内容和形式统一起来，揭示各项目之间内在的勾稽关系，直观形象地表达企业所控制的经济资源及其来源，也便于对它进行结构分析。因此，世界各国普遍采用这种格式，我国也不例外。账户式资产负债表的简化格式见表 7-1。

表 7-1 **账户式资产负债表（简式）**

资　　产	负债和所有者权益
流动资产	流动负债
各明细项目	各明细项目
非流动资产	非流动负债
各明细项目	各明细项目
	所有者权益
	各明细项目
资产总计	负债和所有者权益总计

报告式资产负债表，又称竖式或垂直式资产负债表，它是从上到下按资产、负债和所有者权益项目垂直排列，具体形式又有两种：①依照“资产=负债+所有者权益”排列；②依照“资产-负债=所有者权益”排列。两种形式的对比见表 7-2。

表 7-2 **报告式资产负债表（简式）**

资产	资产
各明细项目	各明细项目
资产总计	资产合计
负债	负债
各明细项目	各明细项目
负债合计	负债合计
所有者权益	资产减负债
各明细项目	所有者权益
所有者权益合计	各明细项目
负债和所有者权益总计	所有者权益合计

财务状况式资产负债表，系将营运资本（working capital）予以特别列示的一种格式，即先列示流动资产，再列示流动负债，两者的差额为营运资本；然后加上非流动资产，再减去非流动负债，最后列示所有者权益。这种格式的出现与会计界对营运资本及其比率信息的重视有关，便于报表使用者判断企业的流动性以及长期偿债能力。这种格式在实务中并不常见。其格式见表 7-3。

表 7-3 **财务状况式资产负债表（简式）**

流动资产	×××
减：流动负债	×××
营运资本	×××
加：非流动资产	×××
减：非流动负债	×××
所有者权益	×××

7.2.2 收益表

1）收益表的性质

收益表（income statement）是反映企业在一定期间经营绩效（财务成果）的财务报表。它通常又称损益表（profit and loss statement）、利润表（profit statement）、盈利表（statement of earnings）或经营表（operations statement）。目前，国际上比较流行的名称是收益表。在我国，“利润表”较常使用。

企业在一定期间的经营成果，一般指企业在一定期间所取得的利润（收益）。利润是企业经济效益的综合衡量指标。它是收入（包括利得）与费用（包括损失）配比的一个被动结果。因此，利润确定的关键在于收入和费用的确认、计量与配比。收益表就是对企业一定期间所实现收益的具体内容和结果进行报告。然而，由于目前对利润的界定尚存在争议，所以收益表的具体内容及揭示方式会随着对“利润”认识的不同而形成差别。按会计惯例，现行收益表的提供是依据财务会计所确定的基本原则和概念进行的：

①主要采用“收入/费用观”，并按“货币资本保全”确定利润，即会计利润是按照应计制基础和会计准则要求而计量的净收益（net income）。这就意味着在每一笔交易（经济业务）发生时必须在账上加以确认、计量和记录。

②综合了“当期经营观”和“损益满计观”，既能反映当期所确认的经营收益，又能反映利得和损失。也就是说，目前收益表的编制实际上是依据“收入-费用 = 经营利润 + 利得-损失 = 利润总额”这一盈亏计算公式。在我国，利润表的编制要求基本上与国际会计惯例一致，企业利润总额由营业利润、投资收益和营业外收支等构成，利润总额扣除所得税费用则得到净利润。

按照上述观点编制的收益表具有以下特征：

①利润数据是根据企业已发生的交易事项计算的，从而具有较高的可验证性。

②构成利润的收入与费用是按应计制基础进行记录的，即利润只有实现后才予以入账，从而使企业的绩效建立在稳健的基础上。

③与利润有关的费用主要是根据已耗资产的历史（实际）成本进行计量的。这种计量方法有助于跟踪反映企业实际投入的资源及其耗用情况，从而有助于反映管理当局对受托资源应负的经营管理责任。

④利润是本期已实现的收入与相关联的费用进行配比的结果。由于这种配比一般建立在收入与费用之间的因果关系之上，由此确定的利润能够在一定程度上减少管理当局（经营者）对会计利润的人为操纵，从而能较客观地衡量企业的经营业绩。

此外，还要特别注意财务会计中的利润概念（会计利润）与经济学中的利润概念（经济利润）的本质区别。大体上，可以用“经济利润=会计利润-机会成本”来描述它们的区别。这里的机会成本是指资本成本。在价值基础的管理（value-based management）中，一般以经济增加值（economic value added，EVA）来衡量经济利润。

2）收益表提供的信息与作用

收益表反映了企业本期实现收入及所耗费用的数额及其结构，同时也反映了企业主营业务利润（毛利）、其他业务利润、营业利润、投资收益、营业外收支对利润总额的贡献大小，有助于信息使用者识别企业利润的主要来源，从而正确判断企业的发展前景；所得税费用的信息还表明了企业对社会（国家）所作贡献的大小，也可以说是对企业履行社会责任的一个方面的衡量；最后，净利润的信息反映了企业一个时期内的综合经济效益，是对企业经营者完成受托责任与否的一个总交代，也是对其经营成功与否的一个总评价。

企业净利润的高低及其走势，是企业生存与发展的关键，也是企业所有利益相关者关注的焦点。因此，收益表的编制与披露对信息使用者是至关重要的。亚历山大（Sidney S. Alexander）曾列举企业收益有 6 种用途：①收益是所得税的计算基础；②在公开报告中，收益可视为一家公司经营成功的量度；③收益可作为分配股利的标准；④利率制定机构可用收益来测试所制定的利率是否公正与合理；⑤对一个赖以维持其生活的财产所有者、财产委托人在保存其本金的同时，收益是其进行收益分配的指南；⑥收益是企业管理当局在其管理活动中的行为指南。具体而言，收益表的作用主要表现在以下几个方面：

（1）有助于评价与预测企业的经营成果、获利能力与偿债能力

经营成果（业绩）指企业在其所控制的资源上取得的报酬。它可直接表现为收益表上的利润总额。获利能力则指企业运用所控制的各种经济资源获取这种报酬的能力。它可以投资报酬率、成本利润率、人均利润率以及每股收益等相对指标来反映。这些指标的计算离不开收益表提供的数据。通过当期收益表可反映企业当期的经营成果和获利能力；通过比较分析同一企业不同时期、不同企业同一时期的收益水平，可据以评价企业经营成果的优劣和获利能力的高低，并预测未来的发展趋势。

收益表虽然不直接提供偿债能力信息，但是企业的偿债能力不仅取决于资产的流动性和财务结构，还取决于企业的获利能力，因为获利能力不强，势必造成企业资产的流动性和财务结构恶化，最终危及企业的偿债能力。因此，从长远观点来看，通过比较分析收益表的有关信息，可以间接地评价、预测企业的偿债能力（尤其是长期偿债能力），并揭示其变化趋势，进而供债权人做出有关信贷决策、供企业管理人员做出有关改进企业管理工作的决策。

（2）有助于评价与预测企业未来的现金流动状况

报表使用者特别关注企业预期的现金流动，而这与企业的获利能力具有密切的联系，收益表恰好揭示了这种信息。尽管过去的业绩并不一定意味着未来的成功，但过去总在一定程度上预示了未来，由此可根据企业盈利能力的信息可靠地预测未来现金流量及其不确定性程度，评估未来的投资价值。

（3）有助于评价与考核企业管理人员的绩效

企业实现利润的多少是体现管理人员绩效的一个重要方面，是管理成功与否的重要体现。通过比较前后各期收益表上的各种收入、费用和利润的增减变动情况，并分析发生差异的原因，可据以评价各职能部门和人员的业绩，以及它（他）们对整个企业的贡献大小，以便评判其功过得失，及时做出生产、人事、销售等方面的调整，提出奖惩任免的决定。

（4）是企业经营成果分配的重要依据

现代企业可理解为通过合同（契约）由不同的利益相关者组成的“利益共同体”。各利益相关者之所以贡献出资源（资金、技术、劳动力等）或参与企业的活动，目的在于分享企业的经营成果。收益表直接表达了企业的经营成果，在法律法规和企业利润分配制度的约束下，利润的多寡决定了各利益相关者的分享额，其分配结果也正是由收益表的附

表——收益（利润）分配表来反映的。也许正是由于这方面的作用，收益表的地位日益重要。大约自20世纪30年代起，收益表开始超越资产负债表而上升为第一报表。

3）收益表的设计

（1）收益表的项目

对报表内容进行适当分类能使报表提供的信息更有价值，收益表也是如此。通过收益表的分类，可以向信息使用者提供用于揭示企业收益和现金流量的数量、时间和不确定性的信息。从国际会计惯例来看，收益表的基本要素是收入、费用和利润。我国即是如此。但是，关于收益表要素的划分，各国并不完全一致。例如，美国划分为收入、费用、利得、损失和全面收益（“全面收益”迄今还未成为正式的财务报表要素），而英国则用“利得”和“损失”取代了“收入”和“费用”，并在保留“损益表”的同时增加了“全部已确认利得和损失表”。

通过收益表三大要素的反映可揭示企业在一定时期内的经营业绩和盈利能力，但为了具体分析、考核其损益的构成及其变动的原因，还需进一步细分这三大要素。其中，收入可分为产品销售收入（营业收入）、其他业务收入、投资收益（如利息收入、股利收入）及非常项目的收入（营业外收入）；费用可分为产品销售成本（营业成本）和销售税金（营业税金）、销售费用（营业费用）、管理费用、财务费用、其他业务支出及非常项目的支出（营业外支出）等。这里，产品销售收入和其他业务收入都是正常项目的收入，是相对于非常项目而言的。产品销售收入是指企业从事持续的、主要或中心业务中所获得的收入，因此也可通称主营业务收入，如制造业企业销售产品、商品流通企业销售商品、服务性企业对外提供劳务而取得的收入；其他业务收入一般指企业副业经营和次要的经营赚取的收入，如制造业企业提供运输服务、出售材料、转让无形资产、经营性出租固定资产等而取得的收入；非常项目则是指企业正常经营活动（主、副营业务）以外的事项或交易所产生的利得与损失，不能期望它会经常或定期发生。还有，所得税是一项特殊的费用，在收益表上单独反映。对收入和费用的细分，使得利润成为一个具有多层次含义的概念，如在我国，就有营业毛利润（主营业务利润）、营业（净）利润、利润总额、净利润之分。千万别将这些构成内容不同的利润概念混为一谈。为此，正确理解某一层次的利润概念，关键要看利润是如何计算出来的。

（2）收益表的格式

收益表的格式设计也包括表首和表体的设计。表首应列示企业及报表名称、报表所涵盖的期间（是时期，而不是日期，切记!）、所采用的货币名称与计量单位以及报表编号。这也是会计假设的要求。表体实际上是利润计算公式的表格化，是收益表内容的表达方式，列示了不同层次利润的构成要素（项目）。为了把收益表的信息恰当地表达出来，以便于理解和使用，需对收益表的各项目按照一定顺序作适当的排列，以形成相对稳定的结构。目前，根据项目的排列方式不同，常见的收益表格式有单步式（single-step）和多步式（multiples-step）两种。

①单步式收益表。所谓单步，是指先汇总收入与费用，两者相减而一步得出净利润（净收益）。“单步式收益表”由此而得名。具体到格式上，单步式收益表是在表的上方列示全部收入；在表的下方列示全部费用，所得税是单列在净收益前的最后一个项目，表明所得税与收益的关系。对上市公司而言，在收益表的最后还应列示“每股收益”项目。

其基本格式见表7–4。

表7–4 **收益表**

编制单位：　　　　________年度　　　　金额单位：

收入		
营业收入	×××	
其他业务收入	×××	
投资收益	×××	
非常项目收入	×××	×××
费用		
营业成本（销货成本）	×××	
营业税金及附加	×××	
销售费用	×××	
管理费用	×××	
财务费用	×××	
其他业务支出	×××	
非常项目支出	×××	
所得税费用	×××	×××
净利润（净收益）		×××
普通股每股净收益（EPS）		×××

单步式收益表的优点是：以最简单明了的形式表述企业的经营成果，易于编制；对收入和费用一视同仁，不分彼此，清楚地表明收入和费用项目的同等重要性，而且在一切费用被扣减之前，没有任何项目可称之为利润，因此可避免可能使人误以为收入与费用的配比有先后顺序或引起混乱的分类而导致利润概念模糊不清。其缺点是，没有考虑不同经济性质的收入和相应的费用的分类配比，从而得不到诸如营业毛利润、营业净利润、利润总额等中间性信息，不便于分析企业利润的构成情况、合理评价经营业绩、准确评估盈利能力。

②多步式收益表。多步式收益表就是将收益表的内容进行适当分类，把收益的计算分成若干步骤，并揭示各步骤之间的关系，从而提供有关形成最终净收益的中间性信息。按我国现行《企业会计准则》中对利润表的规范，其净利润是经过下列步骤而求得的：

$$\text{营业利润}=\text{营业收入}-\left(\text{营业成本}+\text{营业税金及附加}+\text{销售费用}+\text{管理费用}+\text{财务费用}+\text{资产减值损失}\right)+\text{公允价值变动收益}+\text{投资收益}$$

利润总额=营业利润+营业外收入–营业外支出

净利润=利润总额–所得税费用

将上述计算公式按顺序加以表格化，即是多步式收益表的格式，故不再另行作表来演示了。

多步式收益表的优点是，通过对不同性质的收入和费用分类别进行配比，可以得出一些有意义的中间性收益指标，丰富了收益表的信息，有助于使用者了解企业各方面业务对企业整体收益的贡献；借助这些中间性收益指标还可计算有关比率，有利于使用者正确评估企业管理当局的经营业绩，并预测未来盈利能力和经营趋势。其缺点是：编制较为复杂，不易理解，且会使人产生收入与费用的配比有先后顺序的误解；另外，收入、费用的分类也难免带有主观性（这也是造成各国收益表项目不同的主要原因之一）。

权衡利弊，各国基本都在采用多步式收益表。我国企业会计准则也要求编报多步式收益表。

7.2.3 现金流量表

1）现金流量表的性质

现金流量表（cash flow statements）的前身是财务状况变动表（statement of changes in financial position）。财务状况变动表是反映企业在一定时期内为其经营、投资、筹资活动所获取的资金来源及其运用情况，以全面说明企业财务状况变动情况的动态报表。1971年以前，在美国，企业正式对外提供的财务报表只有资产负债表和收益表。财务状况变动表的前身是资金表（the funds statement）或资金来源与运用表（statement of source and application of funds），只是作为企业的内部报表，并未强制要求对外提供。美国会计原则委员会（APB）在1971年发表的第19号意见书《财务状况变动的报告》（Reporting Changes in Financial Position）中将“资金来源与运用表”改称为“财务状况变动表”，此后它成为正式的必须对外编报的基本财务报表。

财务状况变动表的编制存在营运资本、全部财务资源、现金、流动资产、货币性（速动）流动资产、净货币性（速动）流动资产等不同的基础，加之财务状况变动表缺乏明确的目标，使得它出现多样化的内容与形式，在实务中出现混乱现象，以致不能较好地反映企业真实财务状况变动情况。因此，美国FASB于1987年11月公布了第95号财务会计准则公告《现金流量表》，明确要求自1988年7月15日以后以它取代财务状况变动表，作为正式财务报表中的第三报表。自此，国际上其他国家也开始转而采用现金流量表（虽然美国首先倡导采用现金流量表，但是实际改用现金流量表最早的国家并非美国，而依次是：澳大利亚在1983年、加拿大在1985年、新西兰和美国在1987年、英国在1991年、国际会计准则委员会在1992年）。我国1993年7月施行的《企业会计准则》曾要求企业编报以营运资本（金）为基础的财务状况变动表，1998年1月起施行的《企业会计准则——现金流量表》要求企业在年报中编制现金流量表，不再编制财务状况变动表。

现金流量表之所以取代了财务状况变动表，主要是基于下列原因：

①财务状况变动表编制基础的多样化严重影响了该表提供信息的可比性；而现金流量表以现金及现金等价物为基础，具有清晰明确的比较基础。

②“评价企业现金流量的数额、时间分布和不确定性”是财务报告目标的变化之一，强调了使用者对现金流量信息的关注。显然，现金流量表比财务状况变动表更能较好地做到这一点。

③20世纪70年代中期以来的持续通货膨胀加剧了企业现金紧缺的状况，有些企业因此遭受破产清算的威胁。这一事件增强了人们对企业现金流动的关心，为企业广泛采用现金流量表奠定了客观基础。

④“现金为王”的财务管理观念在现代企业中越来越盛行。要真正认识企业、了解企业的财务风险离不开现金流量信息。

⑤财务状况变动表是按照权责发生制原则编制的，企业可以通过会计处理方法的选择来粉饰财务状况与操纵财务成果，而现金流量表是按照收付实现制来编制的，可以有效地避免上述现象，从而提供更加真实可靠的信息。

现金流量表是反映企业会计期间内经营、投资、筹资活动对现金及现金等价物产生影响的财务报表。它报告企业在一定会计期间各类活动产生的现金流入、现金流出及净现金流量等信息，便于使用者了解和评价企业获取现金和现金等价物的能力，并据以预测企业的未来现金流量。

现金流量表是以“现金及现金等价物”为基础编制的。如何界定现金、现金等价物就成为十分关键的问题。这将直接影响现金流量表的构成内容及其性质。按我国现金流量表准则的解释，“现金，指企业库存现金以及可以随时用于支付的存款；现金等价物，指企业持有期限短、流动性强、易于转换为已知金额现金、价值变动风险很小的投资”。这一定义最接近国际财务报告准则和美国财务会计准则的说法。由于现金等价物（cash equivalent，或可译为“约当现金”）的确认标准不具备唯一性，而存在相当大的灵活性，为了避免企业各行其是，各国会计准则都对其作了较严格的限定，其中以美国的规定较为详尽和具体，便于实务上的操作。我国现金流量表准则的指南和讲解更是直接将现金等价物限定为，企业持有的、原定期限不超过3个月的债券投资，而且要求企业披露现金等价物的确认标准及其变更方面的信息。

2）现金流量表提供的信息及其作用

现金流量表是以“现金及现金等价物”为核心的报表。它所揭示的企业在一定时期内现金流入与流出及其平衡状况的信息，可以对投资者和债权人、经理等使用者分析、评价企业经营、投资、筹资活动并进行决策，起到重要作用。

现金流量表是对资产负债表和收益表的必要补充，也是对企业各项活动的综合描述与概括。它揭示了如下信息：经营活动、投资活动、筹资活动三类活动各自“创造”现金流量的能力及其对整个企业现金流量的贡献大小；现金流量的结构；经营活动产生的现金流量与净利润的关系；现金流量的产生原因（源泉）及来龙去脉（where-got and where-gone）。这些信息的具体作用有：

（1）有利于评价与预测企业未来产生现金流量的能力

投资者、债权人从事投资与信贷的主要目的是增加未来的现金流入，而过去的现金流量信息是未来现金流量的指示器。以现金流动制为基础的信息既有利于估量企业生成现金的能力，评价和比较不同企业未来现金流量的现值（现金流量信息提高了不同企业经营业绩的可比性），又可以评价企业的财务结构的合理性以及企业为适应外部经济环境变化而对其现金流量在金额、时间和确定性方面进行调整的能力。

（2）有利于评价与预测企业偿债能力与支付股利的能力

评估企业是否具有支付能力（偿还债务本息、支付股利等），最直接有效的方法是分析其现金流量。由于债务的偿还、股利的支付、工资的支付、原材料和机器的购买等均需要足够的现金来满足，所以没有现有现金流入的企业是难以生存的。经营活动的净现金流入代表企业自我创造现金的能力。尽管现金的获取还可以通过对外筹资或变卖非现金资产的途径，但所有现金流出最终还得依靠经营活动的现金流入。因此，经营活动的净现金流入占总现金来源的比重越高，则表明企业经营周转越顺畅，支付能力越强。从现金流量表中各部分现金流量结构的合理程度、现金流入流出的波动性大小，可以判断一个企业的财务状况是否稳健与良好。

企业常见的失败原因、症状也可以在现金流量表中得到反映，比如从投资活动流出的现金、筹资活动流入和流出的现金中，可以分析出企业是否过度扩大经营规模及是否过度负债经营。企业管理人员可据此帮助确定股利政策、投资和筹资决策。

（3）有利于评价与预测企业净收益与经营活动产生的净现金流量之间差异的原因

就企业整个经营期间而言，净收益的总和应等于结束清算、变卖资产并偿还各种债务后的净现金流量。就某一个会计期间而言，按权责发生制确认损益的时间与现金收付的时间不太可能完全保持一致。通过现金流量表（用间接法将净收益调节为经营活动产生的净现金流量）可具体地揭示二者不一致的原因，看出非现金流动资产吸收利润的情况，以便于使用者更准确地评价净收益的可靠性（质量）并合理地预测未来的现金流量。

（4）有利于评价与预测企业经营、投资和筹资活动的有效性

现金流量表中分类披露的经营、投资和筹资活动产生的现金流量信息，可以较全面地评价各项活动的成果；通过对这些活动的分析，可以了解企业的资产、负债为什么会增减，为什么亏损时现金反而增加，新增非流动资产的资金从何而来，为什么利润增加时股利没有同步增加等。对此类问题的回答，有利于找出原因与差距，以便更合理地控制现金流动，实现现金的最佳配置和使用。

正因为现金流量表有如此巨大的作用，引起了报表使用者对它的普遍关注，现金流量表的兴起就不足为奇了。有一个生动形象的说法是，如果将你置于荒岛，每年通过漂流瓶只能收到一种财务报表的话，你最佳的选择应是现金流量表。还有两个问题值得探讨一下：

第一，报表使用者关注的是预期（未来）的现金流量，特别是有利的现金流量，可是现金流量表只能反映过去（历史）的现金流量。不过，我们应该看到，将现金流量表与资产负债表、收益表综合在一起进行分析与评估可以获得估计未来现金流量的信息。

第二，会计界产生了现金流量信息与盈利信息孰轻孰重的争论。在企业估价（valuation）实务中大量采用贴现的现金流量估价模型，表明企业的价值是由未来现金流量决定的，而非权责发生制基础上的净收益。这似乎证明了现金流量信息的重要性。不过，在会计盈余信息还是现金流量信息对未来现金流量的预测能力以及与企业价值的相关性孰强孰弱的问题上，实证会计研究并未达成一致的结论。实际上，盈利信息和现金流量信息的用途既不必互相排斥，也不能互相代替。反映当期经营业绩的权益资本的报酬，仍以净收益为好，但投资人和债权人同时考虑现金流量也是有道理的，因为净收益毕竟比较抽象，而现金则十分具体、更有吸引力。足够的现金流入是维持企业支付能力的保证，甚至有“现金至上”（cash is king）的说法，但从长远的观点看，对于一个企业的经营发展前景来说，盈利信息应是基本的。我们无法想象，没有盈利的企业会有正当和可靠来源的现金流入。因此，这两种信息应相互补充。至于它们当中谁更为重要，则取决于信息使用者的用途。

3）现金流量表的设计

（1）现金流量及其分类

现金流量是指现金及现金等价物的流入和流出额，但不包括现金及现金等价物之间的流动，如企业从银行提取现金，又如以多余现金投资于现金等价物。

现金流量表现为现金流入量与现金流出量。二者之差为净现金流量。现金流量的揭示一般应按流入、流出分别揭示，而非仅列示二者之差（净额），因为以净额表示的现金流量无法全面评估企业的经营、投资和筹资活动。但是，一些周转快、金额大、期限短的项目，按总额反映意义并不大，按净额反映则更为有用。例如，代客户收取或支付的现金、证券公司代收的客户证券买卖交割费和印花税、银行发放的短期贷款和吸收的活期存款、非流动资产的购入与处置（变卖）等。

当企业发生涉外经济活动而产生外币现金流量时，必须将外币现金流量按一定的汇率折算为报告（本位）货币，并对因汇率变动而产生的汇兑差额作适当的处理，并在现金流量表中单独披露所持有或到期的外币现金和现金等价物受汇率变动的影响，以调整按期末汇率折算的期末与期初现金和现金等价物金额。在我国，发生外币业务而产生的现金流量是以交易发生当日的汇率或平均汇率折算成记账本位币来反映的，因汇率变动而产生的汇兑损益并不引起现金流入或流出，但为了反映现金及现金等价物受汇率变动的影响，应将这种汇兑损益作为调整项目，在现金流量表中单独列示。

现金流量表提供的是现金流入、流出的信息，它的有用性还取决于对它所进行的科学分类。其目的是联结现金流入量和现金流出量，因为这二者常常相关，如对外投资交易中产生的现金流出和取得投资回报而产生的现金流入紧密相关。对现金流量进行适当分类可以使报表使用者识别每一类别的现金流量内部及不同类现金流量之间的重大关系。

对产生资产负债表账户期末期初余额的变化与现金流量之间的差别进行分析，可以找到引起现金流量变化的因素。这一分析可以从“资产=负债+所有者权益”开始，并导出下列关系：

资产变化额=负债变化额+所有者权益变化额

现金变化额+现金之外资产变化额=资产变化额

现金变化额=负债变化额+所有者权益变化额-现金之外资产变化额

现金变化额=现金增加额+现金减少额

现金增加额（现金流入）=负债增加额+所有者权益增加额+现金之外资产的减少额

现金减少额（现金流出）=负债减少额+所有者权益减少额+现金之外资产的增加额

由此可见，现金流入（流出）是由三类因素引起的，即负债增加（减少）、所有者权益增加（减少）、现金之外资产的减少（增加）。它们可进一步按交易的性质划分为经营活动的现金流量、投资活动的现金流量、筹资（融资或理财）活动的现金流量。这种分类有助于使用者了解这些活动对现金流量的影响程度以及估量现金和现金等价物的金额，并评价这些活动之间的相互关系。这些活动之间的关系及其趋势的信息对投资者、债权人评估企业的流动性、财务弹性、获利能力和风险性极为有用，因此这种分类成为国际上较为通行的一种分类。美国、澳大利亚、国际会计准则理事会及我国都采用这一分类，不过有些具体项目产生的现金流量的归类在实务上还存在一定差异。

① 经营活动的现金流量。

经营活动（operating activities）是企业主营业务活动以及其他非投资或融资活动，它是直接与产品生产、产成品或商品销售及劳务提供有关的经济活动。一般而言，经营活动是企业最主要的营业活动，也是影响企业现金流量变动的最重要因素。由经营活动产生的现金流量通常由决定企业净损益的交易和其他事项形成，即基本上属于收益表项目。有些交易，诸如厂房出售、对外投资，可能导致利得或损失，虽包括在企业当期损益中，但与这类交易相关的现金流量则归属于投资活动的现金流量；支付债务利息而形成的财务费用，则归属于筹资活动的现金流量。

在经营活动的现金流量的基础上，还可以计算出一个在财务估价与投资决策中十分有用的指标，即自由现金流量（free cash flow）：

自由现金流量=经营活动产生的现金流量-增加的资本支出

具有较高自由现金流量的企业，一般同时具有良好的盈利能力，并能抓住有利的投资机会。在国际上一些知名的大公司，如壳牌石油公司、AT&T 等公司的管理者都使用自由现金流量来分析与管理他们的企业。

② 投资活动的现金流量。

投资活动（investing activities）是指非流动资产的购建和不包括在现金等价物范围内的投资及其处置活动。投资活动主要包括两个方面：一是对内长期投资，即固定资产、无形资产的购建和处置；二是对外投资，即对外所进行的债权和股权投资及其转让或出售。这类活动产生的现金流量代表了企业为了获取未来收益和现金流量而导致资源转出的规模与程度，对信息使用者的决策十分重要，因而应在现金流量表中单独披露。

③ 筹资活动的现金流量。

筹资活动（financing activities）是指导致企业权益资本及债务规模和构成发生变化的活动，是企业开展经营、投资活动的前提。这类活动产生的现金流量是指企业与投资者、债权人有关的筹资性交易而产生的现金流入与流出，同样应在现金流量表中予以单独反映。

（2）现金流量表的格式

现金流量表的构造也是由表首与表体组成的。其中表首内容与收益表类似（当然报表名称不同）；表体的基本框架则由现金流量的分类决定，根据“经营活动的现金流量+投资活动的现金流量+筹资活动的现金流量=现金流量（总额）”这一公式，依次将现金流量表主表分成三大部分，从上到下排列，其结果应满足下面的等式：

本期现金及现金等价物的净增加（减少）额 = 期末现金及现金等价物余额 − 期初现金及现金等价物余额

现金流量表的基本格式见表 7-5。

表 7-5 **现金流量表**

编制单位： ________年度 金额单位：

经营活动的现金流量		
现金流入（按明细项目反映）	×××	
现金流出（按明细项目反映）	×××	
经营活动的现金流量净额		×××
投资活动的现金流量		
现金流入（按明细项目反映）	×××	
现金流出（按明细项目反映）	×××	
投资活动的现金流量净额		×××
筹资活动的现金流量		
现金流入（按明细项目反映）	×××	
现金流出（按明细项目反映）	×××	
筹资活动的现金流量净额		×××
汇率变动对现金及现金等价物的影响		×××
本期现金及现金等价物净增加（减少）额		×××
期初现金及现金等价物余额		×××
期末现金及现金等价物余额		×××

7.3 表外披露

7.3.1 表外披露的范围

受财务报表格式与内容高度规范化的制约，财务报表信息的广度与深度均显示出“难以满足报表使用者对会计信息的巨大需求”的迹象。为了对这种变化了的会计信息需求做出快速而有效的反应，表外披露这种创新的信息披露方式应运而生，如今已得到了长足的发展。在财务报告体系中，表外信息的内容在不断扩展，表外披露方法也在不断丰富，表外披露的地位不断得到加强。

表外信息这一会计术语的使用已相当普遍，但如何界定表外信息的范围至今仍没有一个权威的结论。顾名思义，表外信息是指在基本财务报表之外披露的信息，即由于受财务会计确认和计量的限制无法在表内表述，但有助于信息使用者进行经济决策的会计信息。可见，表外披露是在基本财务报表之外的一种重要信息披露方式。它是基于表内项目的、对表内项目的有益补充。它们共同构成完整的财务报告体系。

表外信息意指基本财务报表之外的信息时，表外信息似乎就没有边界了。这导致对表外信息的范围和内容进行统一规范的困难，因此不同国家、不同企业的表外披露差异往往很大。如何确定表外披露的范围就成为一个重要的会计理论与实务问题。会计信息披露的理论模型（如图7-3所示）就是为此而做出的一个尝试性回答。

从图7-3可以看出，相关性、重要性与成本效益原则是会计信息是否予以披露的前提条件。首先，符合相关性的信息才进入会计视野；其次，符合重要性的信息是一次“过滤”；再次，符合成本效益原则（除非法律法规强制）的信息是再一次“过滤”。经过这种严格“过滤”的信息才成为会计信息，进入会计信息系统予以披露，否则不予披露。进入会计信息系统的信息，只有既满足表内反映的基本标准，又满足表内反映的具体标准才最终进入财务报表表内，否则只能在表外披露。特别值得一提的是，目前在表外披露的有些会计信息，从长远观点来看，极有可能在将来转为表内表述。

从目前的实践来看，表外披露似乎已突破会计信息的范畴，而将一些有助于更好补充说明和解释会计信息的其他非会计信息（如市场占有率、董事长致全体股东的公开信、企业简介等）也纳入表外披露中。这似乎表明会计信息系统与其他信息系统（如统计信息系统、财务管理信息系统、人力资源管理信息系统、研究与开发信息系统等）的边界正在变得模糊。换句话说，它们之间合作（融合）的趋势越来越明显，处于一种“你中有我，我中有你”的状态。此时，若再用“财务报告”来涵盖企业对外披露的全部信息就显得不恰当了，而应改称“企业报告”才妥，例如美国注册会计师协会（AICPA）发表的《改进企业报告：着眼于用户》（Improving Business Reporting：A Customer Focus）。当然，不可否认的是，财务报告始终应在整个企业报告中“唱主角”。虽然如此，但要从企业报告中辨明哪些属于财务报告范畴的表外披露比较困难。这可能是导致实务当中不恰当地将企业信息披露责任全部归结为会计责任的原因之一。

财务报告的表外披露具有较大的自由度。随着企业交易和事项的日趋复杂，一些难以

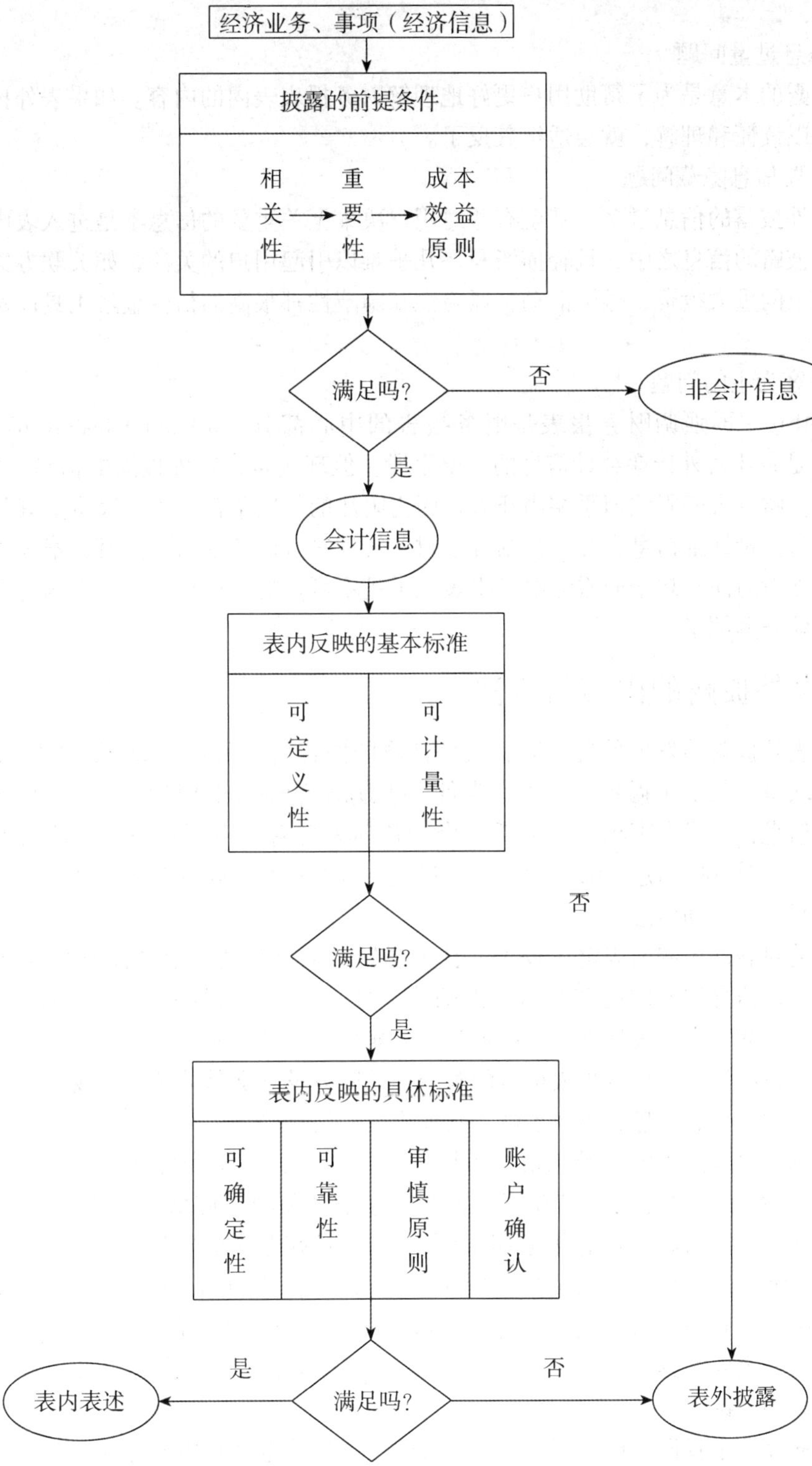

图7-3 会计信息披露的理论模型

确认或企业为了避免确认而只在表外披露的信息日益增多。下列问题就值得人们注意并深思：

（1）信息过量问题

表外披露的本意是为了帮助用户更好地理解财务报表表内的内容。如果表外披露的信息本身就难以读懂和理解，就会适得其反了。

（2）重要信息隐藏问题

由于表外披露的信息过多，甚至有些对用户决策至关重要的信息不是进入表内，而是混杂于表外披露的信息之中，且轻描淡写，几乎难以引起用户的关注，如关联方关系及关联方交易涉及的重大投资、融资活动，风险性和隐蔽性都很高的衍生金融工具以及或有负债等。

（3）反客为主的问题

虽然 FASB 一再强调财务报表是财务报告的中心部分（a central feature of financial reporting），是企业对外传递会计信息的主要手段。但现实是，表外披露的信息不断扩展，一眼看上去，财务报表附注似乎相当吓人，因为附注的长度常常大于报表本身好几倍乃至几十倍，含有大量详细信息，并且包括许多财务管理等方面的术语。此时，报表使用者如果不阅读和参考附注，想全面看懂财务报表几乎是不可能的。这样一来，表内与表外信息的主次地位就被颠倒了。

7.3.2 表外披露的内容与方法

就目前表外披露的发展状况来看，表外披露的内容可大致归纳如下：①报表项目注释；②会计政策及其变更揭示；③重大事件；④预测信息；⑤环境信息；⑥人力资源信息；⑦增值信息：⑧或有事项；⑨期后（资产负债表日后）事项；⑩会计差错更正；⑪会计估计变更；⑫分部信息；⑬管理当局的讨论与分析；⑭关联方关系及其交易；⑮衍生金融工具；⑯物价变动信息等。

我国目前对表外披露的规定还较少，且主要针对上市公司。中国证监会发布的《公开发行股票公司信息披露的内容与格式准则第 2 号——年度报告的内容与格式》对表外披露作了较详细的规定。表外披露的内容有：公司简介、公司所采用的主要会计政策、会计报表主要项目的注释、异常报表项目的解释、关联方及其交易的披露、或有事项和承诺事项、期后事项、分部信息、重大事件、其他重要的信息等。

由此可见，表外披露内容既包括货币性信息，又包括非货币性信息；既包括定量信息，又包括定性信息；既包括历史信息，又包括未来（预测）信息；既包括事实性信息，又包括分析性信息。随着表外信息的不断增加，表外披露形式也向多样化方向发展，既可以采用数据与文字结合形式，又可只采用文字说明形式，还可采用图表形式（如采用坐标图或柱形图说明有关项目的变动趋势，用圆形图说明有关项目的结构分布等）。目前，使用较为普遍的表外披露方法主要有两大类：一是报表附注，二是其他财务报告。这些内容将在后面详细讨论。

从上面的介绍中我们发现，相对于表内表述，表外披露具有如下特点：①披露内容广泛，甚至超越了会计信息系统；②披露形式灵活，可以是数据、文字、表格、图形等的各种组合；③突破现有会计规范体系，披露所受限制较少；④披露成本较低，使受成本效益原则限制而无法在表内反映的项目转向表外披露成为可行的选择，大大提高了会计信息的相关性。

7.3.3　财务报表附注

财务报表附注（notes）是为了帮助使用者更好理解与利用为保持清晰性而高度浓缩的基本财务报表，而采用旁注、底注等形式，对基本财务报表的有关内容（项目）所作的进一步补充、说明或解释。附注与表体（表内）共同构成财务报表。两者是一个整体，不可分割。作为财务报表的一个组成部分，附注是理解表内所确认信息必不可少的。

附注虽然也要遵守GAAP、企业会计准则、公允表述，并应经注册会计师审计，但它不同于“表内”：①它的表达方式不需要像“表内”一样用固定的格式。它既可以用文字说明和数字描述，又可只用文字说明（如披露所采用会计政策、期后事项、有些尚难确定金额的或有事项等）。②它所披露的信息不必像表内项目一样经过严格的会计确认程序。③它可以用来在保持报表表内简练的基础上披露一些与报表的数据相关的信息，但不可用来更正表内的错误，也不能用以代替报表表内的正常分类、计价和描述，或与表内数据发生矛盾。因此，我们在充分利用附注灵活性所带来的便利的同时，应把握好附注所披露信息的分寸。

在附注中应披露的信息通常包括两大部分：①法规、准则或制度的要求。②企业管理当局的自愿。后一点同其他财务报告有类似之处。但是，其他财务报告同表外附注也有重要的区别，那就是其他财务报告不受GAAP的限制，也不需要注册会计师审计，从而并不构成财务报表的整体。搞清楚二者的分别，能帮助我们清楚划分这两者披露信息的边界。

在会计实务中，财务报表附注可采用旁注、附表和底注等具体披露方法。

1）旁注

旁注也就是对表内项目的括号注释，即在基本财务报表的有关项目旁直接用括号加注说明。它是最简单的报表注释方法，且已与表内披露融为一体。如果报表上有关项目的名称或金额受到限制或需要简要补充说明时，可直接采用旁注，但应避免旁注冗长。由于受到空间的制约，并且为了保持报表项目的简明扼要、清晰明了，旁注只适用于个别只需要简单补充信息的项目。一般而言，旁注可揭示的信息包括：①指明所采用的特定会计方法或计价基础，如在“长期投资”项目旁注明“（按购买法）”。②说明项目的性质，如在“应收票据”项目旁加注“（其中×××元已向银行贴现）”，又如在某项资产旁注明“（已作为抵押）”。③列示某个项目中所包含的构成内容，如在“应收账款”项目旁注上“（已扣除×××元坏账准备）”。④说明按备选计价方法确定的某项目金额，如在按历史成本计价的“存货”项目旁加注“（现行市价×××元）”。⑤需要参见其他报表或本表其他部分的说明。

2）附表

附表是指为了保证财务报表简明易懂而另行编制的一些详细、具体反映表内重要项目的构成及其增减变动原因与数额的表格。附表反映的内容，有些已直接包括在脚注之内，有些则附在报表和脚注之后，作为财务报表的一个单独组成部分。在我国，最常见的是现金流量表主表之后的“补充资料”部分（主要揭示用间接法将净利润调节为经营活动的净现金流量信息以及虽不涉及当期现金流量但影响企业财务状况或可能在未来影响现金流量的重大投资、筹资活动）。

必须注意的是，附表与补充报表（辅助报表）的含义并不相同。附表所反映的是财务报表中某一项目的明细信息（如应收账款的账龄表、存货明细表、主营业务收支表等），而补充报表则往往反映一些附加信息或按不同基础编制的信息。最常见的补充报表是揭示物价变动对企业财务状况和经营成果影响的表格。

3）底注

底注，也称脚注（footnotes）或尾注，是指在财务报表表体后面用一定的文字和数字所作的补充说明。一般而言，每一种报表都可以有底注，其篇幅大小随各种报表的复杂程度而定。底注的主要作用是揭示那些不便于列入报表表内的有关信息。用底注披露定性信息十分灵活。由于底注、附表都是对报表表内项目的补充说明，加之底注也可采用表格方式，可能导致底注与附表的界限不清，但这基本上不会给报表使用者带来什么不便。一般而言，相对于底注，附表所反映的内容更详细、更具体；附表的项目与格式更规范；基本以定量信息为主。其中，附表的规范化是区分底注与附表的主要标志。

在多数情况下，报表附注指的就是报表的底注，我国也是如此。它可以提供的信息有：①有关报表编制基础等方面的定性信息。②某些报表项目的性质，如某些资产项目已作抵押或贴现或是租赁而来。③比报表表内更为详尽的信息，如无形资产的具体项目构成情况说明；又如对一些期货、期权项目，表内只能反映部分保证金或期权费，需要在表外详细说明这些交易的具体情况，包括交易目的（是套期保值还是投机）、交易过程、可能的风险与报酬等信息。④其他相对次要的信息。

底注所披露的具体内容一般涉及：①企业经营环境状况说明。②会计政策及其变更。③财务报表中某些重要项目特征的详细说明，如不使用旁注说明的债权人的优先权益、股利支付的限制、权益人持有的权利等。④财务报表中有关重要项目的明细资料（有时也用附表方式）。⑤或有事项。⑥分部信息。⑦重大事项。⑧关联方关系及其交易。⑨资产负债表日后事项。⑩金融工具的公允价值及其风险。

我国《企业财务会计报告条例》中规定：会计报表附注是为了便于会计报表使用者理解会计报表的内容而对会计报表的编制基础、编制依据、编制原则和方法及主要项目等所作的解释。会计报表附注至少应当包括下列内容：①不符合基本会计假设的说明。②重要会计政策和会计估计及其变更情况、变更原因及其对财务状况和经营成果的影响。③或有事项和资产负债表日后事项的说明。④关联方关系及其交易的说明。⑤重要资产转让及其出售情况。⑥企业合并、分立。⑦重大投资、融资活动。⑧会计报表中重要项目的明细资料。⑨有助于理解和分析会计报表需要说明的其他事项。上述内容的具体细化及其披露要求，可详见我国已发布或将要发布的具体会计准则以及《公开发行股票公司信息披露的内容与格式准则第 2 号——年度报告的内容与格式》。

4）对报表附注的简要评论

财务报表附注是表外披露的主要方式，其规范程度目前已大大超过了其他财务报告。附注的作用在于补充说明或解释表内确认的项目。附注既可以用文字来定性分析表内的项目，又可以用数字来补充说明表内项目的计量结果。此外，理财安排上的限制以及一系列重要的合同协议也可以在附注中进行说明。附注的技术性能够帮助财务报表使用者理解和使用报表信息。可见，附注是对财务报表的合理延伸和发展。

财务报表的附注的主要优点有：①可以提供一些作为报表组成部分的必要定性信息。

②可以揭示报表项目的性质或有关的限制。③可以补充列示比报表正文更详细的信息。④披露一些次要的定量或定性信息。在旁注、附表、底注三者之中，底注发挥这些优点越来越明显。在目前的会计实务中，底注的内容和分量日益增加，其篇幅甚至大大超过报表正文。据此有人认为，目前的财务报表已进入了“底注（附注）时代”。

财务报表附注在财务报告中发挥着越来越重要的作用，但它并非完美无缺，也存在在下列缺点：①如果使用者对附注不作认真研究，便难以阅读和理解，从而可能忽视这项资料。②附注的文字叙述，比报表中所汇总的数据资源更难以用于决策。③由于企业经营业务复杂性的增加，存在过多使用附注而造成信息过量的危险，从而削弱基本报表的作用，甚至误导报表使用者（被淹没在“信息的海洋”中而无所适从）。因此，我们一方面要重视附注的运用，另一方面也不可滥用附注。它毕竟只是财务报表的“配角”，基本财务报表才是“主角”。

7.3.4 其他财务报告与企业其他报告

美国FASB在其财务会计概念公告中创造了财务报表和“包括传递直接或间接地与由会计系统所提供的信息——关于一个企业的资料、义务、盈利等——有关的其他传递信息的手段”两个概念。我们简称后者为“其他财务报告”。若按FASB的分类，其他财务报告还可分为辅助（补充）资料（例如，价格变动影响的揭示、石油天然气储量的资料等）和财务报告的其他手段（例如，管理当局的讨论和分析、致股东函件等）。其他财务报告作为财务报表的辅助报告，揭示的是财务报表之外的不确定性、解释性、预测性等辅助性信息，主要向企业外界提供一些相关的但不符合全部会计确认标准的信息。

其他财务报告与财务报表一起构成财务报告体系。二者目标一致，相互配合，共同完成财务报告目标。客观地说，其他财务报告产生的动因是为了克服财务报表固有的局限性（见后面论述），它也的确能提供有用的补充信息、预测信息、非财务信息。必须注意的是：其他财务报告，特别是其中的预测信息，应力求客观、科学、公允、可信，不能对使用者造成误导，而且应切实保证信息质量，防止信息过量，维护财务报表在财务报告体系中的核心地位，其他财务报告不应当喧宾夺主。那么，哪些信息可以由其他财务报告来提供呢？首先，必须符合3个条件：①企业根据法规、准则要求或自愿披露。②有助于理解财务报表信息，而不会误导使用者决策。③需经注册会计师或企业之外的专家审阅。在满足上述3个条件的基础上（这需要高度的职业判断能力），其他财务报告可提供的信息有以下几类：①有助于理解财务报表的重要信息。②那些本来可能在报表中反映，但基于成本效益原则而改在其他财务报告中披露的相对次要的信息。③采用与财务报表不同基础编制的信息。④用于补充报表信息的统计数据。⑤管理当局的分析、评价与对未来的预测。上述①、②类信息主要是指企业所采用的会计政策，本应在报表附注中披露，但将一些次要的会计政策在其他财务报告中反映，避免财务报表信息过量问题，也可以降低使用者的阅读与分析成本，因为使用者一般只在有必要时才去阅读它们。③、④类信息与报表数据没有直接联系，它们涉及不同的问题，在形式上又灵活多样，在财务报表全面改革之前无法纳入财务报表中反映，因此最适合在比报表附注更具灵活性的其他财务报告中揭示。⑤类信息则是对上述各类信息的进一步分析和说明，侧重于提供前瞻性信息。

其他财务报告的具体内容取决于特定的目的，其格式也极为灵活。根据现行国际惯例，其主要内容有：管理当局的讨论和分析、财务预测报告、比较报表和财务比率分析表、中期报告、分部信息报告、社会责任报告和职工报告、简化年度报告、物价变动影响报告。另外，由于上市公司的年度报告之前往往附有审计报告，以说明财务报表的可靠程度，但它又不属于财务报表范畴，因而可视为其他财务报告。我国目前还没有使用“其他财务报告”概念，而是使用“财务情况说明书”这一概念，可以说是我国特有的其他财务报告，不过内容还不太丰富。

1）管理当局的讨论和分析

编制财务报告并使之真实完整是企业管理当局的责任。由于管理当局（特别是董事长、总经理等高级管理人员）比外部使用者更了解企业有关的交易事项及其影响，而且财务报表信息的形成也常常依赖企业管理人员（会计人员）的假设与判断，所以由管理当局提供一份他们对企业变现能力、资本来源、经营成果等方面的叙述性讨论与分析报告以及对下一年度或未来期间主要经营活动和盈利水平的预测分析，将帮助使用者理解管理当局对企业的看法和未来计划，不仅可以了解财务报表中有关数据形成和变化的原因及可能产生的影响，而且可以预测管理当局将如何引导企业的发展。管理当局的讨论和分析侧重于提供预测性、分析性信息，难免带有较大的主观性和较低的可验证性，但这些信息的效用大于其潜在的不可靠所带来的风险，可以提升财务报告的有用性，因此许多国家要求企业将管理当局的讨论和分析包括在年度报告中对外提供。

在我国上市公司的年度报告中，有关管理当局的讨论与分析方面的内容通常以“业务报告”的形式予以披露。

2）比较报表和财务比率分析表

比较报表是指企业把不同会计年度的财务报表数据或其他相关数据列示在一起，以便使用者了解和分析各个报表项目变化的趋势和规律。企业通常提供最近几年的比较资产负债表和比较收益表。财务比率分析是根据财务报表上不同项目及相关数据的对比，计算出有关反映企业偿债能力、营运能力和盈利能力的财务比率，能为使用者提供许多新信息，可能比单纯的财务报表信息更加有用。企业通常是提供最近几年的比较财务比率分析表。

我国上市公司的年度报告要求公司提供连续两年的比较财务报表以及最近3年的主要会计数据和财务指标。

3）分部信息报告

现行财务报表是把企业作为一个整体来提供综合信息的，而使用者普遍认为，对于从事多元化、跨地区（甚至跨国）经营的企业，其分部信息与整体信息一样重要，企业应当报告分部信息（segment reporting）。分部信息是一个确定和分析从事多种业务的企业的机遇和风险的可靠而有力的工具。企业分部的划分可以有不同的标准，如行业、地区及法律实体等，但在实务中通常是按行业（或行业下再按地区）来提供分部信息的。美国FASB第14号准则公告《企业分部财务报告》要求，从事一种行业以上的企业，对于占企业总收入、利润（亏损）或可确认总资产的10%以上的重要分部，应将其收入、税前营业利润（亏损）和可确认资产予以单独报告。

分部信息报告的方式比较灵活，常见的方法是以报表附表或以补充报表形式加以披露。英美大部分企业选择在附注中披露，我国亦如此。在没有强制要求报告分部信息的国家，企业可以将其作为其他财务报告自愿提供。

我国《企业会计准则》要求企业以附表方式分别按行业（业务）和地区提供分部信息；而《公开发行股票公司信息披露的内容与格式准则第2号——年度报告的内容与格式》则要求企业以附注方式按行业披露分部信息，且信息内容较前者要求简单，只需披露分部的营业收入、成本和毛利。看来，有必要对二者进行必要的协调，以增强对上市公司分部信息披露管制的严肃性和权威性。

4）中期报告

使用者通常关心企业的最新信息，并依据这些信息定期对企业前景做出预测，而年度财务报告往往显得过于滞后。因此，为了提高信息的及时性，世界上大多数国家要求上市公司提供按季或每半年编制的中期报告，甚至还要求选择一些重要的季度信息作为年度报告附注。相对年度报告，中期报告比较简要，可靠性也较低，因为中期报告包含更多的财务资料的估计数。因而，中期报告一般不要求经注册会计师审计。也正是基于这一点，中期报告被归入其他财务报告之列。

我国《证券法》及相关信息披露制度均规定，上市公司必须提供包括以会计年度前6个月为会计期间的公司财务会计报告在内的中期报告（半年度财务报告）；从2001年开始，中国证监会则进一步要求上市公司提供季度报告。除特殊情况外，中期报告无须经会计师事务所审计。我国财政部还颁布了《企业会计准则——中期财务报告》。该准则规定，中期财务报告至少应提供以下完整的内容：资产负债表、利润表、现金流量表、会计报表附注，并应采用与年度会计报表相一致的会计政策来编制。

5）财务预测报告

随着使用者对企业披露信息的质量要求的不断提高，他们已不满足以提供历史性信息为己任的传统财务报告，而是越来越需要直接面向决策的预测信息，尤其是财务预测信息。财务预测是指管理当局以企业未来面临的经营环境和可能采取的行动为假设所进行的财务状况、经营成果和现金流量预测，其表达方式可采用整套财务报告或其中的一部分或几个部分来描述这些预测性财务信息。

从英美等国家的情况来看，有关法规除了要求企业在招股说明书（及上市公告书）中披露有关的财务预测信息（如盈利预测）外，对于定期报告则不作强制要求，更多地采用鼓励方式或自愿方式披露。我国也是如此。这一做法显示出人们对预测信息披露规范的一种矛盾心态：预测信息虽然可靠性较差，但是对使用者具有较高相关性；披露这类信息对市场既可能产生误导，又可能会产生积极作用。

站在公司的立场，披露财务预测信息可能产生两个后果：一是增加了信息披露风险，其中最大的风险是诉讼风险，因为使用者可能指控公司财务报告是误导的、有舞弊行为；二是泄漏了商业秘密而使公司处于竞争劣势。为此，公司应在避免泄密的前提下，尽可能地提高预测的可靠性；与此同时，会计准则和审计准则制定机构应加强有关会计和审计准则的研究与制定工作，提高预测财务报告信息的质量。社会也应当给公司创造较宽松的法律环境，鼓励公司披露有助于使用者决策的预测信息。例如，美国证券交易委员会（SEC）为了鼓励企业披露预测信息，正在积极建立“安全港”：只要预测信息有合理依据且是诚实善意的，那么即使预测与实际存在偏差，企业也不必承担法律责任。不过，这一“安全港”规则要得到信息使用者的认可，恐怕还尚需时日。

6）社会责任报告

长期以来，企业是基于利润最大化目标，站在业主立场来衡量其业绩的，因此只反映企业与其他主体之间的经济交易活动，企业追求利润的过程和结果成为传统财务报告所反映的内容。然而，企业的经济活动不是在真空中发生的。企业需要与所处环境之间进行交换活动，因为任何企业的生存与发展都需依赖社会相关利益集团（如职工、顾客、业务关联单位）的参与、支持，需动用社会公共设施（如交通、通信、行政）及社会稀缺资源（如人力资源、自然资源），并对社会产生实际的影响。例如，负面的影响有环境污染、能源浪费、产品消费事故、职工工伤、就业歧视等。因此，企业的社会性质日益得到重视。投资者意识到：企业的成败不但有赖于其财务状况的优劣和盈利能力大小，还在很大程度上取决于企业在公众心目中的形象。这在客观上要求重视企业在社会责任（social responsibility）方面所做出的努力和取得的成果，并对外披露。企业社会责任主要涉及下列内容：环境保护、职工的就业与培训等人力资源状况、公益事业、社区建设与贡献、产品或服务的性能与安全（消费者利益）等。企业社会责任的内容已超出了现有会计的对象并难以采用传统会计学的方法，比如企业对环境的治理、人力资源的投资与价值很难用统一的计量单位来加以计量，尤其是难以用货币金额来计量。因此，在实务中，企业主要通过其他财务报告或以单独的社会责任报告形式对外披露。

社会责任报告就是对企业生产经营活动所产生的社会影响和企业履行社会责任的情况进行报告的书面文件。它包括财务和非财务成果与状况的计量与报告。在20世纪70年代和80年代，企业在社会责任报告的披露方法方面积累了许多经验。它们采用的主要方法包括：①目录法（inventory approach），有时也称叙述法（narrative disclosure），主要利用文字描述企业对社会的正、负面影响。②成本支出法（outlay cost approach），只在报告上列示那些能够取得成本数据的社会活动开支项目。③成本效益法（cost-benefit approach），主要使用货币计量方式对企业产生的社会成本与社会效益进行报告。不过，社会效益是以成本支出或节约来表示的，难以反映真正的社会效益。④项目管理法（program management approach），通过列示成本支出和文字说明等反映企业某社会项目预期目标的实现情况或预期计划执行情况，如车间健康与安全设施报告。

根据陈少华教授的归纳，社会责任报告业已成为一个相对独立的会计体系，发展成为一个新的会计领域——企业社会责任会计，又因为企业社会责任涉及面极广，其中重要的方面已经分离出来构成更专门化的会计领域，如环境（绿色）会计、增值会计、人力资源会计，由此产生了环境报告、增值报告、人力资源报告。其中，环境报告的内容有环境资产、环境费用、环境效益、环境负债、会计政策及其他披露内容。增值报告是反映企业在一定会计期间新创造的价值的形成及其在业主、债权人、职工、政府和社会之间的分配情况的一种财务报告，其报告方式通常用增值表（value-added statement），因为它只是对收益表的扩充与修订，所以成为目前世界上发展比较完善的社会责任报告方式。人力资源报告是反映企业人力资源成本（投入）与价值（产出）信息的一种财务报告。目前有人设想在现行的资产负债表中反映人力资产和人力资本（劳动者权益），在现行的收益表中反映人力资源利润（将企业净利润区分为人力资源利润与非人力资源利润两大部分）。它通过对现行财务报表的扩充来反映人力资源信息，目前主要作为一种内部报告。在对外报告实务中，有关人力资源的信息（如职工的年龄结构、文化程度、培训情况、工资福利待遇、工作条件等）是通过职工报告来反映的。职工报告是企业给职工的财务报告，可包括：①简化的财务报表；②增值表；③董事长或董事评论（叙述式）；④分部职工信息；⑤人事信息（主要包括统计数字、简要描述、福利、安全及培训项目）；⑥销售及成本分析；⑦所有者权益简介；⑧企业目标、结构、分布地点和主要经营项目；⑨产品和服务简述；⑩过去业绩和未来计划表。可见，职工报告可以而且已成为传递多种信息的工具。它是企业与职工之间进行信息交流的一条重要途径。

虽然世界各国对社会责任报告问题日益重视，但是各国对社会责任报告的重视程度、揭示的内容和形式各不相同。有些企业甚至不对外公开披露社会责任方面的信息。对外披露的企业在具体操作上也有很大差别：有的在财务报告中披露，有的则单独编报社会责任报告。即使是在财务报告中披露，不同企业采用的方式也不同：有的在报表中披露，有的在报表附注中披露；有的用数据描述，有的用文字表述。总之，就现阶段来看，社会责任报告还处于初级阶段。有关对社会责任的统一认识、确认与计量方法的完善与改进、披露成本的降低等问题仍有待进一步探讨与解决。

我国对企业社会责任问题已越来越重视，但披露社会责任报告的企业还比较少见，目前只有我国上市公司的年度报告通常会披露公司高级管理人员的年龄、主要经历、持有公司股份情况以及年薪等信息。可见，社会责任报告在我国的发展还任重而道远。

7）简化的年度报告

从前面所述，我们可以看到，不断增加财务报告信息并扩大信息范围已成为财务报告发展的“时代主旋律”。但物极必反，没有节制的披露已有变为过度、过滥披露的危险。这不但会增加企业信息披露成本，而且还会增加信息使用者的理解难度与阅读、分析成本，反而不利于信息使用者抓住关键的有用信息。因此，一种反向的探索已开始，即通过编报简化的年度报告（summary annual reports，SAR）来揭示企业的财务信息。它是对“差别报告”需求的一种反应，即不同的使用者对信息具有不同的需要，而这些不同的需要可以用不同的方式加以满足。简化的财务报告可以满足非会计专业人员的要求。

简化的年度报告是摘录传统年度报告的一些主要信息并经过高度浓缩后形成的，一般只包括压缩的财务报表和财务述评（财务述评原先包括在管理当局的讨论与分析中）。SAR 的主要特点有：①只反映企业扼要的经营成本与财务状况；②一般没有附注；③有些公司利用短语和图表代替数字表述，也有的公司取消了图表。这样的 SAR 实际上起了一个报告摘要和导读的作用。在内容复杂、项目繁多、使用者无法详细阅读和研究财务报告全部内容的情况下，SAR 能够帮助使用者减少搜寻相关信息的时间，并使其更容易理解财务信息。因此，SAR 在改进对外信息披露效果方面已成为财务报告的另一个发展方向，越来越多的企业自愿加入这一行列。

目前，在国外的会计实务中，简化年度报告只能算一个补充报告，而不能代替按 GAAP 要求编制的年度报告。按美国 SEC 的见解，SAR 若能涵盖年度报告的主要内容，同时在开股东大会之前，发给股东的材料中已经包括了年度报告的主要信息，则增加 SAR 是值得鼓励的。我国对上市公司也提出了类似要求：公司除了编报年度报告外，还要在中国证监会指定的全国性报刊上刊登年度报告摘要。这样做有助于使用者从 SAR 中选择重点，再从年度报告正本中了解他们所关心的信息。

7.4 财务报告的发展

7.4.1 现行财务报表的局限

财务报表及其附注仍占据财务报告的核心地位，但随着会计环境的变化，财务报表所提供的信息已严重偏离信息使用者的需求，其局限性已日趋明显，具体表现为：

1）现行财务报表没有很好地满足财务报表目标甚或财务会计目标

现行财务报表所提供的信息是基于权责发生制、以历史成本为主要计量属性且能用货币计量的财务信息，能较好地完成报告与解脱受托责任的目标，但不能直接满足变化后的财务报表目标——为信息使用者决策提供有用的信息。

财务报表目标强调决策有用性之后，财务会计乃至其报表体系并未突破原有的框架，表现出极大的不适应性。虽然财务报表提供的受托责任信息是委托人做出是否继续维持委托代理关系决策的依据，但是信息使用者的决策不限于此，而且决策总是面向未来的，因此关于未来的信息才是最有用的，尤其是企业未来现金流动的金额、时间分布及其不确定性方面的信息。然而，现行资产负债表和收益表所提供的权责发生制下的历史性财务信息在总体上与现金流量是不相关的，将权责发生制信息转换为收付实现制而编制的现金流量表提供的乃是过去的现金流量，而不是未来的现金流量，所以对决策的有用性也大大打了折扣。此外，基于会计分期假设而定期编制的财务报表具有滞后性，严重影响了信息的及时性，因为使用者的决策是不间断进行的，他们希望随时得到决策所需要的信息。可见，现行财务报表没有很好地将自己的目标贯彻落实。

2）通用财务报表难以满足不同使用者的信息需求

现行财务报表是通用型的。它假定能够满足所有使用者的信息需要，但不同使用者的具体决策及其模式千差万别，它们所需的信息也必然各不相同。通用财务报表显然难以同时满足所有使用者的个性化信息需要。事实上，现行财务报表在形式和内容上都以股东为主要服务对象。它在客观上忽视了企业对其他利益相关者（如职工、债权人、政府、社会等）所承担的责任，也就很少披露它们所关心的信息。此外，通用财务报表主要针对具有正常理解能力的（投资者）使用者。这种导向忽视了信息媒介和投资媒介在竞争性市场上的作用，并限制了财务报表对外信息功能的扩大与深化。

3）财务报表的技术性削弱了其信息的有用性

财务报表项目的分类、汇总与排列，本来是为了更有效地实现其沟通职能，让使用者能理解明白，然而它们逐渐演变成纯技术，以致只有精通会计与报表规则的使用者才能理解财务报表所提供的信息。同时，许多会计数据正是在分类、汇总、确认和计量过程中丧失了其本身的含义，从而也削弱了财务报表信息的有用性。

4）财务报表没有完全体现实质重于形式原则

财务会计中有一条实质重于形式原则，已有不少实践，对提高信息质量功不可没。但在很多情况下，囿于财务会计固有的确认标准，财务报表经常把重点放在法律形式上，而不是交易或事项的经济实质上。这种按法律或其他形式来确认、计量的资产、负债、所有者权益、收入、费用、利得和损失的做法不能完全反映经济真实，甚至有些资产与负债完全被忽略，比如部分衍生金融工具、人力资源、有些无形资产等。

资产最本质的特征是未来经济利益，而最能反映这一本质特征的计量属性应当是未来收益现值或未来现金流量现值，然而现行会计仍以历史成本为主来计量资产，而且允许采用和选择摊销、折旧、递延、预提等不同会计程序与方法，允许必要的估计，还允许不同项目采用不同计价方法，从而使报表上反映的资产数额不能真实地表达其经济价值（可能高估，也可能低估）。这样，财务会计所追求的真实性、可靠性也受到了挑战。

货币计量假设要求会计必须将所要揭示的信息予以货币的度量，而实际上影响企业财务状况和经营成果的所有因素并非均可以货币予以客观地计量。为此会计有两种选择：①将难以货币量化的因素勉强予以量化，从而扭曲信息的真实性；②放弃不能或难以量化的因素，从而降低会计信息的有用性。财务会计在稳健思想的引导下，很显然是选择了后者，因此将企业职工的素质、企业的社会声誉、新产品开发能力、企业战略、企业原材料与能源的来源、市场营销能力等等与企业生存与发展关系密切的因素通通排除在财务报表之外。

财务报表只报告已发生或已执行的经济交易或事项的信息，而不报告未发生或未执行的经济交易或事项的信息，如未执行契约、未履行合同、未决诉讼等，从而遗漏了一些资产和负债信息，也不利于反映企业的真实情况。例如，被漏报的资产涉及有：矿物、天然气或石油的已发现价值；牲畜、木材的增长价值；自创商誉等无形资产、人力资产、操作衍生金融工具（未执行合约）而产生的金融资产等。被忽略的负债则有：各种执行中的赔偿合同、管理人员的报酬合约、债务担保、保险合同、产品质量保证、未决诉讼或仲裁导致的潜在义务、操作衍生金融工具而产生的金融负债等。当然，不可否认的是，其中的一些表外项目（off-balance items）已在报表附注中披露，只是没有完全进入表内反映。

总之，财务报表没有彻底贯彻实质重于形式，而拘泥于会计假设以及现行的确认标准，从而使信息披露不全面、不完全真实，降低了财务报表的功用。

5）财务报表的可比性和一贯性仍需增强

财务会计十分重视信息的可比性与一贯性，但这种努力并不能完全使信息使用者满意。财务报表信息是基于单一（个别）会计主体的，而不同会计主体均可在会计规范之内决定自己的会计政策，导致用不同会计政策“生产”出来的信息内涵是不相同的，因而财务报表信息在不同企业之间往往不可比。信息使用者作决策时，恰恰需要可比的信息，因为“有比较才有鉴别”，有鉴别才能做出正确决策。正是这种不可比性，妨碍了潜在投资者挑选投资对象、潜在债权人挑选放贷对象，以及现有投资者和债权人对企业做出有参照物的评价（虽然采用了在报表附注披露会计政策的补救措施，但要调整到可比的程度，则可能需要花很多时间与成本）。经济全球化要求财务会计变成真正的国际通用“商业语言”，而可比性问题成为最大的障碍。

企业使用的会计政策并非一成不变。会计政策（还有会计估计）允许变更，为企业玩“会计数字游戏”提供了契机——操纵利润，粉饰财务报表，造成前后各期财务报表不可比，难以完全满足一贯性原则要求（虽然采用了在报表附注中披露会计政策、会计估计变更的补救办法），从而妨碍使用者对报表进行纵向比较分析来准确评判企业的真实状况与业绩。

综上所述，现行财务报表的局限性是财务会计自身所固有的局限性引起的：会计假设对变化了的环境不适应、会计系统“只读寄存”的缺陷、会计规范体系的内在矛盾与不足等。因为财务报表只是财务会计系统中的最后一个环节，它只能以前面确认、计量、记录各环节的结果为依据，所以财务会计理论与方法所固有的局限性便直接在财务报表中集中地表现出来。不过，公正地说，不应对财务报表的局限过分指责，因为世界上并不存在完美无缺的东西。人们认识财务报表的局限性，一方面是为了改进，另一方面也是为了正确认识财务报表的作用（对财务报表抱有过高或过分的期望，反而是有害的），从而合理有效地利用财务报表。正如社会分工一样，信息系统也有一定的分工，作为企业管理信息系统的一个子系统的会计信息系统，不可能也不应该满足使用者的全部信息需求。财务报表是财务会计系统输出信息的方式，它之所以被称为财务报表，主要是因为它提供“财务信息”，为使用者服务，因此使用者也不必过多苛求财务报表。我们认为正确的态度是：正视财务报表的局限性并试图加以改进，而不是放弃它。

7.4.2 对现行财务报表改进的努力

1）现行财务报表改进的路径

对现行财务报表的改进是沿着两条路径进行的：一条是充分披露方向；另一条是简化披露方向。沿着前一方向的改进成果蔚为大观：一方面报表附注越来越丰富，已进入“附注时代”；另一方面，其他财务报告的内容和品种也越来越多（虽然实务界真正实行的并不见得多）。这都是为弥补财务报表的局限所作的努力和尝试，受到了信息使用者的欢迎。因此，这种改进成为改革财务报表的主流。可以预见，这一改革方向仍将继续，并进一步对现有改革成果进行完善与丰富（应是有增有减），以及对报告方式进行创新。

然而，一味地朝充分披露方向改进，也有可能滑入信息过量的泥潭，反而导致信息有用性降低。为了防止信息过量化，财务报表改进的另一方向——简化披露应运而生。目前的成果主要是提供简化的年度报告。这里，具有讽刺意味的是，在不减少年度报告信息量的前提下，另外提供一份简化的年度报告，是否真的能降低披露成本和防止信息过量呢？另外提供一份简化的年度报告实际上增加了信息披露成本，也增加了信息量的，除非使用者只需阅读简化的年度报告，且企业也只提供简化的年度报告。由此可见，这一方向的改革是不彻底的，仅是伴随充分披露进行的，因而恐怕难以成为改革的主流，只是作为对信息过量倾向的矫正手段而已。也许正因为如此，简化的年度报告也融入了其他财务报告中，与充分披露方向合流了。

2）现行财务报表的改进

将财务报表扩展为财务报告，是对财务报表改进成果最简练的概括。不过，我们发现，这些改革措施均是从财务报表（尤其是基本财务报表）外部推进的，很少触及财务报表内部。追溯财务报表形成的历史，人们不难发现，现行财务报表的框架体系基本上成型于20世纪五六十年代。在此之后，财务报表的改革只是“小修小补”，最大的变化是加入了“财务状况变动表”或“现金流量表”，但仍然没有从根本上触动资产负债表和收益表本身的内容与结构。当然，这种改进的努力是存在的，只是仍未统一、有效地付诸实践。对财务报表本身的改进方面，英国、美国、国际会计准则委员会所取得的成就最为引人注目。下面对其中两个方面的改进作一简要评述：一是收益表的扩展；二是财务报表结构的改进。

(1) 第四财务报表：收益表的扩展

①英国增设“全部已确认利得和损失表”。早在1976年7月，英国特许会计师协会(ICAEW)就公布了一份讨论稿《公司报告》，其中涉及企业经营业绩信息的改进。1991年6月，由英国和苏格兰两个特许会计师协会的研究组联合发表了一份题为《财务报告的未来模式》，提出了一整套改进的财务报表，其中比较突出的是在传统损益表之外，增加一个“利得表”(gains statement)，以便全面地反映企业的全部业绩。利得表的主要特点是按资产/负债观来定义利润，且用“现行价值”(current value)为基础来计量净资产的变动，还考虑到了消除物价变动的影响。这就势必增加了利得表编制的复杂性。因此，英国会计准则委员会(ASB)考虑另一思路：坚持“满计当期全部损益”观点，让一部分未实现的利得(损失)，绕开损益表，在资产负债表的业主权益——“准备”(reserves)部分予以确认。同时，设计一个与损益表相互配合的新的财务业绩表，作为企业业绩报告的重要补充。1992年10月，ASB正式公布了财务报告准则第3号《报告财务业绩》，使上述思路变成了现实。该准则规定一个企业的财务业绩是由“损益表”和“全部已确认利得和损失表”(statement of total recognized gains and losses)共同表述的。1995年12月，ASB重新发表的《财务报告的原则公告》征求意见稿，继续推荐上述做法。在全部已确认利得和损失表中报告的主要内容有：净损益(来自损益表)、未实现的资产重估价盈利(损失)、未实现的交易中投资利得(损失)、外币净投资上按现行汇率折算的差额。这样一来，ASB设计的“全部已确认利得和损失表”可起第四财务报表的作用，从而成为基本财务报表之一。

②美国要求在收益表之外报告“全面收益”。1980年12月，美国FASB首先提出一个不同于传统的“收益”新概念——全面收益(comprehensive income)，并将其定义为“企业在报告期内，由企业同所有者以外的交易及其事项与情况所产生的净资产的变动”。1984年12月的《财务会计概念公告》第5号再一次指出：全面收益的报告，应当成为一整套财务报表的组成部分。其后，在一些财务、会计、投资等组织(团体)和学者们的共同推动下，FASB参考了英国的经验，在1986年10月11日发布的一份《报告全面收益》的征求意见稿的基础上，于1997年6月正式公布了财务会计准则第130号《报告全面收益》。至此，报告全面收益的报表便成为美国企业一整套财务报表中的第四财务报表。

全面收益也是建立在资产/负债观基础上的(实际上把资产负债表又恢复到第一报表的地位，实现了“否定之否定”)，并将全面收益的报告分成两个模块：

全面收益 = 净收益 +其他全面收益

其中，净收益仍由收益表提供，仍然只反映已确认及已实现的收入(利得)和费用(损失)；其他全面收益则涵盖那些已确认但未实现，平时不计入收益表而在资产负债表部分表述的项目，例如外币折算项目上的未实现利得或损失、最低退休金负债调整、在特定债券或权益证券上投资的未实现利得或损失等。这样，全面收益就较好地将“当期经营业绩观”和“满计当期全部损益观”结合起来了，比净收益更能帮助使用者预测企业“所有”未来现金流量，也增进了财务报表关于企业财务业绩信息的完整性和有用性，并提升了财务会计信息的质量。

目前，全面收益报告没有强制的统一格式。它可采用下列三种格式之一：一是与收益表合并为一份报表，称做“收益与全面收益表”，其上部分为收益表，下部分列示其他全面收益；二是与收益表分开，单独编制一张报表，即“全面收益表”，使第四财务报表名副其实；三是在业主权益变动表中详细报告其他全面收益，收益表仍单独编制。

③国际会计准则委员会设计了表述已确认未实现利得（损失）的表式。1997 年 8 月，IASC 对国际会计准则第 1 号（IAS1）进行了重大修订。修订后的 IAS 1 题为《财务报表的表述》，它要求补充编制“已确认利得和损失表”（同英国的“全部已确认利得和损失表”基本一致，可见 IASC 借鉴了英国 ASB 的经验）或在业主产权变动表中详细披露已确认的未实现利得，并在其附录中提供了相应的表式，便于人们操作。

综上所述，可见英国的 ASB、美国的 FASB 和 IASC 在 20 世纪 90 年代均先后采取了相同的步骤：增加企业的财务业绩报表。这一改革表明：改进财务报表都要服从财务会计目标，努力提高财务信息的有用性。为何率先改进企业业绩报告？这是因为：①实证研究表明收益指标仍然是使用者（特别是投资者）最为关心的会计数据；②收益同现金流量信息是紧密相关的，全面收益比净收益信息更能为使用者预测未现金流量提供可靠的基础。

纵观财务业绩报告的改进，可以看出存在 3 个共同的趋势：一是改进的目标是为了提高会计信息的相关性；二是强调在保留传统收益表基本结构的前提进行“增量改革”；三是突破了实现原则的约束，扩大了业绩报告的内容，但也进一步模糊了收益的来源。

（2）财务报表结构的改进

1994 年，美国 AICPA 发表了一份题为《改进企业报告：着眼于用户》的研究报告，其中关于财务报表的改革建议中最有新意的是改革财务报表结构，即将财务报表信息划分为“核心信息”（core information）与“非核心信息”（non-core information）。前者为企业核心活动（core activities），即主要的、正常和持续经营的业务所形成；后者则为企业非核心活动（non-core activities），即次要的、非正常和不再持续经营的业务所形成。为此，公司应在资产负债表上区分核心活动的资产与负债、非核心活动的资产与负债；在收益表中区分核心活动盈利、非核心活动盈利；还在现金流量表中区别核心活动现金流量、非核心活动现金流量。AICPA 的新模式还要求计量每股核心盈利和每股净收益，并相应地计量每股的现金流量。区分核心活动与非核心活动，既要在表内反映，又要在报表附注中用较详细的标题或文字说明。这样做，必能向用户提供更加有用的、可比的核心活动信息，准确表达公司的核心竞争能力。如果这些建议在未来能付诸实践，就可望提高会计在信息市场上的竞争能力。唯有持续不断地改进，会计职业才能长盛不衰，永葆活力。

此外，对资产负债表项目排列顺序也在进行改革，基本的趋势是再次重视按重要性排列的方式。国际会计准则委员会筹划小组于 1995 年 3 月公布的“财务报表编制”的原则说明书草稿就将资产负债表的项目排列改为：无形资产列在固定资产之前，固定资产列在流动资产之前。IASC 1997 年修订的国际会计准则第 1 号，对美国模式和英国模式进行调和与折中：它一方面强调资产、负债的流动和非流动的划分，另一方面又列示了一份以英国模式为主的资产负债表格式。我们可以预见，随着知识经济的蓬勃发展，人力资源（人力资本）成为第一资源，人力资源的重要性凸现无疑，反映到资产负债表就是将人力资产排在首位，其次就是与人力资产密切相关的无形资产（或智力资产）。

3）对改进财务报表努力的评论

这里，我们想对上述改进财务报表的努力作简要评论，并试图回答：为什么迄今为止的所有改进措施都没有从根本上改造基本财务报表。

面向未来，是用户对财务会计改进的要求，但保证信息相对可靠则是财务会计的固有特色。为了调和二者的矛盾，人们对财务报表提出了各种各样的改进意见。总的方案将不外乎在下列三者中择其一：①保持现行财务会计模式，但应作必要改进，使财务会计报告更多的未来信息；②彻底否定现行财务报告模式，在财务会计信息为谁（who）、何时（when）、如何（how）、提供什么信息（what）等方面进行重新研究和创新；③继续保留以面向过去、主要提供历史信息为特征的传统财务会计，另外创新并发展一个面向未来、主要提供预测信息为特征的新的经济信息系统。稍加对照，我们发现，现有对财务报表改进的努力均是在第一种方案内进行的。对此，我们的解释是：财务会计及财务报表的缺陷其实是从相关性方面来衡量的，但若从可靠性方面来衡量，其缺陷反而成为它的信息优势（优缺点有时是相对而言的），因此对财务会计的任何改进都不能改掉财务会计的可靠性特征。道理很简单，不可靠的信息怎么会具有相关性呢?！依据不可靠的信息就可能甚至必然导致决策失误。迄今为止，也没有证据表明：使用者认为，财务报表信息不相关而应予以放弃，再由一个基本不同的组织财务信息的手段来取代它。历史和现实已充分证明，在市场经济中，财务报表所传输的具有可靠性特征的历史信息（具有反馈和预测价值）可以用来指导未来，对绝大多数用户是相关的。否则，它早已被淘汰出历史舞台。因此，财务会计不能为了一味突出相关性，而不断削弱可靠性，将财务报表变成可有可无的东西（FASB设想的整个财务报告体系各个组成部分的重要性正在本末倒置），财务会计终究不能改变为另一门学科——财务预测学。当然，财务会计也不能因此固步自封，而要在保证可靠性的前提下尽量提高相关性，并过滤掉虽可靠但不相关的信息。

财务会计发展到现在，并不是“一次革命”就完成的。它是循序渐进、逐步改良的，而不是推倒重来。科学发展具有继承性，而且可靠性始终是人们在决策过程中衡量信息质量所要考虑的一个主要特征，因此我们相信，未来的财务会计是一个“扬弃”的发展过程，对财务报表不论作怎样的改进，都不会偏离如下的基本方向：可靠性、相关性和可比性缺一不可。其中，可靠性是财务会计的本质属性，是基础，也是核心，因而是财务信息的生命和灵魂。这一点针对我国会计信息严重失真的现实，显得尤为重要，即先要着力解决会计信息可靠性问题，方能谈得上为决策提供有用信息。

通过上面的论述，对现行财务报表改进的努力进行评价就容易了，用一句话即可表达：这种努力是值得肯定的，而且这种努力必将继续下去。

7.4.3　对未来财务报告的展望

未来财务报告是未来会计环境的产物。未来会计环境的不确定性致使我们难以准确对未来财务报告作定型化描述，因为谁也难以完全做到先知先觉，但这并不妨碍我们对未来财务报告的走向作一个粗略的估测，以便我们把握好财务报告的未来发展趋势，从而对财务报告进行有的放矢的改革。下面我们就未来财务报告的目标、内容、时效、灵活性、方式这5个方面做一探讨。

1）未来财务报告的目标

未来财务报告目标将继续锁定在为企业各相关利益者决策提供快捷灵敏的相关财务信息（这些信息已包融解脱受托经管责任所需的信息），并真正使提供有关现金流量的数量、时间分布及其不确定性的信息这一目标成为可以操作的目标。此时，财务信息的质量特征仍然要坚持可靠性、相关性、及时性与可比性，尤其是在可靠性与相关性的权衡中更偏向于相关性。历史（事后）信息满足可靠性，同时也是相关性的基础；未来预测（事前）信息满足相关性，同时应强调对预测信息的规范，尽可能提高预测信息的可信度和可靠性。达到这样的境界之后，相关性与可靠性的矛盾就减缓了。它们的关系应该是相辅相成的。谁会需要不可靠的相关性信息呢？

至今人们将会计分成财务会计与管理会计两大分支系统。财务会计专司对外报告责任，而管理会计专司对内报告责任。但我们应该知道对内、对外会计信息均由企业会计系统生成，过去只在企业内部报告的预测信息已经对外报告了。这说明管理会计提供的信息早已不局限于企业内部，财务报告早已“借用”了管理会计信息。财务会计恰好利用了管理会计的特长——提供具有相关性的预测信息。从这里，我们得到启示：财务会计与管理会计的对内、对外分工的界限不是绝对不可逾越的，未来两者融合的程度将会越来越大，即管理会计“外化”为财务会计的成分将增加，而且我们不用担心管理会计的消亡，因为管理会计会开拓新的“疆土”。其实，这种行动在财务报告中已有所体现，例如其他财务报告的职工报告、增值报告、环境报告等无一不与管理会计相关，而且它们本身就是管理会计研究的内容。当然，其他财务报告中的许多内容仍处于披露的初级阶段，还未成为绝大多数企业的一致行动。未来应改变这种现状，以真正让财务报告目标得以实现，未来的会计才会在学科与职业的“群星”中更加闪烁与辉煌。

2）未来财务报告的内容

为了实现财务报告的目标，未来财务报告的内容将更加复杂与丰富，并随会计环境的变化与要求而不断创新。

①坚持财务信息的核心地位，通过非财务信息提升财务信息的价值。

未来企业的竞争讲究核心竞争能力，那么会计作为一个职业，它的核心竞争能力表现在哪里呢？我们认会计的核心竞争能力就表现在它能提供财务信息，而非“非财务信息”。这也是会计之所以成为会计的本质特征，是以区别于其他行业的“资本”，譬如区别于统计。

现在，人们谈到财务会计的局限，势必触及财务会计不能提供非财务信息，并得益于戳中了财务会计的短处与“痛处”，于是开出的“药方”是财务会计要将精力放到提供非财务信息上去，至少也要做到财务信息与非财务信息并重。我们对此有不同的看法。

财务会计提供非财务信息，非不能也，是不为也。我们千万不要误以为信息均出自会计一家之手，其实企业的信息可由企业内各种子系统生成与发布，例如统计信息系统、技术信息系统、物流信息系统、人事信息系统，甚至还可利用新闻报道与新闻发布会等。因此，财务会计信息系统不是亲自去“生产”非财务信息，而更多的是实行“拿来主义”。现行的做法是，在财务报表附注中以及其他财务报告中纳入大量的非财务（包括定性）信息，人们便误以为财务会计理所当然可以“生产”并报告非财务信息了。我们认为，真实的情况并非如此。即使这些非财务信息经会计人员之手弄进了财务报告中，也并不表明这些非财务信息就是或应当由会计来“生产”。会计只是借助这些非财务信息来辅助说明与解释财务信息，帮助信息使用者更准确地理解与运用财务信息，从而最终提升了财务信息的价值。因此，更实事求是地说，财务报告应是企业会计人员与企业其他有关人员“合作”的成果。财务报告中的许多内容是非会计性质的东西。基于这一认识，我们认为，财务报告只是“公司报告”的一个主要部分。这也可以成为解释西方国家的上市公司对外披露信息的报告不称财务报告而称“公司报告”或“年度报告”的理由。由此，我们预见，未来的会计应在拓展财务信息的深度与广度上下功夫，并“拿来”非财务信息为增加财务信息的价值服务（会计在“生产”财务信息时的“副产品”是个例外，如对会计政策的揭示是会计“自产自销”的非财务信息）。甚至还可以预见，随着会计计量技术的进步，如今只能以非货币计量的信息今后也将能以货币计量。

②在不放弃历史成本计价信息的同时，以公允价值计价的信息将大大丰富财务信息的内容并提高财务信息的相关性。

随着时代的发展和用户需求的变化，以及现代交通和通讯技术的发展，相互分割的市场正在走向世界一体化，以交易价格为基础的传统历史成本计量属性不再是唯一可靠的信息源，公允价值的逐步形成及其所具有的客观性已得到越来越多人士的承认和运用。美国、英国、加拿大、澳大利亚以及国际会计准则委员会在现行会计准则的制定过程中，都已开始较为普遍地使用公允价值概念，连我国也在债务重组、非货币性交易等具体会计准则中引入了这一计量属性。我们有理由相信，在未来财务报告中，能用历史成本计价且不失可靠性与相关性的信息仍占一席之地；用历史成本计价但既失可靠性又失相关性的信息，肯定要被公允价值计量属性所取代；用历史成本计价虽具可靠性但难保相关性的信息，则可用公允价值计价后的信息作为补充信息同时提供；最终，当公允价值计量的信息既可靠又相关时，公允价值将全面取代历史成本（或许历史成本也成为公允价值的选择之一）。会计从现在开始就要认真探讨的是，以何种技术与方法来找到公允价值，而不仅仅是停留在概念阶段，而难以实际操作。在知识经济时代，当公允价值计量技术得以妥善解决之时，一个崭新的以公允价值为代表的计量属性为基础的会计信息系统绝对不再是“纸上谈兵”。到那时，囿于历史成本计量而无法进入财务报告的信息将以公允价值计量的方式进入财务报告之中，从而大大增加了会计计量的对象，并丰富了财务信息的种类和数量。

③企业无形资产和人力资产将成为未来财务报告的重心。

工业经济依靠资本和生产型人才，对有形资源的占用和使用是工业社会环境中企业得以持续经营之根本。这在客观上决定了传统会计系统必须围绕企业有形资源的确认、计量、记录和报告展开。随着以技术为动力的知识经济时代的到来，企业必须依靠知识和知识型人才，从而转向对技术和人才的开发、利用和争夺，以创造未来现金流量和企业市场价值来确保竞争优势。在这种发展趋势下，无形资产和人力资产以及智力资产在企业总资产中的比重将大大提高，而有形资产的比重则相应地大大下降，如美国许多高科技公司的无形资产已超过总资产的一半以上。对此，会计不能漠然视之，必然要转向对无形资产和人力资产等“软资产”的确认、计量、记录和报告，以增强会计信息的有用性，因而必须实现财务报告重心的转移，及时准确地报告企业无形资产和人力资产的价值。现行财务报告虽然涉及这方面的内容，但报告得不详细、不全面，甚至有重大遗漏。例如：美国微软公司的市值大大高于其账面价值，其中很大部分的原因就是几乎没有报告微软公司巨大的无形资产与人力资产价值。当然，会计界已在无形资产会计与人力资源会计领域有了长足的进步，但要进入操作阶段仍有许多难题，也许这是一个跨世纪难题。会计同仁应迎难而上，在开发未来财务报告模式时，着重解决无形资产和人力资产的确认和计量问题，将对企业价值产生重大影响的无形资产和人力资产纳入财务报告范畴，最好全部在基本财务报表中予以表述。可见，会计的发展任重而道远，但会计同仁似乎已没有选择的余地，必须选择做解决难题的先驱者，总不能拱手相让去做追随者。这也可以说是一场会计阵地的“保卫战”。

④突破会计主体假设，同时报告与会计主体信息相关的关联方信息。

基于会计信息用于评价经营受托责任用途的考虑，会计主体的确立是传统会计系统的一个重要前提，而工业时代企业组织垂直控制的特征也为这一前提的确立提供了它所必需的外部环境。随着知识经济时代的到来，企业组织的结构正在朝网络化、扁平化甚至虚拟化方向改变。这种改变使得会计主体假设开始失去其既有的合理性。除此之外，无形资产和人力资产的合理报告在客观上也需要突破单一会计主体的范围，因为无形资产和人力资产的先进性和价值需要与其他企业的同类资产相比较，才可以进行合理的衡量。企业还是社会中的企业，一个企业的失败可能引发“骨牌（多米诺）效应”而殃及相关企业，所以评估一个企业时还需要相关企业的信息，比如该企业上游与下游企业的信息，即对整个企业价值链的关注提出了这种信息需求。借助相关企业的信息，可以更充分地说明一个企业的真实状况。这些改变在客观上要求会计信息的披露突破传统的空间范围限制。因此，如何恰当地提供一个主体及其相关方的信息，也代表着未来财务报告的一个发展方向。

⑤增加相对值信息，提高财务信息的可比性。

以绝对值信息表述某一会计主体的财务状况和经营业绩是现行财务报表所提供信息的特点之一。当财务信息的用途更多地偏向用于各种各样的决策而不是局限于财富分配，财务信息揭示的范围不再局限于某一特定的主体等，那么以绝对值揭示信息的传统方式就必然会遇到相对值信息揭示的挑战。因为在某种意义上，相对值表达的信息具有更强的可比性，从而能更好地满足决策的需要。在近 20 年的财务信息披露发展的历程中我们已经看到，越来越多的证券监管机构已要求上市公司提供更多的能够直接用于投资决策评价的相对值信息，如一些重要的财务比率（每股收益/盈余、资产报酬率、股东权益报酬率等）。随着财务信息决策用途重要性的进一步加强，以及会计主体范围的逐步突破，我们有理由相信，以相对值信息揭示的方式一定会演变为未来财务报表发展的主流。当然，绝对值信息仍然有其生存的价值，从而形成一种绝对值信息与相对值信息并存的格局，将极大地丰富未来财务报告的内容。

3）未来财务报告的时效

基于会计分期假设的财务会计是定期提供财务报告的，尤其是年度财务报告成为会计的传统，以适应人们对年度财富分配的需要并降低信息披露成本。但是，随着财务信息决策用途的增强，年度的信息揭示会与投资决策对信息的及时性乃至即时性要求发生巨大矛盾。现代信息技术的高速发展，使得信息的生产成本大幅度下降，而且计算机随机寄存功能也使得财务信息的日常揭示成为可能，甚至进行实时报告也不会是天方夜谭了。如今，人们已设想了一种电子联机实时财务报告（electronic on-line real-time financial report）系统，它是指企业在充分利用现代信息技术的基础上，通过计算机网络实时将企业所发生的各种生产经营活动和事项反映在财务报告上，并将其存储在可供使用者查阅的数据库中，供使用者随时查询企业的经营成果、财务状况以及其他重要事项，从而使财务信息在满足使用者信息需要上真正实现了“多、快、好、省”。因而，它又被称为“同步财务报告系统”或“全天候财务报告系统”。以此为基础，人们正在探讨网路会计以及网络财务报告问题。我们看到，随着信息技术的日益成熟与应用的普及，这一种报告系统的应用正在变成现实，从而比较彻底地解决了财务信息滞后的问题，极大地提高财务信息以及会计信息系统在决策中的地位。

4）未来财务报告的灵活性

现行的财务报告实际上是一种通用财务报告，它提供给不同使用者以相同的报告，并将不同企业的财务报表予以标准化，所以它本质上是一种大批量生产模式。这一模式是基于以下假设的：一是不同使用者的信息需求是相同的；二是财务报告的提供者事先知道使用者的信息需求，或至少知道他们制定决策的模型。然而，即使从经管责任观来看，由于企业的各利益相关者使用不同的会计责任基础，他们的信息要求也是多样化的，而且由于使用者的目标和方法不同、被估价的资产不同、报告公司的环境不同以及使用者的信息偏好不同，使用者具有不同的信息需求。更何况，很难事先确认使用者的所有信息需求和他们的决策模型。因此，通用财务报告的局限性日益显著。如今，通用财务报告却应用广泛，究其原因在于：①通过与使用者沟通，可事先获得使用者的一些信息需求，从而满足使用者的一些共同需求；②有助于保持不同公司提供的财务信息的可比性；③标准化财务信息使拥有有限资源的监管者、准则制定者以及审计人员能更经济、有效、实用和方便地监督公司的财务报告行为，而并不是由于它能更好地满足使用者的全部信息需求。为了革除通用财务报告模式的弊病，人们开展了各种探索，以增强财务报告的灵活性来切实履行好财务报告目标。

（1）多栏式报告模式

不同信息使用者对信息需求是相同的假设暗含了所有使用者对公司业务都持有相同的看法。这导致在存在多种会计方法时，只使用一种方法并提供单一信息。单一信息不便于比较不同计量和确认方法下得出的结论，也不能确认不同信息的价值。更重要的是，这样提供信息通常与决策无关，并且无法实现真实和公允原则，还会产生会计数据固化。所谓数据固化是指信息使用者不能进行自我调整以看清数据的变化是会计政策变化引起的。它意味着使用者忽视不同会计方法有不同用途并产生不同的经济后果。于是，人们提出了多栏式报告模式，即对同一经济业务按多种会计方法加以处理，并将由此得到的不同信息在财务报告中予以披露，使得单一信息走向多元化信息。使用这一报告模式时要防止信息超载问题。虽然计算机和通信技术使生产和披露更多的信息变得容易起来，同时也降低了信息成本，但这并不等于解决了人脑处理信息的能力。有人已经论证了，许多人的信息瓶颈在于人们不是缺乏信息，而是处理信息的时间和能力的不足。因此，如何有效地给使用者提供精炼的、能直接用于决策的信息仍是财务会计未来值得努力的方向。

（2）“事项”报告模式和数据库会计模式

预先知道使用者的信息需求这一假设导致财务报告数据的高度综合性。综合信息最严重的问题是阻止使用者按他们自己的需求来重新编制报表；另外，加工综合信息的过程还会导致信息的丢失与扭曲。同时，综合信息也忽略了使用者的认知方式的差异，为管理当局操纵会计数字进行盈利管理（earnings management）提供了空间，使信息变得不及时，并为有效审计和使用信息设置了障碍，还排斥了使用者参与编报的过程。为了解决这些问题，人们又提出了其他模式，如“事项”报告模式和数据库会计模式。

美国著名会计学家索特（G. H. Sorter）在 1969 年提出的“事项会计” （events accounting）理论将重新受到人们的重视。索特指出，在不完全了解信息使用的需求和决策模型的情况下，会计应立足于提供与各种可能的决策模型相关的经济事项的信息，由使用者从中选择自己感兴趣的信息，即将数据综合的任务交给信息使用者。因此，财务报告应包括足够的明细数据以便使用者能重构发生过的经济事项。所谓事项，是指可观察的，亦可用会计数据来表现其特性的具体活动、交易和事件。据此，资产负债表是企业创立以来通过账户分别汇总后以余额间接表现的各种事项的报表，收益表是直接表现企业于某个期间所发生经营事项的报表。从数据处理角度来看，事项会计以“事项”作为数据处理目标，经济事项发生之后，通过各业务处理子系统进入数据库，根据各类事项的特征及其相互间的逻辑关系进行实时自动处理，以期达到反映和控制各种经济活动的目的。

数据库会计模式旨在提供一个数据库，以便信息使用者从中提取不同明细程度的数据。它是在数据库环境中对“事项”报告模式的拓展，但与“事项”报告模式有不尽相同的取向。“事项”报告模式强调编制明细一些的财务报表，而数据库会计模式则着重于储存和维护最原始的数据。这时，对信息使用者的专业要求变得更高了。他们应该成为财务分析专家。

（3）交互式按需报告模式

当代生产技术、信息技术以及管理方法的进步使许多行业中的企业可以大规模地按顾客需要组织生产（Mass Customization，MC），通过生产系统的灵活性和快速反应，实现产品多样化来满足顾客千差万别的需求。这一生产方式被称之为 21 世纪企业竞争的新前沿。MC 概念实际上也适用于财务报告，因为信息比物质产品更适合采用 MC，其理由是：①信息是不灭的，即原始数据、中间信息和最后的报告可以在加工过程中共存；②信息是可以由多人共享的；③容易复制，复制的边际成本几乎为零；④信息可以不断地合计与再分解或分类与再分类；⑤信息可以不同的表达方式和在不同媒体上再现；⑥易于模块化和组合。于是，一种交互式按需报告模型（an interactive and customizable reporting model）就应运而生了。根据肖泽忠博士的归纳，这一模型的基本要素包括：

① 数据库。报告单位维护一个可用来保存其愿意披露最原始水平的信息的数据库（包括财务和非财务数据），以便根据使用者的不同需求生成不同的财务报告。

② 模块化了的会计程序。报告单位的会计系统包括相互联系但又相对独立的模块。这些模块包括三类：财务报表要素、非财务信息项目、会计方法和表达方法。模块化的系统便于根据使用者的要求将一种交易或财务报表要素按不同方法加以处理。

③ 报告生成器。报告单位在因特网上为信息使用者提供报告生成器。它是报告单位与使用者进行交流的界面，并帮助信息使用者编制其所需财务报告。使用者可通过它选择具体的信息项目、类型和表达形式，就像人们选择电视频道一样方便。如不进行任何选择，使用者则可以得到一份通用的和标准的财务报告。为了避免使用者可能被许多选择项目搞得不知所措，系统还提供网上帮助来协助使用者使用报告生成器，特别是帮助他们选

择会计方法以得到其真正需要的信息。

④ 学习机制。系统设置了一个反馈渠道，以便信息使用者就如何及时改进报告系统向报告单位提出建议；还可设置一个记忆单元，记录最常被选用的信息、项目、方法和选择它们的使用者，而这一信息可以帮助法规及准则制定者改进现行法规和准则。

交互式按需报告模式极具灵活性，允许报告单位与信息使用者双向、直接、快速沟通，共同完成实时报告，从而能比传统报告模式更好地满足使用者的多样化信息需求，并进而减轻信息不对称和提高资本市场效率。

（4）差别报告模式

差别报告可以在两个层面上实施。一个层面是从信息提供者角度，由报告单位为不同使用者提供在内容或时间上有差别的财务报告。由于信息使用者的信息需求和获取信息的权力（途径或方式）各不相同，某些特定使用者或使用者集团已不满足于通用财务报告了。因此，企业可以有选择地、有重点地对外披露某些使用者或使用者集团特殊需要的信息。例如，主要债权人收到的信息比一般股东更为详细和及时，债券评估机构收到的信息也往往比年度报告更为详细等。通过差别报告，企业既可满足特定使用者及其集团的特殊信息需要，又可避免因广泛对外披露而对企业产生的不利影响。差别报告的编制可以运用会计软件网站提供的自助式会计系统来实现。在法律、制度允许的前提下，差别报告应能在不久的将来加以运用。在我国，采用差别报告方式来解决“外行使用者”和“内行使用者”不同信息需求的矛盾，也许值得一试。随着我国证券市场的扩大与完善，财务分析专家等“内行使用者”所发挥的作用日益增大，他们所需要的信息比一般使用者无论在数量上、质量上还是及时性要求上都有更高的期望，因此有必要为两类不同的信息使用者提供不同的财务报告。

另一层面是从会计规范角度，建立有差别的会计信息揭示制度。它实际上是由一国政府通过有关的准则或法规的规定，对不同规模或类型的企业在编制与提供财务报表的种类以及要求其披露的会计信息的格式、内容、数量、详尽程度等方面实行有差别待遇的一种制度安排。在这一制度下，一般是按企业的资产总额、年营业收入净额和年平均职工人数这 3 个标准，将企业划分为小企业、中型企业和大企业 3 类。对小企业实行某些会计信息揭示的豁免，允许其按简略形式提供资产负债表和收益表，而不必提供现金流量表；大企业（特别是上市公司）则必须按规定提供内容详尽的一整套财务报告；中等企业可以视自身具体情况在上述两种报告中做出选择或提供详尽程度介于二者之间的财务报告。不同规模企业的信息使用者对会计信息存在不同要求，有差别的会计信息揭示制度迎合了这一要求。其实，这一制度在美国、英国、法国、德国、荷兰、比利时、西班牙、意大利等国家都有不同程度的采用。我国财政部已推出一套全国统一会计制度，将金融类企业、小企业作特别考虑，在我国推行了有差别的会计信息揭示制度。事实上，继 2000 年 12 月 29 日公布《企业会计制度》之后，财政部于 2001 年 11 月 27 日发布了《金融企业会计制度》，又于 2011 年 10 月发布了《小企业会计准则》。

5）未来财务报告的方式

未来财务报告在信息载体（存储介质）、传递方式与表述方式（格式）等方面都将与传统方式作不同程度的“告别”。随着信息技术的普及应用与提高，企业总有一天会取消纸质（书面、报纸）财务报告的印刷与传递，而是在网上发布信息；信息使用者也不必等待寄送或亲自去取阅财务报告。在信息的表述方式上，不再囿于文字与表格方式，而是更多地运用图形与音像方式恰如其分地表达信息内涵，做到图文并茂，声像俱全，使信息的表达更形象、直观、更易于被使用者接受和理解。因此，未来财务报告应是在网络上转输的、表式信息与音像化信息相结合的、更为简明易懂的一种实时报告。中国证监会在2000年1月1日发出通告，要求上市公司除在证监会指定的报刊上登载年报摘要外，必须上网公告，而且对于在网上发布的年报信息要承担同样的责任。这预示了我国未来财务报告在存储介质与传递方式方面的发展方向。

本章小结

财务报告的发展遵循了充分披露原则。财务报告由财务报表和其他财务报告两大部分构成，二者的根本区别是：财务报表项目来自账簿，并需按照会计准则确认；其他财务报告的资料不必全来自会计系统，且无须确认。

财务报表包括基本财务报表和报表附注。基本财务报表指资产负债表、利润表和现金流量表。报表附注和其他财务报告则构成表外披露。

资产负债表是根据“资产=负债+所有者权益”编制的反映企业特定时日的财务状况的报表。资产负债表的格式有：账户式、报告式和财务状况式。我国采用账户式资产负债表。

利润表是根据“收入-费用=利润”编制的反映企业一定期间的财务成果的报表。利润表的格式有单步式和多步式。我国采用多步式利润表。

现金流量表是根据“现金流入-现金流出=净现金流量”编制的反映企业一定期间的财务状况变动情况的报表。现金流量表按经营活动、投资活动、筹资活动这三种活动产生的现金流量来编制，我国亦如此。

会计信息披露的理论模型是对表外披露范围的一个尝试性回答。此时，由基本财务报表和表外披露构成的企业信息披露系统更名副其实的称呼应为“企业报告”。

财务报表附注可采用旁注、附表和底注等具体披露方法。其他（财务）报告的内容和格式极为灵活。根据现行会计惯例，其他（财务）报告可涉及的内容有：管理当局的讨论和分析、比较报表和财务比率分析表、分部信息报告、中期报告、财务预测报告、社会责任报告、物价变动影响报告、简化的年度报告以及我国特有的财务情况说明书。在我国，许多其他（财务）报告的内容已纳入报表附注范畴，因此没有用“其他（财务）报告”概念。

现行财务报表的局限性有目共睹，但我们应公正地看待其局限性。表外披露的不断发展正是对其局限性的弥补，会计界对收益表的扩展和财务报表结构的改进已作了不少有价值的探索。

在未来，财务报告将继续坚持为决策提供有用信息的目标并努力提高目标的实现程度，在披露的内容方面，将在以披露财务信息为核心的前提下，开拓其他有价值的信息，如非财务信息、公允价值信息、无形资产和智力资产信息、相关的上下游企业的信息、相对值信息等；未来财务报告的时效性将在实时财务报告系统的运行中得到提升；其灵活性也会在多栏式报告模式，“事项”报告模式、数据库会计模式、交互式按需报告模式和差别报告模式的选择中得以增强；其披露方式将实现网上在线报告，并将做到图文并茂、声像俱全。

主要概念和观念

□ 主要概念

充分披露原则 财务报告 财务报表 财务报表附注 其他财务报告 企业其他报告 表外披露 资产负债表 收益表 现金流量表 旁注 附表 底注 管理当局的讨论与分析 分部信息报告 中期报告 社会责任报告 环境报告 增值报告 人力资源报告 全面收益表 企业报告 财务信息 实时财务报告系统 交互式按需报告模式 差别报告模式

□ 主要观念

财务报告是企业对外披露会计信息的主要方式。财务报告的内容、项目的具体和披露方式都影响着其效用。同时，财务报告还处于不断发展之中，要用发展的、动态的观点去思考财务报告。

财务报告与企业的信息披露之间有联系也有差异，需要认真加以分析和把握。

基本训练

□ 知识题

1. 财务报告体系由哪些要素构成？
2. 财务报表和其他财务报告有哪些区别？
3. 财务报告能提供什么信息？有何作用？
4. 资产负债表能提供哪些有用信息？有什么作用？
5. 利润表具有哪些特征？它能提供哪些方面的信息？其作用如何？
6. 现行现金流量表的编制基础是什么？现金流量表提供哪些信息及其作用如何？
7. 表外披露的范围如何界定？表外披露的具体内容和方法有哪些？
8. 现行财务报表有哪些局限性？

□ 技能题

1. 根据我国现行的现金流量表，阐述现金流量表的设计原理、原则和方法。
2. 资产负债表与利润表之间的关系如何？查阅一家上市公司的存货准备的计提方法的改变，分析它对资产负债表和利润表会产生什么样的影响。
3. 查阅有关资料，撰写一篇约3000字、题为“进一步改进财务报告体系”的短文，说明改进的理由和改进的方面。
4. 查阅美国的萨班斯法案以及我国企业内部控制标准，分析企业信息披露责任的主体是谁。讨论与分析财务会计人员、财务会计主管在企业信息披露中承担什么样的角色。

□ 能力题

1. 会计界对现行财务报表做了哪些改进？你是如何评价的？
2. 查阅中国联通股份有限公司2007年的年度财务报告。根据该报告，进一步理解和归纳企业财务报告是如何构成的。
3. 查阅查阅中国联通股份有限公司2007年的年度财务报告，根据该报告，进一步理解和归纳资产负债表的构成和设计原理。
4. 查阅查阅中国联通股份有限公司2007年的年度财务报告，根据该报告，进一步理解和归纳利润表的构成和设计原理。
5. 查阅查阅中国联通股份有限公司2007年的年度财务报告，根据该报告，进一步理解和归纳现金流量表的构成和设计原理。

6. 为推动上市公司完善治理结构，规范上市公司投资者关系管理工作，促进证券市场健康发展，深圳证券交易所制定并发布了《上市公司投资者关系管理指引》（简称《指引》）。《指引》首次引入了上市公司自愿性信息披露概念。《指引》指出，上市公司除强制性信息披露之外，还可通过投资者关系管理的各种活动和方式，自愿地披露现行法律法规和规则规定应披露信息以外的信息。同时，《指引》就上市公司进行自愿性信息披露时所应遵循的原则和应注意的问题进行了规范。根据该《指引》，分析投资者关系管理活动中财务信息披露在其中的地位？指出财务信息在整个公司信息披露中有哪些局限性？

7. 在上一题的基础上，再查阅有关的信息披露理论，对比分析财务报告理论与信息披露理论之间的联系和差别在哪里？有兴趣的同学可以进一步学习信息披露的相关理论与方法。

第 8 章

资本市场与会计信息决策有用性

学习目标

知识目标

认识资本市场的实证会计研究方法；了解如何确定会计信息及其披露在资本市场中的作用；理解有效市场理论和资本资产定价模型，掌握如何运用实证方法检验盈余等信息对投资决策的影响，以及会计信息含量和价值的相关性。

技能目标

能够透过股价的变化检验公司盈余和其他财务指标的经济后果。

能力目标

学会自己收集整理资料，对会计信息在资本市场中的作用进行初步的统计分析。在此基础上，理解会计信息的决策有用性。

8.1 资本市场发展与实证会计理论研究

8.1.1 实证会计理论研究与有效市场假设

实证会计理论研究经历了两个主要发展阶段：第一阶段主要是研究会计与资本市场行为之间的关系。这一阶段主要探讨的是会计信息在资本市场上的信号作用，但较少具体解释公司的会计行为变化。在这一阶段，人们试图从财务报告的会计收益与股票价格的反应之间找到某种联系。相关研究都假定企业会根据会计准则编制财务报表，资本市场也会根据这些信息对企业股票进行估值，从而做出买卖决策。值得注意的是，在这一阶段，那些评价企业股票价值的信息并不完全是由会计提供的。另外，公司财务理论特别是有效市场假设和资本资产定价模型（CAMP）在评价企业股票价值方面产生了重大的影响。

实证会计理论研究的第二阶段着重于试图解释和预测存在代理冲突条件下企业的会计实务，即会计政策与会计选择的实证研究。这一阶段的研究集中在两个方面：

一是试图解释企业在有选择余地的情况下为什么选择了某一特定的会计方法与程序，而没有选择其他供选择的方法与程序。研究结果表明，这种结果是管理人员基于过去（Ex Post）的环境做出的，即这一选择能为管理人员带来的最大效用。

二是试图解释企业是为了效益的原因选择了某一会计实务，即会计政策是预先（Ex Ante）选定的，以减少企业与其权益持有者之间可能发生冲突的代理成本。

上述两个方面并非是相互排斥的，为效益目的而预先选择某一会计方法或程序并不妨碍根据过去的经验选择某一会计方法和程序。只有当根据未来预期的效益大于根据经验的效用时，企业通常才会预先选择某一会计方法和程序。在实证会计理论研究的第二阶段，产权理论、契约理论、信息经济学和博弈论得到了较多的应用。

需要指出，实证会计理论研究第一阶段的主要研究话题可以大致归纳为有效市场假设与会计信息决策有用性。这里的决策主要指资本市场的投资决策。实证会计理论研究第二阶段的主要研究话题则可以大致归纳为契约关系与管理层会计行为。本章重点阐述有效市场假设与会计信息决策有用性。

8.1.2 有效市场假设与会计信息决策有用性

有效市场假设与会计信息决策有用性的研究通常包括两部分：一是研究企业报告的会计信息对股票报酬的影响；二是研究会计政策变动对股票价格的影响。所有这些研究都是以经济学上的有效市场假设（efficient market hypothesis，EMH）为基础进行的。有效市场假设将实证会计理论与会计准则的制定融入一个整体予以考察，因此具有十分重要的意义。

从微观经济学中移植过来的有效市场假设，从本质上讲所研究的是在不确定性情况下竞争市场中的动态价格行为。它是从零利润均衡状态的研究中扩展开来的。有效市场要求价格能够完全和瞬时地反映出所有可获得的有关信息。换言之，对于一组信息，如果根据该组信息从事交易无法赚取超常收益，那么市场就是有效的。具体地说，如果某一组信息被证券市场上的投资者广为了解，那么证券市场的竞争就会驱使证券价格处于这样一个水平，即投资者根据该组信息进行的交易只能赚取按风险调整的平均市场报酬率。

金融经济学家法码（Fama）首次将有效市场定义为对新信息即刻可予调整的市场。其后，他正式将有效率市场定义为其价格完全反映了可获得信息的市场。对于某一组特定的信息而言，以该信息为基础进行证券买卖，对能否可赚取非零值的非正常报酬率（超常收益）进行分析，即可对有效市场假设进行检验。对于有效市场假设的检验，通常被分为三大类：弱式（weak form）检验、半强式（semi strong form）检验和强式（strong form）检验。

尽管存在3种不同类型的效率市场，但会计学所关注的主要是半强式的市场效率。因为会计信息披露属于公开可获得信息中的重要组成部分。也就是说，公开信息除会计信息外，还可从其他途径得到信息。规范会计理论学者以及会计准则制定者总是对会计报表所披露的信息津津乐道，认为股票价格仅仅只与会计信息相关，殊不知股票价格还可能反映了所有公开可获得的信息，如国民生产总值、产业发展状况、利率、汇率、通货膨胀率的高低和企业的现时价值等。

需要注意的是，有效市场假设并不意味着所有的会计信息都已由企业"正确"提供或由不同的决策者做出了"恰当"的解释；有效市场假设也不意味着企业管理人员肯定能做出最优的决策或者投资者能够十分精确地预测出未来可能发生的事件。在有效市场假设中所说的市场效率仅指证券价格反映出了所有相关信息的共同影响，并且这种反映是即期的和中立的，也就是说，市场价格是公平的。

有效市场假设是一种有关证券市场定价机制的理论，而资本市场研究是一种经验研究，即采用统计方法去检验相关资本市场行为的假设。大多数资本市场研究都使用市场模型（market model）来估计或预测在正常条件下企业的报酬率。

8.1.3　资本资产定价模型及其在实证会计研究中的作用

资本资产定价模型（capital assets pricing model，CAPM）是研究对风险如何定价和度量的均衡理论。这一模型是资本市场理论的核心内容，是现代财务理论和证券理论的一项重要成果，对于了解证券收益与风险之间的本质关系，指导证券投资有着极为重要的意义。同时，对检验会计信息的相关性、验证会计信息含量及信号作用也有重要的作用。

根据资本资产定价模型，股票收益要受市场风险、企业特有风险以及相关信息的多重影响。如果投资者要获得某一特定的报酬率，必须对相关风险进行规避，高风险的资产比低风险的资产能产生更高的预期收益。一种资产的预期收益（报酬率）可以分解为无风险报酬加上风险溢价（risk premium）。预期收益率可用如下公式表示：

$$E(r_i) = r_f + [E(r_m) - r_f]\frac{cov(r_i, r_m)}{\delta^2(r_m)}$$

$$= r_f + \beta_i[E(r_m) - r_f]$$

式中：$E(r_i)$ 代表预期的报酬率；

r_f代表无风险报酬率；

$E(r_m)$ 代表证券市场上资产组合的预期报酬率；

$Cov(r_i, r_m)$ 代表资产的报酬率和市场报酬率的协方差；

$\delta^2(r_m)$ 代表市场报酬率的方差；

β_i代表特定投资组合的报酬率相对于整个市场组合报酬率的变异程序或不可分散风险的量度。

倘若市场缺乏效率，报酬率就应为无风险报酬率加上证券市场上组合资产的预期报酬率和知晓企业信息所得到的报酬率之和；倘若市场有效率，那么因知晓企业的信息所得到的报酬率将趋于零。这样，一种资产的预期报酬率就可以分解为无风险报酬率加上一个经调整的风险报酬率。

例如，某企业无风险报酬率为2%，资产组合预期报酬率为12%，β 系数为0.7，这样，该企业特定证券的预期报酬率就应为9%，即2% +0.7×（12% -2%）。如果实际报酬率为12%，则其差额就称为非正常报酬率，本例为3%。

在市场模型中的非正常报酬率，其来源应归因于那些属于某一特定企业而不是整个市场组合的特定因素。实证会计理论所关注的是半强式的市场效率。在半强式的市场假设条件下，当会计信息公开披露之后，就不可能出现非正常报酬率。也就是说，倘若企业披露的会计数据是相关信息，投资者就不可能据此再赚取非正常的报酬。因为，当信息公开后，非正常报酬率趋于零。实证会计理论就是希望通过经验数据来检验会计信息是否相关以及什么样的信息才是相关的。

8.2 盈余信息对股票价格的影响

对会计信息含量（information content）的研究产生了财务报告决策有用性的信息观（information approach）。信息观认为财务报告的目标是为投资者提供决策有用的信息。会计信息是否能够改变投资者的预期或决策行为？这就是会计信息含量研究所要解决的问题。需要说明的是：会计信息含量研究侧重于盈余数据。对信息含量的研究与有效资本市场的研究是相辅相成的。

8.2.1 会计收益与股票价格

Ball 和 Brown 是实证会计理论的奠基人。如前所述，实证会计理论研究的动因之一是探求会计收益信息与股票市场（价格）之间的关系。Ball 和 Brown 试图通过实证方法来检验历史成本收益对投资决策是否有用。在给定的有效市场假设成立的条件下，如果收益数字是决策有用的信息，那么，股票价格就会进行调整并反映出这种信息的影响。也就是说，当企业通过其定期财务报告等形式报告其收益变化时，会对股票的价格产生一定的影响。如果收益下降，股价就会下降；如果收益上升，股价就会上升。

Ball 和 Brown 认为：收益的增长代表了企业价值的增长，因此股票价格也会随之升高。在有效资本市场中，如果企业的现金流量都将用于资本支出，那么预期现金流量的任何变动都会导致企业股票价格的变动。进而言之，如果市场有效，超额经济利润即非正常报酬在收益公布之日就会停止增长。因为，在半强式有效市场中，任何人都不能通过公开可获得的信息赚取超额利润。

Ball 和 Brown 选用了 216 家在纽约股票交易所注册的企业从 1946 年至 1966 年间的相关数据，来分析未预期的收益公布对股票价格的影响情况。首先，他们把收集的公司样本分成其收益高于或低于时间序列模型预期值的两种类型。其次，把预期的收益变动与实际收益变动相比较。如果收益的实际变动大于预期值（即具有非正常报酬率），那么，该公司就归入正的（favorable）收益变化组合资产之列；反之就将其归入负的（unfavorable）收益变化组合资产之列。研究未预期收益变动的基本原理是直观易懂的。为使年度利润表包含有利的消息，披露的收益不仅要有增加，而且收益还要高于预期值；如果收益下降，那么，披露的收益数字必须比预期数下降得更少。

图 8-1 列示了非正常报酬率与收益变化之间的关系。图中的变量 1 和变量 2 分别是用净收益和每股收益额计算出来的并经过市场变化调整的收益变化；变量 3 是指每股收益额的变化。图 8-1 具体显示了从收益公布前的第 12 个月到收益公布后的第 6 个月这段时期内非正常报酬率指数在收益变化分别为正值和负值的状态。

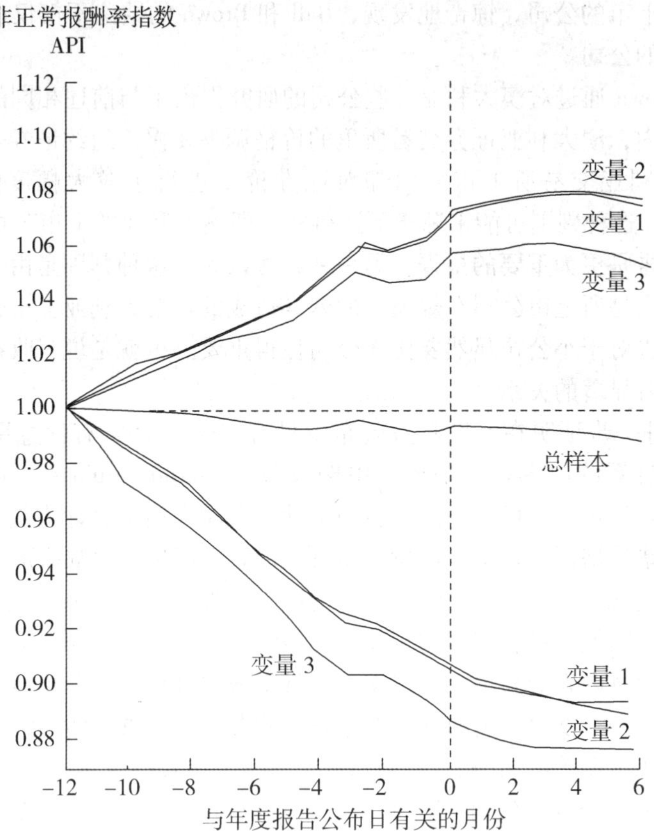

图 8-1　以实际会计收益与预期会计收益之间的判别为基础的组合资产非正常报酬率指数

资料来源：R. Ball and P. Brown. An Empirical Evaluation of Accounting Information Income Numbers [J]. Journal of Accounting Research，1968，6（2）. 169.

如前所述，如果证券在既定的间隔期只赚取预期收益，那么非正常报酬率就应趋于零。图 8-1 表明，当实际收益高于预期值时，年度报表公布月（10 月）前的收益反常地高。而且，收益逐渐增加，直到年度报表公布之时所有的调整发生为止。可以看出，年度报表中所包含的大部分信息，在年度报表公布前就由市场预期得出，并且这种预期是比较准确的，以致实际出现的大部分股票价格变化（约为 85% ~90%）都伴随着未预期收益出现在收益公布月之前。这种超前移动无疑应归因于更为及时的季度收益报告和非会计的信息来源。显然，市场价格已根据在整个时期公开可获得的新信息不断地进行了调整。

正是基于收益公布前这种大幅度价格移动，Ball 和 Brown 得出的结论认为：尽管收益公布确实能传输新的信息，但年度收益仍不能成为及时的信息来源。

Ball 和 Brown 的研究结果在会计理论上具有重要的意义：

（1）尽管会计收益通常是滞后公布的，但还是具有信息含量；

（2）会计收益并不是证券市场唯一的信息来源；

（3）市场价格的预期变化与其后公布的会计报表上的实际数字是一致的，因此，不可能指望在财务报表公布后取得超额收益。

在这以后，大部分的研究成果都支持了 Ball 和 Brown 的结论。人们在将这类研究扩展到其证券在国外上市的公司，惊奇地发现，Ball 和 Brown 的结论不仅仅适用于在纽约证券交易所上市交易的公司。

1970 年，Brown 通过对澳大利亚一些公司的研究得出了与前述相同的结论。不过，他发现，在某年度内，澳大利亚证券交易所里的价格调整要慢于纽约证券交易所；而在收益公布月，在澳大利亚交易所上市公司却对证券价格进行了较大幅度的调整。Watts 和 Zimmerman 认为，这种判别可能来源于下述事实，即澳大利亚的上市公司认为，在澳大利亚，年度会计报告是更为重要的报告。另一种看法认为，这种判别是由于澳大利亚的上市公司和纽约证券交易所上市公司在规模上的差异造成的。澳大利亚上市公司的规模一般都比较小，会计报告对于小公司显然要比大公司显得重要。也就是说，收益公布对股票价格的影响与交易量有显著的关系。

Foster 则更进一步证明在年度收益公布中只有 10% ~15% 有信息系统内容。他怀疑 10% ~15% 的信息系统内容是不是还与中期收益（interim earnings）报告有关。他认为 Ball 和 Brown 的关于 10% ~15% 信息内容的估计也可能高估了会计收益的信息内容，因为收益公布月的股票价格调整在实际收益公布月之前就已经发生。如果股票价格早在收益公布之前的一个星期就对未预期收益作了充分的调整，那么收益公布月的非正常报酬（率）和未预期收益量之间就存在着明显的相关性。他认为，使用日报酬率而不是月报酬率可以减少对收益公布信息内容的高估。在按季度和日报酬率进行研究分析后，他得出了与其假设相一致的结论，即季度收益公布确实能给资本市场传输重要的信息。正/负的非正常报酬与季度收益的非预期的增加/减少密切相关。另一个重要的发现是在收益公布前后的 60 个交易（大约为一个季度）约有 32% 的潜在信息没有在收益公布前的股票价格中反映出来，这个潜在信息内容与 Ball 和 Brown 关于年度收益具有 10% ~15% 的信息内容这一估计相比，显然有着较大幅度的提高，它表明季度会计收益也是一个及时的信息来源。

前面所讨论的是未预期收益与非正常报酬的变动方向问题，即正/负的非正常报酬与未预期的收益变动方向是一致的。但是，我们还可以考察未预期收益的变动幅度与非正常报酬变动幅度之间的关系。这种考察所依据的原理是，倘若所公布的会计收益具有信息含量，那么非正常报酬与未预期收益之间就应该保持一致。在这方面做出最初尝试的是 Beaver、Clarke 和 Wright。他们以未预期收益率的变动幅度值为基础，将在纽约证券交易所上市的公司按公司与年度划分为 25 个证券组合，然后利用 12 个月份（截止于企业会计年度之后的第三个月）所观察到的累计非正常报酬率资料，计算出每个证券组合的年平均非正常报酬率。他们的观察结果表明，平均非正常报酬率几乎总是随着平均未预期收益率的提高而增加，也随着未预期收益率的降低而减少，并且这两个变量间的等量相关性在任何概率水平上都具有统计显著性。显而易见，未预期年度收益率的变动幅度与年度非正常报酬率具有相关性。

不过，他们的考察结果在某些方面是令人失望的。理想的状态应该是，如果收益近似于现金流量，那么非正常报酬率的变动幅度就应该近似于未预期收益率的变动幅度。但是他们的研究结果却表明，非正常报酬率的绝对值通常小于未预期收益率的绝对值，在未预期收益率为极端值时尤其如此。Beaver、Lambert 和 Morse 将从 1958 年至 1976 年这 19 年间各公司每年度的股票价格变动百分率与每股收益额变化率作了回归分析，发现未预期收益率每增减变动 1%，非正常报酬率仅增减变动 0.1% ~0.15%。

对于上述反常情况，存在着几种可能的解释：

第一种可能的解释是，以收益来替代现金流量具有一定的误差，也就是说，并非所有的未预期收益的变动都意味着现金流量以及非正常报酬率都会朝着收益变动的方向变动。当证券组合的划分建立在收益的未预期变动之上时，一部分非正常报酬率可能被相互抵销了，权责发生制是产生这一误差的一个明显的潜在起因。

第二种可能的解释是，在资本资产定价模型中认为所有的现金流量都进行了资本化支出，而实际情况却并非如此。由于其假设条件不一定能成立，因此，未预期收益的变动幅度与非正常报酬率的变动幅度很可能不同步。

第三种可能的解释是，股票价格对反映在年度收益里的因素所进行的调整可能发生在以前年度。例如，一项政府合同尽管可能会对本年度的收益开始产生影响，但股票价格却在合同公布前的某一年份就可能已对公司拟从此合同中获得的现金流量做出了有利的调整。

此外，即使收益不变，股票价格也会发生变化，因为利率和收益资本化率随时都在变化着。

后来，有人将研究重点集中在收益的持续性和影响收益的决定性系数上。Ali 和 Zarowin 在考察了上述两方面内容后认为，人们通常将当期收益和前期收益之间的差额视作为未预期收益的当然估计数，并假定该收益还将会持续下去，这种现状的结果会高估年度收益中的持续性部分，这一结果反过来又降低了对影响收益各因素系数的衡量。他们认为，未预期收益应该是移动平均变化着的而不是持续不变的。根据他们的理论，他们发现以前的一些模型对未预期收益的估计平均要高出53%。Ali 和 Zarowin 的研究结果表明，在收益的持续性及以此为基础的未预期收益估计存在着不确定性的情况下，要估量出会计收益对投资者的决策影响是极其困难的。

Choi 和 Jeter 的研究结果表明股票市场价格对收益公布的反应会随着审计的非无保留意见而大幅度下降。这一研究结果与审计的非无保留意见将降低股票市场价格对收益公布的反应的假设相一致。

最近一段时期以来，资本市场模型研究已不再仅仅局限于特定企业的报酬对自己企业收益公布的反应之上，也开始关心其他企业的收益公布对本企业报酬的反应了。信息转移（information transfer）研究是建立在这样一个基础之上的，即在某一特定行业中某企业未预期的正（负）收益要么反映了该行业相关状况的改善（恶化），要么反映了所陈报企业相对于该行业的其他企业而言股票价格的提高（下降）。如果作前面一种解释，那么对该行业的其他企业来说，就是一个好迹象，表明它们也将产生一个正的非正常报酬；如果未预期收益是正的并且将其解释为反映了所陈报之企业股票价格的提高，根据有效市场假设，那么，该行业中至少有一家企业的非正常报酬肯定是负值，因为该特定行业的非系统风险为零。

Foster 利用1963—1978年美国10个行业相关企业的数据对信息转移理论进行检验后发现，在同行业内其他企业也作了收益公布的情况下，竞争性企业间的非正常报酬会存在较大差距。研究结果表明，当在某一特定行业中的其他企业也公布收益信息时，竞争性企业间的非正常报酬的差距确实增大了，尤其在收益公布之时，各公布收益的企业间非正常报酬的变动程度更大。这一研究结果表明，其他企业的收益水平也会影响股票价格的变化。

Clinch 和 Sinclair 利用澳大利亚的数据，在以管理当局的预测代替收益公布条件下得出了与 Foster 相同的结论。他们还进一步指出，该行业最后公布收益的企业，其收益信息对该企业股票价格的影响将是最小的。Freeman 和 Tse 采取相同的方法考察了投资者根据其他企业收益公布的情况修正其收益预期的潜在能力。他们发现，那些没有公布其收益的企业，在公布其销售和收益变化的早期，其股票市场价格有显著的反应。

其他一些研究者使用了收益公布所含信息内容的“指数”来研究股票价格与收益公布之间的关系。一种首先由 Beaver 使用的方法是研究非正常报酬的方差（variance）。这一理论依据的检验方法是，如果在收益公布中有信息内容，那么，在收益公布日将会有较多和大幅度的价格变动。这一假设是通过收益公布日前后 8 个星期的相关数据进行检验的。Beaver 的检验结果与其假设是相吻合的，他们发现在收益公布的一个星期日，企业报酬的离异程度比正常情况下要高出 67%。

Grant 采用上述方法考察了纽约证券交易所上市公司及一些场外交易（over-the-counter-maket，OTC）企业年度收益公布的相对信息内容后发现，与上市公司相比，较小规模的场外交易企业，其年度收益公布具有更多的信息内容，换言之，上市公司通常具有更多的信息传播渠道。

Pattell 和 Wolfson 通过期权定价理论（option pricing theory）来检验隐含的报酬方差在收益公布日将会增大的假设，结果发现，隐含的报酬平均方差的增长幅度与收益公布时报酬方差的实际数量具有相关性，也就是说，收益公布具有信息内容。

到目前为止，在我们所作的讨论中都忽略了一个重要的问题，即对那些包含信息含量的事项未做出任何甄别。例如，公司收益与股利的共同宣布事项等。Brown、Finne 和 Hancock 试图对收益和股利信息的差别做出解释，结果发现这两个事项对股票价格是相互影响的，只有当它们存在明显冲突时，两者对股票价格的共同影响才会减少。其他的研究结果也表明，收益公布具有信息内容，因为它总是与未来现金流量相关，而现金流量本身则不依赖而具有自身独特的信息内容。

8.2.2 会计盈余与股票价格关系研究的方法及其拓展

在相关的文献中，可以看到会计学对会计盈余与股票价格关系的研究方法主要有以下几类：

（1）符号检验（sign test）

Ball 和 Brown 通过对在纽约证券交易所（NYSE）上市的 261 家公司从 1946 年到 1965 年间年度会计盈余信息披露前 12 个月到后 6 个月的有关资料进行经验研究，发现盈余变动的符号与股价变动的符号之间存在显著的统计相关性。具体说，如果未预期盈余是正数，那么相应的非正常报酬率也是正数；反之，如果未预期盈余是负数，则非正常报酬率也是负数。

（2）一阶矩检验（first moment test）

如果会计盈余变动和股价变动之间真有一种内在联系的话，那么有理由相信，两者之间不应仅仅存在一种同符号的关系，还应该有一种比例关系。或者说，可以假设会计盈余的变动额越大、股价的变动额也会相应增大。Beaver，Clarke 和 Wright 通过将 276 家上市公司从 1965 年到 1974 年的数据分成 25 个投资组合，考察组合间的会计盈余变动与股价变动的数量关系，发现盈余的变动百分比和股价的变动百分比具有显著的正相关关系，对不同年度的研究，平均秩相关系数等于 0.74，并且在统计意义上显著异于零。

（3）二阶矩检验（second moment test）

Beaver 认为，会计盈余的信息含量在于它能够改变投资者对公司未来盈余和未来股利支付能力的估计的概率分布，从而导致股价的变动。如果市场是半强式有效的，那么盈余披露当天的预期非正常报酬率为零。这意味着股价将在信息被露当天产生比前后其他时间更剧烈的变化，非正常报酬率的方差也将更大。实际得到的结果证实了这种假说。会计盈余公布当周的非正常报酬的方差是前后各 8 周的相应方差的平均值的 1.67 倍。这说明会计盈余的披露的确是向市场传递了有用的信息。

除了以上 3 类研究外，还可以进行成交量检验（trading volume test）。

如果会计盈余数据的披露能够向市场提供新的信息从而导致股票价格的变动，那么，盈余的披露是否也能影响股票交易量呢？上面提到的 Beaver 对此假设作了经验研究。他考察了 506 例会计盈余披露前后各 8 周的交易量的变化，结果在盈余信息公布当周的成交最高，高出其他时期成交量的 33% 以上，这说明会计盈余的披露对投资者的投资决策产生了影响。

上述研究方法主要是通过不同的方式去检验会计盈余信息的决策有用性。作为反映会计信息决策有用性的重要维度——会计信息含量，存在着自己的逻辑。按照 Gonedes 的说法，信息含量是指证券价格报酬率的概率分布的一种变化。如果说 θ 具有信息含量，则：

$$f(R_{it}) \neq f(R_{it} \mid \theta_{it}) \tag{1}$$

其中，证券 i 在期间 t 的报酬率为：

$$R_{it} = (P_{it} + D_{it} - P_{it-1}) / P_{it-1}$$

P_{it}：证券 i 在期间 t 的收盘价，确定该收盘价时需考虑对期间 t 内各类股本变动进行调整。

如果等式（1）成立，说明 R_{it} 与 θ_{it} 具有相关性，θ 具有信息含量。

多数情况下，人们关注的是 R_{it} 的期望值而不是整体的概率分布 $f(R_{it})$。这样，等式（1）就变成了等式（2）：

$$E(R_{it}) \neq E(R_{it} \mid \theta_{it}) \tag{2}$$

如果进行信息含量的统计检验，有关的假设为：

H_0：$E(R_{it} \mid \theta_{it}) - E(R_{it}) = 0$，$\theta_{it}$ 无信息含量

H_1：$E(R_{it} \mid \theta_{it}) - E(R_{it}) \neq 0$，$\theta_{it}$ 有信息含量　　（3）

在实证研究中，人们还经常将等式（3）变换为报酬率的预测误差 ε_{it} 来探查信息含量。

报酬率的预测误差 ε_{it} 又称为非系统报酬率、剩余报酬率等。在早期的研究中，一般都使用市场模型来计算 ε_{it}。

$$R_{it} = \alpha_{it} + \beta_{it} R_{mt} + \varepsilon_{it}$$

其中，R_{mt} 为证券市场的一个证券组合在期间 t 的报酬率。

这样，等式（3）就变为：

H_0：$E(\varepsilon_{it} \mid \theta_{it}) = E(\varepsilon_{it}) = 0$，$\theta_{it}$ 无信息含量

$H_1: E(\varepsilon_{it} \mid \theta_{it}) \neq E(\varepsilon_{it}) = 0$，$\theta_{it}$有信息含量 (4)

会计盈余与股票价格关系的研究也有许多拓展，例如：

（1）信息含量的及时性研究

通过检验，发现在年度盈余披露之前（周、天、小时）股价就开始有反应了。

（2）盈余反应系数（earnings response coefficient，ERC）研究

以上研究都假设所有公司在盈余与股票报酬率的关系上是同质的（homogeneous across firms），因而没有考虑样本公司的报酬率——盈余关系在横截面上的差异。基于此，人们开始关注导致公司间不同的股价与盈余关系的各种因素，如公司规模、盈余的可预测性、上市的交易所、信息披露环境的好坏等。为给上述因素的研究提供一个模型，ERC 的研究应运而生。需要说明的是，ERC 是用来衡量某一股票的超常市场回报相对于该股票发行公司报告盈余中的非预期因素的反应程度，它用报酬/盈余模型中的斜率系数来表示。ERC 的研究分为两类：一是对 ERC 决定因素的研究，属于关联研究（association study），用较长的窗口把 ERC 视为盈余与股票报酬率的一种关联考察哪些因素在决定 ERC 的大小。这些因素包括：盈余的持续性（会计盈余中具有多少永久性成分）、系统风险（β）的大小、无利率风险的大小、公司的成长性（公司获得超额利润率的能力，可用股票市值/净资产来表示）、盈余的可预测性、公司规模和行业效应等。二是对会计盈余信息含量的研究，属于事件研究（event study）的范畴，是在较短的窗口把 ERC 作为盈余的信息含量的一种度量进行研究。其具体包括两个主要发现：第一，未来盈余的不确定性越大，盈余披露时的 ERC 就越大；第二，在其他条件不变的情况下，ERC 会随盈余质量的改善而提高。如果某事件导致 ERC 的提高，也可说明该事件导致会计盈余质量的提高。

（3）会计盈余和现金流量的市场反应

这一研究有许多不同的发现，如 Patell 和 Kaplan 通过考察经营现金流量与股价的关系，发现现金流量数据不能向资本市场提供增量信息；而 Beverand 等对时间系列的综合回归分析发现，现金流量可以在会计盈余的基础上提高对股价变动的解释力。

（4）会计盈余不同项目的决策有用性

这一研究主要包括直接检验不同的盈余项目（如经常性盈余项目、非正常盈余项目等）的市场反应和检验盈余的明细项目是否有助于提高预测未来会计盈余或现金流量的准确性。

8.3 会计信息决策有用性的信息观与计量观

Watts 和 Zimmerman 指出，早期的研究文献从未试图从实证角度将有效市场假设在一对互具竞争性的假设间分出高低。事实上，这对互具竞争性的假设贯穿于早期的许多文献之中。一种假设认为会计收益与股票市场（价格）之间存在着一种机械性的联系，即暗示着股票市场（价格）会受到会计程序的系统性干扰。另一种假设则认为，股票市场价格对那些与现金流量结果无关的会计变更不会做出反应。前一种假设称为机械性假设（mechanistic hypotheses），后一种假设称为无效应假设（no-effect hypotheses）。

8.3.1　机械性假设与无效应假设的概念

Leftwich 认为：早期的有效市场假设理论是由两个互不相让的对立面所组成的。它们或者认为会计数据是没有任何意义的，因为它所依恃的是没有相关性的历史成本；或者认为会计数据会引起人们误解，是因为投资者对会计所报告的数据有了成见。在没有经验证据检验的情况下，有效市场假设就断言，会计收益是现金流量的最好替代，不产生现金流量变动的会计程序和方法的变动对股票价格不会产生影响。由于会计人员动辄就变更会计程序和方法而并不顾及合理的经济模型，因此这一时期的会计理论也就是苍白无力的。

所谓机械性假设是指市场的股票价格会对会计数据的变化做出系统性的反应，而不管这项数据的变动是否会对现金流量带来影响。

所谓无效应假设是指市场的股票价格对那些不影响现金流量的会计变更无动于衷。也就是说，对那些不增加税金节约额现值或不影响企业现金流量的会计方法的变更，股票市场价格将不会做出反应。

上述两种假设的检验必须考虑当会计政策变更时或前后的非正常报酬率的习性(behavior)。根据无效应假设，如果一项会计政策的变更仅仅是操控性的，那人们就不可能通过此类变更赚取非正常报酬，因为操控性的会计政策变更对现金流量不会产生影响；而在无效应假设下，任何创造性会计变更（creative accounting change）都会被资本市场的参与者们所识透。另一方面，如果会计政策的变更对现金流量产生了影响，如导致了一笔税金节约数，那么，我们就可预计在收益公布日会有一笔非正常报酬。可以看出，无效应假设是有效市场假设、资本资产定价模型和零交易成本理论的混合体。相反，在机械性假设下，不管会计政策的变更是否会影响到现金流量，我们都会预计到在收益公布日会有一笔非正常报酬。换言之，操控性或创造性的会计变更都会蒙蔽市场参与者。在资本市场的效率还未充分发展时，可能存在“功能锁定现象”，投资者并不能完全识别财务数据背后的真相。

8.3.2　机械性假设与无效应假设的检验

最早试图对上述两种假设做出区分的是 Kaplan 和 Roll。他们对那些不影响税收的会计变更进行了调查研究。他们选择的特定会计变更是：

（1）1964 年，一些企业将投资减税额会计方法从递延法变更为当期确认法；

（2）20 世纪 60 年代，一些企业改加速折旧法为直线折旧法。

可以看出，上述两项会计变更都是操纵性的，因为它们都没有对现金流量产生影响，但都增加了变更当期的利润。

Kaplan 和 Roll 挑选了 257 家由递延法转为当期确认法的公司和 57 家继续采用递延法的公司，并对受会计影响的第一次年度收益公布时的股票价格习性进行了观察。其观察结果可参见图 8-2 和图 8-3。

图 8-2 和图 8-3 一个引人注目的地方是 CAR_t 与图 8-1 中的 API 和 CAR 不太一致。在收益公布日之前，CAR_t 并不是持续地沿着一个方向移动；在 0 周之后，CAR_t 也不是很平滑。在收益公布之前，CAR_t 缺乏方向性，这种现象符合无效应假设。

乍看起来，收益公布之后的 CAR_t 的移动情况并不符合有效市场假设。例如，图8-3

中的控制样本（Control Sample）由第0周的1.96%上升到第+29周的9.17%。这就意味着，投资者可以在收益公布后的第29周之内赚取7.2%的非正常报酬率，换言之，如果某一投资者在收益公布日购入该企业的股票，在未来期间会赚取7.2%的超额收益。

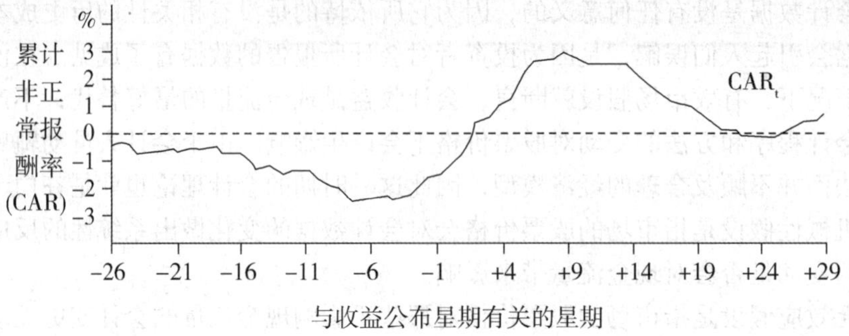

图8-2 与投资减税额相关联的累计非正常报酬率（CAR_t）

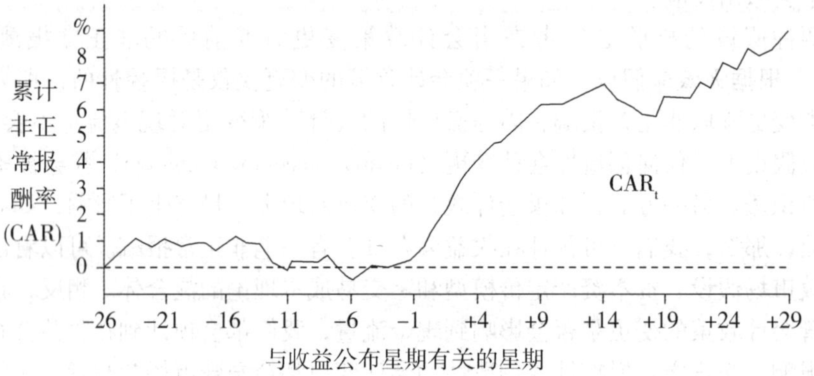

图8-3 与投资减税相关的累计非正常报酬率（CAR_t），继续采用递延法

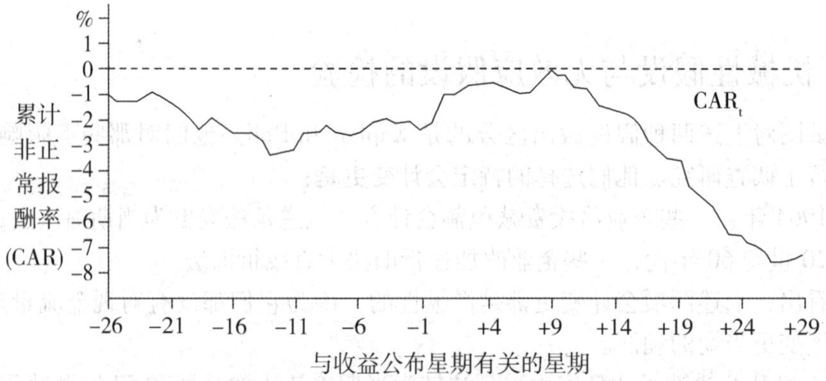

图8-4 与折旧方法变更相关的累计非正常报酬率（CAR_t）

图8-4描述了在折旧方法变更的情况下样本累计非正常报酬率CAR_t的变动情况。与图8-2和8-3一样，在图8-4中的CAR_t的曲线也是很不规则的。受折旧方法变更影响的年度收益的第一次公布周，其平均非正常报酬率仅为0.18%，这与0并没有显著的差别，这个结果显然不符合机械性假设，但与有效市场假设、资本资产计价模型和无交易成本等联合假设是相一致的。但在收益公布周之后的CAR_t却呈现明显的下降趋势，这就意味着

收益公布之后可以赚取非正常的报酬。这一结果与有效市场假设是相抵触的。这种变动趋势有无意义取决于非正常报酬的假定分布状态。如果假设非正常报酬呈正态分布，它就是有意义的；如果假设非正常报酬是巴利勋均衡分布且具有特征指数为1.6，那么，它就是无意义的。

为区分机械性假设与无效应假设，Sunder对那些存货计价方法从先进先出法改为后进先出法的企业进行了检验。无效应假设通常假定管理人员是为了税收的目的改变会计方法的。因此，我们可以从此项变更中得到一笔正的非正常报酬。而在机械性假设下，与先进先出法相比，由于后进先出法减少了利润数字，因此我们可以预期会出现负的非正常报酬。Sunder观察了会计变更年份的CAR_s，发现在会计变更的前12个月份里有正的非正常报酬，而在其后却没有出现非正常报酬。乍看起来，这一结果与无效应假设是相吻合的。然而有证据表明，如果没有会计变更的影响，在会计变更年度里的会计收益实际上应该是增加的，因为在先进先出法下成本较低，所以如果不作会计变更，还采用以前的方法，会计收益就会有所增加。也就是说，这些如果不变更会计方法就肯定能增加的收益能够足以抵销因变更会计方法而引起的收益下降（后文将要提及的共发性），从而使会计变更的结果对股票市场价格不产生影响，果真如此，那显然又与机械性假设相吻合，即可以将其视为已作了两次调整。Sunder的研究结果同时满足了无效应及机械性这两个假设，即它无法检验区分无效应假设和机械性假设。

综上所述，早期对机械性假设和无效应假设的研究都存在着方法论上的问题，因此，这些研究结果也难以对上面两个假设的正确与否提出结论性的意见。但人们通常还是倾向于接受无效应假设。这些研究无法解释企业为什么变更其会计政策，也无法对企业会在何种环境下变更其会计政策提供一个预测性的理论。如果股票市场对那些影响现金流量的会计变更无动于衷，为什么企业还乐意变更其会计政策？还有，在公认会计原则范围内，几个可供选择的会计处理方法与程序，是什么原因使得企业选择了其中的某一个会计政策（方法）？为什么企业会愿意耗费资金对有关的会计准则制定进行游说并乐此不疲？资本市场研究结果对上述所有问题都没有提供答案。

在会计数据是否有信息含量的大多数研究中，都假定资本市场是有效的，或者假定可以通过会计数据是否与现金流量结果具有相关性来对市场是否有效进行检验。然而，近期以来，研究者们开始对这些假设提出疑问。其中两项研究结果对有效市场假设冲击很大：一项研究结果表明股票价格的变动滞后于收益公布；另一项研究结果是由Ou和Penman提出的交易规则的派生物（derivation of trading rule），即可以通过已公布的会计信息赚取非正常报酬。收益的滞后移动是指在收益公布后非正常报酬还继续存在，也就是说，收益公布的信息内容在收益公布日并没有完全传输到股票市场价格之中。Ou和Penman所作的研究试图验证当前的财务报表信息是否能用来预测未来各年的收益变化并使之赚取正的非正常报酬。他们发现，用他们所选定的16个变量可以预测出企业收益增加的概率，其结论是，在概率超过0.6时可以购入这一股票，而在概率低于0.4时就应该抛出该股票，这样，持有人可以在超过两年的持有期间内赚取约12.6%经市场风险调整过的收益。

对多数资本市场假设进行质疑的重要性不能低估。诚如Ball指出的那样：在收益公布之后还能明显地对非正常报酬进行预测，在很多方面这都是金融资本市场中最重要的异常现象（简称“异象”）之一。首先，其幅度是惊人的，例如，从“旧”的收益信息中所得到的预期非正常报酬居然要大大超过从市场上所能取得的正常报酬。其次，这种异常现象是普遍存在的：收益公布是为每只股票且在每一季度进行的。第三，这一异常现象是个不争的现实存在。它首次出现在 Ball 和 Brown（1968）的研究结果中，在以后不同学者所作的研究中又多次出现，并且在大多数理财经济学的经验研究领域中所作的更为仔细和全面观察中得到了更加一致和精确的结果。第四，从字面意义上看，异常现象（anomaly）本身就意味着作为经济中心和视作竞争模式典范的股票市场，总体上在对竞争条件下的市场经济理论不能做出检验。第五，这种异常现象对目前现代金融经济学中广泛接受的大多数模型的理论提出了挑战。

Ball 认为，对可预期的非正常报酬，有两种不同的解释：市场是无效率的；或市场是有效的，但对纯粹的经济的估计则存在着偏见。原因有：

（1）由于为获得公开可获得的信息所费甚多，因此交易成本可以带来可察觉的非正常报酬；

（2）投资者的报酬率被错误地估计了，因为没有考虑税收的影响因素；

（3）由于研究人员对预期收益的决定因素或对风险理论中的相关参数还不够了解，因此，非正常报酬率也可能被错误地估计。

Ball 对非正常报酬出现异常的所有文献重新进行了评价、断定，会计收益与股票价格之间这种不规则现象的两种不同解释都有各自的证据。他认为，Ou 和 Penman 所言的异常现象可能源于会计变量相对非正常报酬进行了错误估计的共同影响。然而，他又断言，由其他研究人员得出的收益滞后移动的结果极有可能是源于较大数量的信息处理成本或市场无效率。

8.3.3 会计信息决策有用性从“信息观”发展到“计量观”

前面提到：对会计信息含量的研究产生了财务报告决策有用性的信息观（information approach），信息观认为财务报告的目标是为投资者提供决策有用的信息。但信息观更关注的是以历史成本为基础的会计盈余有助于进行未来股利预测进而对股价做出估计，能够影响证券价格的变化，因而是有信息含量的。由于证券市场上不同来源的信息是相互竞争的，因此财务会计应该提供足够多的信息，以取得竞争优势。这样，信息观为充分披露提供了支持。

随着研究的深入，人们发现财务会计信息的影响并不如人们原来预期的那么大。列弗（Lev，1989）的研究发现，对于短窗口（2—3 天）的研究来说，会计盈余对证券价格变动的解释力只有 3% ~5%；对于长窗口的研究来说（如一个季度甚至两年），会计盈余对证券价格变动的解释力也只有 4% ~7%。为什么会发生这样的情形，列弗认为与盈余质量有关。以历史成本为基础的会计净收益并不能完全及时地提供投资者决策所需要的信息，与其他信息源相比表现出明显的滞后性。于是，会计信息决策有用性的信息观逐渐发展为计量观。

大量的研究证据表明：对会计计量方法的改进、完善和引进可以增强财务报告的决策有用性。所谓计量观，是指会计界已日益意识到有责任将现值，或者“公允价值”恰当地纳入财务报表中。在计量观下，人们不仅要探究会计信息与股价之间的相关性及其关联程度，还要考虑市场是如何将信息转换到股价中去的。这时，股票价格的形成不再是一个黑匣子。实际上，会计计量方法，尤其是公允价值计量的引进对会计信息在股价形成中作用的增强是有帮助的。因为公允价值计量减少了投资者在估价过程中出现偏差而做出错误决策的可能性。以公允价值为基础提供的信息（不仅体现在利润表，也体现在资产负债表）有更大的信息含量，增强了会计信息的决策有用性。

与会计信息决策有用性从“信息观”发展到“计量观”相适应，会计信息含量的研究也转向价值相关性（value relevance）的研究。与信息含量相比，价值相关性更注重会计信息在解释股票内在价值（intrinsic value）中的作用。按照 Francis 和 Schipper（1999）的归纳，财务报表信息通过反映股票的内在价值引导股票价格，股票价格围绕股票的内在价值波动，投资者利用会计信息进行决策（盈余引导价格），会计信息价值相关性通过交易和事项所产生的会计收益加以衡量。也就是说，如果会计信息包含估价模型中的变量或者有助于预测这些变量，就可认为会计信息具有价值相关性。具体地，贴现的股利估价模型、贴现的现金流量估价模型和贴现的剩余收益估计模型所确定的会计信息的价值相关性由收益预测未来股利、未来现金流量、未来剩余收益和未来账面价值的能力来衡量。

8.4　有关会计信息决策有用性质量的进一步说明

自从 Ball 和 Brown 开创实证会计研究以来，会计信息是否有用？对谁有用？有多大作用？在什么条件下有用？会计准则和会计政策选择对会计信息有用性有何影响？所有上述问题都成为会计研究的主要话题。事实上，这些问题都与会计信息决策有用性的质量有关，会计信息质量已成为会计实证检验的重要问题所在。为了便于理解，下面从 6 个方面予以讨论：

8.4.1　盈余质量

盈余质量（earnings quality）是会计信息质量实证研究中介入最多、程度也最深的一个方面。这是因为，盈余是一种最重要、最综合、投资者最为关心的信息，同时盈余也代表了最典型的会计确认和计量。盈余质量是会计信息质量的一个典型代表。

与盈余质量有关的研究文献非常之多，其中有很多是从盈余管理的角度研究盈余质量的，有的是从盈余的市场反应（如 ERC）角度分析盈余质量的，还有的是通过分析收益与应计额和现金流量之间的关系来测量盈余质量的，等等。根据 Schipper 和 Vincent 的归纳，主要可以从以下 3 个方面来看盈余质量：

（1）从盈余的时间序列特性看盈余质量。经验研究表明，持续性（persistence）、可预测性（predictability）和变动性（variability）都是反映盈余的时间序列特性的重要指标。具体地说，高质量的盈余是可持续的，可持续的盈余主要是指核心盈余（core earnings）。会计研究常用股票回报与盈余变动（或水平）之间的相关系数或盈余的自相关系数（autocorrelation）来反映盈余的质量。可预测性完全是从投资决策有用性角度看盈余质量的，它主要是指用过去盈余预测未来盈余的能力。不仅仅是盈余总额，分部盈余也会影响盈余的可预测性。变动性是指不同期间的盈余是否起伏不定，在一个平稳的经营和报告环境下，盈余的平稳性（smoothness）也在一定程度上代表了盈余的质量。

（2）从收益与应计额、现金流量之间的关联看盈余质量。收益与应计额、现金流量之间的关联不仅反映出企业经营的某些特征，更是会计确认、计量和会计政策选择，甚至是盈余管理的集中反映。在经验研究中，经营现金流量与收益的比率、应计总额的变化、操控性盈余的估算值等常被用于测量收益与应计额、现金流量之间的关联程度。其中，最常用和简便的方法一是考察是否存在收益拉平的会计处理；二是考察操控性应计方法的使用。在控制了公司规模、资本结构、通货膨胀和 GDP 增长率等变量后，经营收益与经营现金流量的变异性、经营现金流量与应计收益变动之间的相关性、小额利润与小额亏损出现频率的不对称性都不仅反映了盈余管理，同样也反映了盈余质量。

（3）从财务报告编报者、审计师专业胜任和激励机制的角度看盈余质量。财务报告编报者、审计师专业胜任（含判断、估计和预见）和激励机制都会影响盈余质量，并且相对而言，财务报告编报者、审计师专业胜任和激励机制还是比较容易被观察和测量的。因此，有些研究是通过设计评判财务报告编报者、审计师专业胜任和激励机制标准（如法律保护与法律诉讼、前四大会计师事务所等）来评定会计信息质量的。

8.4.2 价值相关性

自 FASB 的概念公告明确提出相关性是会计信息质量的一个重要特征之后，有关信息含量和价值相关性的经验研究得到了很大的发展。透过这些研究，使原本非常抽象的概念得到了具体化，也使人们了解相关性是可以测量和感觉得到的。

价值相关性（value-relevance）是与决策有用性有密切关系的一个概念。在相关性被提出之初，人们并不真正了解其内涵和外在的具体表现形式，一般只用会计信息对决策有影响即决策有用性加以描述。随着证券市场数据库的完善和实证研究的兴起，人们可以就会计信息对（证券）投资决策所发挥的作用进行研究，逐渐形成了价值相关性理论。价值相关性作为一个特定的会计信息质量是可以通过会计数据与股票市场变化之间关系的建立加以考察分析的。在会计数据中，除了盈余之外，还包括资产负债表的账面资产总额和净资产，现金流量表的数据及利润表的其他数据（如与应计有关的项目），甚至表外披露项目；除了历史数据之外，还包括了各种预期和未预期的信息。股票市场的变化包括股价变化及其引起收益率的变化，交易量代表的流动性变化等。为了测量价值相关性，会计研究已经发展了收益模型、Feltham-Ohloson 模型和剩余收益模型等。价值相关性的研究大都认为应计额有增量信息，会计信息具有价值相关性。

8.4.3 及时性

在较早期的会计研究中，一般认为价值相关性已包含了及时性的内容。但在近年的研究中，将及时性（timeliness）作为一个相对独立的会计信息质量特征进行研究的文献在不断增加。这可能是受到人们对稳健会计重新关注的影响。因为，当人们重点关注会计信息对投资者或股票市场是否有用的时候，及时性只是影响价值相关性的一个因素，及时性可以被包含在价值相关性之中。但在契约观下，由于受到各种契约及其时限的影响（如聘用合同、报酬方案、债务契约等都有一定的时限），稳健会计的运用和及时性问题就更加显现出来了。正如 Watts 分析得出的结论：无论是盈余基础的管理报酬方案还是会计基础的债务契约都要求会计及时地反映盈余和净资产的变化。

及时性作为一个会计信息质量特性，部分研究透过对应计额、盈余与应计额比率、盈余与现金流量比率、账面价值与市场价值比率、收益与股票回报关系、加速折旧额与固定资产价值比率等变化的时间序列分析，公司之间和国家之间的横截面分析，是可以对其在一定程度上给以测量的。需要指出，及时性在这里不是简单地指按时编报财务报告或及时披露，而是包括了及时确认计量。还有的研究将及时性理解成企业的经济收益（economic income）被确认为会计收益（accounting income）的时间，即两者在时间序列上的关系（Ball，Robin and Wu，2003）。例如，利得和损失及时在会计上确认为收益意味着资产负债表上的资产、负债和股东权益的账面价值得到了及时的更新。鉴于企业经济价值不断变化的特征，如果经济价值的会计确认越不及时，利润表和资产负债表将充斥着更多的噪音信息，财务报表的质量将会下降。在会计确认计量中，人们往往对经济损失的及时确认给予了更多的关注，这也与契约观有关。

8.4.4 可比性

可比性（comparability）作为一个会计信息质量特性，比较早地受到了会计准则制定机构的关注。例如早在20世纪80年代末期，当时的国际会计准则委员会（IASC）启动的“可比性项目”（comparability project）就是试图通过确立基准会计处理方法（benchmark treatment），减少备选会计处理方法（alternative treatment），从而达到增强会计信息的可比性。一个有趣的现象是，与IASB（及其前身IASC）比较，FASB并没有那么特别关注可比性。同样在实证会计研究中，会计信息的国际比较研究更多地涉及可比性，而专门研究美国公司会计信息可比性的研究则比较少。

测量可比性有多种方式。由于会计信息涉及的内容很多，很难也没有必要对财务报告中的所有指标进行可比性测定。在会计研究中，不同时期盈余与应计额倍数差异、账面价值与市场价值倍数差异、现金流量与应计额相关性差异的变化都可在一定程度上反映会计信息的可比性（Land and Lang，2001）。假定企业的经营和经济环境等其他条件都保持不变，盈余与应计收益倍数在不同国家之间的差异应当是由不同国家的会计差异引致的。因此，只要我们能够控制有关企业经营和经济环境等方面的变量，如GDP增长率、实际利率的变动、公司盈余和销售增长率等，就可以根据不同国家之间盈余与应计收益倍数的差异及其变动判定出这些国家财务报告可比性的状况及变动趋势。此外，由于收益拉平（income smoothing）的会计实务将导致现金流量与应计收益之间的负相关，因此通过考察现金流量与应计收益的相关性也可在一定程度上反映出会计信息的可比性。

8.4.5 披露质量

过去人们研究会计信息质量，偏重于会计确认计量方面，现在越来越多的研究将披露相对独立出来，分析披露质量（disclosure quality）及其影响。披露质量之所以引起越来越多人的特别关注，一是因为披露质量的提高将直接缓解信息不对称，降低企业的代理成本和融资成本；二是因为高质量的确认计量并不一定能带来高质量的披露，披露是确认计量之外的一个环节，有许多相对独立的内容，且披露不仅仅受到会计准则的影响，还可能受到其他监管部门或规则（如证券监管）的影响。

披露质量通常取决于信息披露的及时性、详略程度和清晰度（clarity）。在会计研究中，一般都借用某些研究和中介机构（如AIMR，Standard & Poors）透过调查取得的信息披露排名（或分值）作为披露质量的替代变量。披露质量是高是低应由投资者或分析师加以判断。因此，AIMR的“公司信息委员会报告”（CICR），标准普尔的“透明度与披露排名”都是会计研究常用的披露质量的替代变量。此外，其他的一些研究也使用其他的方法测量披露质量。例如，使用报告分部与报告经营活动的比率（取自然对数）测量多元化经营企业的信息披露质量。

8.4.6 透明度

透明度（transparency）也常用以反映会计信息的质量，尤其是披露质量。在很多研究中，并没有明确区分会计信息透明度与公司透明度。但也有研究认为（Bushman，Piotroski and Smith，2004），公司透明度是公司特定信息可被投资者接受的程度，具体包括会计透明度（也称财务透明度）和公司治理透明度。其中，会计透明度是指财务信息可被接受、解读和扩散（availability，interpretation，dissemination）的程度。由于透明度的决定因素不仅仅是会计，还受到机构投资者、财务分析师和媒体参与的影响，如分析师的跟进、机构投资者持股和内部人交易活动等，因此也有人将它理解为使用者识别财务报表，体会财务报表所反映的企业会计事项和交易的能力。很明显，透明度作为会计信息的一个特性，把握起来会比较难一些。

透明度侧重于反映披露质量，所以有些研究将它与披露质量混合起来，但也有将透明度独立出来进行研究的。总体上两者还是很难完全分开。例如，Bushman等（2004）就将公司报告的透明度分为5个要素：财务披露的密集度（intensity）；包括会计政策、分部报告、资本性支出等在内的财务披露；包含主要股东、管理层、董事会、高管报酬和持股信息的治理披露；披露的及时性；财务披露的审计质量（也称披露的可信性）。与披露质量很相象，透明度一般也是通过一些研究或中介机构借助调查得到的排名（或分值）来加以测量的。在经验研究中，也有使用分析师跟进、机构投资者持股、内部人交易、媒体覆盖和因特网扩散作为透明度的替代变量的。

8.5 我国上市公司盈余信息的决策有用性

近年来，我国会计学者也开展了会计信息在资本市场上的决策有用性的研究。他们运用实证会计研究的方法，有的探讨了中国上市公司年度会计信息披露与股票非正常报酬率的关系，以此揭示财务会计信息在股票市场上扮演的角色。下面我们主要讨论我国上市公司盈余信息的决策有用性。

8.5.1 研究的目的

财务会计概念框架将“决策有用性”目标置于首要地位，并为之建立会计原则，提出具体的会计程序和方法。这意味着会计目标的确定将对准则制定和会计实务产生深远的影响。因此规范理论认为：现行以经济事实为依据、坚持历史成本原则的会计信息能满足股票市场投资者的需求，即会计信息的有用性。众多规范研究文献已经支持了这样的观点：会计信息对投资者决策的有用性是可以通过规范演绎法论证的。

在实证会计研究领域，“向投资者提供有助于决策的信息”成为一个未经完全证实的检验假设，盈余信息有用性的研究成为实证会计研究的基础性研究。现有对盈余信息有用性的研究文献一般都是运用事项研究法，从短时窗考察盈余信息有用性问题。下面我们将通过长时窗报酬-盈余相关系数的显著性检验，试图达到以下3个目标：

（1）检验会计盈余信息的决策有用性，即检验报酬-盈余相关性在统计上是否表现显著。如果会计盈余具有“市场反应”，在报酬-盈余相关性模型中的相关系数在统计上应显著异于零。

（2）检验盈余信息的相对重要性，主要是相对于现金流量信息。从会计理论上分析，盈余信息与现金流量信息来自于不同的会计确认基础：盈余信息基于权责发生制，而现金流量信息基于现金流量基础。尽管权责发生制存在诸多理论缺陷，但理论界与实务界仍坚持将权责发生制作为一条重要的会计基本原则，因此，盈余信息理应优于现金流量信息。

（3）检验会计盈余明细项目的决策有用性。在利润表中，盈余信息表现为多个层次：主营业务利润、营业利润、利润总额、净利润等。如果我们已经检验了会计盈余信息是“有用的”，并且这种有用性是优于现金流量信息的，那么研究不同层次盈余项目的统计显著性是有意义的。

8.5.2　模型的构建

1）报酬-盈余回归分析的一般模型

报酬-盈余回归分析的一般模型可以表述为：

$$AR_{jt}=b_0+b_1UE_{jt}+u_{jt}$$　模型1

其中：AR_{jt}代表证券j在t年内的超常报酬率（abnormal return）；

UE_{jt}代表公司j在第t年的（市场）未预期每股盈余（unexpected earnings）；

u_{jt}代表样本随机误差项服从N（0，σ_e^2）分布。

实证检验标准是以线性模型（横截面和时间序列）的斜率（b）和解释力（R^2）的显著性为基础的。

上面的模型是基于信息观对会计盈余信息有用性，即“信号”功能的理解。证券报酬率是证券价格变动的结果，将其作为模型的因变量正好符合信息观对会计盈余信息有用性的定义。股价变动所反映的某种行为，如果可以归结为是由于会计盈余信息所引发的，则我们就可以认为会计盈余信息是有用的。当然，信息所引发的股价变动程度越大，该信息对投资者而言就更加有用。这种报酬-盈余模型的研究在实证会计学术领域被广泛地采用。

2）超常报酬率的计量模型

文献中关于超常报酬率的计量模型有许多，主要可分为经济性模型和统计性模型。有学者对各种模型进行比较后认为：严格的理论模型并非一定优于经验性的模型，简单模型的效果也许更好。针对不同时期、不同市场的研究，应采用不同的模型。在我国，多数学者倾向于使用市场模型。下面我们将采用市场调整模型（market adjusted model）来计算超常报酬率，基本模型如下：

$$AR_{jt}=R_{jt}-R_{mt}$$　模型2

其中：R_{jt}代表证券 j 在 t 年的实际报酬率；

R_{mt}代表第 t 年用 A 股市场指数计算的市场报酬率。

此外，还需要说明证券实际报酬率和市场报酬率的计算。

第一，年个股报酬率的计算，我们使用的是考虑现金股利的年个股报酬率，计算公式如下：

$$R_{jt}=\frac{P_{jt}}{P_{j(t-1)}}-1$$

其中：P_{jt}代表证券 j 在第 t 年的 4 月份最后一个交易日的考虑现金股利再投资的日收盘的可比价格；

$P_{j(t-1)}$代表证券 j 在第 t-1 年的 4 月份最后一个交易日的考虑现金股利再投资的日收盘的可比价格。

第二，以市场指数计算的年市场报酬率的计算公式为：

$$R_{mt}=\frac{r_{mt}}{r_{m(t-1)}}-1$$

其中：r_{mt}代表指数 m 在第 t 年的 4 月份最后一个交易日的收盘指数；

$r_{m(t-1)}$代表指数 m 在第 t-1 年的 4 月份最后一个交易日的收盘指数。

3）未预期盈余的计量模型

未预期盈余的计量模型主要有两类：统计模型和判断模型。由于我国市场使用判断模型的客观条件的不足，国内的学者大都使用了统计模型。下面将使用简单的随机游走模型（也称幼稚模型，Naïve Model）来计量未预期盈余：

$$UE_{jt}=\frac{E_{jt}-E_{j(t-1)}}{P_{j(t-1)}} \qquad \text{模型 3}$$

其中：E_{jt}代表公司 j 在 t 年的期末每股盈余；

$E_{j(t-1)}$代表公司 j 在 t-1 年的期末每股盈余；

$P_{j(t-1)}$代表证券 j 在(t-1) 年末的市场价格，作为平减因子。

4）会计盈余与现金流量有用性比较模型的构造

现金流量概念的引入，其初衷是为了弥补权责发生制下会计盈余信息的局限性，会计准则制定机构更将现金流量表作为企业财务报表的“第三”报表加以规范。但同时规范会计学派却认为：基于权责发生制会计的盈余信息，对比基于现金流量基础的现金流量信息，通常会提供公司当前持续产生有利现金流量能力的更好表征。

在会计理论与实证研究成果的基础上，我们将现金流量表作为利润表的补充报表，进而将现金流量信息作为会计盈余信息的重要组成部分。

现金流量与会计盈余的一般关系可以表述为：

会计盈余=现金流量+会计应计收益

在此一般分析框架的基础上，从现金流量维度对营业利润和净利润两个指标进行细分，模型如下：

$$AR_{jt}=b_0+b_1UCFO_{jt}+b_2UAO_{jtt}+u_{jt} \qquad \text{模型 4}$$

$$AR_{jt}=b_0+b_1UNCF_{jt}+b_2UTA_{jtt}+u_{jt} \qquad \text{模型 5}$$

其中：UCFO 代表未预期经营活动产生的现金流量净额；

UAO 代表未预期经营收益会计应计部分；

UNCF 代表未预期净现金流量；

UTA 代表未预期会计应计收益总额。

现金流量表的现金流量信息又可进一步分为经营活动产生的现金流量、投资活动产生的现金流量和筹资活动产生的现金流量。我们据此调整了下面的模型：

$$AR_{jt}=b_0+b_1UCFO_{jt}+b_2UCFI_{jt}+b_3UCFF_{jt}+b_4UTA_{jtt}+u_{jt}$$ 模型 6

其中：UCFI 代表未预期投资活动产生的现金流量净额；

UCFF 代表未预期筹资活动产生的现金流量净额。

5）基于利润表结构的盈余信息明细项目比较模型的构造

国外文献对盈余信息的明细分类主要包括正常盈余与非常盈余、经营性项目与非经营性项目盈余、永久性盈余与暂时性盈余。在我国，由于机构投资者的缺乏、中小投资者的不成熟，在对会计盈余信息的实际利用中，投资者主要是以利润表的基本结构为分类依据。据此，将以盈余信息的主要载体——利润表的基本项目作为盈余分类的主要依据。

多步报告式的利润表将会计盈余分为：主营业务利润、营业利润、利润总额和净利润 4 个基本层次。所以，对 4 个层次的盈余按照前面的模型建立各自的回归模型：

$$AR_{jt}=b_0+b_1UEPB_{jt}+u_{jt}$$ 模型 7

$$AR_{jt}=b_0+b_1UEO_{jt}+u_{jt}$$ 模型 8

$$AR_{jt}=b_0+b_1UTE_{jt}+u_{jt}$$ 模型 9

$$AR_{jt}=b_0+b_1UNI_{jt}+u_{jt}$$ 模型 10

其中：UEPB 代表未预期主营业务利润；

UEO 代表未预期营业利润；

UTE 代表未预期利润总额；

UNI 代表未预期净利润。

由于利润总额又由营业利润、投资收益、营业外收入和营业外支出等子项目构成，据此对上述模型进一步修正为：

$$AR_{jt}=b_0+b_1UEO_{jt}+b_2UEI_{jt}+b_3UNOR_{jt}+b_4UNOE_{jt}+u_{jt}$$ 模型 11

其中：UEI 代表未预期投资收益；

UNOR 代表未预期营业外收入；

UNOE 代表未预期营业外支出。

8.5.3　数据样本的选择与统计描述

作为教学，关键在于基本理论、基本概念与基本方法。为此，这里选用的数据样本都是最基础和原始的。下面使用的财务报表数据、证券市场交易数据来源于“中国股票市场研究数据库”（CSMAR）。证券市场指数数据则来源于《中国金融年鉴 2002 年》。由于我国上市公司的现金流量表是从 1998 年开始要求编制和披露的，为了保证所有模型样本数据在同一期间以增强对比性，因此这里的取样范围为 1999—2000 年沪、深两市的全部上市公司。取样标准为：样本公司必须在样本年的前一年上市；第 t 年的相关财务数据完整；第 t、t-1 年的市场价格数据完整。在 1999—2000 年所涵盖的 2 037 家（次）A 股上市公司中，按照取样标准筛选出 1 716 家样本公司。此外，为了避免极端值的影响，还剔除了超常报酬率（AR）小于-100% 和大于 200% 观察值。最终样本公司为 1 704 家，其中深市 835 家，沪市 869 家。表 8-1 为样本公司按年份在交易所的分布情况：

表 8-1 样本公司按年份在交易所的分布情况 单位：家

交易所 \ 年份	1999 年	2000 年	合计
深市	373	462	835
沪市	423	446	869
合计	796	908	1 704

表 8-2 为样本公司的描述性统计结果（所有盈余变量均除以样本公司的证券期初市价）。从表 8-2 可以看出：（1）未预期的盈余指标，包括 UEPB、UEO、UTE、UNI，均值都大于 0，这说明市场对于公司盈余的预期持比较乐观的态度；（2）在 4 个盈余明细项目均值比较中，UEO 均值最接近于 0，这说明市场对上市公司的营业利润预期好坏参半，偏差较小；（3）UTE、UNI 两项的标准差值最大，这说明公司在利润总额和净利润这两个明细项目上的稳定性是较差的；（4）现金流量项目的标准差都很大，这说明在现金流动方面不具有稳定性；（5）会计应计收益部分，无论是经营性应计收益部分还是总应计收益部分，其标准差表现也很大，这说明公司很有可能利用了会计应计部分进行盈余操纵。

表 8-2 样本公司的描述性统计

	样本量	最大值	中位数	最小值	平均数	标准差
UEPB	1 704	-0. 2042	4. 24414E-03	0. 4274	7. 05843E-03	2. 87855E-02
UEO	1 704	-0. 9675	6. 85466E-04	0. 6103	9. 33563E-04	4. 53129E-02
UEI	1 704	-0. 0965	2. 65779E-05	0. 1709	1. 06203E-03	1. 14695E-02
UNOR	1 704	-0. 1337	0. 000000	0. 1339	-6. 871441E-05	8. 28142E-03
UNOE	1 704	-0. 3284	2. 89546E-05	0. 2923	4. 02313E-04	1. 23740E-02
UTE	1 704	-1. 0124	1. 14054E-03	0. 6492	1. 08802E-03	5. 23024E-02
UNI	1 704	-1. 0152	1. 00016E-03	0. 6492	8. 34711E-02	5. 08709E-02
UCFO	1 704	-1. 1286	5. 81916E-03	0. 9095	1. 12509E-02	7. 60246E-02
UCFI	1 704	-0. 7896	-7. 792194E-04	0. 9298	-3. 224705E-03	7. 70741E-02
UCFF	1 704	-0. 9100	-1. 964949E-03	1. 1184	-3. 729951E-03	0. 104003
UNCF	1 704	-0. 7881	5. 83539E-03	0. 6172	4. 29416E-03	8. 33613E-02
UAO	1 704	-1. 0008	-5. 450824E-03	1. 1275	-1. 031733E-02	8. 72424E-02
UTA	1 704	-1. 2776	-6. 035900E-03	0. 7934	-3. 459447E-03	9. 80869E-02
AR	1 704	-0. 9846	-5. 550462E-02	1. 8880	-2. 501141E-02	0. 434674

8. 5. 4 实证结果及其分析

1）会计盈余与现金流量的检验

对于现金流量信息，研究目的是检验从 1998 年上市公司公布现金流量信息之后，对盈余信息与现金流量信息这两类信息，证券市场投资者更偏爱哪类信息。

模型 4、模型 5、模型 6 的回归结果报告见表 8-3、表 8-4、表 8-5：

表 8-3　**模型 4 的回归结果**

	截距	UCFO	UAO	R^2_{adj}	F 值
b	−2.711E−02 **	1.511 **	1.445 **	2.2%	19.954 **
t	(−2.574)	(5.724)	(6.280)		
Beta		0.264	0.290		

注：N=1 704；

括号内为 t 统计量；

Beta 为标准化回归系数；

** 表示在 5% 的水平上的统计显著（双尾检验）。

表 8-4　**模型 5 的回归结果**

	截距	UNCF	UTA	R^2_{adj}	F 值
b	−2.582E−02 **	1.274 **	1.343 **	2.4%	21.768 **
t	(−2.478)	(5.281)	(6.567)		
Beta		0.244	0.303		

注：N=1 704；

括号内为 t 统计量；

Beta 为标准化回归系数；

** 表示在 5% 的水平上的统计显著（双尾检验）。

表 8-5　**模型 6 的回归结果**

	截距	UCFO	UCFI	UCFF	UTA	R^2_{adj}	F 值
b	−2.686E−02 **	1.344 **	1.250 **	1.237 **	1.338 **	2.3%	10.959 **
t	(−2.552)	(5.049)	(4.439)	(5.046)	(6.525)		
Beta		0.235	0.222	0.296	0.302		

注：N=1 704；

括号内为 t 统计量；

Beta 为标准化回归系数；

** 表示在 5% 的水平上的统计显著（双尾检验）。

三组模型的 F 值检验值均在 5% 水平上显著，说明模型在整体上都是显著的。

从偏相关系数 b 来看，三组模型的自变量在 5% 的水平上都具有统计显著性，说明模型的变量设置对证券超常报酬率都具有一定的正向影响作用，以现金流量为基准对会计盈余信息的细分后的信息是具有市场“信号”作用的。但对比下一部分盈余信息明细项目的实证结果（参见表 8-6、8-7），基于现金流量的盈余明细信息并没有提高模型的解释力度，R^2_{adj} 并没有得到显著提高，甚至有所下降，这说明现金流量并不具有明显的增量作用。

通过对表 8-3 的两个自变量 UCFO 和 UAO 的标准化回归系数的比较，未预期经营收益应计部分（UAO）的 Beta 值（0.290）大于未预期的经营性现金流量（UCFO）（0.264），标准化回归系数表示的是模型内自变量之间对因变量解释力的相对重要性，说明市场对于营业利润中会计应计部分的“偏好”胜于现金流量部分。

表8-4报告了将净利润分为净现金流量和会计应计收益总额两部分信息的对比分析结果，其标准化回归系数分别为（0.244和0.303），也说明市场更关注会计应计收益部分。表8-5报告了将净现金流量分为经营活动、投资活动和筹资活动产生的现金流量三部分的对比分析结果，因变量的标准化回归系数分别为0.235、0.222、0.296和0.302，再次证明了盈余信息相对于现金流量信息的重要性。同时还可发现，市场对经营能力、投资能力和筹资能力都给予了关注，但筹资能力成为第一要素，这与“谁搞的钱多，谁就是好企业”这一我国特殊的市场背景相关。

从模型4、5、6的实证结果，我们发现：在投资者的决策中，相对于现金流量信息，会计盈余信息具有相对有用性。

2）基于利润表结构盈余信息明细项目的检验

模型7、8、9、10的回归结果报告见表8-6：

表8-6 **模型7、8、9、10的回归结果**

	截距（b_0）	回归系数（b_1）	R^2_{adj}	F值
模型7	-3.277E-02**	1.099**	0.5%	9.056**
UEPB	（-3.029）	（3.009）		
模型8	-2.636E-02**	1.448**	2.8%	45.652**
UEO	（-2.531）	（6.300）		
模型9	-2.648E-02**	1.348**	2.2%	36.953**
UTE	（-2.547）	（6.779）		
模型10	-2.613E-02**	1.345**	2.4%	39.219**
UNI	（-2.512）	（6.574）		

注：N=1 704；

括号内为t统计量；

** 表示在5%的水平上的统计显著（双尾检验）。

根据表8-6，可以发现：（1）所有模型的回归系数（b_1）在统计上显著，并且模型整体上在F检验中具有显著性。会计盈余信息具有“信息含量”。（2）对于在4个层次中的盈余，属于最小概念范围的主营业务利润（UEPB）表现异于其他三者，无论是在模型整体（$R^2_{adj}=0.5\%$）上还是回归系数上都是较小的。这在一定程度上验证了我国证券市场的“功能锁定现象”。所谓功能锁定现象，就是指投资者在决策过程中往往锁定于某种特定的表面信息，不能够充分理解和利用有关信息来评估证券价值，从而难以做出正确的投资决策。以会计盈余信息为例，市场对盈余信息的功能锁定体现为投资者只注意到名义的盈余数字，而对盈余的质量没有应有的关注，对具有相同盈余但盈余质量不同的公司的股票不能区别定价。（3）在与其他3个层次的利润数据（营业利润、利润总额、净利润）的相对重要性比较上，营业利润（UEO）表现最显著，其R^2_{adj}（2.8%）最大。（4）调整确定系数R^2_{adj}在所有模型中都表现得不算很高，最高为模型8的2.8%。这可能是不成熟市场的投资者非理性行为的结果。在我国，证券市场的发展尚处于初级阶段，表现为许多方面的不成熟，投资者往往无须“利用”会计信息也可获取超额报酬。

表 8-7　**模型 11 的回归结果**

	截距 (b_0)	UEO (b_1)	UEI (b_2)	UNOR (b_3)	UNOE (b_4)	R^2_{adj}	F 值
b	-0. 03095**	1. 382**	4. 215**	1. 659	0. 714	3. 4%	16. 170**
t	(-2. 976)	(5. 940)	(4. 655)	(1. 324)	(0. 841)		
Beta		0. 144	0. 111	0. 032	0. 020		

注：N=1 704；

括号内为 t 统计量；

** 表示在 5% 的水平上的统计显著（双尾检验）。

在保证模型整体 F 检验显著的基础上，只有 b_1、b_2 在 5% 的水平上通过 t 检验。证据表明：在营业利润、投资收益、营业外收入和营业外支出这 4 项利润总额的子项目中，市场还是具有一定的识别能力。其中，营业利润（UEO）的 Beta 值（0. 144）略大于投资收益（0. 111）。这进一步说明，在利润总额中市场给予了营业利润更高的权重，即更关注营业利润。

综上所述，前面运用关联研究法，分析比较了我国证券市场会计盈余信息的决策有用性。首先，待检验模型的总体显著性都通过了检验，这说明会计盈余信息在投资者决策中是有用的。当然，所有的模型检验结果都反映出 R^2_{adj} 表现较低。其次，比较分析了会计盈余信息和现金流量信息的相对重要性。在肯定现金流量信息具有信号作用的同时，3 个细分模型都支持“相对于现金流量而言，会计盈余受到了市场更大的关注”。第三，还区分了不同层次的盈余概念：主营业务利润、营业利润、利润总额和净利润，实证检验的结果表明“营业利润”具有相对重要性。

8. 5. 5　国内的其他相关研究

“功能锁定假设”（functional fixation hypothesis，FFH）是与 EMH 相竞争的一种假设。FFH 认为，投资者在决策过程中往往锁定于某种特定的表象信息，不一定能够充分理解和利用有关信息来评估证券价值，从而难以做出正确的投资决策。以会计盈余信息为例，市场对盈余信息的功能锁定体现为投资者往往只注意到名义的盈余数字，而对盈余的质量没有给予充分的关注，对具有相同盈余但盈余质量不同的公司的股票不能区别定价。实际上，与 EMH 相悖的“功能锁定”现象是指：投资者不能够“看穿”（see through）企业的财务报表，对企业价值做出了不充分及有偏差的估计。

对 FFH 的研究最初采用的是实验研究（experimental study），测试对象为部分投资者，该研究也发现了这种现象。但问题是这种研究不能直接导出整个市场的功能锁定及市场不具有效率的结论。目前的检验方法主要是看价格效应，如针对不同会计方法的盈余差异、递延所得税调整额这种纸面上的暂时性利得等，检验其价格效应。赵宇龙和王志台的研究表明：在未预期盈余相同的情况下，市场对主营业务利润比重有显著差异的两类股票并没有区别反应，即该结果支持 FFH，说明我国证券市场存在功能锁定现象。

在会计信息有用性的其他研究中，也有一些实证证据。例如，陈晓等用交易量反应研究发现：在公司盈余公告日前后，日交易量有明显增加，在盈余公告日附近，日交易量达到年均水平的1.5～1.7倍，这说明新信息抵达市场。沈艺峰等的研究发现：无论是“赢家组合”（净资产收益率在10%以上，且排序在前30位的公司股票）还是“输家组合”（净资产收益率在10%以下，且排序在后30位的公司股票）都无法获得高于市场的超常报酬率，检验结果从整体上不支持过度反应假设，即我国市场不存在过度反应现象，并倾向于接受我国证券市场符合市场有效性假设。

本章小结

实证会计理论的发展主要经历了两个阶段：一是研究会计与资本市场的行为；二是试图解释和预测会计实务，特别是会计政策与会计选择。

有关会计与资本市场行为的研究通常包括两部分：其一，研究企业报告的会计信息对股票报酬的影响；其二，研究会计政策选择或变动对股价的影响。

这类研究的基础是有效资本市场假设。对有效资本市场假设的检验分为弱式、半强式和强式三大类。

有关盈余对股价影响的研究主要有：符号检验、一阶矩检验、二阶矩检验、成交量检验。国外会计学者对机械性假设和无效应假设所作的研究取得了一些有价值的研究成果，但也存在明显的局限性。这些研究还无法解释企业为何变更会计政策，也无法对企业会在何种环境下变更会计政策提供一个预测性理论。

与会计信息决策有用性从“信息观”发展到“计量观”相适应，会计信息含量的研究也转向价值相关性的研究。

近年来，我国会计学者也开展了会计信息在资本市场上决策有用性的研究。其研究方法主要是运用幼稚模型、市场模型和回归分析。研究得出的结论是，会计盈余的披露具有显著的信息含量和市场效应。

在比较分析会计盈余信息和现金流量信息的相对重要性时，3个细分模型都支持“相对于现金流量而言，会计盈余受到了市场更大的关注”。

在区分不同层次的盈余概念如主营业务利润、营业利润、利润总额和净利润时，实证检验的结果表明“营业利润”具有相对重要性。

主要概念和观念

□ 主要概念

实证会计理论　有效市场假设　资本资产定价模型　会计信息含量　价值相关性　非正常报酬　符号检验　一阶矩检验　二阶矩检验　成交量检验　机械性假设　无效应假设　信息观计量　观未预期盈余　超常报酬率　功能锁定现象

□ 主要观念

会计信息的决策有用性不仅可以通过逻辑推理得出，更重要的是还可以通过实证研究的方法加以验证。验证会计信息在资本市场中对投资决策的有用性，有助于人们进一步理解财务报告的目标以及实现这些目标的方式方法。

基本训练

□ 知识题

1. 实证会计理论有哪两个主要的发展阶段？
2. 什么是有效市场假设？它对实证会计研究有什么作用？

3. 什么是资本资产定价模型？它对实证会计研究有什么作用？

4. 什么是会计信息含量？如何衡量会计信息含量？

5. 会计信息的决策有用性在资本市场中是如何表现出来的？

6. 盈余信息和现金流量信息在我国资本市场中表现出的决策有用性是否有差别？为什么？

□　技能题

1. 如何计算 AR 和 CAR？它们在解释会计收益与股票市场之间的关系中有何作用？

2. 什么是未预期盈余？有哪些方法可用作计算或确定未预期盈余？

3. 列出会计信息含量研究与价值相关性研究之间的异同点？

4. 比较信息观与计量观之间的差别与联系？

□　能力题

1. 查阅有关文献，分析什么是功能锁定现象？在现实的资本市场中，为什么会存在这种现象？

2. 在《经济研究》、《管理世界》、《会计研究》中查阅近年来有关会计信息决策有用性的论文，整理成一篇 3 000 字的文献综述，理解我国上市公司会计信息的决策有用性。

3. 利用本章所介绍的模型，自己收集我国上市公司 2010—2012 年的相关财务数据，检验我国上市公司的盈余信息在资本市场的决策有用性是否有变化？解释这种变化的原因有哪些？

4. 以 2007 年新会计准则实施为界限，从会计信息决策有用性的视角，用实证的办法检验新会计准则的经济后果。

第 9 章 契约关系与管理层会计行为

学习目标

知识目标

进一步了解会计准则的特性和经济后果；认识企业契约的不完全性和刚性，明确契约关系对会计政策选择、会计盈余可靠性的一般影响。在此基础上，掌握报酬契约、代理人竞争、债务契约、收费管制和税收管制等对管理层会计行为的影响。

技能目标

学会归纳总结不同动机的盈余管理。

能力目标

把契约与企业的会计政策选择联系起来，理解企业如何选择其会计政策，管理层为什么会做出这样的会计选择。

9.1 会计政策选择与契约关系

有关企业的各种契约关系与会计盈余的可靠性有密切的联系。具体地说，契约关系将影响企业管理层的会计行为，进而影响会计数据，特别是盈余的可靠性。要认识这个问题，首先又要了解会计准则的特性及其经济后果，了解会计政策和会计政策选择。

9.1.1 会计准则的经济后果

由于会计准则的制定会牵涉一系列主体的经济利益，因此会计准则的制定与经济利益密切相关，会计准则的经济后果也就成为会计理论研究的一个重要领域。1977 年

Rappaport 在《会计准则的经济影响》一文中提出：对规范公司必须报告什么以及如何描述其经济活动的准则制定过程来说，需要以一个更宽的眼界而不是传统的技术会计角度来重新认识，即会计准则的制定，需洞察会计在经济环境中的作用及会计决策对经济环境的影响。随后，Zeff 在《“经济后果”学说的兴起》中总结出：从 20 世纪 60 年代起，美国会计界开始意识到会计信息的经济影响。按照 Zeff 的理解：所谓经济后果是指财务报告将影响企业、政府、工会、投资者、债权人的决策行为，受影响的决策行为反过来又可能会损害其他相关方面的利益。换言之，会计准则不再是一种纯粹的技术手段，不同的准则将生成不同的会计信息，从而影响到不同集团的利益，包括一部分人受益，另一部分人受损。

但是，西方学者较注重会计准则间接的经济后果即信息利益，他们的研究侧重于通过不同的会计信息，诱导出不同的经济行为，从而影响到市场上各行为主体的经济利益。其具体体现在 3 个方面：

（1）面对不同信息、内容的财务报告，投资者将会做出不同的抉择；

（2）在公司财务报告公布后，竞争对手、供应商、顾客、劳工等可以无代价地得到会计信息；

（3）报告公司为了获得市场的正面评价，而选择使得财务报告更“漂亮”的经济行为。

在会计实务界，人们很早就意识到会计准则具有直接的经济后果即经济利益。不论凭证、账簿和报表，作为信息载体，其数据都代表了不同的经济内容。企业外部各利益关系方面所能取得的经济利益，有相当部分受这些“数据”的影响。有很多实例表明，恰当的会计准则有利于维护有关各方正当、公平的经济利益；不当的会计准则可能诱发甚至导致不平等、舞弊和欺诈。

根据西方实证会计的研究文献，会计准则的经济后果往往是借助形式多样的会计政策选择加以实现的。借助会计政策选择影响会计准则的经济后果的主要研究成果有：

（1）如果其他条件保持不变，对管理层实施红利方案（bonus plan）的企业，其管理层更有可能把报告收益由未来期间提前至本期确认。如果管理层的红利方案包括了认股权，他们更愿意选择“平滑”（smoothing）收益的会计方法，以保持公司股票价值的稳定增长。企业发生亏损，管理层便会试图把未来所有可能的亏损提前至本期注销，以提高公司未来可能的收益，从而增加管理层未来获得的报酬；

（2）如果其他条件保持不变，企业的负债权益率越高，管理层便越有可能选择可将报告收益从未来期间提前至当期的会计程序。企业越是与特定的、基于财务报告数据的限制性契约条款（如建立偿债基金）联系紧密，管理层便越有可能采用可增加当期收益的程序。

（3）在其他条件不变的情况下，规模越大的公司，其管理层就越有可能选择那些能将当期收益递延到未来期间的会计程序，以降低或延迟税负；

（4）为避免政府和管制机构的关注，规模较大的公司更愿意采用平滑收益的会计方法，使各期收益保持均衡；

（5）对诸如公用事业等组织来说，其收费是受政府管制的，而政府在确定收费的标准时，往往又借助会计数据。这些组织可能采用最有利于提高组织收费标准的准则。

会计准则的实施会影响政府、投资者、债权人、企业等的利益，包括信息利益和经济利益。而形式多样的会计政策（含方法、程序等）选择又为不同利益团体争取更有利于自己的利益提供了条件。正是由于存在会计政策选择，会计准则制定时所设想的利益关系格局将可能被打破，新的问题、某些副作用将由此产生。

9.1.2 会计政策的含义和内容

前面讲到，会计准则的实施会产生一定的经济后果，其中一个原因就是因为存在会计政策选择。为了深入研究这个问题，首先必须了解会计政策的含义及内容。

会计政策是指企业在编报财务报告时所应遵循的具体原则以及企业所采纳的具体会计处理方法。具体原则，是指企业按照企业会计准则和会计制度的规定所制定的、适合于本企业采用的会计原则；具体会计处理方法，是指企业在会计核算过程中在诸多可选择的会计处理方法中所选择的适合于本企业的会计处理方法。一般地说，企业最重要的会计政策可以列举如下：

（1）合并政策，是指编制合并会计报表所采纳的原则。例如，母公司与子公司的会计年度不一致的处理原则；合并范围的确定原则；母公司与子公司所采用会计政策是否一致等。

（2）外币折算，是指外币折算所采用的方法，以及汇兑损益的处理。例如，外币报表折算是采用现行汇率法，还是采用时态法或其他方法。

（3）收入的确认，是指收入确认的原则。例如，建造合同是按完成合同法确认收入，还是按完工百分比法或其他方法确认收入。

（4）所得税的核算，是指企业所得税的会计处理方法。例如，企业所得税会计处理是采用递延法，还是债务法或其他方法。

（5）存货的计价，是指企业存货的计价方法。例如，企业的存货是采用先进先出法，还是采用企业会计准则所允许的其他计价方法。

（6）长期投资的核算，是指长期投资的具体会计处理方法。例如，企业对被投资单位的股权投资是采用成本法，还是采用权益法核算。

（7）坏账损失的核算，是指坏账损失的具体会计处理方法。例如，企业的坏账损失是采用直接转销法，还是采用备抵法。

（8）金融资产的计量，如按公允价值或者其他计量属性加以计量。

（9）借款费用和研究与开发费用的处理，是指借款费用、研究与开发费用的处理方法，即是采用资本化，还是采用费用化。

（10）其他，是指无形资产的计价及摊销方法、财产损溢的处理等。

由于会计政策在具体使用过程中可以有不同的选择，一般情况下，企业最恰当的会计政策选择是指能够反映其经营成果和财务状况的会计处理程序和方法。会计政策的选择应考虑稳健性、实质重于形式和重要性 3 个方面。企业所采纳的会计政策，通常还应在会计报表附注中加以披露。

9.1.3 会计盈余与契约关系

会计政策选择从本意上讲是要企业根据自身的情况选择“适当的”会计程序和方法。

在规范会计理论研究中，研究者通常认为会计准则在一定程度上的灵活性和会计政策选择有助于增强会计信息的可靠性和相关性，从而提高会计信息的质量，其中包括盈余的质量。但是，如果将与企业有关的契约关系考虑进来，实际的情况就很可能会发生一些变化。

我们知道，任何一个企业都是契约的集合体。契约有很多基本特性，在会计研究中需要我们特别关注的是契约的不完全性和刚性。所谓契约的不完全性，是指当达成一项契约或合同、协议时通常不可能完全预料到所有的偶然事件。例如，除非契约是短期的，否则很难预料到影响契约的会计准则的变动。不能完全预料到所有可能事件的契约称为不完全契约。对不完全契约来说，在某种程度上重新谈判是可能的，但随会计准则和会计制度的变动而进行的重新谈判似乎并不能彻底解除管理层对会计政策的关注。原因在于契约是很难重新谈判的。同样地，管理层与公司股东所签的报酬契约、企业与银行签订的借款协议，都是难以修改的。因此可以这样说，尽管契约是不完全的，但契约本身又是刚性的，一经签订就不得随意改动。

在实证会计理论研究中，存在机会主义问题。所谓机会主义，主要是指在契约关系中，由于契约的不完全性和刚性、会计准则的灵活性，企业管理层通常会选择有利的会计政策。也就是说，管理层的会计行为是不完全肯定的。不同的契约关系、不同的会计准则、不同的客观环境，管理层会有不同的会计选择。下面要讨论的就是在不同情形下企业管理层的会计行为。

需要说明的是：企业的会计行为也就是管理层的会计行为。在公司年报信息披露中，之所以要求公司董事、高管人员和财务总监签名负责，因为在任何一家企业，理论和法律责任上是由企业的管理层做出会计决策而不是某一位会计人员进行会计政策选择的。

9.2　委托代理关系中管理层的会计行为

9.2.1　报酬契约中管理层的会计行为

1）代理关系与以会计盈余为基础的报酬契约的产生

在研究报酬契约对管理层会计行为的影响时，人们首先会想到股东与经理人员之间的代理关系以及由此产生的报酬契约，还会想到会计的报告盈余在签订、履行和评价报酬契约时所发挥的作用。

詹森和麦克林（Jensen & Meckling，1976）最早为企业股东与经理人员之间的契约建立了模型。他们认为，股东与经理人员之间的契约是一种代理关系。所谓代理关系是指一个或若干个委托人聘用其他个人（即代理人）代表他们从事某种活动的一种契约关系，其中包括授予代理人某些决策权。在股东与经理人员的契约中，股东被称为委托人，而经理人员则作为代理人。在现实社会里，股东与经理人员之间的代理关系通常表现为一系列的相关契约，特别是报酬契约。报酬契约又称经理人员的报酬计划，如分红计划和业绩计划（奖金股票及绩效计划）。许多研究表明，一个有效的报酬契约会激励管理层力争使企业价值最大化。

在代理理论中，会计是限制各种契约的组成部分。实际上，早在 19 世纪英国的一些公司章程及其细则就把管理报酬与会计盈余直接挂钩。到了20世纪初，以盈余为基础的管理奖励报酬在欧洲已成为一种惯例。到20世纪50年代，许多英国公司的管理报酬方案开始包括将管理层的报酬与经过审计的企业年度报告中的盈余数字相互联系的奖励计划。今天，大多数报酬计划都是通过会计盈余来衡量管理业绩并对之进行奖赏的。对于这种现象，瓦茨和齐默尔曼（Ross L. Watts，Jerold L. Zimmerman）认为有3个潜在的因素促使企业实施以会计盈余为基础的报酬计划。其中企业市场价值的不可观察性和业绩分解的困难两个因素最为重要。

（1）企业市场价值的不可观察性。即使像美国这样一个证券市场非常发达的国家，仍然还有很多公司的证券不上市交易，从而难以观察到企业总价值的变动情况。在这种情况下，会计盈余便成为衡量企业价值变动的重要指标之一。

（2）业绩的分解。对于那些上市公司来说，尽管其市场价值具有可观察性，但它只有助于衡量高级经理人员的业绩。这是因为，只有高级经理才必须对整个企业负责，其他经理人员只对其所负责的部门或分部的业绩承担责任。很明显，企业的市场价值是难以直接分解到某一具体的部门或分部的。因此，大部分分红计划均采用会计盈余作为业绩衡量的基础。

2）受报酬契约影响的管理层会计行为

报酬契约与管理层会计行为关系的一般研究是会计选择经济分析的一部分。有关研究文献表明，会计选择的经济分析始于瓦茨和齐默尔曼的工作，人们一直感兴趣的是：在理解经理人员在会计程序和应计项目决策方面，报酬契约究竟起了什么作用。在这一领域，希利（P. Healy）1985的一项研究成果被广泛加以引用。他利用年度红利基金公式的分段线性描述，调查了总经理分红计划对应计项目决策和会计选择的影响，明确提出了企业管理层受到经济激励去操纵盈余以便增加其现金报酬的假设。

在分红计划中，尽管不同的公司甚至于同一家公司在不同的时期都可能采用不同的公式和变量，但所有的分红计划都具有一些共同的特征。那就是把报告盈余（E_t）作为一个变量，并在分红计划中事前确定一个目标盈余或较低界限（L_t）。如果报告盈余超过目标盈余，公司将提供一个可转入用于分派红利的“红利基金”（bonus pool，B_t）的最高比例（P_t）。若报告盈余低于目标盈余，红利基金就不会增加。用来计算可转入红利基金金额的公式如下：

$$B_t = P_t \max\{(E_t - L_t), 0\}$$

关于分红计划对会计选择的影响，瓦茨和齐默尔曼提出了这样的假定：分红计划会对企业管理层选用能够增加其报酬现值的会计程序和应计会计方法起激励作用。他们认为：若其他条件保持不变，实施分红计划的公司，其管理层更有可能把报告盈余由未来期间提前至本期确认。而希利的研究则提出了一个更加复杂的有关分红计划对会计激励影响的理论。其具体包括3个方面：

（1）当利用操控性应计部分之前的盈余（即实际盈余）低于目标盈余或较低界限（E_t）时，分红计划会激励企业管理层选用减少收益的操控性应计算部分（discretionary accruals）。

（2）当利用操控性应计部分之前的盈余超过较低界限（L_t）但未达到较高界限时，分红计划会激励企业管理层选用增加收益的操控性应计算部分。

（3）如果分红计划确定了一个较高界限且当利用操控性应计部分之前的盈余超过这个界限时，分红计划也会激励企业管理层选用减少收益的操控性应计算部分。

对以上结论，可用图9-1示意：

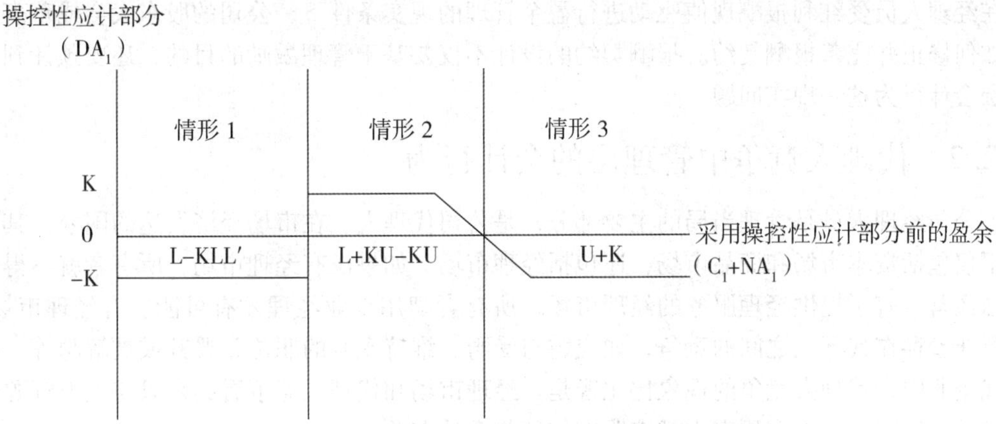

图9-1　企业管理层决定采用操控性应计部分的基本规则

在图9-1中，L为在分红计划中所确定的较低界限；U为盈余的较高界限；L’为较低界限、经理人员风险偏好、情形2下的预期盈余与折现率综合作用的结果；K为操控性应计部分的极限；C为经营现金流量；NA为非操控性应计部分（nondiscretionary accruals）。

希利的后续研究以及其他人员的研究（如Defeo，Lambert and Larcker，Clinch，Magliolo，Dechow，Huson and Sloan）等人的研究发现了上述假设的混合证据。作为一个函数，管理层的会计行为是因势而异的，也就是说，其行为是经理人员期望盈余成为下述情形的函数：（1）低于赚取任何红利所要求的某一较低界限；（2）高于某一界限，超过该界限，所获红利也不会增加；（3）在较高界限与较低界限之间。他们发现，总的应计项目在盈余不是受到较低的就是受到较高的界限约束时是消极的，但在这些界限无约束力时，则较少消极性。

从上面的介绍不难看出报酬契约对管理层会计行为的影响，也不难得出在现实商业社会中存在着一种基于报酬契约的盈余管理。

在现代公司治理结构中，有关经理人员的报酬契约是在董事会聘任经理人员时签订的。会计政策与程序的选择则不同，它一般是在经理人员上任后，由新任的经理据有关准则和公司一系列的情况加以确定的。其中，报酬契约就是经理人员进行会计政策和程序选择时必然会考虑的一个重要因素。实际上，报酬契约（尤其是指分红计划）的存在会驱使经理人员透过会计政策和程序的变动在某些年份调高盈余，而在别的年份调低盈余。至于是调高还是调低盈余，则取决于利用操控性应计部分之前的盈余是低于目标、介于目标与下限之间，还是高于上限。若盈余高于上限，经理人员便有透过递延盈余来调低报告盈余的动机，因为高于上限的盈余将使经理人员永远失去获得这部分红利的机会。把超额盈余往后递延增加了预期的未来红利。若现有的盈余介于目标盈余与上限之间，经理人员便可能调整盈余额，让报告盈余刚好抵达上限。如果盈余低于目标盈余，经理人员便有进行“巨额冲销”（big bath）的动机。

但是，任何公司的治理结构和具体管理都是动态的。实际上，公司的股东大会或董事会也可以根据经理人员选择会计政策和程序的情形修正并完善报酬契约。在现有的研究中，大多数是假定报酬契约一定，考察经理人员受红利报酬的现值驱动的盈余管理。我们认为，在研究报酬契约与管理层会计行为的关系时，还有一个重要的新的研究话题，那就是在经理人员受红利报酬现值驱动进行盈余管理的现实条件下，公司的股东大会或董事会应如何修正并完善报酬契约。报酬契约的设计不仅要基于管理激励的目的，还要预计到管理层会计行为这一现实问题。

9.2.2 代理人竞争中管理层的会计行为

公司经理人员是管理当局的主要部分，是公司代理人。在市场经济发达的国家，其市场不仅包括资本市场和商品市场，还包括经理市场。如果没有经理市场，所有者就不得不自己经营。有了提供经理服务的经理市场，所有者聘用专业经理才有可能。有经理市场，就意味着存在代理人之间的竞争，如应聘与受聘、维持现有的职位、晋升或被解聘等。在现代企业中，代理人竞争的现象比比皆是。经理市场和代理人竞争看起来只与人力资源管理相关，但国外的许多研究文献表明它们还与会计有关。

经理市场与会计的关系很早就存在。就代理人竞争与管理层会计行为的关系而言，主要有两个方面：一方面，代理人竞争会影响企业的会计方法和程序选择，进而影响会计盈余。当代理人之间的竞争处于不同态势时，其选用的会计方法和程序存在较大的差别。这时，即使是等额的报告盈余，它们所代表的真正的业绩水平也是不一样的。例如，新任的经理与面临被解聘的经理、有机会晋升的经理与不再有机会晋升的经理在会计方法和程序的选择标准上都存在一定的差别。

另一方面，经理人员也会利用会计政策选择影响代理人之间的竞争。影响代理人竞争结果的因素有很多，代理人为了在竞争中取得优势或获胜可采用的手段也多种多样。其中，盈余管理就是一种常被利用的手段。在市场经济环境下，会计盈余不仅是评价企业经营成果的主要指标，也是考评经理人员业绩的主要指标。一位现任经理前一阶段的业绩好不好，盈余是董事会最为关注的一个方面；一位参加应聘经理人员的人能否取得成功，也与其提出的包含盈余指标在内总体商业计划有关。

1）非常规总经理变动中管理层的会计行为

1993 年，波西奥（Susan Pourciau）发表题为《盈利管理与非常规的总经理变动》一文。该文调查了高级经理变动与操控性应计部分之间的关系。这项研究有助于增进人们对总经理变动过程的理解，特别是了解总经理变动之前、期间和之后的经理会计行为。

总经理变动分为常规的和非常规的。“常规”的总经理变动，正如 Vancil 所描述的：在这种变动中，公司构造了一个有序的、规划良好的变动程序。常规变动典型地以高级经理的退休结束，并且退休后他还会留下来当一名董事会成员。常规的总经理变动的组织降低了盈余管理的激励和机会主义的态度。而在“非常规”的总经理变动中，该公司并未处于这么一种能规划总经理继任的有序进程的地位，其原因是时间上的不适当或没有足量的机会去选择和培养能得到现任总经理支持的继任的最高行政负责人。非常规变动包括多种多样的辞职，既有自愿的，也有非自愿的。这也就暗示了，围绕非常规辞职的环境提供了盈余管理的激励和机会。非常规的总经理变动往往是未经计划的，这就使得董事和股东难以以下述方式来组织这一变动，即难以使盈余管理的机会和激励最小化。

在波西奥的研究中，73 家公司被确认为发生过总经理的非常规变动。并且，每位总经理变动都是独一无二的。高级经理变动的发生是环境变化的结果，其中包括自愿或非自愿的退休、免职（辞退）、代理权竞争、贪污（挪用）、离异以及其他的“个人原因”。

关于在非常规总经理变动过程中管理层的会计行为，Coughlan 和 Schmidt（1985）以及 Wamer 等人（1988）证明，股票市场的绩效是总经理变动的明显的预报器。除了市场绩效外，立足于会计的绩效量度（诸如收入）也与总经理变动有关。在波西奥的研究中，他首先提出了两组分别针对离任总经理和新任总经理会计行为的假设。其中，对于一位可能离任的总经理来说，他将采用盈余管理的技术以报告增加了的会计盈余。其具体包括：（1）总经理变动之前 1 年（T-1 年）的非预期盈余是正值；（2）总经理变动之前 1 年（T-1 年）的非预期应计部分会增加收益。而对于一位新任总经理来说，他首先将会使用操控性应计部分促使盈余最小，随后操纵盈余向上增长以展示在新的管理层努力下，业绩得到改善的景象。其具体包括：（1）总经理变动当年（T 年）的非预期盈余为负值；（2）总经理变动当年（T 年）非预期的应计部分会减少收益；（3）总经理变动之后第 1 年（T+1 年）非预期盈余为正值；（4）总经理变动之后第 1 年（T+1 年）非预期应计部分会增加收益。

波西奥的研究是根据 1985—1988 年间的 73 家公司总经理辞退的样本来进行的。对于每一家公司，他对三年（变动之前 1 年、变动当年、变动之后第 1 年）的盈余、应计项目、现金流量、特定项目及其冲销进行了分析。波西奥的主要研究结论有：新任总经理是以下述方式记录应计项目和冲销的，即降低总经理变动当年的盈余并增加下一年度的盈余。这一结果与人们的预期相一致。与人们的预期相反，离任总经理记录的应计项目和冲销也是降低他们在离任最后一年的盈余的。对于出现与预期相反的结果，波西奥的主要解释除了包括研究设计的不足外，还可能存在的原因有：离任总经理未能预计到其职位的非常规变动，或者是为了获取最大限度的以会计数据为基础的报酬。

2）职位安全与平滑收益

Fudenberg 和 Tirole 的研究提出了一个理论模型。该模型展示了，在做出会计选择时经理人员会考虑所期望的未来盈余。他们认为，对职位安全感的关心激励着经理人员的平滑收益。该理论的关键假设是，贫乏的业绩增大了经理人员被免职的可能性，但当年良好的业绩将能弥补未来的贫乏业绩。该理论给人的直觉提示是：当当期业绩贫乏时，经理人员就受到某种激励将未来的盈余转入当期，以降低被免职的可能性。相反，当预计未来的业绩贫乏时，经理人员可能将当期的盈余转入未来，以降低未来被免职的风险。这也就是说：

第一，当当期盈余相对较低，而所期望的未来盈余相对较高时，经理人员将做出增加当期操控性应计部分的会计选择，实际上，这种背景下的经理人员是在向未来“借”利润；

第二，当当期盈余相对较高，但预期的未来盈余相对较低时，经理人员将做出减少当期操控性应计部分的会计选择，经理人员有效地“储存”当期盈余，以备将来可能用上。

对于 Fudenberg 和 Tirole 的理论模型，德方等人（Mark L. DeFond，Chul W. Park）的《预测未来盈余以平滑收益》做了进一步的实证研究，并证明了两项预期：一是能够增加收益的操控性应计部分与现有业绩贫乏而未来的预计业绩良好的公司相关。这些公司的经理人员期望向未来“借”利润以降低现在就面临的被解职的威胁。二是会减少收益的操控性应计部分与现有业绩良好而未来的预计业绩贫乏的公司相关。这些公司的经理人员期望“储存”当期利润以备将来用于降低被解职的可能威胁。

代理人竞争的核心就是争位置和保位置，包括外部竞争和内部竞争，既包括现任与候任、离任与新任总经理之间的竞争，也包括企业内部不同层次管理人员之间的竞争。我们知道，在现代社会中人们之间的竞争有各种各样的手段和方式。就代理人竞争而言，取胜的关键还是在于业绩。没有良好的业绩，只靠关系、血缘、感情等，是不可能长久行得通的。因为现代企业大多数是股份制的，家族企业已退出主导地位。

什么是代理人的业绩？代理人的业绩要通过什么办法和指标加以衡量？尽管代理人对股东利益最大化的贡献有不同的表现方式，有的是市场化的如股价的升涨，有的是声誉方面的贡献，但归根结底，会计盈余是衡量代理人业绩的最常用、最便利的指标。

代理人竞争必然会用到会计盈余。会计盈余一般由现金流量和应计部分构成。应计部分又可拆成操控性应计部分和非操控性应计部分。其中，操控性应计部分就属于盈余管理的范围。由于代理人的竞争策略和需要不同，他们对会计盈余和操控性应计部分的要求也会有很大的差别。在前面介绍的研究中，至少可以给我们以下启示：

（1）盈余管理常常成为代理人竞争的一种重要手段。有的人甚至走极端，利用做假账虚增盈利，除了想多捞经济上的好处外，还用来保住现有的职位或为日后的晋升作准备，为自己的脸上贴金。

（2）在代理人之间激烈的竞争中，盈余管理要成为一种有效的手段，必然要与其竞争策略需要默契配合。由于竞争的内容、时机、策略和强度不同，所需要的盈余管理也会存在差别。

（3）代理人竞争不仅仅是人事问题，也涉及管理层的会计行为，尤其是盈余管理。在某一公司的治理结构中，构造一个合理的代理人竞争机制必须同时从人事、聘任契约、业绩考评和会计等多个方面加以考虑。

9.3 债务契约中管理层的会计行为

9.3.1 债务契约中运用会计数据的条款

公司与贷款银行、债券购买者等债权人之间的债权债务关系一般都是透过债务契约加以确立的。目前，无论是公募债务（公开上市交易的债券）契约还是私债契约均包括关于运用经审计并公开的财务报表数据来限制管理层的行为的条款。任何不履行上述条款的行为均被视为违约，债权人可采取相应的法律行动。

瓦茨和齐默尔曼认为，在债务契约中规定运用会计数据的条款是为了限制导致企业价值减少的投资和融资决策。而事实上，会计数据在旨在减少企业价值的行为（代理成本）的公司契约中得到运用。一些比率（如负债/权益比率等）被用于债务契约，以限制管理层和股东从债权人那儿获得好处的行为。由于在确定是否违约等方面运用到会计数据，因此要求企业计算这些数据并监督契约的履行。

在瓦茨和齐默尔曼所著的《实证会计理论》一书中，专门介绍了与会计数据有关的债务契约条款。这些条款主要包括：股利和股份收买的限制；营运资本的保持；对兼并活动的限制；对向其他企业投资的限制；对资产的限制和对增加债务的限制。在这些限制性条款中，我们要特别关注股利支付的限制。一家企业如果因支付现金股利而可能导致其偿债能力减弱，以至于影响其正常的偿债能力，当然不能选择支付现金股利。可见，股利的支付与公司的盈利能力，特别是报告收益有着直接的关系。对于一家款项回收正常的企业来说，如果它有很好的会计盈余，那就意味着可向股东支付较高的股利，尽管债务契约中有股利支付的限制性条款。

9.3.2 受债务契约影响的会计政策选择

瓦茨和齐默尔曼从两个方面分析了债务契约对会计的影响。一方面是对被认可政策的影响，另一方面是对被认可的会计政策选择的影响。他们认为，以会计为基础的债务契约条款仅在这样的条件下才有效，即对管理层控制会计数据计算的可靠性采取一些限制。如果对用于计算财务报告数据的会计政策不加限制，债务契约真正意义的约束力也就无从谈起。

许多学者发现，在债务契约中运用会计数据的条款一经签订，它们就成为一组摆在明处的“目标条款”，企业管理层就会想方设法争取达到。因为不履行债务契约，不仅企业本身，而且管理层都将要付出巨大的代价。好在会计准则给公司的经理人员留有相当大的自由选择会计政策的余地。可以认为，债务契约以会计数据定义违约行为，将激励公司经理人员选择可减少违约可能性的会计政策。如果说债务契约提供的是动机，那么会计准则的实施又为以上选择提供了机会和条件。假定其他条件不变，企业管理层将更愿意选择可在财务报告中增加资产或收入以及减少负债或费用的会计政策。会计实务界常用的稳健性原则在这个时候也会变得索然无味。

关于受债务契约影响的管理层会计行为或会计政策选择，早期的研究成果揭示了一个较为简单的负债权益比率假设：即假定其他条件保持不变，公司的负债权益比例愈高，公司经理人员便愈可能选择将会计盈余从未来期间转移至当期的会计政策。这个假设的进一步引申就是：公司越是与特定的、基于会计数据的限制性契约条款联系紧密，经理人员便越可能采取可增加当期盈余的政策。

由于基于会计数据的债务契约条款非常具体，因此仅有以上假设及其验证是远远不够的。有关这一问题的研究还需要针对有关业务进行细化和深化。例如，针对石油和天然气会计（完全成本法与成果法），迪金（Deakin，E. B.）、利里恩等（Lilien，S. and V. Pastena）的研究结果与负债对权益比率假设以及规模假设相一致，达力瓦尔（Dhaliwal，D.）的研究则仅与负债对权益比率假设相一致。波文等（Bowan，R.，E. Noreen and Lacey）的研究结果也证明了以下两个假设：一是负债对权益比率越高的公司，越有可能采用利息资本化（负债对权益比率假设）；二是应付基金余额越低，盈余对利息费用比率（保障比率）越低，公司越有可能将利息资本化。他们的研究结果还证实了会计方法选择与债务契约变量，特别是财务杠杆之间的相关性。他们也证实了在石油业中公司规模与会计方法选择的相关性。针对折旧会计（加速折旧法或直线折旧法），达力瓦尔等（Dhaliwal，D.，G. Salaman and E. Smith）也得出了与负债对权益比率假设以及规模假设相一致的结果。

需要说明的是，以上研究尽管前进了一步，但仍然属于单一方法选择而不是对整个会计政策组合的选择进行研究。这种方法影响了假设验证的有效性。因此，对这一课题近二十年来的研究重点之一就是对整个会计政策组合的选择进行研究。

根据前面的论述，不难发现在研究债务契约与管理层会计行为的关系时存在一些特点。在研究报酬契约、代理人竞争与管理层会计行为的关系时，公司经理人员选择会计政策的目的非常明确同时又比较单纯，那就是获取所期望的分红、保住现有的职位、争取晋升的机会等，并且所有这些好处都是经理人员可以直接得到的。然而，基于债务契约的会计政策选择在目的性方面要复杂很多。在这个时候，经理人员的利益很可能不是第一位的，股东利益有着重要的地位。当然，如果公司达不到债务契约的要求，经理人员的职位、报酬也可能会受到较大的影响。

在现实社会中，企业管理层对受债务契约影响的会计政策选择通常会按以下方式处理：

（1）确保完全符合债务契约中的条款。违约将会使企业付出巨大的代价，经理人员更是首当其冲。因此，公司的经营、理财（如新的融资、对外投资和分配）以及盈余管理的首要目标就是确保完全符合债务契约中的条款。

（2）经得起注册会计师的审计。债务契约通常也要求注册会计师每年审计债务公司的财务报告，并确信未发现任何违约行为。因此，管理层的会计行为不应当是做假账，而是要能通过注册会计师的审计。

（3）配合报酬契约中经理人员的需要。根据契约和理性经济人的假设，企业管理层在考虑针对债务契约的会计行为时，不可能把自己置身度外，一定会把自身利益摆在适当的位置。也就是说，基于债务契约的会计行为常常会配合报酬契约中经理人员的需要。当然，由于这时针对的是债务契约和债权人，因此经理人员与股东“结盟”共同策划盈余管理的可能性也非常大。

9.4 政府管制中管理层的会计行为

9.4.1 收费管制中管理层的会计行为

在现代社会，政府对企业的管制有多种多样的方式，其中收费管制是一种最为典型的政府管制。例如，公用事业、银行、保险公司、石油和天然气公司的产品价格或服务收费标准常常是由政府或立法机构进行管制，甚至加以确定的。在大多数情况下，这些价格或收费标准是根据会计上所采用的成本计算公式确定。例如，大多数公用事业企业会按下列公式计算价格或收费标准：

价格或收费标准=经营费用+折旧+税收+资产基数×Ra

其中，Ra 代表合理的资产报酬率。

在这个公式中，政府的有关部门当然希望价格或收费标准定得低一些好，这也是社会公众所要求的。但是，在决定价格或收费标准的 5 个因素中，除了税收之外，其余 4 个因素都含有一定程度上的会计计量的不确定性。如果这些公司的会计资料如成本费用、资产和盈利能对收费管制发挥一定的作用，企业管理层就很可能考虑并安排盈余管理。

具体地说，在政府确定新的价格或收费标准之前，公司通常会考虑在会计的操控性应计部分中增加经营费用、折旧，即采用减少收益的应计项目，也可能想办法提高资产基数。提供用这样的会计方法编制的财务报表就可以告诉政府，公司现行的盈利水平已经很低，到了需要提高收费标准或价格的时候了。这样做的好处是：一方面可减少外界对公司现在执行的价格或收费标准的批评；另一方面又能够在重新定价的谈判中处于主动的位置，从而争取提高价格或收费标准。

韩季瀛等（Jerry C. Y. Han, Shiing-wu Wang）就曾经做过一项关于“1990 年海湾危机期间石油公司的政治成本与盈余管理”的研究。该项研究调查了经历产品价格及所期望利润突然大幅上涨的石油公司是否会利用会计应计项目来调低盈余额，据此减弱政治成本的影响。他们的研究成果表明，石油公司不仅希望利用这场危机获益，而且还实际利用了减少收益的应计项目来降低海湾危机期间所报告的季度盈余额。总之，他们的研究结果是与政治成本假设的预测一致的，而这种假设便是：公司对所实行的盈余管理都会使盈余数下降，以便缩小在汽油价格突然大幅上涨期间日益增加的政治成本的影响。

凯（Kimberly Galligan Key）关于“有线电视业盈余管理的政治成本激励”的研究，主要是透过考察美国国会审查期间的有线电视业的盈余管理探讨了政治成本理论。在他的研究中，盈余管理由操控性应计部分得到了度量，统计结果（降低收益的应计项目）与减轻收费标准的压力、政治审核和潜在的行业管制假设相一致。

9.4.2　税收管制下管理层的会计行为

除了收费管制外，税收也是一种典型的政府管制。关于税收与会计政策选择之间的关系在很多文献中都有介绍和研究，也存在一些典型的例子。瓦茨和齐默尔曼在《实证会计理论》一书中曾举例说在 1930 年之前，有色金属和石油产品行业在纳税时，使用基本存量法对存货进行计价，但最高法院是禁止使用这种方法的。1934 年，美国石油协会提出以后进先出法作为一种替代方法，这一提议在 1936 年得到会计职业团体的认可，可财政部却反对使用后进先出法。结果，国会批准使用后进先出法，但作为对财政部的一种妥协，国会规定后进先出法只有在纳税人在财务报表中也加以使用的情况下才获准采用。从这个例子可以看出，即使像美国这样一个财务会计与税务会计分离的国家，其税务会计的方法与财务报告的方法仍然存在一定的关系。目前在美国，某个企业在纳税时若使用后进先出法，其财务报告也必须使用后进先出法。由于存货的计价方法影响到所得税，企业管理层在选用计价方法时必然会考虑该方法对纳税的影响。毫无疑问，后进先出法在财务报告中的广泛应用，正是出于对税务的考虑。

在欧洲的德国、法国、瑞典等国家，公司的财务报告是纳税的重要（甚至是唯一）的依据。而实际上，自 1874 年的撒克逊所得税法颁布以来，德国就有了商业报表与纳税申报应当一致的至高无上的原则。服从纳税要求的计价方法要与财务报表中所遵从的“有秩序的会计原则”相符。因此，一个必然的结果是，为了能从所得税抵免中获得最大利益，在编制财务报告时同样要求采用服从纳税要求的计价方法。同样，在法国不存在强大的证券市场的情况下，纳税一直是编制和公布财务报表的主要原因之一。税制对理解法国财务报告的重要性体现在：会计报告账面利润的计量规章与应税收益的计量规章差别不大；费用只有在已经入账的情况下才能作为纳税申报中的扣减项目。

9.5 多种基础的盈余管理

9.5.1 会计的契约观与盈余管理

契约观（contracting perspective）是现代会计理论的一个重要流派。按照契约观，由于会计准则和会计信息具有经济后果，因此企业的会计行为必然会受到以各种会计数据为基础的契约的影响。正如前面介绍的，会计数据基础的报酬契约、债务契约等都可能影响企业代理人的会计行为，特别是会计政策的选择。因为不同的会计政策会形成不同的会计信息，从而产生不同的经济后果。同样是“经济人”的代理人，出于利益的考虑，通常会针对契约中的有关条款，选择对自己有利的会计政策，从而出现了所谓的会计政策选择、盈余管理，甚至发生利润操纵或会计舞弊等。

所谓盈余管理（earnings management），是指公司管理层为实现自身的效用或公司的市场价值最大化目标，进行会计政策选择从而调节公司盈余的行为。盈余管理具有以下主要特征：盈余管理的主体是企业管理层，是最典型的一类管理层的会计行为；盈余管理的过程是指在会计准则允许的范围内企业管理层有目的、有意识地选择对自身有利的会计政策或交易安排，即管理层是有意图的；企业管理层进行盈余管理的目的在于获得自身利益（含控股股东的利益）。理论上讲，盈余管理与利润操纵是两个不同的概念。因为利润操纵是指企业的管理层为了自身或企业的利益，通过会计政策选择或采用其他方法，人为地调节企业利润的行为。

Healy 和 Wahlen（1999）从行为动因出发，将盈余管理分为资本市场动因、契约动因和监管动因 3 类。盈余管理作为一类有特定含义的会计选择现象，得到了学术界的广泛关注，形成了大量的理论和实证证据（见 Healy and Wahen，1999；Fields，Lys and Vincent，2001）。这些文献从市场激励、契约激励、政治成本等多个角度研究了众多因素对盈余管理的影响。其中，有关分析师的盈利预测对盈余管理影响在财经新闻报道和学术文献中都有大量的体现。

在财经新闻方面，《财富》杂志一篇题为“学习玩盈余游戏，华尔街将爱上你”的报道得到广泛的引用。该报道称：自从微软公司上市以来（至 1997 年初），在总共 42 个季度中，其报告盈余已是第 41 次达到或超过华尔街的预测。达到或超过盈余预期（meeting or beating earnings expectation，MBE）既然是华尔街的至爱，因此它也成为公司的首席执行官和首席财务官的梦想。《华尔街日报》的一篇报道关于原世通公司（WorldCom）的首席执行官埃贝斯（Bernard Ebbers）出庭受审时，多位证人指证公司管理层经常眼盯着华尔街对公司的估计和预测，并调整会计政策和报告盈余的。

在理论研究中，Degeore，Patel and Zeckhauser（1999），Batiov，Givoly and Hayn（2002），Matsumoto（2002）认为：上述企业的盈余管理主要是受分析师、机构投资者（或市场）盈利预测的影响。其中，分析师的盈利预测对企业盈余管理的影响最为显著。

由于达到或超过盈利预测的回报明显高于风险成本，因此企业管理层有动机避免出现负的“盈余意外”（earning surprise，通常指实际报告盈余与最近的季度盈利预测的差异）。因为负的盈余意外本身就是一个坏消息。达不到分析师的预测常常会使企业付出高昂的代价，管理层当然有动机去采取行动以避免这类坏消息。这样一来，预测误差概率分布在0—1分布的区间明显地高于其他区间。

9.5.2　会计政策选择的参照值与多种基础的盈余管理

尽管现有的文献没有完全明确，但根据企业管理层在做会计决策和会计政策选择时的参照值不同，我们至少可以将盈余管理分为以下6种：

（1）以报告正利润为基础的盈余管理。其中，零利润是进行盈余管理的一个参照值。因为正数（蓝、黑字）与负数（红字）或者零之间在心理上存在重大的差别。为了实现起码不亏损，报告每股1分或几分钱的利润就常成为盈余管理的一个目标。

（2）以本公司已有的业绩为基础的盈余管理。在这里，公司已有的业绩则成为盈余管理的一个参照值。为什么已有的业绩会导致或影响盈余管理？主要是因为已有的业绩很容易被许多相关方面（如股东、其他的市场参与者）作为企业盈余最起码的目标，报告盈余如果达不到这个目标，企业的市场估值和对经理人员的业绩评价都可能产生负面影响。为了维持现有的业绩，报告盈余起码要达到去年的盈余。

（3）以盈利预测为基础的盈余管理。外部对公司的盈利预测无形中增加了企业管理层的压力，因而不难理解华尔街分析师的盈利预测为什么会对企业的盈余管理产生重大的影响。事实上，不仅上市公司有这种压力，即使是国有企业或其他的股份公司也存在来自政府部门、上级主管机构、控股集团或主要股东对公司未来发展和盈利情况预测的影响，也可能会成为管理层进行盈余管理的一个重要参照值。

（4）以某一特定契约中的会计指标为基础的盈余管理。如前所述，由于许多契约（如经理人员聘用合同、激励报酬契约和债务合同）都是以会计数据为基础或使用了一定的会计数据，因此契约中的会计指标尤其是盈余数据自然就成为企业管理层进行会计决策和会计政策选择的一个重要的参照值。

（5）以政府监管中的明线检验（bright-line tests）标准为基础的盈余管理。关于政府监管如税收管制、价格或收费管制、行业管制和金融证券监管等诱发的盈余管理，不仅我国有，即使在市场化程度很高的西方国家也大量存在。在这里，我们重点关注的是在政府监管中的明线检验标准。例如，我国证券监管部门曾规定上市公司配股和增发股票的一个重要条件是连续3年的净资产收益率不低于10%，2001年后改为最近3个会计年度的加权平均净资产收益率平均不低于6%，这一监管措施将可能诱发盈余管理。Chen和Yuan（2004）在分析我国上市公司1996—1998年间的净资产收益率高度集中于10%之上这一盈余管理现象时，认为这一盈余管理就与当时10%的监管要求有直接的关系。10%的净资产收益率表面上看是对上市公司再融资条件的规定，实际上这类规定直接影响着企业管理层的会计决策和会计政策的选择。由于这种政府监管方式在我国采用得比较普遍，因此诱发的盈余管理也就比较严重。

（6）以相对业绩（relative performance）为基础的盈余管理。相对业绩通常是指行业领先指标、竞争对手业绩等。在我国，由于政府倾向于使用按照绝对业绩与相对业绩相结合的办法来判断和排序国有资产经营公司，因此相对业绩也可能成为企业经理人员追求的一个重要目标。例如财政部等四部委联合曾颁发过《国有资本金效绩评价规则》，以国家投资者的身份提出了一套国有企业效绩评价体系（2002 年修订），用于评价国有资本金的经营效绩，并作为政府部门奖罚企业经理人员的依据。因此我们有理由相信，类似这类相对业绩评价标准可能影响企业的盈余管理。

本章小结

会计准则具有重要的经济后果。会计准则的经济后果往往是借助形式多样的会计政策选择得以实现的。实证会计在这方面取得了一系列有影响的研究成果。

企业是一系列契约的集合体。企业管理层对会计政策的选择与各种契约之间的关系密切。

企业管理层的会计行为通常受下列“契约”的影响：报酬契约、代理人竞争、债务契约、政府管制等。为此，管理层将通过会计政策的选择进行盈余管理，以达到对自己或对股东有利的目的。在不同的契约关系、不同的会计准则、不同的客观环境下，管理层的会计行为也表现出不同的特点。

盈余管理一般是指公司管理层为特定目的所做的调增或调减，并且这些调整并没有以真正的现金流量作为基础。

根据企业管理层在做会计决策和会计政策选择时的参照值不同，至少可以将盈余管理分为以下 6 种：以报告正利润为基础的盈余管理；以本公司已有的业绩为基础的盈余管理；以盈利预测为基础的盈余管理；以某一特定契约中的会计指标为基础的盈余管理；以政府监管中的明线检验标准为基础的盈余管理；以相对业绩为基础的盈余管理。

主要概念和观念

□ 主要概念

会计准则的经济后果　会计政策　代理理论　契约关系　契约的不完全性　契约的刚性　管理层会计行为　报酬契约　代理人竞争　债务契约　政府管制　收费管制　税收管制　盈余管理　会计选择　操控性应计（部分）

□ 主要观念

会计准则是有经济后果的。会计信息和会计政策的选择本身也代表着经济利益。在不同的契约中由于使用了会计数据评价企业管理层的业绩或管理责任，因此契约也可能诱发盈余管理。实际上，盈余管理就是企业管理层行为中的一种有代表性的会计行为。

基本训练

□ 知识题

1. 会计准则的经济后果是如何表现出来的？
2. 实证会计在会计准则的经济后果研究方面取得了哪些主要研究成果？
3. 什么是会计政策？企业典型的会计政策有哪些？
4. 报酬计划是如何影响企业管理层的会计行为的？
5. 代理人竞争为什么会影响企业管理层的会计行为？具体是如何影响的？
6. 债务契约与企业的会计政策选择之间有什么样的关系？
7. 政府管制是如何影响企业管理层的会计行为的？
8. 根据参照值的不同，企业的盈余管理可以分为哪些种类？

□　技能题

1. 查阅一家上市公司的年度财务报告，归纳概括我国上市公司有哪些典型的会计政策？说明这些会计政策的形成原因以及主要的影响因素有哪些？

2. 查阅一家上市公司2010—2012年3年的年度财务报告，找出在此期间该公司的会计政策发生过哪些变更？分析会计政策变更的动机是什么？

3. 查阅上市公司年报，根据参照值的不同，举例说明企业的盈余管理的6种情形。

□　能力题

1. 从理论上和法律责任上说明为什么企业的会计行为实质上是管理层的会计行为？

2. 分析有哪些因素会影响企业管理层的会计行为？我国在制定会计准则时，应如何权衡这些因素可能给会计准则制定和执行带来的经济后果？

3. 查阅有关上市公司管理层报酬激励的资料，分析其报酬激励方案（含股票期权激励）与会计政策选择之间的关系？

4. 查阅在我国的上市公司中主营业务为公用事业如能源、路桥行业的公司，分析这类公司的会计政策选择是否与政府的收费管制有关？

5. 中石油可以被理解成是一家有较垄断性质的上市公司，分析垄断和成品油提价或降价管制对公司的会计行为是否会产生影响？

6. 以下是某国有企业集团对下属子公司经营者管理报酬与年度经营业绩考核结果挂钩的办法：

为了依法对下属各子公司履行出资人的职责、落实国有资产保值增值责任，××国有集团公司以所有者的身份统一委任下属8个子公司的管理层（即经营者）。自2005年起，××公司正式实行每年度与各子公司经营者签订经营业绩责任书的制度，在责任书中制订当年的经营业绩计划，将各子公司经营者的管理报酬与年度经营业绩考核结果挂钩。经营业绩责任书主要包括以下具体内容：

（1）××公司每年对各子公司经营者下达一个经营业绩计划，各子公司经营者应在完成母公司下达的经营业绩计划后经考核方能兑现其管理报酬。

（2）各子公司经营者的报酬按年计算，分为固定年薪和效益年薪两部分。固定年薪不与经营业绩挂钩，而是先定出一个基数，然后根据各子公司的规模用一定的系数换算确定；效益年薪根据年度经营业绩考核结果计算确定。

（3）年度经营业绩分3步考核，考核结果用以计算效益年薪：

①效益年薪基数=主营业务收入效益年薪+利润总额效益年薪

A. 主营业务收入效益年薪

按当年主营业务收入额计算，在主营业务收入计划内的部分，按0.01%的比例计算，超出计划部分，按0.02%的比例计算。

B. 利润总额效益年薪

按当年实现的利润总额计算，在利润总额计划内的部分，按2.5%的比例计算，超出计划部分，按5%的比例计算。

②核减项目

利润总额指标（先按45%的权重分配效益年薪基数）。利润总额指标与计划指标相比，每下降1%，核减该项效益年薪基数的1%，下降45%或以上的，全额核减该项效益年薪。

主营业务收入指标（先按30%的权重分配效益年薪基数）。主营业务收入指标与计划指标相比，每下降1%，核减该项效益年薪基数的1%，下降30%或以上的，全额核减该项效益年薪。

净资产收益率指标（先按10%的权重分配效益年薪基数）。净资产收益率指标与计划指标相比，每下降1%，核减该项效益年薪基数的1%，下降10%或以上的，全额核减该项效益年薪。

安全生产、综合治理和计划生育工作考核。安全生产、综合治理或计划生育工作考核不及格的，全额核减按15%的权重分配的效益年薪基数。

③效益年薪=效益年薪基数-核减项目

（4）当年实现的税后利润计提法定公积金后全额上缴母公司，未完成上缴的，不予兑现效益年薪。

（5）经营者在其任期内产生逾期未收回的应收账款、其他应收款、预付账款，在考核时视作利润减项。

（6）亏损企业不予计发效益年薪，减亏企业除外，减亏额达到母公司下达的经营业绩计划可视作当年考核利润计算。

（7）股权转让、土地房产转让所产生的利润不计入考核利润范围。

（8）按本方法计算出来的各子公司经营者的总年薪最高不得超过母公司××公司经营者总年薪的两倍。

（9）效益年薪在每年经营业绩考核后先按80%计发，剩余20%留待经营者任期届满时，经任期考核确认企业在其任期内实现了国有资产保值增值后方予以兑现。

（10）考核指标数据应以企业经审计后的财务报告数据为依据。

根据该集团对下属子公司经营者管理报酬与年度经营业绩考核结果挂钩的办法，讨论与分析管理层是否有动机或有条件进行盈余管理？如果管理层进行盈余管理，最有可能在哪些方面进行盈余管理？

第 10 章

成本计算与控制理论

学习目标

知识目标

了解财务会计、成本会计、管理会计三者之间的关系以及成本会计与成本管理的关系；明确成本会计理论在整个会计理论与实务中的地位与作用，并理解成本会计的发展方向；熟悉成本的含义及支出、费用、成本三者之间的关系，以及成本计算的概念与范围、成本控制的概念与目标；掌握成本计算与控制的基本原理、程序与方法。

技能目标

熟练掌握共同费用分配模型、共同费用分配的具体方法、成本差异计算通用模型、全生命周期成本控制模型、质量成本控制模型的运用；理解品种法、分步法、分批法、作业成本法的原理及其内在关系。

能力目标

领会作业成本法对成本会计的创新价值和对作业管理的贡献，以及成本信息系统在目标成本控制、标准成本控制、全生命周期成本控制、质量成本控制中的不可或缺性。最后，还要能思考如何有效地将成本计算与控制的理论和方法运用到我国企业成本管理的实践之中，以切实提升我国企业成本管理水平。

10.1 成本计算理论

10.1.1 成本的含义

成本（cost）是成本会计的直接对象，也是财务会计与管理会计中必不可少的研究内容。因此，学习与研究会计时，要遇到的一个不可避免的问题是：如何定义成本？令人困惑的是，人们对成本的定义不一，难以找到一个普遍接受的定义。

长期以来，我国主要以马克思《资本论》中的有关论述来论证成本的含义，即将生产产品在生产要素上耗费的资本价值C+V的等价物或补偿价值作为“理论成本”。其实，“C+V”只是一种特殊的成本——产品成本的概念，不能当作一般的成本概念。

作为会计学中的成本，一般是指为实现一定的目的而付出的代价（价值牺牲）。我们认为，美国会计学会（AAA）下属的成本概念与标准委员会在1951年给成本所下的定义具有一定的一般性。他们认为“成本是指为达到特定目的而发生或应发生的价值牺牲，它可用货币单位加以衡量”。该定义有4层含义：（1）成本是一种价值牺牲或消耗，不仅可以是现金支出，也可以是资源消耗、劳动消耗。（2）这种价值牺牲既可以是已发生了的，也可以是应该（可能要）发生或将要发生的。前者是过去（历史）成本，主要与财务会计有关；后者是未来成本，主要与管理会计有关。（3）成本的发生是负担成本的主体为了达到特定的目的。广义地说，付出成本的目的是为了获取收益（效用）。具体而言，“不同目的，不同成本”（different costs for different purposes），从而形成一个多维的成本概念体系。为财务会计目的，通常转化为以成本计算对象名命的成本概念，如产品成本、劳务成本、作业成本、工程成本、资产成本（可进一步细分为存货成本、固定资产成本、无形资产成本、人力资产成本等）。因此，从财务会计角度看，成本可理解成为取得资源（资产）的代价。为达到管理会计目的，通常使用以决策方案、管理控制目的（或对象）命名的成本概念，如投资项目成本、相关成本（具体有差别成本、边际成本、机会成本、付现成本等）、责任成本、可控成本、质量成本、全生命周期成本、环境成本、资本成本、标准成本等。因此，从管理会计角度看，成本则可理解成：为实现一定决策与控制的目的，未来要付出或承担的价值牺牲或放弃的潜在收益。（4）这种价值牺牲可以用货币计量。这一点正是会计学成本概念区别于经济学成本概念的关键之处。因为在经济学中，虽然也使用各种各样的成本概念，但一个统领性的概念是机会成本（opportunity cost），其他成本概念不过都是机会成本的具体化。曼昆（N. Gregory Mankiw）在其《经济学原理》①一书中所概括的经济学十大原理中，直接将机会成本作为第二大原理，他将其定义为：为了得到某种东西所必须放弃的东西。1991年诺贝尔经济学奖获得者科斯（Ronald H. Coase）定义的机会成本则是：在所有被放弃了的机会当中价值最高的机会的价值（the highest alternative value）。该定义应该抓住了机会成本的本质。在会计学还没有完全突破货币计量假设之前，表明成本计算（计量）还必须通过货币计量方式来完成。

通过上面的分析，我们认为在会计学中的成本的一般定义是：成本是指特定的会计主体为了达到一定的目的而已经发生或将要发生的、可以用货币计量的价值牺牲或代价。这一定义的可取之处表现在：一是内涵比较广，将财务会计和管理会计对成本概念的认识统一起来；二是语言简洁，概括性强，包容性好；三是表明成本会计为财务会计与管理会计在成本领域的交集，成本会计可以独立于财务会计与管理会计而存在，从而将现代企业会

---

① MANKIW N. Gregory. 经济学原理［M］. 6版. 梁小民，等，译. 北京：北京大学出版社，2012.

计的“二分法”拓展为“三分法”[①]，实现历史的回归（否定之否定），因为成本会计在会计发展史上还先于管理会计。

目前，流行的西方管理会计教材是包含成本会计的，甚至成本会计与管理会计是两个可以相互替代的术语[②]，有时干脆笼统地称之为成本管理会计。在我国，关于成本会计的内容有两种看法：一种是成本计算（核算），但局限于产品成本计算，可称之为狭义的成本会计；另一种是在成本计算的基础上再加上成本管理[③]，构成一个完整的成本管理循环系统，可称之为广义的成本会计。后一种看法已逐渐成为主流，不过它模糊了会计学科与管理学科的界限。换个角度来看，这也许表明了一种学科之间相互融合的趋势。

10.1.2　支出、费用、成本之间的关系

在会计学中，经常使用支出、费用、成本这三个术语，而且有时并不严格地加以区分。为了准确把握成本的内涵，应弄清楚支出、费用、成本三者之间的关系。

1）支出与费用

支出（disbursement），是指企业的资源因耗用或用于偿付等原因而流出企业。简言之，支出是企业资源的流出。在财务会计中，就一定会计期间而言，支出既可以是现金支出，也可以是非现金支出。前者如支付税金、工资、购买材料价款等；后者如耗用材料、机器设备折旧、无形资产摊销、大修理费用预提等。若不考虑会计分期假设，则一切支出都将属于现金支出，即或是过去或是现在或是未来的现金支出。在管理会计中，支出的内涵是指现金流出（cash flow-out）。

在财务会计中，支出可分为偿付性支出与非偿付性支出两大部分。偿付性支出不构成费用，一般指偿还债务本金、支付增值税（作为价外税的部分）、向所有者分配利润、向所有者返还资本（减资）等现金流出；非偿付性支出则迟早会转化为费用，它又可以分为两类：资本性支出与收益性支出。资本性支出的特点是它发挥的效益长于一年或一个营业周期，因此资本性支出在发生时不能全部作为费用，而是先资本化，形成企业的长期资产，表现为长期资产成本，如长期投资成本、固定资产成本、无形资产成本，等等。之后，只有在当前会计期间受益的部分，才通过折旧或摊销方式转化为费用（符合权责发生制或应计制的要求），所以资本性支出是分期费用化的；收益性支出的特点则是它发挥的效益不超过一年或一个营业周期，因此收益性支出一般在一个会计期间（典型的是会计年度）内进行费用化。不过要注意的是，收益性支出也不一定是在其发生时即费用化，费用化的时点要根据权责发生制（应计制）的原则来确认。例如，待摊费用、采购原材料的支出都属于收益性支出，但在发生时并未立即费用化；一项上年末支付的下年度全年报刊订阅费，要等到下年按月摊销时才确认为费用；一项原材料采购支出要先计入原材料的存货成本，等到耗用（或出售）时才确认为费用。收益性支出涵盖了原材料、燃料、

---

① 在英美国家的主流会计教科书中，一般将成本会计纳入管理会计中，仍然是“二分法”。不过，在我国的会计教材体系中，通常将成本会计独立出来，管理会计教科书中一般不再重复写产品成本计算这一部分内容。只有个别名为《成本（与）管理会计》的教材中，才将成本会计纳入其中。这主要与课程设置相关，分开设置，则分别写教材；合并设置，则合写教材。本质上，可以“三分法”。

② 国外，名为《成本会计》的教材，实为管理会计。例如，HOMGREN，DATAR and RAJAN. Cost Accounting：A Managerial Emphasis [M]. 14e. Global Edition. New Jersey：Prentice Hall Inc.，Pearson Education Limited，2012. 该书第13版有北京大学王立彦教授的译本，译名为《成本与管理会计》（中国人民大学出版社2010年版）。

③ 国外也有名为《成本管理》的教材，但本质是管理会计。例如，希尔顿（HILTON），马厄（MAHER），塞尔托（SELTO）. 成本管理 [M]. 3版. 北京：机械工业出版社，2010.

动力等物资采购支出，人工报酬支出，增值税之外的流转税、资源税、印花税、所得税等税金支出，利息支出，保险支出，行政管理支出，推销支出（如广告开支），研究与开发支出，等等。广义的收益性支出，还可包括营业外支出（损失）。

由此可见，支出与费用都是指企业资源的流出（减少），但费用只是支出的一部分，即支出>费用。作为费用的支出应同时具备两个基本特征：（1）最终会导致企业资源的减少；（2）最终会减少企业的所有者权益，但与向所有者分配有关的支出除外，因为这属于最终利润的分配或资本的返还。此外，从时间关系上看，费用的发生可以与支出同步也可以先于或后于支出。在此，我们推存国际会计准则委员会（IASC）在《编报财务报表的框架》（1989年）中对费用（expense）的定义："费用是指会计期间经济利益的减少，其形式表现为由资产流出、资产折耗或负债的承担而引起业主权益的减少，但不包括与所有者分配有关的类似事项。"

2）费用与成本

在财务会计范畴，按费用是否对象化，可将费用分为对象化的费用——成本、非对象化的费用——期间费用（period expense）。此时，可以说：费用>成本。期间费用一般包括销售费用、管理费用、财务费用。广义的期间费用还可包括营业税金及附加、营业外支出。当然，若把"期间"也广义地看成一个成本计算对象的话，则期间费用也可称作期间成本（period cost），这时成本、费用的界限大致就消失了①。因此，为了强调成本、费用的区别，人们更常用期间费用概念，同时这也与财务会计中的六大会计要素之一的"费用"要素保持一致。

综合起来看，费用与成本的联系有：（1）都是对企业资源消耗或转化的一种计量。（2）费用是成本计算的基础，即费用构成成本的内容，如生产费用对象化为产品（生产）成本。（3）成本、费用可以相互转化，而且最终的结果是转化为费用，以与收入配比，从而计算出一定会计期间的利润（收益）②。例如采购材料的成本，在生产领用之后，就转化为一种生产费用；经过成本计算，又变成产品成本的一部分；该产品销售之后，再转变为销售成本，其实质是同销售收入配比的"销售费用"（之所以仍用"销售成本"，可能是约定俗成所致，也是为了不与作为期间费用的"销售费用"同名，以免相互混淆）。费用与成本的区别则有：（1）费用按期间归集与分配，成本则按对象归集与分配；（2）成本中既包含本期费用，也可能包含前期费用；（3）费用并不全部归属于成本（期间费用一般不视其为成本），即费用口径大。

现代财务会计理论更强调它们之间的区别，只将费用作为收益（利润）表要素。这是因为：（1）财务会计主要是对外报告会计，企业的对外报告是以财务报表为核心，但财务报表从来不包括成本报表，故将"成本"排除在财务报表要素之外。对于财务会计来说，成本只有在作为资产计量属性时，才得到应用，如历史成本、现行成本（重置成本）等。（2）计算利润的实际需要。若用成本与收入配比，则未涵盖全部应与收入配比的费用，计算出来的利润是不完全的，而且利润、收入均是一个时期的概念，只有用同是

① 许多管理会计教材中，的确不太介意这个问题，成本与费用，经常相互替换。例如，变动成本，可称之为变动费用；固定成本，也可称之为固定费用，似无不妥。

② 会计理论中，利润（profit）、收益（income），乃至盈余（earnings），似无本质区别，按约定俗成的方式使用便可。不过，在翻译问题上，我们要注意与经济学界的差异。我国经济学界，通常将income翻译为收入，反而将会计的收入（revenue）翻译为收益，这是大家在学习中应特别加以注意和小心的。

一个时间概念的费用才符合“配比”本义，成本却是一个对象化概念，显然不合适与收入配比。由此看来，对成本的详细研究，应属于管理会计或成本会计的范畴。当超越财务会计来使用成本概念时，成本则比费用的应用范围更广泛。在管理会计中，成本与费用的界限基本趋于消失，但更倾向于使用成本概念，因为在管理会计的决策会计中，使用相关成本（relevant cost）；而在控制会计中，则使用可控成本（controllable cost）。

3）支出、费用、成本之间的关系

在基于财务会计目的的成本会计中，支出、费用、成本之间存在的基本关系是：支出>费用>成本，具体的描述，如图10-1所示。在图10-1中，在产品成本（“生产成本”账户的期末余额）与期末产成品成本，归入资产负债表左边的“资产”中的“存货”项目内。在会计实务中，如果错误地处理支出、费用、成本之间的关系，就将双重影响资产负债表和利润表。

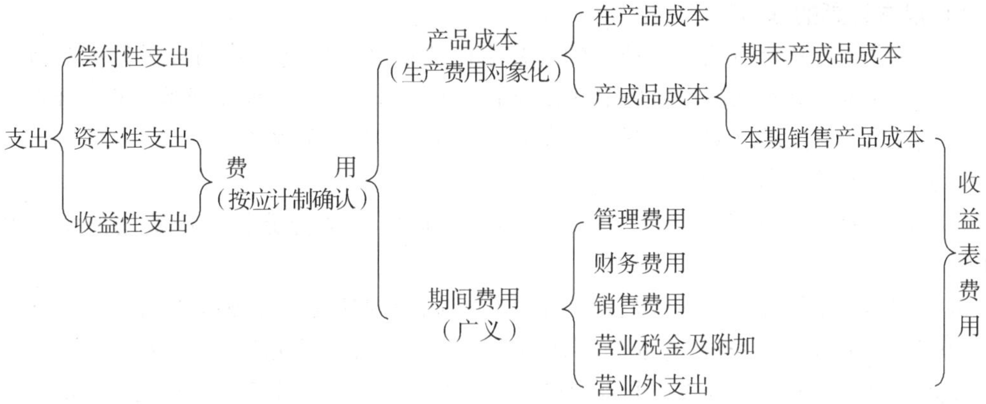

图10-1　支出、费用、成本之间的关系

10.1.3　成本计算的范围

成本计算是一个将费用对象化的过程，即按特定成本计算对象归集与分配而生产费用的技术过程。确定了成本计算的对象，也就确定了成本计算的范围。

基于财务会计目的，针对制造业而言，成本计算的范围涉及存货成本计算、长期资产成本计算、产品销售成本计算。其中，存货成本计算又可分为材料（商品）采购成本计算和产品生产（制造）成本计算。就复杂程度来说，以产品生产成本计算最为复杂。经过多年的发展，产品生产成本计算已成为会计中的一个专门领域——成本会计。其他的成本计算问题则仍在财务会计系统内解决，因为它们较为简单，用一般的确认、计量方法即可解决，如产品销售成本计算运用存货计价方法就能解决。此外，如果跳出制造业，成本计算还包括：服务（劳务）成本计算、工程成本计算、农业生产成本计算等。不过，就计算方法而言，产品生产成本的计算方法最为复杂，而且其中的计算方法可应用于除制造业外的其他行业的成本计算。因此，我们对成本计算理论的讨论，将以产品生产成本计算为主。

基于管理会计目的，成本计算的对象（目的）则十分丰富，从而使得成本计算的范围宽广起来，以致只好使用举例的方式来说明。在管理会计中的成本计算涉及变动成本计算、固定成本计算、相关成本计算、可控成本与责任成本计算、标准成本计算、目标成本计算、作业成本计算、资本成本计算、生命周期成本计算、环境成本计算、人力资源成本计算、信息成本计算、质量成本计算、物流成本计算、精益成本计算（lean costing），等等。限于篇幅，本节不能一一都作详细介绍，只准备简要介绍作业成本计算。对于其他内容，有的结合“成本控制理论”部分作简单说明，有的则在“管理会计理论”一章中涉及。

值得指出的是，上述按财务会计、管理会计范畴描述的成本计算范围并非是绝对的，例如人力资源成本计算更倾向于财务会计范畴，只因人力资源成本会计仍未正式纳入财务会计系统，才将它归入管理会计范畴。随着会计的发展，成本计算的范围还将不断进行调整及扩充。

10.1.4 成本计算的基本原理

1）成本计算的基本程序

成本计算是按特定对象将其消耗的各种生产要素进行量化（货币计量）的过程。完成这一过程涉及的基本问题有：确定什么样的成本计算对象；如何按成本计算对象归集与分配生产费用。对这两个基本问题的解决即演化为成本计算的基本程序。

（1）确定成本计算对象

成本计算对象，是指在计算成本的过程中，确定归集与分配生产费用的承担客体（归属）。

成本计算对象的确定，一般是根据企业生产制造的最终产品或提供的最终劳务（作业）。但是最终产品（劳务、作业）不是由一个生产工艺过程完成的，往往要经过不同的生产工艺过程，由此产生许多中间环节的成本计算对象，如以生产过程中的某一具体过程（工序、车间）为成本计算对象。只有经过按中间环节的成本计算对象对生产费用进行多次交替归集与分配，才能最终计算出终端成本计算对象的成本。当然，中间环节的成本计算对象的选择必须有利于准确、合理地计算出最终产品成本。例如，机修车间生产工人的工资，直接归属于作为辅助生产车间的机修车间（中间成本计算对象），然后再分配给机修车间服务的各个部门、其他车间（中间成本计算对象），最后才分配至最终产品（最终成本计算对象）。

从成本信息的有用性来说，成本计算对象越往生产过程的“上游”追溯，所提供的信息准确程度越高（如作业成本），对生产管理与成本管理的帮助也越大。但是，增加成本计算对象，必然会导致成本计算工作量的增大，信息的提供成本随之增加，提供信息的及时性也会受到一定的影响。因此，合理地确定成本计算对象时，既要考虑企业生产类型的特点，又要考虑企业成本管理的要求，还要考虑成本计算所使用的技术工具。

（2）划分成本项目

为了提供有用的成本信息，成本计算的结果不能只以总括的数字形式反映，还必须考虑按成本的构成要素——成本项目分项加以反映。成本项目是根据企业成本管理的要求，对生产费用按经济用途进行的分类。成本项目的划分可粗可细。总体而言，成本项目划分越细，对准确计算成本越有帮助，也越能为成本管理提供更多的有用信息；成本项目划分越简单，生产费用的归集与分配的工作量相对较少，提供信息的成本可以降低。不论成本项目多寡，有一点必须明白：成本计算是在成本计算对象之下按成本项目分别归集与分配生产费用的。

成本项目的设置也应根据企业的生产特点和成本管理的要求来决定。在制造成本法下，产品成本项目一般可分为下列3项：①直接材料，包括原材料、燃料和动力；②直接人工，包括生产工人的薪酬；③制造费用，包括一切不属于直接材料和直接人工的，但应计入产品成本的生产费用。采用分步法计算产品成本的企业，为了考核各生产步骤的半成品成本，可增设“自制半成品”成本项目。企业还可根据实际情况设置“废品损失”、“停工损失”等成本项目。此外，“直接材料”、“直接人工”也可进一步进行细分。总之，成本项目的划分与设置应有一定的灵活性，各企业可根据自身的实际情况来决定。

（3）确定成本计算期

成本计算期，是指企业要间隔多长时间计算一次产品成本，即前后两次计算成本的时间间隔。

成本计算期通常根据会计分期假设和企业生产特点进行确定。据此，成本计算期有两种选择：①按月计算成本，即成本计算期与会计报告期一致；②按产品生产周期计算成本，此时成本计算期与产品生产周期一致，但与会计报告期往往不一致。从理论上讲，准确的成本计算，应能完整地涵盖全部因生产产品而发生的费用。为此，按产品的一个完整生产周期来归集与分配生产费用，计算出来的产品成本信息较为理想，而且还可避免生产费用在完工产品与在产品之间的分配带来的问题。然而，只按生产周期计算成本，对很多企业而言是不现实的。在现代化大生产条件下，企业产品的生产必须连续、不间断地进行，同时流水线生产方式也导致产品的生产周期日趋缩短，从而使得按产品生产周期计算成本成为不太可能的事，而且在经济上也不合算。因此，大多数企业是按会计报告期（一般是按月）计算成本。一般情形是，单件、小批生产，生产周期比较长（如造船、房地产开发）时，企业才选择按生产周期计算成本。

（4）生产费用的归集与分配

在成本计算对象、成本计算期、成本项目确定之后，就可着手进行成本计算。这时，成本计算的中心步骤就是生产费用的多次归集与分配，而且归集与分配通常是交织在一起进行的。

当只有一个最终成本计算对象时，只需归集全部生产费用，直接计入该对象即可。若还需在完工产品与在产品之间分配生产费用，则执行这一程序。这种情况下，成本计算比较简单，但并不多见，因为大多数企业是多品种生产的。

当最终成本计算对象在两个或两个以上时，生产费用的归集与分配就会变得复杂起来。一般的原理是，凡是能直接计入成本计算对象的费用，则直接计入；凡是不能直接计入成本计算对象的费用，则要采用适当的分配方法进行分配计入，这时往往要通过中间成本计算对象来“中转”，才能最终计算出终端产品成本。具体而言，可按下述步骤来完成成本计算：

①按生产要素费用分别在各中间成本计算对象（工序、生产步骤、工段、车间、分厂等）之间进行归集与分配，在这一过程中能直接计入最终成本计算对象的费用同时分成本项目计入其成本中。

②进行辅助生产费用的归集与分配。经过前一步骤，一般只有辅助生产费用、制造费用不能直接计入最终的成本计算对象，又因为辅助生产费用中有大部分要分配计入制造费

用，所以先要进行辅助生产费用的归集与分配。辅助生产费用是为基本生产、其他辅助生产以及企业行政管理服务而发生的，因此需要按受益对象进行辅助生产费用的归集与分配。

③进行制造费用的归集与分配。将各中间成本计算对象的“制造费用”分配计入最终成本计算对象。

④将生产费用在完工产品与在产品之间分配。在成本计算期末存在在产品的情况下，就会涉及这一步骤。对某一最终成本计算对象而言，在这一步骤之前，已经分成本项目经归集与分配得到了全部生产费用，即“期初在产品成本+本期生产费用”。执行本步骤，就是要将上面的生产费用在期末的在产品与完工产品之间分成本项目进行分配，从而得出完工产品的总成本与单位成本。

为了比较准确地进行成本计算，在生产费用的归集与分配过程中，必须注意正确划分下列界限：收益性支出与资本性支出的界限；本期费用与前后期费用的界限；生产费用与期间费用的界限（特别注意制造费用与管理费用的界限）；各成本计算对象的费用界限；在同一成本计算对象中完工产品与在产品的费用界限。

（5）编制成本计算单

完成前面的程序后，就可将有关计算结果填入事先设计好的成本计算单（表）。成本计算单一般按成本项目分别列示各成本计算对象的总成本和单位成本，以反映成本的构成情况。最后，根据成本计算单（作为原始凭证）进行结转完工产品成本的会计处理。至此，整个成本计算过程得以完成。

总之，成本计算的过程，就是在既定的成本计算期内，按成本计算对象分成本项目进行归集与分配其生产费用，并最终计算出完工产品成本的过程。

2）共同费用分配模型

成本计算的核心步骤是生产费用的归集与分配，而生产费用的归集主要是一个财务会计问题，即通过账务处理来汇总各项生产费用，因此成本计算的关键问题就变成生产费用的分配，本质上就是成本计量问题①。其中，如果归集的生产费用能直接计入成本计算对象，则不存在分配问题；只有由两个或两个以上的成本计算对象共同负担的生产费用，才需要进行分配。为此，可建立一个共同费用分配模型来解决生产费用分配的一般问题。

（1）共同费用分配模型的一般性描述

假定有一笔共同费用 M 应在 n 个成本计算对象（分配对象）A_1，A_2，…，A_n之间按选定的分配标准（分配基础）进行分配。A_1，A_2，…，A_n所对应的分配标准的数值分别为 S_1，S_2，…，S_n，分配标准总数为 S，则：

$$S = \sum_{i=1}^{n} S_i \qquad (i = 1, 2, \cdots, n)$$

根据上述数据，可以计算出分配率 R：

$$R = M/S$$

分配率表明每单位分配标准应承担的共同费用是带量纲的，如元/工时、元/吨、

① 费用界限的划分过程，即归集与分配，也就是成本计算的过程。因此，归集与分配是成本会计的精髓。其中，归集（汇总）主要是一个财务会计问题；而分配（通过分配而归集）则是成本会计的要害，可谓重中之重。所以，掌握“分配”二字，就解决了成本计算中的计量问题，也就等于掌握了成本会计。

元/次等。所以，它有经济含义，相当于单价或单位成本的含义，理解这一点很重要。例如，在财务会计中的存货计价方法，就是用来解决发出存货的单位成本的，与这里的分配率的功能是一样的。

进一步，设定 A_1，A_2，…，A_n 各自应承担的共同费用分别为 M_1，M_2，…，M_n，则共同费用的分配结果可表述如下：

$M_i = S_i \times R \qquad (i = 1, 2, \cdots, n)$

上述分配结果是可以得到验证的：

$M_1 + M_2 + \cdots + M_n$
$= S_1 \times R + S_2 \times R + \cdots + S_n \times R$
$= (S_1 + S_2 + \cdots + S_n) \times R$
$= S \times (M/S) = M$

这表明正好将共同费用 M 这块“蛋糕”分配完毕，分配结果可以还原为 M。因此，这一分配模型所代表的分配方法在成本计算中应用最为广泛，在成本会计教科书中，一般称之为比例（比率）分配法。

在实务中，上述分配模型是通过表格化来操作的，通常的设计见表 10-1。其具体计算程序是：①确定 A_1，A_2，…，A_n；②归集确定 M；③确定与统计 S_1，S_2，…，S_n，并计算 S；④计算 R；⑤计算 M_1，M_2，…，M_n。

表 10-1　**共同费用分配表**

项目 / 分配对象 A_I	分配标准 S_i	分配率 R	分配结果 $M_i = S_i \times R$
A_1	S_1		M_1
A_2	S_2		M_2
⋮	⋮		⋮
A_n	S_n		M_n
合计（$\sum$）	S	R = M/S	M

单纯从数学角度来看，上述方法还可以转化为分摊率分配法。简要的推导如下：

$M_i = S_i \times R$

$R = M/S$

$M_i = S_i \times (M/S) = M \times (S_i/S)$

令　分摊率　$W_i = S_i/S$

则　分配结果　$M_i = M \times W_i$

分摊率分配法与比例（比率）分配法的分配结果是相同的。不过，分摊率缺乏经济含义，正因为如此，在实务中大多选择使用比例（比率）分配法。对分摊率分配法感兴趣的读者，可比照表 10-1，设计出操作分摊率分配法的表格样式。

（2）分配标准的选择

从共同费用分配模型中可以看出，分配结果是否合理与准确，取决于共同费用 M 和各分配标准数 S_i 是否合理与正确。共同费用主要是一个归集问题（当然，在共同费用中若包括了分配而来的金额，则在归集问题中又包含了分配问题，这也正好表明分配与归集是交织在一起的，而且分配是归集的前提），只要财务会计系统不出错，则可保证 M 的准确性。但是，分配标准数不出错，并不能自动保证分配标准本身的合理性，最终也不能保证分配结果的准确性即成本信息的可靠性。所以，分配标准的合理选择就成了共同费用分配乃至成本计算中至关重要的问题。

分配标准是在各分配对象之间分摊共同费用的依据。分配标准具体有：①劳动数量方面（包括活劳动和物化劳动消耗）的指标，如生产工人工时、机器工时、人数、耗用原材料数量等；②劳动价值方面的指标，如原材料费用、直接生产费用、车间生产费用、产品成本、生产工人工资等；③产品数量方面的指标，如产量（包括约当产量）、重量、面积、体积、长度等。分配标准还可以分别是定额的、计划（预算/预定）的或实际的指标，如生产工时可以是定额工时、计划工时，也可以是实际工时，企业可根据实际情况做出选择。

选择合理的分配标准，是保证成本信息可靠性的关键[①]。为此，选择分配标准时应遵循下列基本原则：①受益原则，指谁耗用生产要素，谁就承担生产费用；谁耗用得多，谁就应承担得多，两者应当对称。分配标准的选择要体现这种对称性。②科学（合理）原则，指采用的分配标准与共同费用之间有密切关系，即相关性高。理想的是呈正比例关系，即满足：$M = f(S) = R \cdot S$。③可行原则，指作为分配标准的统计数据、定额（计划）数据或会计数据等应易于量化并可获取。此外，为了使分配计算简便易行，应尽量选用单一的分配标准，如生产工时、生产工人工资等。不过，有时也可采用复合分配标准，如“体积×重量”，以增加分配标准的合理程度。

3）共同费用分配的具体方法

共同费用的具体分配方法有很多。在财务会计中，固定资产的各种折旧方法、无形资产以及各种待摊费用的摊销方法，都可以说是共同费用的具体分配方法，只不过是将费用分配到各受益会计期间而已。除此以外，在成本计算中特有的分配方法，根据其数学特性，可以归结为两类：一类是比例分配法；另一类是扣除分配法。

（1）比例分配法

比例分配法即可用前面所介绍的共同费用分配模型来表达，其关键在于选择适当的分配标准。选定某种分配标准，就相应形成一种具体的分配方法，即比例分配法下的各种具体分配方法，一般以分配标准来命名，如选择定额成本作为分配标准而形成的分配方法，就命名为“定额成本比例法”。因此，有多少种具体的分配标准，就可形成多少种具体分配方法。明白了这一点，在学习成本会计时，就不会为书中的那么多分配率计算公式而烦恼了，因为所有的分配率计算公式的数学原理是相同的，不同的只是换了分配标准而已。在具体运用时，还应注意以下 3 点：

①有些不以分配标准命名的分配方法在本质上仍属于比例分配法，如辅助生产费用分配方法中的直接分配法（direct method）、顺序分配法（sequential/step method）、代数分配法、交互分配法（reciprocal method），综合结转分步法中的成本还原方法，以计划成本作为分配标准的材料成本差异分配方法等。

---

① 如果分配标准选择不合理，成本计算结果就不对，哪怕计算过程是对的；成本计算结果不对，则会影响资产负债表以及利润表的准确性，进而影响有关决策、控制、业绩评价的正确性。可见，成本是一连串的事件。

②采用某一分配标准，但进行适当转换后形成的具体分配方法也往往属于比例分配法。例如，在成本计算的分类法中使用较多的系数分配法，实际上是通过一定的系数将产品产量换算成标准产品数量，并以此作为分配标准的分配方法。这里，系数的计算也要选择一定的标准来计算，如定额消耗量、定额费用、售价、产品的体积、长度、重量等。据此，也可认为系数分配法采用了复合分配标准。

③采用计划分配率分配共同费用时，就难以保证将实际的共同费用正好分配完毕。对因此而产生的“差异”（under or over applied），必须采用适当方法对分配结果进行调整，将计划分配结果调整为实际成本额[①]。我们还注意到，这种所谓的计划分配法（事先设定分配率是其核心）在带来某些便利的同时，也“破坏”了共同费用分配模型在理论上的严密性与完美性。

（2）扣除分配法

扣除分配法的要点是：在共同费用中，运用减法运算原理扣除其中一部分易于确定，或数额不大而对其余部分影响较小，或由于其他原因可以予以扣除的费用，剩余的费用即为应由其他分配对象承担的费用。扣除分配法要进行估算才能运用，因而在运用中应注意两点：

①分配对象宜少不宜多，否则会影响分配的准确性。在实际运用中，这种方法在完工产品与在产品之间、主产品与副产品之间进行费用分配时较为常用。

②应先估算承担费用较小的分配对象的扣除额。此时，不同的估算扣除额的方法即成为扣除分配法的具体方法。

下面，以生产费用在完工产品与在产品之间的分配为例来具体说明共同费用分配的两大类方法的划分与运用。完工产品成本与在产品成本之间的关系如下：

期初在产品成本 + 本期生产费用 = 本期完工产品成本 + 期末在产品成本

$$M \quad = \quad M_1 \quad + \quad M_2$$

根据上面演示的关系，这个分配问题实际上就是将 M 划分为 M_1、M_2两部分。分配 M 的方法有两类：一是比例分配法，二是扣除分配法。

属于比例分配法的具体方法有：①约当产量法（equivalent units of output/production）；②在产品成本按完工产品成本计算，实际上也是约当产量法的特例，即将在产品数量全部当成完工产品数量来看待；③定额比例法，又具体分为定额消耗量比例法和定额成本比例法。

这里，扣除分配法的基本原理是：一般先确定 M_2，然后自然就可确定 M_1，此时 $M_1 = M - M_2$；也可以先确定 M_1，再确定 M_2，不过这种做法在实务中极少采用。先确定 M_2的具体方法有：①不计算月末在产品成本，即 $M_2 = 0$；②月末在产品成本按其年初数固定计算，即 $M_2 = C$（常数）；③在产品成本只计算原材料成本（MC），即 $M_2 = MC$；④在产品成本按其定额成本（SC）计算，即 $M_2 = SC$。这些方法其实都有误差，将误差归入 M_1中。不同的决定 M_2的方法，误差不一样。因此，企业应根据自己的实际情况，经过经验的积

① 英美的管理会计教科书中，常用这种方法，如在分配制造费用时，使用 predetermined overhead rate。明白了其中的道理，就很容易看懂这样的管理会计书籍。

累和认真的测算，选择误差最小的估算方法。

10.1.5 成本计算方法述要

1）成本计算方法的组成要素

成本计算方法是指将一定时期所发生的生产费用对象化到各成本计算对象上，求得各最终成本计算对象成本的方法。成本计算方法一般包括：①成本计算对象的确定；②成本计算期的确定；③成本项目的设置；④生产费用归集与分配的程序等要素。上述要素的不同内容的组合，即构成不同的成本计算方法。各要素内容的取舍又主要决定于企业的生产特点和管理上的要求，因而成本计算方法的形成与此密切相关。

按生产工艺技术特点，工业企业的生产可分为简单（单步骤）和复杂（多步骤）生产（制造）。复杂生产按其加工方式又可进一步分为连续式生产和装配式（平行式）生产。按生产组织特点，工业企业的生产则可分为单件生产、成批生产和大量生产，成批生产又可分为大批生产和小批生产。管理上的要求，表现为对成本信息详细程度的需求，即是否需要对成本计算对象进行细化，提高成本计算方法并提供成本信息的能力。

以上 3 个方面对成本计算方法的最终形成有着决定性的影响，如：不同的生产工艺技术特点，要求采用不同的费用归集与分配程序及方法；生产组织的不同，对成本计算期、是否需要在完工产品与在产品之间分配费用等有所影响；管理上的要求还直接决定了是否需要计算半成品和在产品成本。更主要的是它们同时对成本计算对象的确定产生影响，从而使得成本计算对象成为决定成本计算方法的主要因素。综合这些因素，形成了以成本计算对象命名的 3 种基本的成本计算方法：①品种法（individually identifying costing），按产品品种计算最终产品成本的方法；②分步法（process costing），按生产产品所经历的生产步骤计算半成品成本，并计算出最终产品成本的方法；③分批法，亦称定单法（job-order costing），按产品批别（定单）计算最终产品成本的方法。

2）成本计算的基本方法

（1）品种法

品种法主要适用于大量大批的单步骤（按流水线组织的多步骤、封闭式多步骤均可视为单步骤）生产以及虽属大量大批多步骤生产但在管理上不要求单独计算各生产步骤半成品成本情况下的成本计算。

品种法的主要特点是：①成本计算对象一般只是企业的最终完工产品；②成本计算期是按月为基础的会计报告期。大量大批生产意味着不断投入原材料，不断有产品完工，难以确定产品的生产周期，也就不便于按生产周期计算成本；③一般不需要进行完工产品与在产品之间的生产费用分配，本月生产费用全部由完工产品负担，因为大量大批生产时一般月末无在产品或不用考虑在产品（因为数量少且稳定）。但进行大量大批多步骤生产时，由于生产步骤多，在产品数量也可能较多，这时就需要考虑月末在产品，并将生产费用在完工产品和在产品之间进行分配。

品种法是最基本的成本计算方法，其计算程序也就是前面所述的成本计算的基本程序。不论工业企业的生产特点如何，也不论其管理上的要求如何，每个工业企业都需要按最终完工产品（分不同品种）计算成本。实际上，分批法就是品种法在各个生产批次（job order）上的分别使用；分步法则可以看成是品种法在各个生产步骤（process）上的连续或同时使用。因此，掌握了品种法，再考虑分批法和分步法各自的特点，各种成本计算方法就能运用自如。归根结底，任何一种成本计算方法都是生产费用归集与分配的方法。

（2）分步法

分步法主要适用于大量大批多步骤生产企业的成本计算；有时对单件小批多步骤生产企业且在管理上要求进行分步骤计算成本的，也应采用分步法。

分步法的主要特点有：①成本计算对象就是各种产品的生产步骤。不过，作为成本计算对象的生产步骤与在生产过程中实际的生产步骤可能并不完全一致，而是可以根据管理的要求来灵活分解或合并实际生产步骤并以此确定成本计算对象；②成本计算期是以月为基础的会计报告期；③一般存在完工产品与在产品之间的生产费用分配问题。在大量大批多步骤生产中，由于生产过程较长，可以间断，而且往往都是跨月陆续完工，以致生产周期与成本计算期难以一致，从而在月末就有在产品成本的计算问题；④每一生产步骤是用品种法来计算成本的，并且上一步骤的成本要结转到下一步骤，即各步骤之间存在成本结转问题。这是分步法不同于其他成本计算方法的一个重要特点。

由于各工业企业的生产特点和成本管理要求（要不要计算生产步骤中的半成品成本）不同，各生产步骤成本的计算和结转方法亦不同，一般可选用下述两种不同的方法：逐步结转法和平行结转法。因而，分步法也就相应分为逐步结转分步法和平行结转分步法。

①逐步结转分步法

逐步结转分步法是一种按生产步骤分步累积计算成本的方法，它适宜于在管理上要求提供各步骤半成品成本信息的情况下采用。该方法的突出特点有：成本计算对象并不唯一，涉及从各步骤半成品（中间成本计算对象）到最后步骤的完工产品（最终成本计算对象）的整个生产过程；当上一步骤的半成品作为“原材料”结转到下一步骤继续生产时，在成本计算方面表现为成本随同实物一起流转，即成本流转与实物流转同步。当半成品通过半成品库转移时，上一步骤的半成品不一定会全部转移到下一步骤中。这时，实际转移的半成品成本按存货计价方法进行结转即可。

在逐步结转分步法下的成本计算程序可概括为：首先要计算出第一生产步骤的半成品成本，然后随同实物一起转入第二生产步骤，再加上在第二生产步骤中发生的生产费用计算出第二生产步骤的半成品成本，照此顺序连续累计结转，直到最后一个生产步骤计算出产成品成本。

采用逐步结转分步法，半成品成本既可综合结转，也可分项结转。采用综合结转法时，上一生产步骤的半成品成本以“原材料”或专设的“（自制）半成品”这一综合成本项目直接转入下一生产步骤的成本计算单，这样致使最后一个生产步骤的产成品成本不能反映原始的成本项目构成，因而需要进行成本还原；而采用分项结转法时，上一生产步骤的半成品成本分成本项目转入下一生产步骤的成本计算单，无须进行成本还原。可见，二者各有利弊，企业可根据实际需要来选用。

②平行结转分步法

平行结转分步法是一种不计算半成品成本，只计算在本步骤中发生的生产费用以及在这些费用中应计入产成品成本的“份额”，从而平行（非累积）地计算产成品成本的成本计算方法，它适宜于在管理上不要求计算半成品成本的情况下采用。与逐步结转分步法相比，它的突出特点是：成本计算对象就是最终完工产品；上一生产步骤半成品成本并不随其实物一同转入下一生产步骤（实物流转了，而成本并未随之完全流转），即成本流转与实物流转不完全同步，因此某步骤生产费用要在最终完工产品（实际上是计入产成品的"份额"）与本步骤广义在产品之间进行分配。这里，某步骤的广义在产品包括：尚在本步加工之中的在产品（狭义在产品）、本步骤已完工而留存于半成品库及以后各步骤中的属于本步骤的半成品。之所以要这样处理，是因为后一部分在产品是相对于最终完工产品而言的，其实物虽然转移了，但成本仍留在本步骤，理应参加本步骤的生产费用分配过程。

在平行结转分步法下的成本计算程序可简要描述如下：各生产步骤可同时应用品种法原理分成本项目计算出各自应计入最终完工产品成本的"份额"，然后平行结转和汇总所有计入最终完工产品成本的"份额"，即可得出最终完工产品（产成品）的总成本和单位成本。正确计算出每一生产步骤应计入产成品成本的"份额"，是运用平行结转分步法的关键所在。据此，有人认为该法不是真正的分步法，而是分步骤归集和结转生产费用的一种品种法①。

（3）分批法

分批法主要适用于单件小批且在管理上不要求分步骤计算成本的多步骤生产，有时也用于按单件小批组织生产而在管理上又要求分批计算成本的单步骤生产。

分批法的主要特点有：①成本计算对象是产品批别或批次（单件生产时表现为件别）。此时要注意，即使是同一品种也要按批别来归集与分配生产费用；②成本计算期与生产周期一致，而与会计报告期不一致，实际上成本计算是不定期的；③平时只归集、分配与某产品批别有关的生产费用，等该批产品全部完工时才计算出其成本，因而一般不存在完工产品与在产品之间分配生产费用的问题。不过，在批内产品跨月陆续完工的情形下，为了便于结转销售成本或在财务报告中提供产成品成本信息，则要改为按月计算成本，此时就很可能存在生产费用在完工产品与在产品之间的分配问题。

除了上述基本的成本计算方法之外，还有分类法、定额法等辅助的成本计算方法，一般应与某种基本的成本计算方法结合起来使用，不能单独使用。分类法、定额法的基本原理分述如下：

①分类法是品种法的延伸，即先按产品类别归集与分配生产费用，再将同类产品的成本在不同品种（或规格）之间进行分配。分类法主要适用于产品品种和规格繁多，但基本上是一些品种规格相近、工艺技术过程基本相同的类别产品以及一些联产品（joint product）和副产品（by-product）的工业企业，以简化成本计算工作。

②定额法是在成本计算过程中，将生产费用按照定额来进行归集与分配，同时计算出实际成本与定额成本之间的成本差异，之后通过对成本差异的分配，最终将各种产品的定额成本调整为实际成本的计算方法。在定额管理基础好的企业中，为了配合并加强定额管理，加强成本控制，更有效地发挥成本信息对事前、事中成本控制的作用，一般可采用定

① 中国注册会计师教育教材编审委员会（蔡淑娥主编）．成本管理会计［M］．北京：中国人民大学出版社，1995：183。该书后来还有中国财政经济出版社2003年版。

额法。定额法将成本计算的时间从事后转向事前，即在实际成本发生之前，就预先估计出可能发生的成本大小（表现为定额成本），从而有别于前面所述的那些事后计算成本的成本计算方法。这样，在实际成本发生时，就可及时提供各种成本的差异信息，让管理者采取有效措施来控制成本水平，从而使得成本计算与成本控制更完美地结合起来。从这个意义上说，定额法是一种成本计算方法上的创新。具体而言，它是对成本计算时间上的创新。由此可见，将成本计算方法划分为基本方法与辅助方法的做法，并不表明辅助方法不重要，而仅仅是从计算产品实际成本角度来考虑的。

将定额法中的定额成本转换成“标准成本”，即形成标准成本法，当然这不是说标准成本法由定额法演变而来，只是说明二者的基本原理有相通之处。事实上，标准成本法产生于美国，其理论基础可追溯到美国工程师泰罗（F. W. Taylor）首创的标准化管理“泰罗制”。标准成本法从成本控制角度发展起来，它在本质上是一种成本控制方法。

定额法与标准成本法在定额（标准）成本制定上、成本差异的分类与计算及其账务处理上均表现出较大的差异性，二者不可混为一谈①。在实务之中，定额法，日渐式微；而标准成本法则成为主流，几乎没有哪本管理会计书籍不介绍标准成本法的。

以上分别简要介绍了 3 种成本计算的基本方法——品种法、分步法和分批法，以及为了简化成本计算工作而采用的分类法和为了加强成本控制而采用的定额法与标准成本法，给人的印象似乎是一个企业只能选用其中的一种成本计算方法，其实不然。在实际工作中，一个企业可能有若干个车间（分厂），一个车间（分厂）也可能生产若干种产品，这些车间（分厂）或产品的生产特点和管理要求也许并不相同，因而在一个企业或车间（分厂）中，就有可能同时应用几种不同的成本计算方法；即使是同一种产品，在该产品的各个生产步骤、各个半成品及各个成本项目之间，它们的生产特点或管理要求也不一定相同，因而在一种产品的成本计算中，也有可能将几种成本计算方法结合起来应用，从而构建一种混合成本计算系统（operating costing）。总之，成本计算方法的选择，应从企业实际情况出发，与自己的生产特点和管理要求相适应，并保持相对稳定以满足一致性原则的要求，从而做到科学合理选择成本计算方法，将各种成本计算方法完美地结合使用，最终达到最佳的成本计算结果以及最优的成本控制水平。

10. 1. 6　作业成本法

1）作业成本法的产生

在计算机一体化制造系统（computer-integrated manufacturing system，CIMS）与柔性制造系统（flexible manufacturing system，FMS）相结合的高新技术环境下，现代企业产品成本结构已不同于工业化大生产时代劳动密集型产品的成本结构。这种变化体现在：产品成本中的直接材料和直接人工成本比重下降，而制造费用比重却大幅度上升。随着制造费用比重的上升，其重要性也日益凸现。如何科学合理地分配制造费用就成为一个新的重要问题。

在成本计算过程中，制造费用通常是一种共同（间接）费用，必须按一定分配标准将它分配计入相关的产品，以便正确地计算产品成本。传统成本计算方法通常是以直接人

① 欧阳清等．会计大典第四卷：成本会计［M］．北京：中国财政经济出版社，1999：482-484.

工成本、直接人工小时、机器小时等以产品产量（数量）为基础的标准作为制造费用的分配标准。在当时，直接人工成本是产品成本的主要组成部分，而且制造费用与直接人工成本的相关性强，加之直接人工成本数据也易于取得，因而用它作为分配标准就能满足成本计算的精确度要求。如今，在高新技术环境下，制造费用在成本结构中的比重不但大大上升，而且更为关键的是制造费用的发生与直接人工成本渐渐失去相关性，因为这时的制造费用不仅包括与产品产量直接相关的那部分制造费用，而且还包括与产品产量相对独立的另一部分服务和后援功能的制造费用，具体而言，制造费用因下列业务而发生：（1）物流（后勤）业务（logistical transactions），其发生与厂内材料的收验和移动有关；（2）平衡业务（balancing transactions），其发生与协调生产活动，以确保材料、人工和机器的供给能够满足需求有关；（3）质量业务（quality transactions），其发生与保证生产符合各种规范要求有关；（4）变动（革新）业务（change transactions），其发生与更新制造信息以适应产品或工艺过程设计的变化有关。由此可以看出，在现代企业中最为重要的制造费用，其发生并不是单纯被全部生产业务量所制约，而是由与生产业务量相对独立的一系列特殊业务或作业（活动）所引起的。在这里，作业的数量（而不是生产量）消耗了资源，并且决定了制造费用的水平。换言之，是生产导致作业的发生，而作业又导致制造费用的发生，这说明了产品（成本）与制造费用之间相互联系的中介是作业。

当这些与生产业务量相对独立的制造费用在整个制造费用以及整个产品成本中所占比重很小时，用与生产数量有关的分配标准对它进行分配，对成本信息的扭曲很小，因而传统成本计算方法采用以生产数量为基础的单一的分配标准是可以接受的。然而，当上述比重扩大时，若仍旧固守这一实质上并不驱动制造费用的分配标准，就必然会扭曲成本信息，其后果往往导致产量大、技术含量低的产品成本偏高，而产量小、技术含量高的产品成本偏低，由此还可能导致生产经营决策的失误。正是在这一时代背景下，产生了对制造费用分配标准的创新要求，以提高产品成本计算的精确性，防止成本信息失真。于是，基于以作业为基础的多元化制造费用分配标准的作业成本法（activity-based costing，ABC）应运而生①。更令人欣慰的是，电子计算技术的飞速发展与应用，在极大地提高信息处理能力的同时，还最大限度地降低了信息处理成本，从而大大加速了作业成本法从理论到实践的进程。

2）作业成本法的基本原理

（1）作业成本法的基本概念

①作业（activity）

作业成本法之所以如此命名，在于它首先以作业作为成本计算对象，然后才将作业成本追踪到产品（涵盖服务或顾客等），从而最终计算出产品成本。可见，作业乃作业成本法的核心概念。美国学者布林逊（James A. Brimson）认为，作业是企业为提供一定量的产品或劳务所消耗的人力、技术、原材料、方法和环境等的集合体。简言之，作业是企业内消耗资源的活动、业务或事项。

作业的基本特征如下：作业是企业投入产出因果关系联动的载体；作业贯穿企业经营

① 在作业成本法的基础上，后来还发展出“时驱作业成本法”（time-driven activity-based costing）。有兴趣的读者，可参阅：卡普兰（KAPLAN），安德森（ANDERSON）．估时作业成本法——简单有效的获利方法（Time-Driven Activity-Based Costing：A Simpler and More Powerful Path to Higher Profits）［M］．北京：商务印书馆，2010.

管理全过程，构成包括企业内部和连接外部的作业链；作业是可以量化的；一项作业还可以分解为一系列任务（task）——实施该项作业的具体步骤。例如，“发出订货单”作业是由以下任务构成的：使用部门收到购买信息；索取供应商报价并做出评估；编制供应商比较分析表；认定或选择供应商；填制并发出订单。

作业在企业中可以说是无处不在，按不同的标准可以有不同的分类结果。为了方便成本计算，在企业中的作业可按成本动因（分配标准）进行分类，即分为如下4类（或4个层次）：单位作业（unit level activity），即使单位产品受益的作业。这种作业使单位产品所消耗的资源数量大致相同，因而该种作业的成本与产品产量成比例变动。批别作业（batch level activity），即使一批产品受益的作业，其成本与产品的批数成比例变动，而与每批中所包含的数量无关。产品作业（product level activity），即使某种类的产品受益的作业，其成本与产品品种数量成比例变动，但与产品产量或批数无关。这种作业是为了维持某特定生产线存在而执行的。把这一概念扩展到企业以外，还有顾客作业（customer level activity），即为特定顾客服务的作业，其成本与向顾客销售产品的数量无关；产能作业（facility level activity）也可称之为企业维持作业（organization-sustaining activity），是指使整个企业受益的作业，即是为了维持企业的整体生产能力而执行的作业。这种作业与个别产品的相关性最弱，其成本分配于产品时具有主观性。企业可按此分类编制作业词典（activity dictionary），以便于ABC的实际操作。

需要提醒的是，服务业也可以应用ABC。服务业可采用与制造业一样的常用方法确认作业、作业成本库和成本动因。将作业划分为单位层次作业、批别层次作业、产品维持层次作业和企业维持层次作业的做法也可应用于服务业。

从对作业的分类分析，我们发现：现代企业可以视为一个为了满足顾客需求而建立的一系列前后有序的、能创造顾客价值的作业集合体。这个有序的集合体，就是“作业链”（activity chain）。同时，企业各项作业的执行伴随着价值的转移与集合，最终产品是企业全部作业的成果集合，也是体现全部作业的价值集合。可见，作业链同时也是“价值链”（value chain）。这说明从作业链分析入手，区分增值作业（valued-added activity）与非增值作业（non-valued-added activity），是进行价值分析的有效途径，也因此使作业成本法与企业战略管理紧密相连，构成战略成本管理（strategic cost management）的核心内容，而不再单纯是一种成本计算方法。据此，将作业成本法视为成本会计与管理会计发展史上的一场革命，决非溢美之辞。

②成本动因（cost driver）

在作业成本法下，无非是先计算作业成本，再将作业成本分配给最终产品以求得最终产品成本，从而也少不了对分配问题的解决。而要解决这个问题，关键在于分配标准的选择。最佳的分配标准应是直接引起成本发生的因素（原因），即成本动因。所以，成本动因是作业成本法的另一个关键概念。站在成本计算的角度，成本动因就是分配标准，只不过具体的选择不同于在传统成本计算方法中所选用的分配标准，尤其体现在对制造费用分配标准的选择上。当然，仅仅将成本动因看作一个分配标准，那就小看了作业成本法作为一次管理会计革命的价值。从作业成本法基础上发展而来的作业成本管理（activity-based cost management，ABCM）或作业（基础）管理（activity-based management，ABM），正是一种基于成本动因分析的战略成本管理模式，它充分利用作业成本法提供的成本动因信息，着重关注成本发生的原因，以控制并改善作业及其成本，进而改善作业链和价值链，最终提高产品以得到顾客认可的价值。如此一来，作业成本法就具有管理决策与控制的意义。

成本动因是驱动成本产生的因素，它对产品成本结构起决定性作用。成本动因也可以从不同角度进行分类。在作业成本法中，作为分配标准的成本动因可分为如下两大类：

资源动因（resource driver）：反映了作业量与资源耗费之间的因果关系，它是将资源成本分配到作业的标准。这里，资源是执行作业所必需的经济要素，即企业花了代价而获取的一切生产要素，如资金、材料、机器设备、劳动力等。在分配过程中，由于资源是逐项地分配到作业的，于是就产生了作业成本要素（cost element），将每个作业成本要素汇总就形成了作业成本库（cost pool）。例如，当“检验部门”被定义为一个作业中心时，则“检验小时”就可成为一个资源动因，这时，许多与检验有关的费用将会归集到消耗该项资源的作业中心。

作业动因（activity driver）：反映了最终成本计算对象（最终产出）耗用作业的频率和强度，即最终产出量与作业消耗量之间的因果关系，它是将作业成本库（作业中心）的成本分配到产品、劳务或顾客等成本对象的标准，它也是沟通资源消耗与最终产出的中介。

（2）作业成本法的基本程序

作业成本法建立在以下两个前提之上：作业消耗资源、产品消耗作业。据此，其基本原理可以概括为：依据不同的成本动因分别设置成本库，再分别以各种产品所耗用的作业量分摊其应承担的该成本库的作业成本，然后分别汇总各种产品的作业总成本，计算各种产品的总成本和单位成本。由此可见，作业成本法将着眼点放在作业上，以作业为中间成本计算对象，依据作业对资源的消耗情况将资源的成本分配到作业，再由作业依据其成本动因追踪到产品成本的形成和积累过程，由此得出最终的产品成本，如图 10-2 所示。

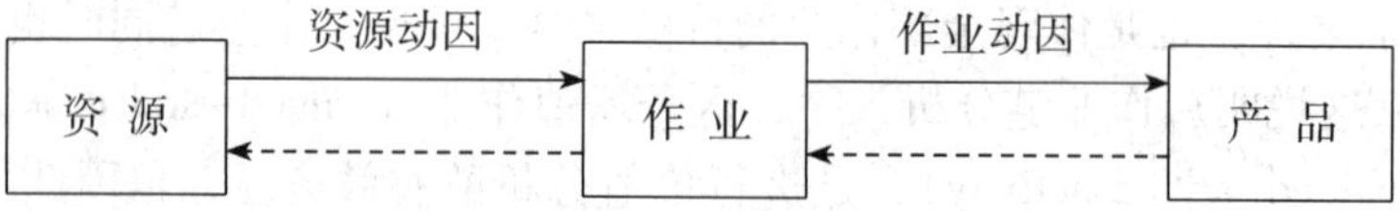

注：实线表示成本计算过程；虚线表示资源消耗过程。

图 10-2　作业成本法原理

根据上述基本原理，作业成本法的基本程序如下：确认主要作业和作业中心；按作业中心归集与分配费用，即将归集起来的消耗资源而产生的费用分配到每个作业中心的成本库中；将各个作业中心的成本分配到最终产品上，如图 10-3 所示。

（3）成本动因的选择

仅就成本计算而言，作业成本法与传统成本计算法的区别主要体现在制造费用的分配上，而对直接材料和直接人工成本的计算方法与传统成本计算方法并无不同。具体有两点主要区别：①成本库是作业链而不是生产成本中心；②用多元成本动因而不是单一数量动因将作业成本分配到各成本计算对象，即缩小制造费用的分配范围（由整个企业统一分配改为由若干个“成本库”分别进行分配），增加制造费用分配标准（由单一标准改为多元标准）。作业成本法按引起制造费用发生的各种成本动因进行分配，从而可以提供相对准确且相关的成本信息。

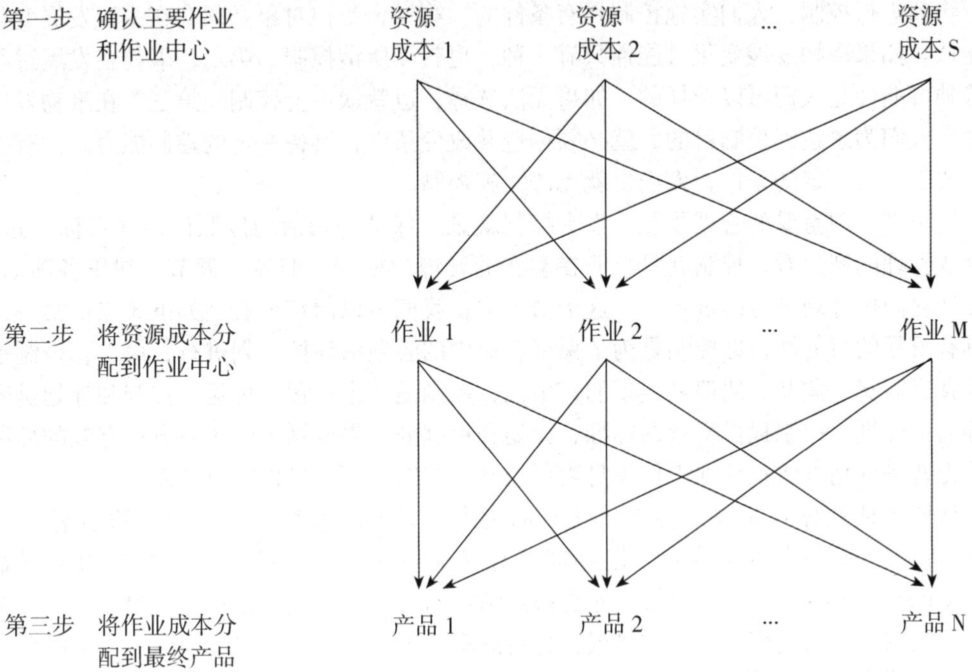

图10-3　作业成本法的基本程序

由此可见，成本动因的选择恰当与否决定了作业成本法提供成本信息的质量。如果成本动因选择不当，则会导致作业成本法的优势丧失。企业运用作业成本法时，对成本动因的选择必须审慎。一般而言，成本动因的选定应由企业工程技术人员和成本会计师等相关人员组成专门小组（多种专业人员构成的ABC项目团）讨论后决定。在选择成本动因时，必须注意：①成本动因应简明易懂、可量化，且容易从现存的资料中分辨出来，并与成本计算对象有因果关系。②代表性与全面性相结合。为了避免作业成本法过于复杂，难以执行而流于形式，在选择成本动因时，不宜把面铺得太广，要挑选具有代表性和重要性的成本动因，但又要注意避免过于简单化。挑选合适的成本动因，须考虑3个重要的因素：相关程度、计量成本（成本与收入权衡）、行为结果（对决策者行为的影响）。在实务中，可通过积累统计资料，运用回归分析法筛选出恰当的成本动因。只有选择了正确的成本动因作为分配标准，运用作业成本法计算出的成本信息质量才能得到真正的改善。

10.2　成本控制理论

10.2.1　成本控制原理

1）控制

一般而言，人们根据自己主观判断所确定的目标，通过创造并改变环境条件，使事物沿着其可能性空间中的某种确定方向（表现为目标或计划）发展，就形成控制。简单地说，控制是人们在一个事物可能性空间中进行有方向的选择过程。然而，人们并不能对万事万物都进行控制，人们实施控制是有条件的：第一，受控对象必须存在多种发展变化的可能性。如果事物发展变化可能性只有一种，也就无所谓控制。第二，事物在发展过程中的各种可能性是人们可以选择的。如果无法选择，也就谈不上控制。第三，在事物发展过程中，人们为了达到控制目的，就必须创造并改变条件，具备一定的控制能力。没有控制能力或不具备一定的条件，人们也就无法实施控制。

控制是一项重要的管理职能，没有控制就难以保证一切活动按照计划（目标）进行。从企业管理的视角看，控制就是企业在动态的环境中检查、监督、调节、纠正各项活动，以保证它们按计划进行的过程。从这个概念中，我们可以清楚地看到如下3点：第一，控制具有很强的目的性，即控制是为了保证企业中的各项活动按计划进行；第二，控制是通过检查、监督、调节、纠偏来实现的；第三，控制是一个过程。可见，控制和计划是密不可分的：计划为控制提供衡量的标准；计划和控制的效果分别依赖于对方；有效的控制方法首先就是计划方法；计划工作本身需要控制，控制工作本身也需要计划。

计划（或预算）是决策的具体化行动指南，如果说决策是为了做对的事情（doing right thing），那么控制就是为了把事情做对（doing thing right），只有把对的事情做对（doing right thing right），人们最终才能得到满意的结果。因此，在管理过程中，不可偏废决策与控制，否则就容易犯两类错误：把对的事情做错，即控制出了问题；把错的事情做对，即决策出了问题。

根据控制时点的不同可以将控制分为3种模式：反馈控制、同期控制和前馈控制。反馈控制作用在行动之后，只能改进下一次行动的质量；同期（过程）控制作用在行动之中，随时将行动中的偏差予以纠正；前馈控制作用在行动之前，在开始时就努力将问题的隐患予以排除。采用前馈控制是管理者追求的高境界。

虽然控制对象各有不同，控制工作的要求也各不一样，但控制工作的过程基本是一致的，一般可分为4个步骤：第一，确定控制标准，即确定评定工作绩效的尺度。管理者应以计划为基础，制定出控制工作所需要的标准。第二，衡量工作成效，即通过管理信息系统采集实际工作的数据（与已制定的控制标准中所对应的要素），了解并掌握工作的实际情况。在这一过程中，要特别注意获取信息的质量问题，做到信息的准确性、及时性、可靠性、适用性。第三，分析衡量的结果，即将实际工作结果与标准进行对照，找出偏差并分析其发生的原因，为进一步采取管理行动作好准备。这是控制之中最需要理智分析的环节，是否要进一步采取管理行动就取决于此。若分析结果表明没有偏差或只存在“健康”的正偏差，那么控制人员就不必再进行下一步，控制活动也就到此为止。第四，采取管理行动，纠正偏差。纠正偏差的方法不外乎两种：改进工作绩效或者修订标准。

完善的控制系统必须是一个封闭的系统。在企业中的任何人（包括各个层次的控制人员）都不应游离于这个系统之外。因此，对控制人员的控制不容忽视，特别是对企业高层管理者的监控，尤为重要。为此，企业必须建立一套完整的控制系统，并注意运用好“例外管理原则”，才能保证控制的有效性。

2）成本控制

（1）成本的可控性

成本高低具有多种发展的可能性，人们可以采用一定的方法和手段对成本进行控制，使其按着人们所希望的方向发展，因而成本是可以控制的。在企业里，发生成本的活动

（作业）都是以企业中特定的单位（部门）或个人为责任单元（责任中心）进行的，一切成本的发生都可以落实到特定的责任单元，这些成本对特定责任单元而言，完全是可以控制的，这就是成本的可控性。但是，成本的可控性离不开特定的时间、空间条件，其中包括：①成本的可控时间。成本发生的时间无不是由企业自主决定的，因此成本发生的时间是可以控制的，成本的可控性应贯穿于产品的整个生命周期之中。具体而言，尚未发生的成本，基本上是可控的，如固定资产折旧费在使用期间虽然是不可控的，但在固定资产购置决策阶段则是可以控制的；正在形成过程中的成本也是可控的，如对生产成本、销售成本的控制；但已形成的成本就不可控了，如对完工产品成本就无法再作控制。因此，必须抓住成本的可控时间，尤其要采用前馈控制，当然前馈控制的最终效果也依靠同期控制来保证。②成本的可控空间。成本能否控制与其发生的不同空间范围有关，如对生产车间而言，原材料的消耗量是可控的，但对其价格的高低却无能为力，其价格在采购部门则变成可控的。因此，只有把各种成本归属到各自发生的特定空间时，对于各特定空间，这些特定的成本才是可控的。在实务中，实行成本归口分级管理，可以准确把握成本的可控空间，提高成本控制的实效。在责任会计中，责任成本正是建立在成本可控性基础上的，成本控制主体（责任中心）只对可控成本负责。对责任中心的业绩评价必须基于可控成本进行，方可令人信服。

（2）成本控制的含义

成本控制，就是在成本形成过程（可能性空间）中，对各项成本活动进行监控，及时发现偏差，采取纠正措施，保证成本目标的实现。成本控制具有3层含义：一是对目标成本本身的控制，这与成本预测、决策、计划密切相关；二是对目标成本完成的控制和过程的监控，这与成本计算、分析密切相关；三是在过程控制的基础上，着眼于未来，为今后的成本控制指明方向。在企业成本控制系统中，应特别强调成本信息系统的重要性，因为没有及时可靠的成本信息，成本控制就无从谈起，因此成本会计作为一个成本信息系统在成本控制中具有不可替代的作用。

成本控制有狭义与广义之分。狭义的成本控制是指在成本形成过程中的控制，属于同期控制。而广义的成本控制则是指整个成本管理，此时成本控制应称之为全面成本控制，即企业应进行全过程、全方位、全员的成本控制。成本管理包括成本预测、决策、计划、控制、分析与考核等一系列过程，可称为成本管理循环。其中，成本预测、决策和计划，可以看作是成本的前馈控制，而成本分析与考核则可以看作是成本的反馈控制，狭义的成本控制只是成本管理中的一个环节。由此可见，广义的成本控制等价于成本管理。不过，人们在使用成本控制概念时，将其限定在狭义的成本控制范畴较好，以免产生概念的混乱，使人无所适从。

（3）成本的最优控制

在成本控制中，应遵循优化原理，使成本达到最优的控制状态。最优控制是指在所有可能的控制中要求达到的，在满足客户需要的前提下使成本最低或效益/成本比最高的一种控制。成本最优控制有两种常见的类型：简单型和复杂型。

①简单型。即成本形成是由系统内各部分协同完成，并可通过多种途径达到。这时，成本最优控制问题就是在各阶段或系统的各部分，各自选择出一种使控制效果最优的过程，而不必考虑对其他系统的影响。这是一种最常见的控制类型，如车间（分厂）、班组

控制成本的活动基本上属于这种类型。

②复杂型。由于成本的形成过程往往要经过多阶段和多个子系统完成，所以成本最优控制就要对各个阶段、各个子系统的每一过程进行选择，然后将选择出的多级过程排成一个最优序列。这个最优序列就是成本的最优控制。这种类型常用于企业一级的成本控制。

最优控制是一种理想的标准，是努力方向。成本控制能否达到这一理想境界取决于多种因素，成本控制人员应从分析各种因素入手并找出解决的办法，以达到最优控制目的。进行成本的最优控制时，一般运用边际分析法，但是往往难以找到具体的相关收入与相关成本函数，使边际分析法的应用受到限制。这时，一般转而使用基于成本收益比较思想（cost and benefit analysis）的相关利润比较分析法、边际贡献（贡献毛益）分析法、增量（差量）分析法、成本比较分析法等，在有限的备选方案中选择最优的成本控制方案。

（4）成本的目标控制

成本控制的目标就是为了实现企业的成本目标。可见，对成本进行目标控制是成本控制的基本思想和方法，任何成本控制活动都要应用目标控制法。实际上，在成本控制中应用目标管理（management by objective，MBO），就成为成本目标控制（或目标成本控制）。所以，这里先简要介绍一下目标管理。

目标管理是一种综合的、以工作为中心和以人为中心的系统管理方式，它带有自我管理的特性和要求。目标管理的中心思想就是将企业的总目标按层次展开，分解为企业每个成员、每个部门等的行为方向和激励，同时又使其成为评价企业每个成员、每个部门等的工作绩效标准，从而使企业能够有效运作。最早提出目标管理的彼特·德鲁克（Peter F. Drucker）教授强调，凡是其业绩影响企业的健康成长的所有方面，都必须建立目标。目标的设定是实行目标管理的首要和关键环节。作为重要激励因素的目标和行为方向的目标的设定应符合下列要求：目标必须是经努力可以实现的；目标实现后应有相应的报酬配合；目标的表述应明确清楚（尽可能量化）；目标最好是自己首先提出来的；目标符合企业的共同愿景（shared vision）；本单位、本部门、个人的目标应与其他有关方面和成员的目标相协调与配合；目标要易于考核评价。目标管理过程中有 3 个重要环节：企业总目标的设定；总目标的层次分解；目标完成后的评价与反馈。

成本目标控制作为企业目标管理的重要组成部分，首先要根据企业的总目标测定成本目标（cost target），然后将成本目标按责任单元进行层层分解、落实，再按这些分解目标的要求，去组织设计、试验、生产准备、材料供应，以及日常生产、技术管理，最终保证成本目标的实现。一般而言，成本目标是企业在一定时期内，为配合既定的战略模式并保证实现目标利润而设定的成本控制的标准数额。按成本控制的内容来说，成本目标可分为价值工程（value engineering/analysis）的成本目标、质量成本管理的成本目标、产品设计活动的成本目标、资本成本管理的成本目标、作业成本管理的成本目标、产品生命周期成本管理的成本目标、环境成本管理的成本目标等。在日本的“成本企划”（target costing 或 cost design）中，成本目标的含义是：在新产品开发设计过程中，为实现目标利润必须达成的成本目标标准，而且这个目标值是全生命周期成本（whole life cycle cost，WLCC）下的最大容许值。在新产品开发及老产品的改进设计过程中，成本目标控制与价值工程的结合运用，能取得完美的效果。

成本目标控制也包括 3 个重要的环节：成本目标的测定；成本目标的层次分解（可

采用责任预算方式）；成本目标完成情况的衡量、分析与考核。各成本控制环节应环环相扣，形成一个有机结合的成本目标控制体系。企业要特别注意的是，在设置成本目标时，不应只单纯追求成本最低化，还应追求“成本避免”；甚至为了一定的战略利益，还要敢于增加成本（只要保证边际利润大于零）。此时，企业成本控制应具有战略眼光，做到短期利益与长期利益的协调统一。总之，成本目标及其控制应从战略成本管理、战术成本管理、业务成本管理3个层次上进行把握，使之相互配合与协调。

10.2.2　标准成本控制

1）标准成本制度

标准成本制度（standard cost system），是指企业在生产过程中将实际成本与标准成本定期进行比较，揭示成本差异，并按例外管理原则分析成本差异产生的原因及责任归属，就重大的差异事项及时采取措施进行纠正，从而达到成本控制目标的一种成本控制系统（cost control system）。其具体内容包括标准成本的制定、成本差异的计算与分析、成本差异的账务处理3个部分。如果着眼于成本控制，前两个部分最为重要。

运用标准成本进行成本控制，可视为将标准成本作为成本目标的一种目标控制法。

2）标准成本的制定

标准成本，是指通过事先仔细测定，以每单位产品为基础表述的在可达到的或可接受的业绩水平上的应有成本，也就是成本控制的目标值。标准成本可分为如下3种类型：基本的标准成本、理想的标准成本、正常的标准成本。正常的标准成本在实际工作中应用最为广泛。

由于标准成本的准确性对标准成本控制的成效关系极大，因而在确定标准时，要全面地实行技术经济分析，不可草率从事。按现有的产品成本结构，成本项目被划分为直接材料、直接人工和制造费用，制造费用可进一步划分为变动制造费用和固定制造费用。因此，制定产品标准成本时应考虑这些成本项目的具体特点并予以分别制定。成本控制想要控制的是所支付的价格和耗用的数量，所以确定这些项目的标准成本的基本形式是：数量标准乘以价格标准。其中，直接材料项目应依据工艺技术文件、采购合同等来分别制定直接材料的标准用量和标准价格；直接人工项目应依据时间动作研究（time and motion study）成果并运用学习曲线理论（learning curve theory）等来分别制定直接人工的标准工时和标准工资率；制造费用项目应依据生产能力的利用程度等来分别制定标准工时和制造费用的分配率标准。

在实务中，标准成本通常是一种产品成本概念，表现为单位产品的标准成本卡（表）。如果要将标准成本作为成本中心的业绩评价标准，则要注意成本的可控性问题。比较理想的是，标准成本同时也是可控成本，但实际上难以统一起来。如果不能统一起来，标准成本的成本控制功能将有所削弱。

制定各成本项目的标准成本是一项复杂和困难的工作，应由会计部门、人力资源管理部门、行政管理部门、供应部门、工程技术部门以及具体生产经营部门等有关责任部门，在对企业生产经营条件进行认真分析、测算研究的基础上共同商讨确定。在确定标准的过程中，还应尽量吸收负责执行标准的职工参与各项标准的制定，争取他们的理解与支持。一般而言，数量标准由工程技术部门研究确定，价格标准由会计部门会同有关责任部门研究决定。

在制定标准成本时，还应讲究对制定方法的选择。可供选用的方法主要有：工程技术测算法、历史成本推测法、预测法、期望法。这些方法可以结合使用并互为印证，以求制定出准确的标准成本。

3）成本差异的计算与分析

成本差异（cost variance）是指产品实际成本与标准成本之间的差额。完整的成本差异的计算与分析应包括 3 个步骤：一是计算各项成本差异；二是进行成本差异调查，找到产生差异的具体原因；三是判明造成成本差异的责任归属，采取措施，改善成本控制。限于篇幅，下面只简要介绍成本差异的计算。但必须明白的是，后两个步骤对成本控制具有实质性意义，在实际工作中必须认真对待和执行。

（1）成本差异计算的通用模式

由于标准成本是根据数量标准和价格标准计算的，而实际成本是根据实际数量和实际价格计算的，因此成本差异总是由数量差异（量差）和价格差异（价差）所构成，其通用模式如图 10-4 所示。

(1) 实际数量 × 实际价格
（AQ） （AP）

(2) 实际数量 × 标准价格
（AQ） （SP）

(3) 标准数量 × 标准价格
（SQ） （SP）

价差 =（1）-（2）
（PV）= AQ ×（AP-SP）

量差 =（2）-（3）
（QV）=（AQ-SQ）× SP

成本差异 =（1）-（3）
（CV）

图 10-4 计算成本差异的通用模式

直接材料、直接人工、变动制造费用都属于变动成本，其成本差异的计算可直接套用上述通用模式。不过，在具体应用时，价差、量差的具体名称有些不同，可概括如图 10-5所示。

价差：
- 直接材料价格差异
- 直接人工工资率差异
- 变动制造费用耗费差异

量差：
- 直接材料数量差异
- 直接人工效率差异
- 变动制造费用效率差异

图 10-5 价差与量差的具体名称

（2）固定制造费用差异的计算

固定制造费用一般是通过固定预算进行控制的。因此，固定制造费用差异首先想到的是实际数与预算数的比较结果。这时，固定制造费用差异的计算就不能完全套用上述通用模式，而应作一些变通处理。按成本差异定义有：

固定制造费用差异 = 实际固定制造费用-标准固定制造费用

= 实际工时×实际分配率-标准工时×标准分配率

= AQ×AP-SQ×SP

固定制造费用预算是以企业正常生产能力（以工时表达为NQ）为基础编制的，其预算数为NQ×SP。考虑之，对上述计算公式作数学变换有：

固定制造费用差异=（AQ×AP-NQ×SP）+（NQ×SP - SQ×SP）

= 预算差异+生产能力利用差异

即有：

预算差异= AQ×AP-NQ×SP

生产能力利用差异=（NQ - SQ）×SP

此之谓“两差异法”。对“生产能力利用差异”再作进一步分解，则形成“三差异法”：

生产能力利用差异=（NQ×SP-AQ×SP）+（AQ×SP-SQ×SP）

=（NQ-AQ）×SP +（AQ-SQ）×SP

= 生产能力闲置差异+效率差异

即有：

生产能力闲置差异=（NQ-AQ）×SP

效率差异=（AQ-SQ）×SP

4）对标准成本控制的评价

对成熟而稳定的企业而言，标准成本不失为一种有效的成本控制工具。不过，也要防止其失效的可能性发生。标准成本制度在无意中会鼓励人们去获取有利差异，有关责任人员可能迫于标准的压力而采取“反功能行动”，最终使成本控制无效。例如：为了获取有利的材料价差，可能导致采购员去购买质量低劣而价格便宜的材料；为了避免不利的人工效率差异，可能导致生产人员片面追求大批量生产而造成存货积压；为了避免不利的材料数量差异，可能导致责任者将不合格品转入下一道工序，使废品损失进一步扩大；为获得有利的预算差异，可能导致责任者减少防护性维护，往往造成机器设备在生产过程中发生故障，引起停工损失。同时，传统的标准成本制度使用的“目标可达到的标准”观念，实际上鼓励无效率的存在，可能导致已达标的部门和员工不思进取。在这种情况下，应以“理想的标准”观念来推行标准成本制度。

在高新技术环境下，企业将采用按顾客的需要定制生产方式，这时可能是单件生产，从而导致标准成本的无法制定或制定成本本身不符合成本效益原则，以致标准成本制度退出历史舞台。当然，即使在高新技术环境下，也不是不可能存在大批量生产，如在大规模定制（mass customization）生产模式下仍然需要大量标准件的采购与生产。在这种条件下，标准成本控制还是有用武之地的。这时，应借助适时制（just-in-time，JIT）思想，追求质量“零缺陷”和生产“零存货”的完美境界，不允许任何无效率状况存在，消除一切不能增加顾客价值的作业，并使增值作业持续不断改善。为此，在JIT下的标准成本制度应采用理想的标准成本这一动态概念，并将成本差异分析明细化，将标准成本法与作业成本法结合起来，重点针对成本动因进行分析，而且应将成本控制的重点转移到材料和制造费用上，控制住材料的成本和质量，减少数量差异，并力求通过成本动因分析来控制制造费用。

总之，企业应根据自身的具体情况来决定是否采用标准成本制度进行成本控制，并能根据新的生产条件改进标准成本制度。

10.2.3 生命周期成本控制

1）生命周期成本的含义及其构成

产品的生命周期成本（life cycle cost，LCC）有狭义与广义两种认识。狭义的LCC是指在企业内部及其相关联方发生的由生产者负担的成本，具体指产品研究、开发、设计、制造、营销与物流等过程中发生的成本，可统称为生产者成本（manufacturer's cost）。广义的LCC即上文所称的全生命周期成本（WLCC），它不仅包括生产者成本，而且还包括消费者成本（user's cost）。消费者成本是指在消费者购入产品后发生的使用成本（如汽车的耗油量和应交的各种税费）、维护保养成本（由产品的故障率和维修的难易度等决定）、废弃处置成本（由产品的体积、作物理或化学分解的难易度等决定）。产品全生命周期成本的构成可用图10-6表示。

- 全生命周期成本
  - 生产者成本
    - 设计成本
    - 制造成本
    - 物流成本
    - 营销成本
  - 消费者成本
    - 使用成本
    - 维护保养成本
    - 废弃处置成本

图10-6 产品全生命周期成本的构成

2）全生命周期成本的战略价值

产品全生命周期成本包括了在整个企业价值链上所发生的成本。引起这些成本发生的成本动因较多：既受新产品开发战略的影响（研究开发成本），又受企业营销战略的影响（营销成本与物流成本）；既受企业经营战略的影响（在设计成本与营销成本中的顾客服务成本），也受产品市场生命周期（从产品进入市场到退出市场的时间周期，可划分为导入期、成长期、成熟期、衰退期）的影响。因此，可以说产品的生命周期成本都与企业的战略密切相连，从生命周期成本角度进行成本控制成为战略成本管理的一部分。站在消费者（顾客或用户）的立场，生产者成本就成为消费者购买成本的一部分，而且消费者还必定关心"消费者成本"（如今使用高科技产品，这种成本已相当高），希望全部成本最低。也就是说，作为一名消费者，在作购买决策时自然会将全生命周期成本是否最低作为一个重要的考虑因素。企业只有满足消费者的需要并为他们创造价值，最终才能为自己创造价值，这就使得作为生产者的企业必须关注从生产者成本到消费者成本的所有成本，即全生命周期成本。这样一来，即使站在生产者立场，也必须将消费者成本纳入生产者产品设计思想的考虑中，进行前馈的成本控制，促成更为合理、科学并符合用户满意需求的设计，从而满足产品策划和定价决策的需要。

在当代资源循环使用要求等环境保护意识日益强化的大背景下，人类社会对全生命周期成本也提出了要求，使得生产者不得不从消费者向社会环境视角的延伸来关注全生命周期成本。这时，应将环境成本也纳入全生命周期成本中考虑。其实，不妨将社会视为广义消费者的一个组成部分，作为一种隐性成本（这里暂不考虑显性的环境成本，如已由企业支付的排污费、治污费等）的环境成本计入消费者成本中考虑，也就顺理成章。不过，从社会视角看的环境成本不是一个独立项目，而是与通常的消费者成本融为一体的，或者说在消费者成本的每一构成项目中都有环境成本的成分。当然最明显的莫过于废弃成本（汽车、大型家具、家用电器、电脑等废弃时的垃圾处理成本），其他如使用成本和维护保养成本中也有表现，如燃油机车所排放的废气危害，维修机物料所含的有害物质危害等。这些成本具有负的外部效应，通常由全社会来承担，企业却未负应承担的责任，更未纳入企业成本控制的范畴。然而事实上，企业生产对环境污染影响较大的产品，对企业的形象和声誉也是一种无形的损失，最终会导致企业丧失未来的收益。因此，从战略高度来认识企业的长远利益，企业也不得不考虑社会视角的消费者成本问题，并尝试对其加以进行适当的控制。

总之，在全生命周期成本成为顾客评价产品价值的标准的情形之下，企业为了取得竞争优势，必须从生产者视角的成本控制转移到消费者视角乃至社会视角的成本控制，即重视全生命周期成本控制，从“生命周期收入-生命周期成本=生命周期营业利润”这一基本关系式出发来进行成本最优控制，追求全生命周期成本最低的理想效果。企业进行全生命周期成本控制的战略价值体现在：（1）通过提供完整的成本信息，展现不同寿命周期阶段的成本分布情况，掌握每种产品在其寿命周期的早期阶段发生的成本在其总成本中所占的比例，找到成本控制的着力点和关键点（例如，许多产品到设计阶段完成的时候，已有85%的成本锁定于产品中了）；（2）明确揭示每一产品的收入和成本；（3）展示各成本项目间的此消彼长关系，有利于以系统观点进行成本控制，而不至于顾此失彼。

3）全生命周期成本的最优控制模型

在传统成本控制中忽视了消费者成本对成本控制的作用，可以说是成本控制的一大缺陷。在现代市场经济环境下，必须对传统的力求使生产者成本最低的成本控制目标进行修正，而将成本控制目标重新定位为：在生产者成本和消费者成本之间做出科学合理的权衡，使得产品全生命周期成本总额最低。这样，目标封闭的生产型成本控制将走向目标开放的市场型成本控制，尤其是强调企业外部价值链的“用户满意”（customer satisfaction，CS）的全面成本控制，将真正实现成本的最优控制。

以生产者成本为基本立足点，重点针对消费者成本加以计算由此权衡达成优化，这是全生命周期成本控制取得成效的基本保障。那么如何达成优化呢？可以运用边际分析思想，建立一个模型来加以解决。若能就生命周期成本与产品可靠性或耐用程度的关系设定一定的函数关系，就可以找到全生命周期成本总额最低的最优控制点。在产品生命周期成本中，生产者成本将随产品可靠性（耐用程度）提高而上升；而消费者成本则随可靠性（耐用程度）提高而下降，这种函数关系是可以通过一定的数理式或经验曲线来表达的。上述两个成本函数的合计就是全生命周期成本函数，其最低点即为产品可靠性（耐用程度）的经济最优点。这一模型可用图10-7来加以描述，它可以视为全生命周期成本的一个最优控制模型。

任何控制都离不开信息交流。在应用上述模型进行成本控制时，也应注意信息交流问题。社会的发展使得生产者、供应商和用户之间形成了一种必不可少的信息交流通道。这条信息交流通道是否顺畅、高效，是实施全生命周期成本控制的重要前提。我们不妨设定这样一条信息双向交流的理想通道：以“用户→生产者→供应商”为正向交流通道，以“供应商→生产者→用户”为逆向交流通道。第一个环节，先沿着正向交流通道提出对生命周期成本的要求，再由逆向交流通道呈交为达成生命周期成本的反馈提案（当然由生产者向用户呈

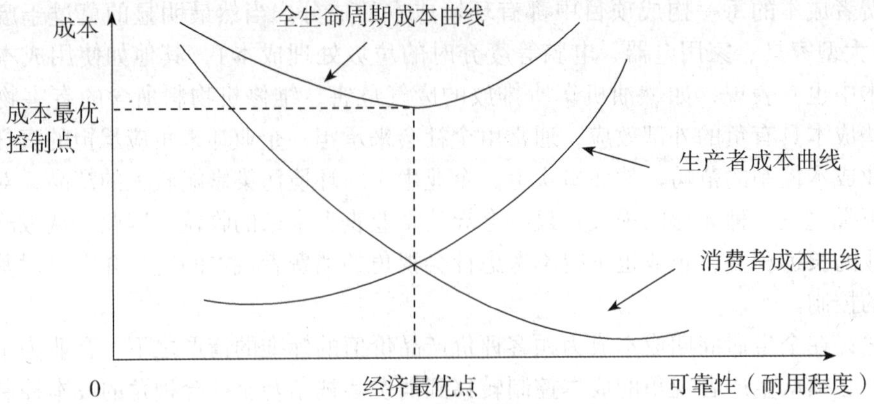

图 10-7　全生命周期成本的最优控制模型

交在现实生活中是不存在的，它通常表现为调查征询意见形式）；第二个环节，基于用户要求或供货合同，沿正向交流通道对生命周期成本加以计量、评估和修正（用户对生产者的计量评估活动往往表现得较为隐晦），再由逆向交流通道呈报项目实施的正式结果，即全生命周期成本报告。这样，以双向交流传递形式为基础所构建的生命周期成本信息系统，将对企业确立成本管理战略至关重要，并对成本控制的成效产生重大作用。

10. 2. 4　质量成本控制

1）质量成本的含义

企业的竞争优势源自质量和成本。质量与成本的基本关系是：在一定时期内质量水平越高，成本水平也越高，但当质量水平稳定提高后，反而会降低成本；有时当质量水平过低时也反而会导致成本上升；对用户而言，质量水平也不是越高越好，而应将质量保持在“用户满意”的水平，即适宜的质量水平与成本的最优结合。“质量成本”概念将质量和成本结合起来，意味着低成本战略与差异化战略这两种最基本的竞争优势战略的统一。尽管这种统一不是针对全额成本而言的，但它是为了应对日益剧烈的竞争要求而迈出的重要一步，也是对企业成本管理战略的深化，具有重大的革新意义。

在讨论质量成本之前，先要搞清楚质量的含义。质量是指产品（包括服务）使消费者的要求得到满足的程度。这种“满足程度”包含两个方面：一是产品设计所做到的满足消费者需要的程度，也就是产品设计的外观、性能指标与用户期望的偏离程度，这称之为“设计质量”（quality of design）；二是产品与其设计要求的一致程度，即所生产的实际产品与预定设计要求的偏离程度，称之为“符合质量”（quality of conformance）。尽管设计质量的好坏直接关系到企业的发展、成长，但都不是质量成本管理的直接对象，质量成本管理的对象是符合质量。对符合质量的管理在于按预定设计要求生产产品。因此，在“质量成本”概念中的质量是基于符合质量的。

由质量概念自然可引申出“质量成本”（quality cost）概念。质量成本是指为了达到质量目标所实际支付或可能支付的代价。时代不同，质量目标也有所不同：在生产者时代，质量目标表现在使用性能上，满足将产品生产出来；在消费者时代，质量目标表现为使用户满意，希望产品能占领市场；在人性时代，质量目标在于对人性的适合性（fitness），注重产品的风险报酬率。如今我们至少已跨入消费者时代，正在迈向人性时代。作为消费者时代的产品质量，应该在功能、使用性能、外观、可靠性和低使用成本等方面满足用户的需要；而人性时代的产品质量则应在上述基础上进一步追加生产者责任承诺、消费者安全保障（防止可能误用的危害）、出于环境保护考虑的再循环设计等方面的要求，尽可能将产品使用风险降至最低。显而易见，随着时代的发展，质量成本会大幅度上升，因此确立质量成本控制战略的重要性也日益突出。

2）质量成本的构成

实施质量成本控制的前提是建立一套科学的质量成本计算体系，这就需要对质量成本进行具体的划分。一般认为质量成本由以下4部分构成：

（1）预防成本（prevention cost）：为防止产品低于质量标准而导致的费用，如制定质量规划、教育培训、工艺研究等方面的开支。

（2）鉴定成本（appraisal cost）：为确认产品是否达到了质量标准而发生的费用，如对各项作业进行质量方面的计量、检测、定级费等。

（3）内部缺陷成本（internal failure cost）：在产品出厂前发现缺陷而导致的费用，如废品损失、修复费用、因质量问题而发生的停工损失、质量事故处理费等。

（4）外部缺陷成本（external failure cost）：当产品进入市场后被用户发现缺陷所导致的费用，如保修费用、退货处理费、诉讼费、信誉受损而产生的机会成本等。

除此以外，还有人认为外部质量保证成本（external quality assurance cost）也应纳入质量成本范畴。它是指在合同环境下，根据用户提出的要求提供客观证据所支付的费用，包括：（1）为提供特殊的附加质量保证措施、程序、数据等所支付的费用；（2）产品验证试验和评定的费用（如经认可的独立试验机构对特殊安全性进行检测试验所发生的费用）；（3）为满足用户要求而进行质量体系认证所支付的费用。其实，这种成本可融入上述4类成本之中，如（1）项可计入预防成本；（2）、（3）项也可计入鉴定成本中。

对上述质量成本的构成还有3点值得指出：其一，认定质量成本的焦点是“不良（低）的符合质量”。这意味着，上述预防、鉴定成本是为确保“符合性”而产生的，是一种自愿成本，可合称为可控成本；而内、外部缺陷成本则是由于“不符合性”所导致的，是一种不得已的非自愿成本（被动成本），可合称为缺陷成本或结果成本。与此相适应，同质量关联的作业也可区分为自愿作业和被动作业。对这两种作业的投入是互为联动、此消彼长的：减少对自愿作业的投入必然会导致被动作业成本的增加，反则反之。这个显而易见的道理，是我们认识质量成本控制原理的基础。其二，虽然上述分类是一种传统的分类方法，但对“人性合适性”质量目标的质量成本仍具有适用性。例如，为生产者责任承诺和消费者安全保障所承担的成本在预防、鉴定、内部缺陷和外部缺陷成本中均有所体现，只是在外部缺陷成本中表现得更加突出，数额也可能更大。其三，上述分类是基于成本的“发生时间、地点”来划分的，但事实上更直接地说是基于“作业中心（区域）”来划分的。对这4类成本完全可作更进一步细分，将其视为在企业作业链上完成作业时发生或可能发生的成本。例如，预防成本可能包括：为改进质量的人员培训作业成本，质量规划制定作业成本，质量技术的制定与测试作业成本，质量监控工程作业成本等；鉴定成本中应包括：对外购材料的质检作业成本，在制品测试作业成本，质检和测试前的设备调试作业成本，样品的分类、归档作业成本，检测设备日常维护作业成本，请求企业外部权威检测机关代检测并出具文书的相关作业成本等。这种基于作业观的质量成本，可为质量成本管理战略提供新的启示：质量管理与作业管理应该在成本控制中结合起来进行，即将基于作业成本管理的方法论作“质量功能展开”（quality function development），而进行同时针对质量、作业的双重成本管理——质量作业成本管理，应成为成本控制的一个发展方向。

3）质量成本控制模型

在质量成本中的可控成本与缺陷成本存在互为消长的关系。哪类成本应成为优先控制对象呢？在日本企业界流行着一种形象的说法：在设计阶段花1元钱就能解决的问题，如果不予处理，在制造阶段可能就要支出10元才能纠正；假若产品已完工，则为修正缺陷所花的代价也许要100元；如果让不合格品流入市场，则为弥补损失的支出会高达1 000元。也就说，质量成本是沿着预防成本、鉴定成本、内部缺陷成本到外部缺陷成本的顺序呈几何级数递增的。因此，质量成本控制的重心应放在质量关联作业链的上游，特别应以设计环节作为重中之重。这种着眼于质量成本中的可控成本（特别是其中的上游成本）的控制思想，的确极有见地，但是在实现经济生活中缺陷成本也难以彻底杜绝，当然也要纳入控制之中。于是，就出现了如何在权衡关系中建立控制模型的问题，通常有经济符合水平模型（economic conformance level model，ECLM）、零缺陷模型（zero defect model，ZDM）和健全质量模型（robust quality model，RQM）。

（1）ECLM 与 ZDM

ECLM 是一种应用边际分析思想的经济优化模型，它允许一定量的质量缺陷存在，只求在可控成本与缺陷成本的均衡点——质量总成本最低点作4类质量成本的优化配置，保持产品合格率在可接受质量水平（acceptable quality level，AQL）这个最优控制点上。ZDM 则抛弃了经济优化思想，其目标是力求使缺陷趋于零，即不允许次品存在。这两种模型可用图10-8来描述。

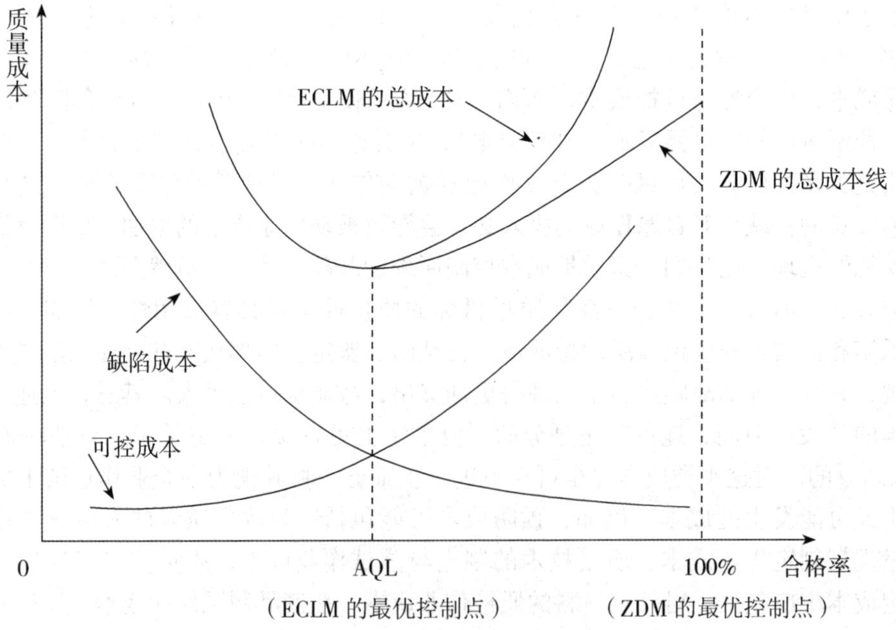

图10-8 质量成本控制中的 ECLM 与 ZDM

ECLM 是以管理部门为控制主体，由管理者督促装配线上的操作工人按照工艺严格要求执行。这一模型在20世纪70年代较多用于质量控制之中。由于ECLM容忍一定数量的缺陷性产品存在，在70年代后期，它受到了ZDM的挑战。ZDM更强调与质量管理制度的配合，如日本推行“全面质量管理”（total quality management，TQM）颇具成效，管理部门通过对每一操作工人都委以质量重任，强制命令不惜以中断生产流水线运转的代价也要阻止缺陷品流入下道工序。ZDM这种“宁为玉碎，不为瓦全”，以确保质量的控制方法虽然有违经济优化准则，但其实际执行结果却往往大大降低了缺陷成本的比重，同时间接地使得质量总成本得以下降，最终可以获得比实施ECLM的企业更大的竞争优势。

（2）RQM

在20世纪80年代中期，RQM又将ZDM向前推进了一步。该模型对缺陷产品的定义提出了挑战。它认为，生产不符合目标价值的产品就会招致损失，离目标价值越远，损失就越大。即使实际产品与设计要求之间的偏差在设计允许范围内，损失仍会因产品的生产而产生。也就是说，偏离理想目标是要付出代价的。ZDM低估了质量成本，因此尚有通过努力改进质量来求得节约的潜力。在RQM看来，质量成本的最优水平在于所生产产品达到目标价值之处。

①质量成本的动态性质

人们发现，不必像图10-8所示的关系那样在各类质量成本之间进行权衡选择，随着可控成本的增加及缺陷成本的减少，可控成本可以削减。图10-9揭示了现代质量成本关系的变化情况。

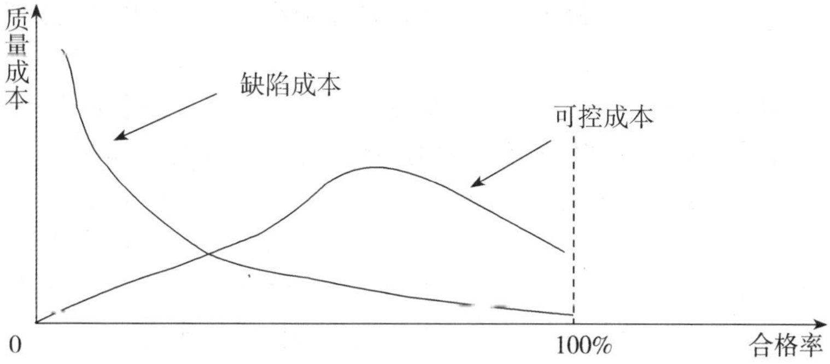

图10-9　现代质量成本关系

从图10-9可以看出，总质量成本函数与图10-8所示的质量成本关系基本保持一致，主要不同在于：第一，以努力使成本水平降到零的方式对缺陷成本发动正面进攻；第二，对正确的预防性作业进行投资，以实现改善之目的；第三，根据所实现结果降低鉴定成本；第四，持续不断地评估和更正预防作业，促使产品质量得到进一步的改进。RQM所揭示的这一战略赖以存在的前提有：每种缺陷都有其根本原因；原因是可以预防的；预防总是较便宜的。

②作业管理与优化质量成本

作业管理（activity-based management，ABM）是应用作业成本法所提供的明细、动态的作业成本信息，把管理深入到作业水平，以作业为核心进行作业分析，进而持续改善和优化企业价值链的过程，其目标在于为顾客提供更多价值的同时为自己创造更多的利润。为此，作业管理将作业区分为增值作业（value-added activity）和非增值作业（non-value-added activity），并强调保留并优化增值作业，尽可能减少甚至消除非增值作业①。这一原理与全面质量管理强调的“顾客愿意接受并购买增值作业，但拒绝接受并购买非增作业”的原理非常吻合。为此，与内、外缺陷成本相关联的作业都属于非增值作业，应予彻底消除，以优化企业的价值链。而预防作业则可视为增值作业予以保留和优化；鉴定作业比较难于分辩。乍看之下，所有鉴定作业似乎都应划为非增值作业，然而事实上，一部分鉴定作业是预防作业所必须的，如质量审计，应视为增值作业。这样一来，通过作业管理与质量管理的完美结合，便可将质量作业成本控制在最优水平上。

4）隐性质量成本的控制问题

上述 ECLM、ZDM 和 RQM 是用来控制各种“符合性”质量成本的，基本上可以解决在质量成本控制中的主要问题。但是，结合产品全生命周期成本理论来作全面考察的话，某些质量成本项目就难以包容于这些模型的控制范围中。

根据全生命周期成本理论，对质量成本控制作进一步分析，我们发现存在两个问题：其一，质量成本控制以总质量成本最低为首选目标，如果立足于全面质量管理，则应以“零缺陷”为终极理想目标。假如出于成本节约的考虑允许一定的质量瑕疵存在，那么因缺陷品流入市场而造成企业形象、声誉受损，进而影响未来市场份额导致销售收入降低，其可能存在的长期损失实在无法估量。其二，缺陷成本实质上无非是因质量管理活动失效或失败造成的损失。特别是外部缺陷成本，由于它发生在全生命周期成本中的用户方，难以与企业内部价值链直接联系起来，因而无法直接依靠作业管理加以控制。这两个问题虽源于企业内部设计质量的“不符合性”，但矛盾却显示在企业外部用户所认为的“不适合性”上。若再把生产者责任承诺、消费者安全保障、由环境保护要求的再循环设计等“人性适合性”问题一并纳入，在产品生命周期中用户方（或者说企业外部价值链）的问题就显得极为突出了，针对这些问题有必要对前述控制模型作补充和修正。

有学者把这类用户在使用产品过程中暴露出来的质量问题所导致的损失称之为“隐性质量成本”。它大略有以下 3 种类型：一是由于在产品质量中未能反映用户需求，生产者所遭受的损失；二是由于产品质量低劣而由用户承担的成本；三是为确保和维护用户并不需要的“过剩质量”，生产者所负担的成本。这些隐性质量成本并非一个独立的质量成本项目，它们仍可纳入外部缺陷成本项目，即使其中暂由用户承担的成本，最终还是会给企业带来损失，也必须纳入控制的对象，这充分体现了全生命周期成本理论的思想。

隐性质量成本虽表现为外部缺陷成本，但实际上是因在预防、鉴定上投入不足，或在内部工序中存在的隐含问题造成的。因为它表面上有着脱离企业内部价值链的共性，因此可以对其施以独特的控制方法，即借助“损失函数”模型来控制。

损失函数 L（x）为：

$$L(x)=\frac{A_0}{\Delta_0^2}(x-m)^2$$

式中，x 代表任意的质量水平值；m 是质量水平目标值；（x-m）是用户使用产品的

① 在方法与策略上，可采用减少作业（activity reduction）、消除作业（activity elimination）、选择作业（activity selection）、作业共享（activity sharing）、作业外包（activity outsourcing）等措施。

质量水平偏离目标值产生的偏差；Δ_0是功能临界值，即在产品或组成产品的部件功能刚好不起作用的临界状态下的质量水平；A_0是质量水平低于Δ_0点所造成的损失（如修理费、质量保证金和赔偿金等）。应该指出，上式表达的损失函数是针对生产一件产品而言的，如果是批量生产，则$(x-m)^2$应该用x的方差σ^2来代替才对。

由损失函数可知，即使产品并未发生重大质量问题，但在某个特定质量水平上的产品出厂后，其给社会造成的损失程度是可以预测的。生产者还可设定产品的质量特性值的允许偏差，可能特性值偏离目标值到一定程度时，仍能维持产品的良好质量水平，但再偏离较大时则可能产生瑕疵品。这一允许偏差的设定应比Δ_0更严格，即要接近m。尽管允许偏差可以作为生产者控制质量的标杆（benchmarking），但实际上即使在允许偏差范围内生产的产品，由于质量问题造成的使用故障偶尔也会出现。这说明尽善尽美的控制方法难以找到。

建立损失函数模型的价值还在于它对管理者有警示作用。若（x-m）较大，用户对产品的不满程度就会增加，这将影响其他用户的购买欲望，从而未来的销售收入也将受到影响。实际上，这意味着隐性质量成本已发生了。因此，L（x）可间接地作为隐性质量成本的"警示器"。它虽不能明确算出这种质量成本的大小，但它可提醒管理者这一成本的存在，进而将改善质量的努力付诸行动，这一点也是很有价值的。

最后需要提示的是，隐性质量成本控制模型实际上已偏离了作业基础，难以融入现存的质量成本控制体系，因此在实务上推行的难度不小，但它作为一种思想观念，还是有助于进行质量成本控制的。随着计算机技术的发展，人们也许能绕过成本效益原则的限制，将企业价值链内部的作业基准质量成本控制与企业价值链外部的非作业基准隐性质量成本控制统一为一个质量成本控制系统，这应该可以看成是一个合理的设想。

本章小结

成本是成本会计的对象，也是财务会计、管理会计研究的内容。在会计学中的成本可定义为：特定的会计主体为达到一定目的而已经发生或将要发生的、可用货币计量的价值牺牲或代价。为了准确把握成本的概念，还应弄清楚支出、费用、成本三者之间的区别与联系。

成本计算是一个将费用对象化的过程。成本计算对象十分丰富，可区分成：为财务会计服务的成本计算对象和为管理会计服务的成本计算对象。传统的成本计算主要是指产品成本计算，主要基于财务会计的目的。

成本计算的基本程序是：确定成本计算对象；划分成本项目；确定成本计算期；生产费用的归集与分配；编制成本计算单。其中，"生产费用的归集与分配"是成本计算的核心步骤，其精髓又在于"共同费用的分配"。从共同费用分配模型演化出来的各种比例分配法在成本会计中应用最为广泛。运用这种方法的关键是"分配标准"的合理选择。

成本计算的基本方法有品种法、分步法、分批法。其中，品种法是最基本的成本计算方法，因为分步法、分批法均建立在品种法的基础之上。此外，还有分类法、定额法、标准成本法和作业成本法，可与基本的成本计算方法配合运用。其中，定额法和标准成本法是在成本计算时间上的创新，而且标准成本法本质上是一种成本控制方法；作业成本法则是对分配标准的创新，即以成本动因作为分配标准，先算出作业的成本，进而再算出产出（产品、服务、客户、供应商等）的成本，以提高成本信息的质量，满足作业管理的需要。作业成本法的关键在于作业的划分与确认、成本动因的选择。

成本控制建立在成本计算的基础之上，即成本控制需要成本会计提供成本信息。成本控制是基于成本可控原理，在成本形成过程中，对各项成本活动进行监控，及时发现偏差，采取纠正措施，保证成本目标的实现。对成本进行目标控制是成本控制的基本思想和方法。当将标准成本作为目标成本时，对成本的目标控制就成为标准成本控制。

成本控制应从战略、战术、业务3个层次上着手进行，并使之相互配合与协调。作业成本控制、全生命周期成本控制、质量成本控制等作为具有战略成本管理思想的成本控制方法，在企业成本控制中大有用武之地。

主要概念和观念

□ 主要概念

成本 支出 费用 成本计算 共同费用分配模型 分配标准 比例分配法 扣除分配法 品种法 分步法 分批法 作业 成本动因 作业成本法 作业（成本）管理 控制 成本控制 目标管理 目标成本控制 标准成本 标准成本控制 成本差异 数量差异 价格差异 可控成本 全生命周期成本 全生命周期成本控制 质量成本 质量成本控制 隐性质量成本控制

□ 主要观念

成本计算与控制在会计理论研究中的位置尽管存在不同的看法，但从比较实用的观点看，它应有一席之地。在一定意义上，成本计算方法本身就是一项重大的会计政策，对财务报表的编制会产生重要的影响；而强调可控性的成本控制思想与方法，也将对以财务会计信息主导的业绩评价体系产生革命性的影响。

基本训练

□ 知识题

1. 应如何定义会计学中的成本？其具体含义有哪些？
2. 简要描述支出、费用、成本三者之间的区别与联系。
3. 财务会计、成本会计、管理会计之间的关系如何？
4. 成本计算涉及的范围有哪些？
5. 成本计算的基本程序是怎样的？
6. 对共同费用分配模型应该如何进行数学上的描述？
7. 作业成本法是如何产生的？怎样把握在作业成本法中的“作业”、“成本动因”这两个基本概念？
8. 简要描述作业成本法的基本程序。其与传统成本计算方法有何异同？
9. 成本控制的原理是什么？
10. 什么是标准成本制度？如何进行成本差异的计算与分析？
11. 全生命周期成本的含义及其构成如何？它的战略价值表现在哪些方面？
12. 请用图形描述全生命周期成本的最优控制模型。
13. 什么是质量及质量成本？质量成本可分为哪几部分？质量成本与作业成本如何融合，以进行更有效的成本控制？
14. 如何利用“损失函数”模型对隐性质量成本进行控制？

□　技能题

1. 对共同费用进行分配的具体方法有哪些？

2. 应如何选择费用分配标准？

3. 品种法、分步法、分批法的基本原理及其适应范围如何？利用实习的机会，具体了解企业产品的成本计算方法。

□　能力题

1. 描述经济符合水平模型、零缺陷模型和健全质量模型等质量成本控制模型，并对它们做出简要的评论。

2. 根据课本所介绍的成本控制原理，自行设计一份有关“企业成本控制方法”的调查表，利用实习的机会进行调查，并统计调查结果，做出必要的分析。

3. 利用实习的机会，了解一家制造企业的质量管理和质量成本控制情况，撰写一份有关的调研报告。

4. 查阅一家制造业的上市公司的招股说明书，了解其业务流程，分析其作业与成本动因。

第11章 管理会计理论

学习目标

知识目标

了解管理会计的理论基础及管理会计理论的基本结构；熟悉管理会计的基本框架、内容与方法体系；掌握成本性态分析、变动成本法、本量利分析的基本原理以及预算的编制方法与表现形式；在理解预测对决策会计的重要价值的基础之上，掌握短期经营决策和长期投资决策的理论与方法；在领会责任会计理论在管理会计实务中的指导作用的基础上，掌握成本中心、利润中心、投资中心的业绩评价方法；认清传统的存货控制与成本控制、责任会计理论与方法的缺陷。

技能目标

要能够运用管理会计的理论和方法解决企业的实际问题。

能力目标

应对各管理会计的新领域有所认识与了解，把握管理会计的未来发展趋势，形成自己对进一步完善管理会计理论的一些初步认识。

11.1 管理会计的基本框架

11.1.1 管理会计的理论结构

1）管理会计的定义

会计是一个以提供财务信息为主的经济信息系统，它包括财务会计与管理会计两个子系统。管理会计是为企业内部使用者提供有助于其正确进行经营决策及改善经营管理所需的管理信息的一种会计。管理会计将现代化管理与会计融为一体，是一门新兴的边缘性学科，仍处在不断的发展和丰富之中。它与财务会计不同的关键之处在于，财务会计主要是为企业外部使用者（与企业有经济利益关系者）提供财务信息的会计，主要是一种对外报告会计；而管理会计则是直接为企业内部使用者提供管理信息的会计，主要是一种对内报告会计。因此，管理会计属于企业管理信息系统的一个子系统，直接为企业内部管理服务，属于决策支持系统的重要组成部分。

管理会计作为会计的一个新兴领域，自 20 世纪初以来，得到了迅速的发展，在理论和实践上都取得了丰硕的成果。但是，要为管理会计下一个“一劳永逸”的权威定义，并且能被人们广为接受和认可还真不容易。于是，针对管理会计的定义，未有定论。在此，我们不想去做管理会计定义的“集锦”，仅介绍全美会计师协会下属的管理会计实务委员会在 1986 年发布的《管理会计公告》[①] 中的定义：管理会计是向管理当局提供其用于企业内部计划、评价、控制以及确保企业资源的合理使用和经管责任的履行所需财务信息的确认、计量、归集、分析、编报、解释和传递的过程。不过，这个定义有些宽泛，似乎将财务会计都涵盖进去了，强调财务会计也有对内服务的功能。

就目前的管理会计理论与实践，可为管理会计下一个简单明了的定义：管理会计是为企业决策和控制（包括业绩评价）提供相关信息的会计，“决策与控制会计”可以作为管理会计的同义词。

2）管理会计的理论基础

管理会计可以说是管理学与会计学的结合，管理会计的理论基础自然离不开不断丰富和发展的管理学，并随管理学的发展而发展。管理会计作为一门边缘与交叉学科，更容易做到“海纳百川，有容乃大”，不断吸收相关学科的“养分”来发展、充实自己。因此，管理会计的理论基础还包括：数学、统计学、微观经济学或管理经济学、信息经济学、预测学、决策学、行为学、代理理论、财务理论、期权理论等，并实时关注这些学科的发展动态以及能为我所用的新兴学科，从中找到适合自己的“养料”，不断充实并发展自身的理论与方法体系，甚至开辟新的研究领域。如今，在管理会计拓展的许多新领域都与其开放吸收的态势密切相关。例如，行为会计就与行为学相关，人力资源会计就与人力资本理论相关，战略管理会计就与战略管理有关，信息资源会计自然与信息经济学相关，委托—代理会计当然与代理理论有关。因此，上述各种管理会计的理论基础实际上是管理会计得以完善发展的理论源泉，将来管理会计仍会沿着这一路径走下去。

3）管理会计理论的基本结构

管理会计在自身的发展历史当中吸取了相关学科丰富的理论“营养”，但是一直注重在管理会计方法与技术层面。尽管方法与技术的背后有理论支持，但还是缺乏自身理论的系统总结与提炼，以至于我们读到的“会计理论”著作中大都只有财务会计理论，而没有系统的管理会计理论。管理会计果真没有自己的理论吗？答案应是否定的。其实，在英、美等经济发达国家，管理会计作为一种热门职业，早已得到社会的普遍

---

① 美国管理会计师协会（IMA）的《管理会计公告》涵盖了管理会计领域的各项实务及专题，还包括有关风险管理、成本核算、供应链、可持续发展报告、公允价值、组织行为等主题的定义、框架、指导、最佳实践和案例。最新的公告共 4 辑，其中文版已陆续于 2012—2013 年由人民邮电出版社出版。

认可，其管理会计学术团体还颁布了一系列指导管理会计实务的公告，这些公告就具有理论研究的性质。例如，美国会计学会（AAA）下设的“管理会计委员会”（Committee on Courses in Managerial Accounting）对管理会计的目标、概念、原则以及技术方法进行了系统的研究，其在1972年提出的研究报告就可以说是针对“管理会计的理论结构”所交出的一份答卷。此外，还有美国管理会计师协会（其前身是全美会计师协会下属的管理会计实务委员会）发布的《管理会计公告》（Statements of Management Accounting，SMA），英国特许管理会计师协会发布的《管理会计正式术语》（Management Accounting：Official Terminology，MAOT），加拿大管理会计师协会发布的《管理会计指南》（Management Accounting Guidelines，MAG），以及国际会计师联合会（IFAC）发布的《管理会计概念公告》（Statement of Managerial Accounting Concepts，SMAC）等，都不同程度地对管理会计理论进行了探索与研究。在我国，进行管理会计理论研究的第一人当推余绪缨教授，誉其为我国管理会计的“泰斗”实不为过；而对管理会计理论作系统研究的应是李天民教授，其研究成果早已写成专著《管理会计研究》，于1994年出版[①]。不过，总体上来说，管理会计理论研究成果还比不上财务会计理论研究成果丰富和成熟。

在管理会计理论的基本结构中应包括哪些要素，各要素又应由哪些具体内容组成，以及它们之间的关系如何，都还未有定论。这里，权且介绍在AAA下属的管理会计委员会于1972年发表的那份研究中所提出的管理会计的理论结构，如图11-1所示。

11.1.2 管理会计的内容

20世纪初，为配合“泰罗制”的广泛实施而形成的标准成本制度，是成本会计向管理会计过渡的分界点。此后，以成本性态分析为自身起点而形成的管理会计，可称之为基础性管理会计（或传统性管理会计），它的形成与发展大致可区分为两个大的阶段，即执行性管理会计阶段（从20世纪初到其50年代）和决策性管理会计阶段（20世纪50年代以后）。二者的不同在于：决策性管理会计是以决策研究为核心内容，为企业正确地进行经营决策、改善经营管理、全面提高经济效益提供信息与智力支持的管理会计；它包含了执行性管理会计，但在广度和深度上都对前期的执行性管理会计作了进一步的丰富和发展。经过较长期的理论探索与实施经验的积累，到20世纪70年代，以决策性管理会计为主体的基础性管理会计已趋于成熟并定型化了。20世纪后期以来，为适应社会经济条件的重大变化和科学技术的迅速发展，管理会计进入一个大变革、大发展的历史时期，从而形成了许多新的领域，将管理会计从广度和深度上提升到一个全新的水平，使它进入了一个五彩缤纷的创新阶段。

基于上述分析和认识，可将管理会计划分为两大部分：基础性管理会计与管理会计的新领域[②]。在应用管理会计时，不能认为后一部分是前一部分的否定或取代，而应把它们

① 后来，比较系统研究管理会计理论的还有清华大学的于增彪教授、中央财经大学的孟焰教授和暨南大学的胡玉明教授等。有兴趣的读者，可参阅：于增彪．管理会计研究［M］．北京：中国金融出版，2007；孟焰．管理会计理论框架［M］．大连：东北财经大学出版社，2007；胡玉明等．管理会计研究［M］．北京：机械工业出版社，2008．

② 主要学习与吸收了余绪缨教授的思想。详见：余绪缨．管理会计学［M］．北京：中国人民大学出版社，1999．

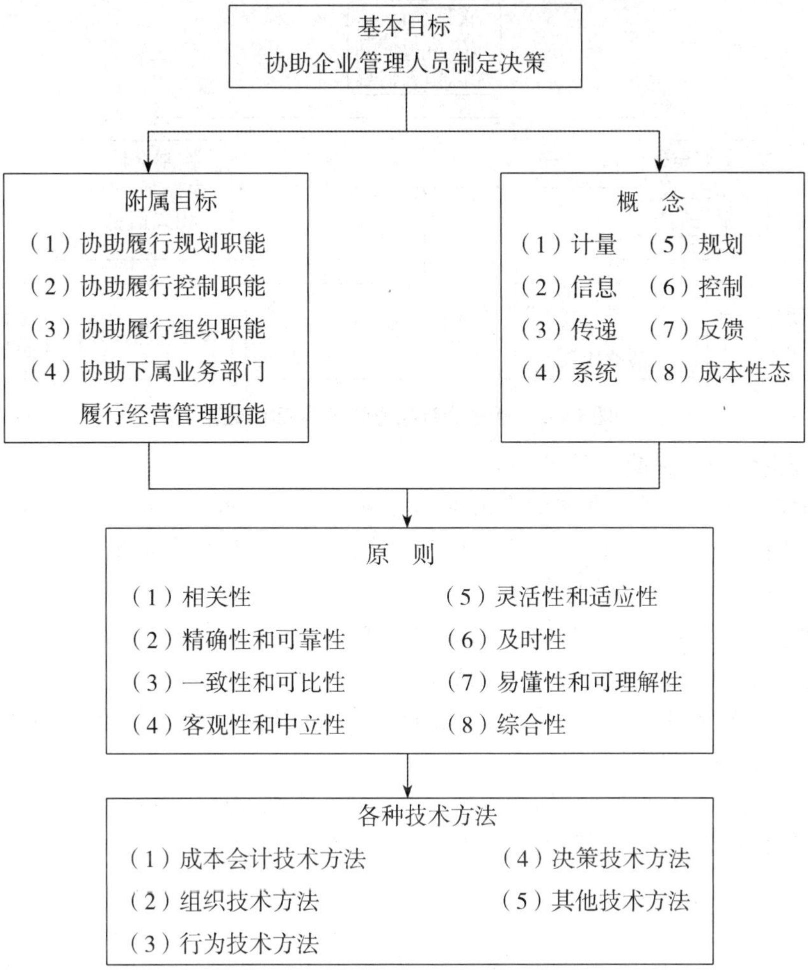

图 11-1　管理会计的理论结构

视为适应环境变迁而对基础性管理会计的拓展。事实上，基础性管理会计在与其相适应的技术、经济条件下，仍具有广泛的适用性，并未丧失其相关性；即使在高新技术条件下，也可视企业的具体情况，选择将管理会计新领域的某些方面与基础性管理会计有机结合起来进行综合运用，还可增添新的活力，发挥更大的作用。例如，在适时生产系统中的存货控制，先进技术设备的投资决策，企业的综合业绩评价等，就体现了二者的结合。因而，可以把基础性管理会计当作整个管理会计体系的基石。

根据迄今为止的管理会计发展水平，可将管理会计的两大部分内容的具体构成列示如下：

1）基础性管理会计

（1）管理会计的基本分析工具：成本性态分析；变动成本法；本量利分析。

（2）决策会计：经营预测（决策的前提）；短期经营决策；长期投资决策。

（3）执行（控制）会计：预算管理（从决策会计到执行会计）；存货（库存）控制；标准成本控制；责任会计（业绩评价）。

管理会计核心知识（决策会计与控制会计）的逻辑关系，如图 11-2 所示。

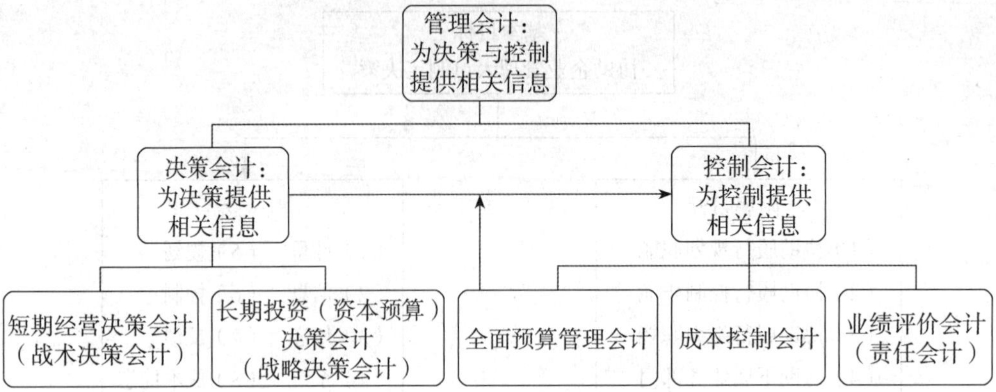

图 11-2　管理会计核心知识逻辑框架图

2）管理会计的新领域

（1）适应高新技术经济发展而形成的新领域：作业成本会计；质量成本会计；生命周期成本会计；资本成本会计；增值会计；人力资源会计与智力资本会计；环境管理会计；网络会计；全新的会计信息系统。

（2）管理会计在时空观上扩展而形成的新领域：投资项目的国民经济评价；宏观资金流动会计；战略管理会计；国际管理会计。

（3）基于相关学科的交叉渗透而形成的新领域：现金流动会计；财务会计与管理会计的融合；行为会计；信息资源会计。

需说明的一点是，管理会计的新领域大多是属于正在发展而尚未定型的新生事物，因此对它们的分类和命名都带有较大的摸索性质，有待管理会计未来发展的检验。

11.1.3　管理会计的方法

管理会计的方法是实现其目标、履行其职能的手段。在管理会计实践中，方法和技术的地位更加突出。管理会计工作重点在于通过提供管理信息的方式来预测经济前景、参与决策、规划未来、控制和评价企业的经济活动，需要从十分复杂多变的环境中找出规律性的东西。这就决定了管理会计的方法具有灵活而多样化的特征，而且要运用大量“数量分析”型方法（财务会计主要运用“数量描述”型方法）。为此，熟练掌握微积分、概率论、数理统计、线性代数、运筹学等数学工具，对学习和运用管理会计知识至关重要。

建立管理会计的方法必须有哲学性质的方法论加以指导，才能有的放矢。管理会计的方法论基于系统理论和非平衡系统理论。系统理论是“三论”——系统论、控制论、信息论的总称，非平衡系统理论的主要代表性理论有：耗散结构论、协同论、突变论，亦称“新三论”，它们为管理会计方法的研究提供了新的科学思维工具。

管理会计在上述方法论指导下发展起来的具体方法十分丰富。就基础性管理会计而言，其中运用的主要方法可以分为 5 类：成本性态分析法；本量利分析法；边际分析法；成本效益分析法；折现的现金流量法。这些方法以“差量分析”（比较分析）作为一种根本的方法（或思想）贯穿始终，并可进一步演化为更加具体的可操作性方法。此外，管理会计还吸收并运用大量相关学科中的有用方法，如预测学中的各种预测方法，运筹学中的线性规划法、各种决策方法，营销管理学（市场学）中的定价决策方法等。

11.2　基础性管理会计原理

11.2.1　成本性态分析

1）成本性态的定义

成本性态或成本习性（cost behavior），是指成本总额（C）与业务量（x）之间的数量依存关系，用函数关系式表达即为 $C = f(x)$。这里的“业务量”可泛指产量、销量（有时也用销售额）、工时、作业量等。在基础性管理会计中，最常用的是产销量。

2）成本按其性态的分类

成本按其性态，可分为如下3类：

（1）固定成本：在一定时期和一定业务量范围（“相关范围”）内，与业务量变动无关的成本。固定成本总额在相关范围内为常数（a）。

（2）变动成本：在相关范围内，与业务量变动成正比例关系的成本。变动成本总额（VC）与业务量的函数关系是：$VC = b \cdot x$，其中b为单位变动成本，为常数。

（3）混合成本：凡是随业务量变动而变动，但并不呈正比例关系变动的成本。

3）成本性态分析的基本原理

成本性态分析，是在成本按其性态分类的基础上，找到具体的成本与业务量之间的函数关系的过程，即将 $C = f(x)$ 具体、明确地表达出来。成本性态分析的结果是在应用管理会计中其他方法的基础，它还提供了一种寻找降低成本的良好途径。

成本性态分析的关键在于将企业全部成本分解为变动成本与固定成本两部分，即找到如下成本函数关系：$C = b \cdot x + a$，这就是成本性态分析的数学模型。在实务中，就是按上述模型将混合成本进行分解，即找出a、b的实际数值。分解混合成本，一般可使用历史成本分析法（具体又分高低点法、散布图法、一元线性回归分析法等）、工程研究法（即技术测定法）、账户分析法（即会计分析法）和合同确认法。

根据混合成本的定义，我们知道“$C = b \cdot x + a$”并不是它的真正函数关系。可见，对混合成本的分解只能得到近似的结果，其精确度取决于分解方法的选择和分解工作的质量。因此，在使用成本性态分析提供的资料时，应尽可能避免在成本性态分析中可能存在的问题：第一，不完全满足“相关范围”的限定条件；第二，“成本与业务量之间呈完全线性关系”的假设与实际不符。

4）对成本性态分析的反思

上述成本性态分析是以产品数量为基础将企业全部成本划分为变动成本和固定成本，其目的在于满足企业短期经营决策的需要。面对日益增长的固定成本（费用），管理当局似乎陷入了困境：他们难以确认固定成本到底是如何变动的，从而导致其决策无法考虑它所定义的固定成本。于是，人们开始对成本性态分析进行反思，并试图用成本动因理论来解释成本性态。

成本动因理论着眼于研究成本发生的原因。成本发生的原因有两类：一是与产品的数量相关的成本动因，如直接人工小时、机器小时、原材料用量等，它们导致了短期变动成本的发生；二是与作业相关的成本动因，如检验小时、订购次数、设备调整准备次数等，它们导致了长期变动成本的发生。因此，短期变动成本是在短期内随产量的变动而变动的成本；长期变动成本则是随作业量的变动而变动的成本；固定成本仅是那些在一个既定时期内不随任何作业量变动而变动的成本，这种固定成本在企业全部成本中只占较小的比例。这样，按成本与成本动因的关系，将成本分成了短期变动成本、长期变动成本和固定成本3类，可促使管理当局在进行决策时考虑短期变动成本和长期变动成本的数量，从而提高了决策的科学性。

11.2.2 变动成本法

1）变动成本法的基本原理

变动成本法（variable costing），是这样一种成本计算方法：在计算产品成本时，只包括产品生产过程中直接消耗的直接材料、直接人工和变动制造费用，即产品的变动生产成本，而不包括固定制造费用。所有固定成本均作为期间成本（费用），在发生的当期全额从当期收入中扣除。从变动成本法的基本原理可以看出，企业实施变动成本法的前提条件是进行认真的成本性态分析。

变动成本法与完全成本法（full costing）的根本性区别在于产品成本的构成项目不同，即对固定制造费用的处理方式不同。在完全成本法下，产品成本中包括了固定制造费用。由此导致，在两种成本法下，期末存货成本不同，当期损益计算也不同。这些差异均可包含在下述关系式中：

完全成本法与变动成本法下当期利润的差额

= 完全成本法下当期利润-变动成本法下当期利润

= 完全成本法下期末存货中的固定制造费用-完全成本法下期初存货中的固定制造费用

顺便提到，利用上述关系还可方便地将在变动成本法下的当期利润转换成完全成本法下的当期利润，以服务于财务会计目的。

2）变动成本法的适应性

变动成本法是基于成本性态分析的，适用于企业短期经营决策的需要，便于为标准成本控制、弹性预算控制和责任会计等提供依据，并可促使企业重视“以销定产”观念的落实，还有助于正确评价在不同期间的经营业绩。但是，它并不适宜于长期决策的需要。因为长期决策需要预测若干年后的成本数据，且涉及经营规模、生产能力的改变等问题，而单位变动成本和固定成本不可能长久不变，以成本性态分析为基础的变动成本法，其局限性在进行长期决策时无法回避，也就难以胜任直接为长期决策服务。

在高新技术经济环境下，产品成本结构中制造费用的比重将越来越大，直接人工的比重将越来越小（在由多技能工人所操作的自动化“制造单元”中，直接人工与间接人工的界限趋于消失，从而使人工成本也大部分转化为固定成本）。在这种新情况下，运用变动成本法计算的产品成本中主要就只剩下直接材料一项了，实在已无多大用处。而且，适时生产系统下的“零存货”将自然而然地消除完全成本法造成的利润实现与销售实现在一定程度上相互脱节（不相关性）的现象。基于这种情形，完全成本法将取代变动成本法而应用于企业内部管理。

11.2.3　本量利分析

1）本量利分析的基本模型

本量利分析（cost-volume-profit analysis），是在成本性态分析和变动成本法的基础上，进一步研究销售数量、价格、成本和利润之间的数量依存关系的一种分析方法。它可以帮助企业寻找增加收入、降低成本的措施，同时也是企业进行有关决策、计划和控制的重要分析工具。

若用P代表利润，p代表单位售价，结合前面成本性态分析的模型，就可建立起本量利分析的基本模型：$P=p\cdot x-(b\cdot x+a)$。需要特别强调的是，因为在管理会计中并不研究利息支出（财务费用），这里的“利润”通常表述为“营业利润”（operating profit, or net operating profit），其实质是“息税前利润”（income before interest and taxes，EBIT），千万不能回到财务会计的利润概念[①]。在管理会计中，EBIT概念将贯彻始终，是一个十分重要的概念，不可掉以轻心。

在进行本量利分析时，人们还定义了一个十分有用的指标，即贡献毛益（contribution margin），也叫边际贡献[②]（用M表示），它是销售收入总额与变动成本总额（包括销售产品的变动生产成本和变动推销与管理成本）之差，用公式表达即为：$M=p\cdot x-b\cdot x=(p-b)\cdot x$，其中单价与单位变动成本之差被定义为单位贡献毛益（用m表示），即$P=p-b$。此时，本量利分析的模型就可重新表达为：

$$P=m\cdot x-a=M-a$$

不过，上述模型只适用于单一品种企业的本量利分析。对多品种企业而言（假定有n个品种，序号i=1，2，…，n），本量利分析模型则应改写为：

$$\begin{aligned}P &- \sum(p\cdot x)-\sum(b\cdot x)-a\\ &=\sum[(p-b)\cdot x]-a\\ &=\sum(m\cdot x)-a\\ &=\sum M-a\end{aligned}$$

要使运用本量利分析得到的信息具有管理决策价值，还必须尽量符合本量利分析的前提条件（或“假设”，它们也正好表明了本量利分析的局限性）：（1）在相关范围内，单价、单位变动成本、固定成本总额均为常数；（2）保持产销平衡和品种结构稳定不变。

2）盈亏平衡点分析的基本原理

本量利分析的基本内容包括盈亏平衡点的确定、有关因素变动对盈亏平衡点及实现目标利润的影响、在本量利关系中的敏感分析以及本量利分析在经营决策中的应用等方面。其中，盈亏平衡点分析是本量利分析的基础。

所谓盈亏平衡点（breakeven point），是指企业处于不亏不盈的状态，即利润为零时的销售量或销售额。这一指标对企业有警示效应，因为只有当销售量（额）超过盈亏平衡

---

① 目前，我国设计的利润表中，并无EBIT项目，是一个不小的遗憾。

② 将“margin”翻译为“边际”时，应该是数学中“求一阶导数”之意，因为经济学中使用的边际分析方法，就是如此。此处，求“contribution margin”仅仅用减法而已，翻译成“边际”是错误的。但是，在国内许多管理会计书中，已既成事实，只能将错就错。其实，“contribution margin”中的“margin”的含义是“毛利”或“毛益”的意思，在本章后面的术语中，取此义。

点时，企业才会盈利。显然，销售量（额）超出盈亏平衡点越多，说明企业盈利越多，企业的经营就越安全。于是，人们将实际或预计的销售量（额）超过盈亏平衡点销售量（额）的差额定义为安全边际，并以此来衡量企业经营的安全程度。

根据盈亏平衡点的定义，利用本量利分析模型，解方程即可求出盈亏平衡点。不过，相对单一品种情况而言，在多品种情况下盈亏平衡点的计算要复杂些。现分别简要说明如下：

（1）单一品种情况下的盈亏平衡点分析

以 BE_x、BE_{px} 分别代表盈亏平衡点销售量、销售额，根据其定义 P= 0，即有：

$$(p-b)\cdot BE_x-a=0$$

解上述方程，得：

$$BE_x=a/(p-b)=a/m$$

再根据 $BE_{px}=p\cdot BE_x$，可得：

$$BE_{px}=a/(m/p)$$

此处，再引入一个新的概念：贡献毛益率（用 mr 表示），贡献毛益总额与销售收入总额的比率，即 $mr=M/(p\cdot x)=(m\cdot x)/(p\cdot x)=m/p$。于是，有：

$$BE_{px}=a/mr$$

（2）多品种情况下的盈亏平衡点分析

运用多品种情况下的本量利分析模型，同样根据 P=0，有：

$$\sum M-a=0$$

通过数学变换，得：

$$\left[\sum(p\cdot x)\right]\cdot\frac{\sum M}{\sum(p\cdot x)}-a=0$$

设以 BE'_{px} 表示企业综合的盈亏平衡点销售额，mr' 表示企业综合的贡献毛益率，则上式可化简为：

$$BE'_{px}\cdot mr'-a=0$$

解这个方程，可得：

$$BE'_{px}=a/mr'$$

此时，问题转化为：如何求 mr'？可推导如下：

$$mr'=\frac{\sum(m\cdot x)}{\sum(p\cdot x)}=\frac{\sum(mr\cdot p\cdot x)}{\sum(p\cdot x)}=\sum\left(mr\cdot\frac{p\cdot x}{\sum p\cdot x}\right)$$

令 $w=(p\cdot x)/\left[\sum(p\cdot x)\right]$，则 w 即为销售额比重，代表企业销售的品种结构，所有 w 满足：$\sum w=1$。于是，有：

$$mr'=\sum(mr\cdot w)$$

至此，最终结果可表示如下：

$$BE'_{px}=a/mr'=a/\left[\sum(mr\cdot w)\right]$$

这就是最常见、也最有用的“多品种盈亏平衡点分析的加权平均模型”。

11.2.4　决策会计的基础

1）决策的概念及其分类

管理成功的关键是明智的决策。所谓决策是指人们为实现一定目标，在两个以上的备选方案中，选择一个最满意方案的分析判断过程。在上述概念中，必须注意以下4个关键词：其一，目标。决策前必须明确所要达到的目标，且要将局部目标置于总目标体系当中。其二，两个以上的备选方案。若只存唯一方案，就不存在选择，也就不用决策了。不过，也不可能穷尽所有可能的备选方案，因为这要受到成本效益原则和决策所允许的时间等条件的制约。其三，分析判断。每个备选方案可能各有千秋，难以一下子凭直觉和经验分辨出优劣，因此决策分析者必须掌握充分的信息，进行逻辑和数量分析，才能从中选择出一个最满意的方案。不过，有时候也不能否认：在拍板决定的关键时刻，由创造力或直觉产生的果敢判断也十分重要。其四，过程。决策是一个选择的过程，而不是决定采用哪个方案的一刹那的行动。一个完整的决策过程应理解为从目标创意活动开始，经由探寻和设计备选方案、对比选优，到执行所选方案的整个过程。没有这个过程（程序）就很难有科学合理的决策。

决策可按不同的标志进行分类。通过分类可了解不同类型决策的特点，有助于人们进行科学的决策分析。

（1）按决策所涉及的时间跨度，可分为短期决策与长期决策。短期决策是指那些决策结果只涉及一年以内的经营业务，并只对该期间内企业的生产经营活动产生影响的决策问题。其主要特点是：投资额小，涉及时间也短；一般不考虑货币的时间价值和投资的风险价值（risk premium）；侧重点在于现有资源的合理利用。相对而言，长期决策是指那些决策结果涉及一年以上，并将在较长期间内持续对企业生产经营活动产生重要影响的决策问题。其主要特点是：投资额大，涉及时间也长；需要考虑货币的时间价值和投资的风险价值；其侧重点在于企业资源的合理配置。鉴于此，企业尤其要慎重对待具有战略意义的长期决策。

（2）按决策条件的肯定程度，可分为确定性决策、风险性决策和不确定性决策。确定性决策是指决策分析者确知未来环境条件，每一备选方案只有一种确定的执行结果的这种决策。风险性决策是指决策分析者不能预先确知环境条件，但有能力预测每一备选方案在可能状态下执行的可能结果的数目及概率的这种决策。不确定性决策是指决策分析者不但不能预先确知环境条件，甚至无从估计每一备选方案的可能结果及其概率，或者虽然有能力预测可能结果但无法预测其概率的这种决策。从上述定义可知，不确定性决策的难度最大，风险性决策次之，确定性决策相对最容易。不过，对长期决策而言，企业面对的时常是风险性决策或不确定性决策。难怪有经济学家认为：企业的利润主要来自创新活动、承担风险和不确定性的报酬①。

（3）按备选方案之间的关系，决策可分为独立方案（采纳与否）决策、互斥方案决策和优化组合方案决策。独立方案决策是指对各自独立存在而不受其他任何方案影响的方案，判断其可行与否的决策。互斥方案决策是指在相互排斥的多个可行备选方案中选出一

---

① 弗兰克．风险、不确定性与利润（Risk，Uncertainty and Profit）［M］．珍藏本．北京：华夏出版社，2013.

个最满意方案的决策。它不但要判断备选方案的可行性，而且还要对可行方案择优。优化组合方案决策是指这样一种决策：存在若干方案可同时实施，但在资源约束条件下又不能同时实施，因而需要在满足约束条件下构造出各种可能的方案组合，并在筛选出的可行组合中选出一个满足决策目标的组合，这个组合称为“最优组合”方案。

在管理学中，还可以按其他标志对决策进行分类，但上述分类应可满足学习决策会计的基本需要，就不再一一介绍其他分类。

2）经营预测：决策的前提

决策是面向未来的，而未来是不确定的，但可以预测。因此，预测是决策的前提，它为决策提供有关未来的信息，可以帮助人们作出正确的决策。在管理会计中，进行有关决策分析，必须借助于经营预测所提供的信息。

所谓预测就是根据过去和现有的信息，运用一定的科学手段和方法，预计和推测事物未来的发展趋势，做到“鉴往知来”。预测的理论依据是：可知性原理、可能性原理、连续性原理和可控性原理。预测的方法有很多，一般可分为定量预测方法与定性预测方法两大类。在预测工作中，要注意两类预测方法的结合运用。

在管理会计中，经营预测的内容一般有销售预测、利润预测、成本预测以及资金需要量预测、现金流量预测等。企业管理会计师可选择适用的预测方法对上述问题进行预测分析，以便为进一步的决策分析打下坚实的基础，因为建立在认真预测基础上的决策分析可使决策成功率大大提高。

3）多维决策成本概念

决策离不开有关收入（现金流入）和成本（现金流出）的信息。在成本信息方面，由于决策是面向未来的，所以历史成本信息已不能满足决策的要求，而必须根据不同决策问题的需要，使用不同的成本概念，即“不同目的，不同成本”（different costs for different purposes）。因此，在管理会计中，成本不是一个单一的概念，而是一个广义的、多维的概念体系。

在管理决策中，人们强调信息的相关性。根据这一要求，可将各种成本概念分为相关成本与无关成本两大类。相关成本是指与特定决策方案相关联的、有差别的未来成本。相关成本是决策关注的焦点，在进行决策分析时必须将与决策方案有关的各项相关成本全部找出来。一般而言，属于相关成本范畴的成本有：差别（差量）成本、边际成本、机会成本、重置成本、付现成本、专属成本等。与相关成本相对应的是无关成本，是指与特定决策方案无关的成本，一般包括沉没（沉落）成本、共同成本等。在决策分析中，一定要剔除各种无关成本。否则，若将无关成本当成相关成本考虑（这是许多决策者会犯的错误，如沉没成本效应），则肯定会导致做出错误决策的严重后果。

实际上，在决策分析中，还要考虑相关收入，才能对决策方案做出全面的分析与评价。当然，有些问题只要运用相关成本即可做出决策，如零部件是自制还是外购的决策。在管理会计中，运用得较多的相关收入的概念有：与差别（差量）成本对应的差别（差量）收入、与边际成本对应的边际收入等。此外，相关收入与相关成本的计算往往依赖于相关业务量，因此在计算相关收入与相关成本时，还必须清楚相关业务量。

11.2.5　短期经营决策

1）短期经营决策的基本内容

企业短期经营决策主要是对在一个经营年度内有关现存资源合理利用问题的决策分析，涉及面较广，具体的决策问题也较多。其决策的基本内容则可分为三个大的方面：生产决策、成本决策以及定价决策。其中，生产决策中往往包含了成本决策问题。

2）短期经营决策的具体方法

决策内容不同，决策方法往往也有所差别。在短期经营决策分析中，定价决策的理论依据的是均衡价格原理，其基本分析方法是边际分析法，具体分析方法也大多来源于市场营销学，但信息来源与会计信息极为相关，如特殊环境定价方法（special pricing）就直接依据本量利分析原理。而在生产（成本）决策方法中不少应是带有管理会计原创意味的方法，如贡献毛益分析法、成本无差别点分析法、差量分析方法等。现将生产（成本）决策的主要方法简述如下。

（1）相关利润分析法

在短期经营决策中，管理会计可提供的相关信息是相关收入与相关成本，但人们难以直接根据分散的信息做出决策，而必须对相关信息加以整合才行。按照会计学的基本原理，我们很容易将相关收入与相关成本整合为相关利润，即：相关利润=相关收入-相关成本。依据相关利润的概念，相关利润分析法的基本原理可用表11-1来表示。

表11-1　**相关利润分析法**

项目 \ 方案	A_1	A_2	…	A_i	…	A_n
相关收入R	R_1	R_2	…	R_i	…	R_n
相关成本C	C_1	C_2	…	C_i	…	C_n
相关利润P	P_1	P_2	…	P_i	…	P_n

根据表11-1，应用相关利润分析法的基本步骤是：①确定每个备选方法的R和C；②计算每个备选方案的P（P= R-C）；③满足$P_i \geqslant 0$的方案为可行方案；④在所有可行方案中选定$Max\{P_1, P_2, \cdots, P_i, \cdots, P_n \mid P_i \geqslant 0\}$对应的方案。

因为相关利润考虑了机会成本，所以其本质是经济学中的“经济利润”概念，相关利润分析法符合经济学中的“经济利润最大化”的决策目标。可见，管理会计在此处与经济学做了“无缝连接”。

（2）相关成本分析法

当每个备选方案的收入都相同时，则只需比较相关成本，选定$Min\{C_1, C_2, \cdots, C_i, \cdots, C_n\}$对应的方案即可。进一步而言，当相关业务量一样时，只需比较单位相关成本即可作决策。

（3）差量分析法

当两个方案进行比较选优时，可运用基于差量收入和差量成本的差量分析法，其基本原理实质上与相关利润分析法相同。因此，当两个以上方案进行比较选优时，亦可运用差量分析法来进行两两比较，最终选出最优方案。尤其需要注意的是，相关利润分析法是基于可行中选优的，而差量分析法缺少对可行的判断，很有可能导致“在不可行中选优”的错误。

差量分析法，可用表 11-2 表示。

表 11-2 差量分析法

项目＼方案	A_1	A_2	差量（Δ）
相关收入 R	R_1	R_2	$\Delta R = R_1 - R_2$
相关成本 C	C_1	C_2	$\Delta C = C_1 - C_2$
差别利润 ΔP			$\Delta P = \Delta R - \Delta C$

根据表 11-2 的分析结果“差别利润”，可按下列规则进行决策：①若 $\Delta P>0$，则方案 A_1 为优；②若 $\Delta P<0$，则方案 A_2 为优；③若 $\Delta P=0$，则方案 A_1、A_2 一样。

（4）贡献毛益分析法

当表 11-1 中的相关成本全部为变动成本时，则此时的相关利润即为贡献毛益（M），相关利润分析法转化为贡献毛益分析法，选定 $Max\{M_1, M_2, \cdots, M_i, \cdots, M_n \mid M_i \geq 0\}$ 对应的方案即可。更进一步，当各方案的相关业务量也相同时，则只需比较单位贡献毛益（m）的大小即可，这种特殊方法可称之为单位贡献毛益分析法，其决策规则相应变为：选定 $Max\{m_1, m_2, \cdots, m_i, \cdots, m_n \mid m_i \geq 0\}$ 对应的方案。

当表 11-1 中的相关成本不全为变动成本时，也可先计算每一方案的贡献毛益，再在贡献毛益的基础上扣除非变动成本的相关成本即可得到所谓有“剩余贡献毛益”（用 RM 表示）。运用这一指标作决策的方法可称为剩余贡献毛益分析法，其决策规则可表示为：选定 $Max\{RM_1, RM_2, \cdots, RM_i, \cdots, RM_n \mid RM_i \geq 0\}$ 对应的方案。

贡献毛益分析法还有一种变形：单位资源贡献毛益分析法。假设：企业有资源——生产能力（一般用时间 T 表示；T 为常数）可用于生产不同的产品；而且生产多少，就能销售多少，即：产量=销量。其决策模型见表 11-3，相应的决策规则可表示为：选定 $Max\{r_1, r_2, \cdots, r_i, \cdots, r_n \mid r_i \geq 0\}$ 对应的方案。

表 11-3 单位资源贡献毛益分析法

项目＼方案	A_1	A_2	…	A_i	…	A_n
单位贡献毛益 m	m_1	m_2	…	m_i	…	m_n
单位产品耗用资源 t	t_1	t_2	…	t_i	…	t_n
产量 $x=T/t$	x_1	x_2	…	x_i	…	x_n
单位资源贡献毛益 $r=m/t$	r_1	r_2	…	r_i	…	r_n
贡献毛益 $M=T\cdot r$	M_1	M_2	…	M_i	…	M_n

由于 $M = m\cdot x = m\cdot(T/t) = T\cdot(m/t) = T\cdot r$，可见，$Max\{r_1, r_2, \cdots, r_i, \cdots, r_n \mid r_i \geq 0\}$ 等价于 $Max\{M_1, M_2, \cdots, M_i, \cdots, M_n \mid M_i \geq 0\}$。

(5) 成本无差别点分析法

成本无差别点分析法是在相关成本分析法的基础上运用"成本无差别点"的概念来进行决策分析的方法。所谓成本无差别点，是指当两个方案的相关成本相等时的业务量。在业务量不确定的情况下，成本无差别点（用 IP 表示）就成为判断方案优劣的分界点。

假定两个方案的成本函数分别为 $C_1 = f(x)$，$C_2 = g(x)$，它们的相互关系及成本无差别点如图 11-3 所示。

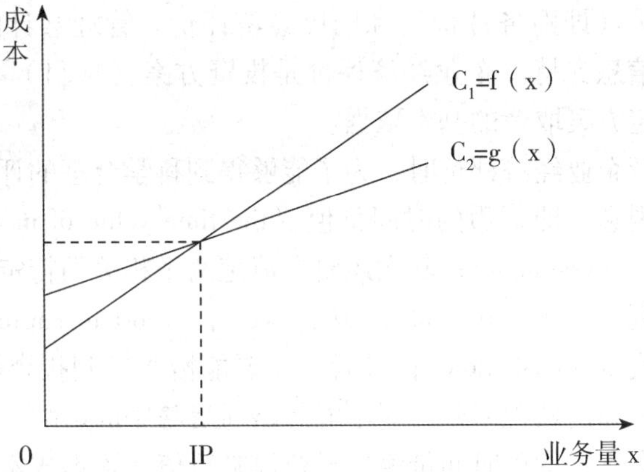

图 11-3　成本无差别点分析法的基本模型

根据图 11-3，可做出如下决策分析：（1）若 $0<x<IP$，则 C_1 代表的方案为优；（2）若 $x = IP$，则两方案无优劣之分；（3）若 $x>IP$，则 C_2 代表的方案为优。

此外，当两个以上方案作比较分析时，可两两求出多个 IP，并通过作函数曲线图的方式形象、直观地描述清楚各方案的成本函数关系及其成本无差别点，再根据业务量的范围来判断出相关成本最小的最优方案。

除了上面介绍的 5 种方法以外，边际分析法（数学微分法）、线性规划法也经常用于生产（成本）决策中。不过，所有这些方法均属于确定性决策方法。

在风险和不确定性条件下，还必须运用有关风险和不确定性决策方法才能解决问题。典型的风险性决策方法是期望值法，其基本思路是：通过概率求得期望值，将风险决策问题转化为确定性决策，再运用上述确定性决策方法进行决策分析即可。不确定性决策方法一般有：悲观准则、乐观准则、折中准则、等可能准则以及遗憾（后悔值）准则，其实质都是通过特定的方式将不确定性问题转化为确定性决策。需要注意的是，运用不同的决策准则，得到的结果并不完全一致，因而在处理实际问题时可同时采用几个准则来进行分析和比较，到底选择哪个方案，需视具体情况和决策者对不确定性的态度而定。总之，在风险和不确定性决策当中，除了采用适当的决策方法进行分析以外，还取决于决策者的智慧和经验。

11.2.6　长期投资决策

1）长期投资决策中应考虑的重要因素

长期投资决策（资本预算）的内容一般涉及固定资产投资决策、无形资产投资决策以及人力资产投资决策。在知识经济时代，企业尤其要注重无形资产与人力资产投资决策，并充分关注其不同于固定资产投资决策的特殊性。从长期投资决策的内容可以看出，长期投资决策往往属于企业的经营战略决策，对企业的财务状况和未来生存发展将产生持续、长期的影响，因此必须十分重视决策的科学化。否则，一旦决策错误，则可能导致企业“一着不慎，全盘皆输”，以至面临破产清算的命运。长期投资决策的科学化，是指在科学理论的指导下，采取科学的分析方法与分析技术，遵循科学的程序，进行科学的分析、论证，使所选择的长期投资方案达到技术、经济乃至社会3方面的统一与优化。在方案技术可行的基础上，才能对方案进行经济评价，有些方案还必须进行社会评价。经济评价又分为企业经济评价（即财务评价）和国民经济评价。管理会计的侧重点则在于为企业经济评价提供有关信息支持。企业经济评价是投资方案（项目）可行性研究的核心内容，其评价结论是决定方案取舍的基本依据。

在对投资方案进行企业经济评价时，为了能够得到科学合理的评价结论，首先必须牢固地树立起两个价值观念，即货币的时间价值（the time value of money）、投资的风险价值（the risk premium of investment）；其次还要弄清楚两个相关的特定概念，即计算货币时间价值的根据——贴现率（discount rate）或资本成本（cost of capital）①、计算货币时间价值的对象——现金流量（cash flow）；最后，还要能恰当预测投资项目的经济寿命。有时，在测算现金流量和确定贴现率时，还不能忽略通货膨胀的影响。因此，在长期投资决策中应考虑的重要因素有：货币时间价值、投资风险价值、资本成本、现金流量、项目寿命和通货膨胀等。它们的基本关系体现在项目财务评价的基本思路中：选择一定的贴现率将项目的现金流量运用货币时间价值原理进行折现，再选用一定的指标和方法得出评价（决策分析）结论。

为此，估测项目的现金流量和选择恰当的贴现率就成为管理会计在长期投资决策分析中的工作重点②，而现金流量的估测必须考虑项目的寿命以及通货膨胀因素（通货膨胀因素也可以在确定贴现率时考虑）；选择贴现率时则必须考虑项目的加权平均资本成本（weighted average cost of capital，WACC）③；在进行风险投资决策时，还必须考虑风险及风险价值来估测现金流量或选择贴现率。总之，在进行资本预算决策时，最终要考虑的三大变量（参数或因素）是，现金流量、贴现率和经济寿命。其中，贴现率由现金流量的风险决定，即贴现率是风险的函数。

在估测投资方案的现金流量和选择贴现率时，有时还必须考虑非经济因素的影响，如进行国际直接投资决策时就必须认真分析所在东道国的政治风险因素。即使是考虑经济因素时，也不可忽视非货币计量因素的影响。例如，投产新产品对现有产品销售收入的削弱或增强效应、预测技术进步的可能性、聘用合格管理者的可能性、各种期权（选择权，option）、与供应商的关系、现有员工是否拥有投资项目所需的专业技能、对特定制造商所能提供的机器和/或服务所具有的经验等。这些因素都将增加或减少投资项目的价值，

---

① 在资本预算中，贴现率与资本成本，是一枚硬币的两面。在资本预算中所用的贴现率的本质含义是投资者要求的报酬率（required rate of return），而非期望的报酬率（expected rate of return）。资本成本概念，不过是站在筹资者的视角，筹资者为投资项目筹资而应向投资者支付的投资者要求的报酬率。因此，在不考虑交易成本时，资本成本在数量上等于投资者要求的报酬率。因而，可选择资本成本作为贴现率。

② 实事求是地说，财务管理（公司财务）从理论到方法为贴现率的确定提供了更加丰富的知识，而管理会计偏重于如何测算相关现金流量。

③ 在投资项目的风险、项目融资的资本结构与企业原有的风险、资本结构相同或相近时，才能用企业的WACC作为项目的贴现率。

在进行投资决策分析时必须加以考虑。

2）投资项目的现金流量模型

估测一个投资项目的现金流量，是对投资项目进行财务评价的关键性工作。若一个投资项目的现金流量是胡乱编造出来的，哪怕是用了正确的投资决策方法，也只能得出错误的决策结论。因此对待这项工作不可不小心细致，应好好在投资额、销售收入和成本、所得税税率、运营资本（working capital）的增加、净残值等的预测等问题上下功夫。

现金流量是指投资项目在预计经济寿命内，给企业带来的新增的现金流入和现金流出的总称。这里，要记得将投资项目的现金流量与企业自身的现金流量区分开来，还要与财务会计现金流量表中的现金流量区分开来。资本投资决策需要的是项目产生的增量现金流量（incremental cash flow），即相关现金流量（relevant cash flow）。

净现金流量（net cash flow，NCF）是指在一定时期内（习惯上为一年内）预计的现金流入量（cash inflows，CI）与现金流出量（cash outflows，CO）之差。进行资本预算决策时，所用的相关信息是净现金流量，而非分别考虑现金流入量与现金流出量。可见，在长期投资决策会计中，管理会计提供的相关信息是净现金流量，这是管理会计所擅长的工作。

当计算 NCF 时，一般假定现金流量全部是在年末发生的，只有同一时点发生的现金流入量与现金流出量才能相减。一般按时间顺序来测算一个投资项目各年年末（年初）的净现金流量，可分为如下三大部分：初始净现金流量，营业净现金流量，终结净现金流量。其中，各年营业净现金流量一般可根据下面的公式来测算：

年营业净现金流量（NCF）= 年营业现金收入-（年营业付现成本+年所得税）

= 年营业现金收入-（年营业付现成本+年营业非付现成本）-年所得税+年营业非付现成本

在长期投资决策中，“年营业非付现成本”主要是指“年折旧”（有时，也可考虑有关摊销额，如开办费、大修理费的摊销）。因此，“年营业净现金流量（NCF）”一般可用下式来计算：

NCF =［年营业现金收入-（年营业付现成本 + 年折旧）］-年所得税+年折旧

= 年营业利润-年营业利润×所得税率+年折旧

= 年营业利润×（1-所得税率）+年折旧

= 税后年营业利润+年折旧

=［年营业现金收入-（年营业付现成本+年折旧）］×（1-所得税率）+年折旧

= 年营业现金收入×（1-所得税率）-年营业付现成本×（1-所得税率）+年折旧×所得税率

= 税后年营业现金收入-税后年营业付现成本+年折旧避税

运用上式计算 NCF 时，要注意“营业利润”实为“息税前利润”（earnings before interest and taxes，EBIT），是在本量利分析中的“利润”，与财务会计不同。这里，“税后年营业利润”是“年息前税后利润”的意思，不能理解成在财务会计中的“税后利润”或“净利润”。换句话说，不能将支付的利息作为“付现成本”，因为利息问题已在作为贴现率的资本成本中考虑了，不能重复计算。此时，以资本预算为目的的净现金流量可以理解为：假定在项目资本来源中无负债情况下的税后净现金流量。

通过认真估测与计算，就能得到一个投资项目的全部净现金流量，可用图 11-4 来表达。

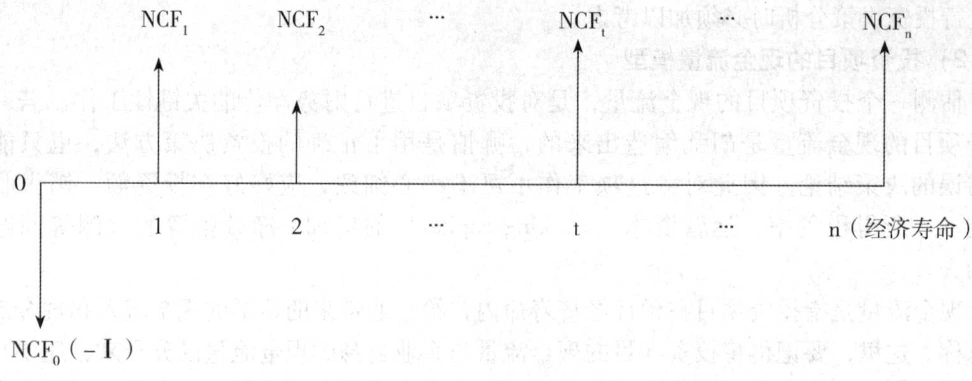

图 11-4 净现金流量图

图 11-4 所示的“净现金流量图”，可视为投资项目的净现金流量模型，后面的论述将以此模型作为依据。还需说明的是：上述模型假定投资项目的建设期为 0，且初始现金流量全部发生在第一年年初。在一般情况下，初始现金流量由固定资产或无形资产投资额以及在流动资产上增加的净投资额构成（统称初始投资额，用 I 表示），此时初始净现金流量 $NCF_0 = -I$；当然在有些情况下，初始现金流量还可能涉及机会成本或变价收入等，则应一并计入。再有，遇到在建设期内分期/分次投资情形时，只要运用货币时间价值原理将各期投资额全部折现，即可转化为“建设期为 0”的情形，这说明上述模型可作为一般模型来使用。

3）确定性长期投资决策方法

决策有确定性决策、风险性决策与不确定性决策之分，那么作为决策方法，也相应有此分别。首先，介绍作为所有决策方法的基础的确定性决策方法。在长期投资决策中，该类方法按是否考虑了货币时间价值，又可进一步分为非折现现金流量法（non-discounted cash flow method）和折现现金流量法（discounted cash flow method）。非折现现金流量方法，是不考虑货币时间价值而直接按投资项目的净现金流量来计算有关评价指标，借以分析、评价投资项目的各种具体方法的总称，主要有静态投资回收期法、平均投资报酬率法、会计收益率法 3 种。因为它们的缺陷较为明显，一般只作为辅助性决策方法使用；而折现现金流量方法，是考虑货币时间价值，以对投资项目的净现金流量进行折现计算为基础而形成的分析、评价投资项目的诸方法的总称，主要包括净现值法、内部（含）报酬率法、现值指数法、等年值法等。这些方法已成为长期投资决策的主流方法，尤其是净现值法已被公认为一种最基本的、也是最佳的投资决策方法。下面只介绍具体的折现现金流量方法的基本原理。

（1）净现值法

净现值法，是用净现值（net present value，NPV）作为投资项目评价指标的一种决策方法。净现值，是指在投资项目寿命期内，各年的净现金流量按既定贴现率折现的现值代数和，其计算公式为：

$$NPV = \sum_{t=0}^{n} NCF_t \cdot (P/F, k, t)$$

当 $NCF_0 = -I$ 时，NPV 的计算公式亦可表达为：

$$NPV = \sum_{t=1}^{n} NCF_t \cdot (P/F, k, t) - I$$

式中，k 为贴现率，既是投资者要求的投资报酬率（required rate of return），也是投资者设定的方案取舍标准；（P/F，k，t）为复利现值系数，即 $(P/F, k, t) = (1+k)^{-t}$。

在上式中，NPV 的计算分为两部分：（1）第一项是评估的项目的价值（V）；（2）第二项是初始投资额（I），即投资成本，也可以理解成为投资项目而支付的价格。此时，NPV=V-I。可见，对项目进行价值评估（估值，valuation），是决策的首要工作。估值的质量决定了决策的质量，在实际工作中，必须认真对待估值。

NPV 实际上是对资本预算决策的三大相关信息——净现金流量、贴现率和经济寿命进行整合后得到的综合信息，反映了“化复杂为简单”的思想。人们无法直接根据净现金流量、贴现率和经济寿命来决策，而可以根据综合信息 NPV 做出决策，因为 NPV 简单明了地告诉人们投资项目是否能创造价值，当 NPV>0 时，表示创造价值；当 NPV<0 时，则表示没有创造价值。人们当然会选择创造价值的投资项目。

当某一方案的净现金流量和经济寿命预测既定，则 NPV 是贴现率（k）的函数，即 NPV=f（k）。k 越小，则 NPV 越大，所以 NPV 对 k 十分敏感，决策者必须谨慎地选择 k，否则很可能做出错误的决策。

NPV 是个正指标，反映投资效果，NPV 越大越能增加企业价值。NPV 法的决策规则是：①当备选方案的 NPV≥0 时，该方案可行；②作互斥方案决策时，在所有可行方案中，选择 NPV 最大的方案；③作优化组合方案决策时，在所有可行组合方案中，选择净现值之和（$\sum NPV$）最大的方案组合。

对于没有附选择权的投资项目，在运用上述 NPV 法的决策规则时，一般能得出正确的结论。但是，当投资项目附有选择权（如追加投资或扩张选择权、放弃或退出选择权、投资时机或延期选择权、价格制定选择权等）时，项目的净现值就应该重新表述为：从折现现金流量得到的“基本”净现值（DCFNPV）加上与项目有关的所有选择权的价值减去获得或维持选择权的成本，即：

NPV = DCFNPV+选择权价值-选择权成本

利用经过选择权修正后的 NPV，NPV 法的决策规则就不会失效了。不过，我们还没有一个适用于许多选择权的选择权估值模型（option valuation/pricing model）。目前一般运用有关期权理论（如 binomial tree model、black-scholes model）来对选择权进行估值。无论如何，即使不能方便地对选择权进行估值，我们也不能忽视选择权对投资决策的重要性，至少应将它作为一种投资观念来对待。

（2）现值指数法

现值指数法，是运用现值指数（present value index，PVI）作为评价指标的一种投资决策方法。现值指数，是指项目投产后的各年净现金流量按既定的贴现率折现的现值总和与原始投资额的现值总和之比，亦称获利指数（profitability index，PI）。按图 11-4 所示的现金流量模型，PVI 的计算公式为：

$$PVI = \left[\sum_{t=1}^{n} NCF_t \cdot (P/F, k, t)\right]/I = 1 + NPV/I$$

式中，NPV/I 是投资项目的净现值与原始投资额的比值，称之为净现值率（net present value rate，NPVR）或净现值指数（net present value index，NPVI），它说明单位投资额所产生的净现值，是一个效率指标。使用 NPVI 作决策的方法就称为 NPVI 法。

PVI 的计算公式已表明了它与 NPV 和 NPVI 的关系：当 NPV≥0 时，NPVI≥0 且 PVI≥1。这说明，当 NPVI≥0 或 PVI≥1 时，该方案可行。NPVI 法或 PVI 法的决策规则可参照 NPV 法写出，故不赘述了。PVI 法、NPVI 法，较适合于比较投资额不同的方案的优劣及其排序。

（3）等年值法

等年值法，是运用各种等年值（uniform annual value，UAV）作为评价指标的投资决策方法。等年值，就是把投资项目的所有现金流量，按既定的贴现率等额地分摊到各年所得的年金值，即约当年金（equivalent annual annuity，EAA）或约当年现金流量（equivalent annual cash flow，EACC）。它可以是等年净现金流量，即约当年收益（equivalent annual benefit，EAB）；也可以是等年现金流出（入）量。不过，等年现金流入量指标在投资决策中几乎无用，而使用较广的是等年现金流出量，通常称为年平均成本（费用），即约当年成本（equivalent annual cost，EAC）。

EAB、EAC 的计算公式，分别为：

$$EAB = NPV/(P/A, k, n)$$

$$EAC = \left[\sum_{t=0}^{n} C_t \cdot (P/F, k, t)\right] / (P/A, k, n)$$

式中，(P/A，k，n) 为复利普通年金现值系数，即 $(P/A, k, n) = [1-(1+k)^{-n}]/k$；$C_t$表示第 t 年的现金流出量（若有少许现金流入量，则用负数表示）。

UAV 法适用于经济寿命不同的方案之间的比较选优。应用 EAB 指标时，决策规则与 NPV 法相同；应用 EAC 指标时，则要选择 EAC 最小的方案。EAC 法特别适宜在现金流入量基本相同且难以（或不必）计量的备选方案之间做出比较分析。

顺便指出，当各备选方案的经济寿命相等（或几乎接近）时，也可直接用现金流出量的现值（用 PC 表示）来进行比较，通常可称为成本（费用）现值法。PC 的计算公式即 EAC 计算公式中的分子：

$$PC = \sum_{t=0}^{n} C_t \cdot (P/F, k, t)$$

应用 PC 法时，应选择 PC 最小的方案。

（4）内部报酬率法

内部报酬率法，是应用内部报酬率（internal rate of return，IRR）作为评价指标的投资决策方法。内部报酬率，是指当投资项目的净现值为零时的贴现率。IRR 反映了投资项目本身的报酬率，即期望的报酬率①，也可理解为投资者可承受的投资项目的最高资本成本，超过此成本，NPV 将为负。根据 IRR 的定义，可通过求解下列方程，得到 IRR：

$$NPV = \sum_{t=0}^{n} NCF_t \cdot (P/F, IRR, t) = 0$$

---

① IRR 是当 NPV=0 时，贴现率 r 的解。在经济学意义上，NPV=0 表示的是一种均衡状态。此时，期望的报酬率=投资者要求的报酬率。因而，IRR 的经济含义是对投资项目报酬率的估计，是估值的另一种表达形式。

还可运用试误法（trial and error）结合插值法（linear interpolation），求得IRR的近似解。基本的做法是：①试用一个较低的k_1，使得$NPV_1>0$；②试用另一个较高的k_2，使得$NPV_2<0$；③解下面的方程求IRR：

$$(IRR-k_1)/(k_2-k_1)=(0-NPV_1)/(NPV_2-NPV_1)$$

即：

$$(IRR-k_1)/(k_2-k_1)=NPV_1/(NPV_1-NPV_2)$$

当不设定贴现率时，净现值可视为贴现率的函数。由此可知，当NPV≥0时，一定有IRR≥k（此处k为投资者要求的报酬率），即“IRR≥k”等价于“NPV≥0”。据此，即可判定该方案可行。因而，IRR法的决策规则是：当IRR≥k时，备选方案可行；作互斥方案决策时，在所有可行方案中，选择IRR最大的方案；作优化组合方案决策时，IRR可用于方案优劣的排序。

IRR虽可反映投资项目本身的报酬率，也符合人们的思维习惯（以报酬率高低来取舍投资项目），但计算IRR时，以IRR本身作为再投资报酬率，一般与实际情况不符。此外，对净现金流量符号改变两次或两次以上的非常规投资项目而言，IRR可能多解或无解，导致无法做出正确判断。因此，NPV法要优于IRR法。在进行互斥方案决策时，若IRR法与NPV法的结论不同，则应以NPV法的结论为准。

在选择上述方法进行资本预算决策时，还有一个重要的问题必须弄清楚：面对具体的决策问题，应选择哪一个方法来决策呢？首先，要掌握衡量最优决策方法的标准，最优决策方法应同时满足：①考虑所有的现金流量；②用市场决定的资本的机会成本（即资本成本）作为贴现率；③可以从一组互斥的投资项目中选择满足企业目标（如企业价值最大化或股东财富最大化）的项目（为此，必须用同一贴现率对互斥的投资项目进行贴现，而IRR不满足这一点）；④满足价值可加性原则。根据上述标准，比较的结果是：PVI、UAV、IRR法均违背了③、④；求IRR本身也不满足②；只有NPV法满足所有4条标准，它才是最优的决策方法。

因此，选择决策方法的基本原则是：NPV最大化（与企业财务目标一致）。具体表现为：在进行单一方案决策时，NPV法、PVI法、UAV法、IRR法的结论一致；在进行互斥方案决策时，NPV法、PVI法、UAV法、IRR法的结论可能不一致：①当投资额不同时，用PVI法、IRR法判断方案的优劣；②当项目寿命不同时，用UAV法判断方案的优劣；③在资本无限量时，总是以NPV法的结论为准，在资本有限量时，往往要作组合方案决策，以优化企业资源配置。组合方案决策规则：①先按IRR或PVI从大到小对各方案（NPV>0）进行排序；②按体现投资效率优先的原则，在资本有限量的约束条件下，挑选出所有可行的方案组合；③计算出各组合方案的NPV之和（$\sum NPV$）；④$\sum NPV$最大的组合方案即为最优组合方案。

4）风险性长期投资决策方法

（1）风险价值原理

风险（risk）是指在某个特定状态下和给定时间内可能发生的结果的变动。若未来结果（不论是收益还是损失）唯一，则风险为零；未来结果的变动性越大，则风险越大。风险在现实经济里是客观存在的，决策所涉及的时间越长，风险就越大。因此在长期投资决策中就不能不考虑风险因素。由于风险的存在，投资者宁愿接受某一确定的投资报酬率，而不愿意接受不确定的同样的投资报酬率。既然如此，为什么还有人愿意进行风险投资呢？因为进行风险投资可望得到超过正常报酬（无风险报酬）的额外报酬——风险价值或风险报酬（risk premium），追求风险报酬是投资者进行风险投资的动机。在这种情况下，投资者要求的投资报酬率（K）就由无风险报酬率（K_F）和风险报酬率（K_R）两部分构成，即 $K = K_F + K_R$。

可是，风险不易计量。一般需要借助概率论这一数学工具，用方差（或均方差）来衡量风险，方差越大，表示风险越大。投资风险，即用投资报酬率的方差（σ^2）或均方差（σ）来衡量；为了比较投资报酬率的期望值或均值（E）不同的投资项目的风险大小，需要进一步使用变异系数（v）来衡量风险，计算 v 的数学公式为：$v = \sigma / E$。

变异系数只是计量了风险，但还没有计量风险报酬率。风险和报酬率的基本关系是：风险越大，投资者要求的报酬率越高。这表明，风险报酬率是风险（v）的函数，即：

$$K_R = f(v)$$

假定风险报酬率与风险呈线性关系，则有：

$$K_R = b \cdot v$$

式中，b 为风险报酬系数，是将变异系数转化为风险报酬率的一种系数。

于是，计量风险报酬率的关键在于确定一个恰当的风险报酬系数 b。在确定投资者要求的风险报酬率时，b 取值大小主要取决于投资者对待风险的态度：对风险越不敏感者，b 取值越小；对风险越敏感者，b 取值则越大。因为 b 值大，就是提高投资项目的取舍标准——投资者要求的投资报酬率，这样就把风险高的项目“过滤”掉了，而对风险不敏感者的做法正好相反。

在风险环境下，风险价值原理为长期投资决策提供理论依据。下面简要介绍几种风险投资决策方法，以说明风险价值原理在风险投资决策中的具体运用。

（2）按风险调整贴现率法

基于风险厌恶（risk averse / repugnancy）假设，投资的风险越大，投资者要求的报酬率就越高。在长期投资决策中，为了反映投资者对这种风险报酬的要求，可将投资者因冒风险而要求的、与投资项目风险程度相适应的风险报酬率计入原先没有反映风险因素的贴现率（无风险报酬率）中，构成按风险调整的贴现率（risk adjusted discount rate），并据此进行投资决策分析。这种决策方法，就叫按风险调整贴现率法。

根据博迪（Bodie）和莫顿（Merton）的归纳①，确定按风险调整的贴现率时，应注意的问题有：①一个特定项目的风险不同于公司现有资产的风险，所以不能简单地用公司的资本成本作为投资项目的贴现率；②在计算项目的资本成本时，相关的风险是指项目的预计现金流量的风险，而不是指为该项目筹资所使用的筹资方式/金融工具（如股票、债券等）的风险；③运用资本资产定价模型（capital asset pricing model，CAPM）计算项目的资本成本时，仅反映该项目与市场相关的风险（系统风险），而不要反映项目本身的非系统风险；④考虑物价变动对贴现率选择的影响的正确方法：用名义贴现率对名义现金流量进行贴现，或用实际贴现率对实际现金流量进行贴现。

按照风险调整贴现率后，仍可使用 NPV 法、IRR 法等无风险性决策方法来进行决策

---

① 博迪（BODIE），莫顿（MERTON）．金融学［M］．欧阳颖等，译．2 版．北京：中国人民大学出版社，2010.

分析，不同的是贴现率不再是无风险贴现率，而是按风险调整的贴现率。运用按风险调整贴现率法时，直接运用风险价值原理，使不同项目具有共同可比的基础，有助于得出正确的分析结论，因而被广泛使用。但是，这种方法把风险报酬与时间价值混在一起，并人为地假定风险随时间推移而加大，有时是不合理的。

（3）肯定当量法

由于风险的存在，使得投资项目各年的现金流量变得不确定。为此，可按风险状况对各年的现金流量分别进行调整。这种先按风险调整现金流量，再用无风险性决策方法进行投资项目评价的方法，统称为按风险调整现金流量法。具体调整办法有很多，其中常用的是肯定当量法（约当量法）。

肯定当量法（certainty equivalent method），就是把不确定的现金流量，按约当系数（d）折算为大约相当于肯定的现金流量，然后用无风险贴现率来评价风险投资项目的决策分析方法。

肯定当量法的关键是确定合理的约当系数 d。d 一般在 0 ~ 1 之间取值，可根据各年现金流量风险的大小（如根据 v 值），选取不同的 d 值：风险越大，d 值越小。当 d 确定后，进行决策分析就容易了。以使用 NPV 指标为例，在肯定当量法下 NPV 的计算公式变为：

$$NPV = \sum_{t=0}^{n} d_t \cdot NCF_t \cdot (P/F, k, t)$$

式中，d_t为第 t 年 NCF 的约当系数；NCF_t为第 t 年的不确定的净现金流量；k 为无风险贴现率。

运用肯定当量法，将风险调整在现金流量中，克服了按风险调整贴现率法夸大远期风险的缺陷。不过，如何合理地确定约当系数则是一个十分困难的问题。

（4）概率分析法

上述两种方法是根据投资项目所承受的风险程度适当调整贴现率或现金流量，实际上是对风险因素进行间接补偿，而没有直接从项目净现值的具体概率分布入手。从理论上来说，对投资项目进行风险分析的最直接办法是给出项目净现值的概率分布。但是，要获得净现值的概率分布是相当复杂和困难的，因为净现值受净现金流量、贴现率、项目寿命等因素的影响，而现金流量又受销售量、价格、成本、所得税率等各种因素影响。为了解决这一难题，可借助电子计算机运用蒙特卡罗模拟法（monte carlo simulation）分析得到项目净现值的概率分布。在此基础上，利用净现值的概率分布对风险因素进行直接调整来判断项目的风险程度的这类决策分析法，就称之为概率分析法。

运用概率分析法的决策规则有：期望值规则、期望值-变异系数规则、接受错误概率规则 3 种，现分述如下：

①期望值规则。它的基本思想是：利用净现值的期望值作为评价指标，运用 NPV 法的决策规则来评价该方案的优劣。净现值的期望值只反映了项目的平均获利水平，并不能显示项目的风险程度，因此该规则在风险投资决策中有一定的局限性，但它的确是判断方案优劣的基础。

②期望值-变异系数规则。该规则可表述如下：若两个投资项目 A、B 互斥，且它们的 NPV 期望值 E（NPV_A）、E（NPV_B）均不小于零，要判断 A 优于 B，则只要满足下列两个条件之一即可（分别用 V_A、V_B表示项目 A、B 净现值的变异系数）：

$E(NPV_A) \geq E(NPV_B)$，且 $V_A<V_B$；

$E(NPV_A) > E(NPV_B)$，且 $V_A \leq V_B$。

该规则的基本思想是，对一项投资既希望其净现值最大，同时又希望其相应的风险最小。但在实际中这两者常常难以兼顾，需要在风险与收益之间进行权衡（risk-return tradeoff）。为此，人们的一般选择是：在既定的投资风险水平下，追求投资收益最大化；或者在既定的投资收益水平下，追求投资风险最小化。当出现“$E(NPV_A) > E(NPV_B)$，且 $V_A>V_B$”的情况时，运用该规则就难以判断A、B谁优谁劣了，最后的选择将取决于投资者对待风险的态度。比如，对愿意多冒风险者，就可能选择A。

③接受错误概率规则。该规则的基本思想是：根据NPV法，当NPV≥0时，方案才可行；由于NPV是一随机变量，可用项目将来的实际NPV<0的概率（即“接受错误概率”）来反映项目的风险程度：接受错误概率大，项目风险也就大。据此，用接受错误概率替代“期望值-变异系数规则”中的“变异系数”，就同样可以判断项目的优劣。若投资项目净现值的概率分布呈（或接近）正态分布时，就可以很方便地通过“标准正态分布表”查得接受错误概率，运用该规则就不难了。

在运用概率分析法时，关键在于利用项目净现值的概率分布计算出净现值的期望值、变异系数或净现值小于零的概率。然而在实际工作中，得到项目净现值的概率分布的确很不容易，所以往往是通过净现金流量的概率分布而间接求得净现值的期望值和变异系数等指标的。这时，运用净现金流量的期望值间接地求出净现值的期望值，并据以评价投资方案的方法，实际上又变成了一种按风险调整现金流量的方法。

通过上面的分析，我们可以总结出风险投资决策的根本性思维模式：将风险因素以适当的方式加入确定性决策模型中，改造成风险性决策模型，其实质是将风险化为“无形”，“从容”回归到确定性决策模型。一般有3种转化风险的“魔术”：①将风险化入贴现率（资本成本）的选择之中，如按风险调整贴现率法；②将风险化入现金流量的估测之中，如肯定当量法；③直接权衡风险与收益：将现金流量的期望值作为确定的现金流量的替代，照常运用确定性决策模型得出决策指标的期望值，然后结合均方差或变异系数等风险衡量指标来决策，此为“均值-方差”方法（概率分析法），如期望值-变异系数规则。

11.2.7 预算与控制

1）预算

预算（budgeting）就是以货币为主要计量单位，将决策结果以计划的形式具体地、系统地表达出来，成为企业未来行动指南的过程。简言之，预算就是决策的具体化，把决策变成可以实际操作的行动指南。而利用预算对企业的未来行动及其业绩进行控制，则称为预算控制，所以，预算是从“决策会计”到“执行（控制）会计”的中介，也是连接企业内部不同层级和单位之间沟通的桥梁。

由于企业的性质和规模不同，预算的具体构成内容也有所不同，但一个完整的生产经营全面预算（master budget）应包括经营（业务）预算（operational/operating budget）、财务预算（financial budget）和专门决策预算（special decision budget）三大部分。其中，经营预算是指企业日常发生的各项基本业务活动的预算，主要包括销售预算、生产预算

（又可分成生产量预算、生产成本预算和期末产成品存货预算，生产成本预算可再细分为直接材料预算、直接人工预算和制造费用预算）、销售与管理费用预算；财务预算是指企业在预算期内的现金收入、经营成果和财务状况的预算，主要包括现金预算、预计利润表和预计资产负债表；专门决策预算是指企业为不经常发生的一次性业务的预算，如根据长期投资决策编制的资本支出预算、根据筹资决策编制的筹资预算、根据利润分配决策编制的利润分配预算等。在所有预算中，销售预算是全面预算的起点，而现金预算则是最为综合性的预算。

预算有不同的编制方法及表现形式，具体分为固定预算与弹性预算、增量预算与零基预算、定期预算与滚动预算、定值预算与概率预算、传统预算与作业预算等。

固定预算（fixed budget）是一个业务量水平上的预算，而弹性预算（flexible budget）则是在相关范围内多个业务量水平上的预算，可以说是多个固定预算的“迭加”，但它比单个固定预算更能有效地发挥预算控制功能。一般而言，弹性预算可以用于编制变动成本（费用）类预算、销售收入预算、利润预算；固定预算可以用于编制固定费用（成本）预算、资本支出预算等。有时，弹性预算还可以作为预算调整的工具。

增量预算（incremental budget）是在现有的费用水平基础上，根据业务量预期的变化，对现有费用作增减变化来确定预算期的预算数，它承认“存在即合理”，而零基预算（zero-base budget）则是“一切从零开始”，对每项费用开支作认真的成本效益分析（cost-benefit analysis），据以判断各项开支的合理性和优先顺序，形成最终的预算方案。零基预算不但体现了“成本降低”的思想，更重要的是实践了“成本避免”的思维。所以，零基预算明显优于增量预算，但零基预算本身有可能不符成本效益原则。从成本效益角度考虑，企业可每隔若干年（如三五年）进行一次零基预算，以后几年内则用增量预算作适当调整，这样便可使两种预算方式较好地进行配合。

定期预算（periodical budget）是按照确定的预算期（通常为一个会计年度）来编制的预算，这种预算执行一段便少了一段，可能导致企业忽视长远打算，而滚动预算（rolling /continuous budget）则是在编制一定期间预算的基础上，待预算执行一段后，立即再补充后续一个相应期间的预算，并对剩余期间的预算可根据经营环境的变化作适当调整（但要注意预算的严肃性），如此往后滚动，从而使预算始终都保持为一个事先预定的期间内的预算。滚动预算还可发展为连续更新预算（continuously updated budget），它的主要目的是利用新的信息来修正在该年度全面预算中已确定的经营方针、目标和措施。因此，滚动预算可以克服定期预算的缺点，并使预算增加灵活性和适应环境变化的能力（符合“持续改善”的哲学思想），有利于充分发挥预算的指导和控制作用，值得在企业中推广应用。

定值预算（certain budget）是在确定环境下给出预算涉及的销售量、单价、产量、成本等变量一个确定值的预算，而概率预算（probability budget）则是在风险环境下给出预算涉及的各种变量的概率分布，再利用它计算出各自的期望值，并以此来确定预算数，这样可以提高预算的科学性和准确性。

自从有了作业成本法和作业管理之后，传统预算得以超越，可以将预算深入到作业水平，按照细分的成本动因来编制更加精细的预算，区别对待增值作业与非增值作业、可控成本与非可控成本，大大提高了预算管理的质量和水平。

最后，值得提示的是，各种预算形式在企业编制预算时，可以同时配合使用，而不必拘泥某种预算形式，如弹性预算、零基预算、滚动预算和作业预算就可以同时用于预算编制之中。

2）存货控制与成本控制

基础性管理会计中“控制”涉及的内容主要是存货控制与成本控制。

传统的存货控制方法主要有经济订货量法（economic order quantity，EOQ）、订货点法和 ABC 分析法等。其中，EOQ 法是主要的方法，也是堪称经典性的方法。EOQ 法的基本原理是：建立存货控制的相关成本模型，运用数学微分法求出在总的相关成本（如全年的订货成本与储存成本之和）最低时的订货量，即称之为经济订货量（EOQ），存货控制就依据 EOQ 来进行。EOQ 模型除了理想（基本）模型（假定不允许缺货、补充存货无须时间等）之外，还有陆续到货模型、允许缺货模型、有数量（商业）折扣模型等。这些数学模型虽然精美，但在新的历史条件下，有必要对它们重新进行认识。

首先，从总体上看，它是与适时生产系统（just in time，JIT）相对立的。JIT 要求实现“零存货”，即要求每日订货的到达量与每日生产需用量相等，因而每日生产所需用的存货数量就是最优订货量。可见，在 JIT 下，原先 EOQ 法应用的基础和条件已不复存在，新的存货控制模式是“无存货控制”。其次，从 EOQ 的经济性质看，它所追求的是局部和短期的经济性，而且认定储存成本的存在是合理的，这与“零存货”思想格格不入。因此，从企业整体和长远观点来看，只有通过推行作业管理（JIT 是其中的一部分），消除包括存货作业在内的所有非增值作业，才能使企业存货控制水平达到一个全新的境界。

至于成本控制，在基础性管理会计中的主要成本控制方法就是标准成本法，这已在上一章中作了阐述。有一点值得注意的是，标准成本应及时根据变化了的情况进行修订，并可与企业的生产成本预算编制结合起来进行。

总之，预算和控制是相辅相成的：预算是进行有效控制的目标；有效控制才能使预算得以实现。预算与控制的有机结合，可以有效地规范企业成员的行为，以促进预算目标的顺利实现。

3）预算管理的改进与超越预算

20 世纪 90 年代以后，世界经济环境和企业组织发生的重大变化对传统预算控制提出了挑战，这些重大变化包括企业组织结构的创新、组织关键竞争因素的变化、对经营控制（operational control）的强调及非正规控制系统作用增强等；与此同时，传统预算控制自身的矛盾和局限性也日渐显现，如预算计划功能与控制功能的矛盾、预算计划质量和执行绩效的矛盾、预算引发的行为问题等，所有这一切使企业界和理论界开始不满于传统预算控制的效率，进而谋求对预算控制不同方式的改进。改进的具体方式有三：

（1）重构预算控制、业绩评价与报酬方案关系

研究发现，在预算控制中的行为问题与预算责任人的风险态度及组织的报酬计划形式、企业使用预算的方式都是密切相关的，因此修正传统的以预算为基础的报酬计划成为人们改进传统预算控制的主要途径之一。该思路认为，应以线性报酬方案或真实预算导向的报酬计划（truth-inducing pay scheme）来代替传统的以预算为基础的报酬计划，使企业为实际业绩付薪而不是为实际业绩与预算的差额付薪，这样就能够消除并减少预算中的“游戏”动机，从而减少预算宽余（budgetary slack）行为的发生。

（2）有效整合预算控制与其他管理控制工具

第二种改进思路是，从增强预算控制的战略性考虑出发，认为传统预算控制系统需要与管理会计中新的控制理念、控制方法相互补充，在变化了的环境中更好地实施组织控制，在一个管理控制系统内有效整合预算、作业成本法与作业成本管理（ABC/ABM）、平衡计分卡（BSC）、经济增加值（EVA）等控制工具，从而更有效地实施控制。

（3）超越预算

人们反对采用预算管理制度的依据主要有：有的企业不搞预算管理，经营情况照样不错；有的企业搞了预算管理，经营情况却并不好；要正确估计公司未来的收入和费用虽有可能，但困难较大；将公司的目标、政策等全部列为书面文件，并分送给所有管理人员，不切合实际需要；预算给管理人员带来太多的束缚并增加不必要的环节；企业内外环境不确定因素太多，假设确定这些因素难度大，其中某一因素发生变化往往会对企业的经营业绩带来相当的影响；预算太占用管理人员的时间，尤其经常修正预算，需要太多的纸上作业；企业管理层对于各项估计和预算报表不感兴趣或不够重视，预算使管理人员浪费了不少时间，而且成本也太高；预算引发各种行为问题，使老实人吃亏，“头带三尺帽”的人沾光，“会哭的孩子多吃奶”。通用（GE）公司前CEO韦尔奇（Welch）说过：“预算是美国公司的祸根，它根本不应该存在。制定预算就等于追求最低业绩。你永远只能得到员工最低水平的贡献，因为每个人都在讨价还价，争取制定最低指标。”

于是，对于预算的一种激进态度的革命派，提出了放弃预算或“超越预算”（beyond budgeting）的主张，认为传统预算管理不仅不能适应新的经营环境，妨碍组织的变化与创新，甚至对组织经营有危害作用。他们主张只将预算的作用、内容和范围局限在了对现金流量的预测和计划上，而传统预算的控制与激励作用则由其他的业绩管理制度来替代。

1998年1月，“国际高级制造业协会”专门成立了一个研究论坛——“超越预算圆桌会议”（beyond budgeting round table，BBRT）。当时有55家公司（大都是欧洲的大型公司）参加了这个论坛。尽管论坛是在英国发起的，但截止到现在该论坛成员已经扩展到英国以外的多个国家，如比利时、荷兰、法国、德国、挪威、瑞典、瑞士、南非和美国等。BBRT专门研究用什么方法来替代预算管理系统的问题。该团体的任务是找出并访问已放弃预算的组织，通过案例研究和演示向BBRT成员报告他们的发现。所有加入论坛的企业都认识到传统的预算方法增加了企业内部的职能失调（dysfunctional）行为，越来越不适应企业所面临的竞争环境，需要用新的管理控制模式来替代预算。通过这种方式，该团体渐渐开发了一个不需要预算的组织运行模型。BBRT找到的放弃预算的第一个机构是瑞士亨道银行。这是斯堪的纳维亚地区最有名的银行，它的成本在全欧洲银行中最低。1970年，该银行就放弃了预算，其经理们把银行的成功归功于这一有远见的举动。亨道银行使用3个较直接的指标：投入资本回报率、收入成本比、人均利润。每个员工都理解并使用这些指标，从而激发分公司经理之间的内部竞争，有利于就什么对组织最重要达成共识。员工们根据这些指标的结果的提高幅度，可以知道他们的奖励会增加多少。最终奖励与亨道银行和竞争对手的对比结果挂钩。亨道银行管理模型有远见的缔造者杨·瓦兰德强调：“相对目标比固定目标更有效，因为这样的目标永远是最新的，永远在提高平均水平。我们只通报平均值、一份成绩超过平均值的分公司经理名单、一份成绩低于平均值的分公司经理名单。此系统是完全自立的。”

超越预算理论的发展经历了两个阶段：第一个阶段主要是对预算与其他的战略管理方法进行比较、回顾，人们发现除了财务预测功能之外，预算管理并不比其他战略管理方法更有效，于是得出结论应放弃预算的业绩管理控制职能，并用一个整合了多种方法的更有效率、更富成果的管理控制系统代替了传统的预算控制；第二个阶段主要是研究如何整合现有的各具特色的管理控制方法，使组织的预测、业绩评价和激励机制更加有效。

BBRT 的两位负责人 Jeremy Hope 教授和 Robin Fraser 教授归纳了采用“超越预算”方法的企业所遵循的一些基本则①：①治理（governance），明确组织的价值观，为战略描述、计划和行动提供依据；②业绩责任（performance responsibility），管理者是对具有竞争性的结果负责，而不是对固定预算负责；③分权授权，给员工更多行动的自由和责任，而不是控制和约束他们；④结构控制，组织结构是流程化或网络化的，不是过去的职能部门式；⑤系统协调，通过流程设计和快速的信息系统来协调公司间的事务，而不是通过预算详细列出的各种行动；⑥指导帮助，指导并赋予员工具有挑战性的工作，而不是命令和控制他们；⑦目标设定，在竞争中胜出，而不是达到预算数字；⑧评价和控制，只使用几年的关键业绩指标控制经营活动，而不是大量的繁琐的报告；⑨激励和报酬，以公司或部门的竞争业绩来实施奖励，而不是依据预算确定的数值。

BBRT 正在研究制定指导标准大纲，用以开发不用预算的新业绩管理模型。根据指导标准开发出来的模型叫超越预算业绩模型（beyond budgeting performance model，BBPM）。该模型包括 8 个步骤：

①制定阶段目标。固定不变的僵化的预算被相对的或阶段性的目标所代替。制定的目标不超出预算，但从长远看能价值最大化并超越竞争对手。它们是根据内部或外部的基准比较进行确定。只对数量有限的关键价值驱动因素制定了目标，而不是对资产负债表的每个项目都制定目标。各级经理都知道其同行们的表现。这个同行压力的结果是，组织的全面业绩得到提高。同时，还要制定最低目标，没有达到最低要求的实际结果将不能接受。确定目标时可以使用几个实用手段或工具，如价值基础管理（value-based management，VBM）、关键成功因素、关键业绩指标（key performance index，KPI）、平衡计分卡和标杆基准（benchmarking）。

② 开发创新战略。战略开发程序改变了以往一年一度的从上到下的方式，成为连续的、公开的程序，将战略细化到组织最低层。高级管理层为整个组织确定战略方针、目标。战略的形成由地方经理完成，总部的高级管理层有否决权。高级管理层和地方经理讨论制定好的战略，并测试计划的假设条件。讨论还涉及计划的可行性，可以用于战略开发的工具有方案规划和风险管理模型。

③ 论证所有资源。对资源的管理不是依据短期的预算分配，而是投资周期内期望的增值。有关资源的战略计划和投资由高级管理层批准。为此，他们需要全面了解组织，以便平衡使用稀有资源，如资本、人力和信息技术。长期投资也要论证，但评估要尽可能灵活，假如当初投资申请的假设条件发生变化，应该能快速修改决策。

④ 协调交叉领域。进行管理和协调的基础不是部门预算，而是业务单位和运营过程

① 可详见：HOPE，FRASER. *Beyond Budgeting: How Managers Can Break Free from the Annual Performance Trap* [M]. Boston: Harvard Business School Press, 2003.（中译本. 超越预算：管理者如何跳出年度绩效评估的陷阱 [M]. 北京：中信出版社，2005.）

之间的因果关系。高级管理层持续不断地评估组织的资产。在此过程中，他们从一个和当地经理不同的、更高的角度看待战略计划及其风险。他们帮助地方经理找出最佳的实践方法和组织内发挥协同作用的机会，鼓励在整个组织共享信息。实用手段的使用，如平衡计分卡、知识运用和项目管理系统，将协助建立一个覆盖全组织的网络。

⑤ 挑战所有成本。成本管理的重心从成本转向价值。不要讨论成本与去年相比是否上升或降低，而是要不断地询问成本是否为组织增加了价值。每个业务活动都必须经受所谓的价值测试：该业务活动是否增加了客户、产品或战略计划价值？起点不再是去年的成本水平，而是执行今年计划的必要资源。以价值为基础的模型可以用于价值测试。

⑥ 制定没有偏见的、准确的预测。使用预测不仅是为了保证按计划运行，还要管理战略执行，制定战略决策。预测使高级管理层时刻掌握业务单位目前的业绩和期望的业绩。这是使得高级管理层能够预见年终结果，从而满足股东的期望。由于滚动预测没有与经理们的业绩检查联系起来，地方经理能诚实汇报其单位的准确信息。

⑦ 使用先导性指标。不需要使用大量详细的历史报告，只需要用数目有限的、关键的、先导的、向前看的和向后看的指标，来监控组织业绩。KPI 为地方经理提供快速采取更正性和预防性行动所需的信息。重点是理解造成问题的根源。如果数据存储在数据库，各管理层就能够迅速有效地进入这个信息系统。这样，总部的管理者可以觉察特殊趋势和走向，不必查看一大堆细节。因此，管理者可以关注需要做出解释的偶然情况和特殊问题。具有竞争性的标杆基准排名有助于比较内部和外部结果。

⑧ 应用同行压力进行激励。不要把奖励挂靠在个人业绩上，应该将其挂靠在单位业绩和组织的总体业绩上。业绩讨论的重心不再是商议目标，而是必须达到的最低业绩水平和与其他经理相比的业绩水平。这种经理们之间的竞争比传统的财务激励机制更有威力。

超越预算模式的基本原则和内容是一致的，但在实践中，其具体运用方式则是根据组织环境而改变的。

11.2.8 责任会计

1）责任会计的概念

随着分权管理（decentralization）的实施，如何对企业内部分权单位进行有效控制，就显得十分突出。而利用管理会计提供的信息对各分权单位进行业绩的计量、评价与考核，将有助于解决分权管理可能带来的“目标不一致”问题。管理会计的这种功能具体体现于“责任会计”（responsibility accounting）。

责任会计是根据授予基层单位的权力和责任以及对其业绩的计量、评价与考核方式，将企业划分成各种不同形式的责任中心，并建立起以各责任中心为主体，以责、权、利相统一的机制为基础，通过信息的收集、加工和反馈而形成的一个企业内部严密的会计控制制度（系统）。如今，责任会计还可以与作业管理相结合，实施作业基础的责任会计，以发挥更好的效果。

在基础性管理会计中的执行（控制）会计，是以“责任会计”为中心的。它主要为控制企业各责任中心的生产经营活动朝着预定的目标卓有成效地运行提供有用的信息。责任会计体系的核心在于信息，责任会计提供的信息应基于可控性原则。如果责任会计体系强调其信息角色，那么管理者就会做建设性的反映并努力改进绩效。可见，责任会计是企业进行内部控制与业绩评价的一个有效的管理工具。

2）责任会计的内容

企业在一定期间内对生产经营的全面预算，为整个企业及其生产经营的各个方面制定了总的目标。为了保证其顺利实现，企业还必须把在全面预算中确定的指标按企业内部的各个责任中心进行分解与落实，形成责任预算，使各责任中心明确各自的具体目标。企业正是通过责任预算的执行、控制和考核来实施全面预算的，而且这些都可以采用责任会计制度来实现。不同企业实行责任会计可以采用不同的具体形式，但主要内容都应包括以下7个方面：①建立责任中心；②制定合理的内部转移价格，并建立内部结算制度；③建立合理而有效的奖惩制度（薪酬与激励制度）；④编制责任预算，明确业绩控制与考核标准；⑤执行责任预算，进行责任控制；⑥建立完善的责任会计核算制度，定期编制业绩报告并进行内部审计；⑦评价并考核实际工作业绩。以上7个方面构成了责任会计的完整体系。它们之间保持着密切的关系：前3个方面是实施责任会计的基本前提；后4个方面是实施责任会计的基本环节，即“预算——控制——核算——考核”构成了实施责任会计制度的程序。

3）责任中心的责任会计

合理划分责任中心是实施分权管理和责任会计的首要条件。为了实施分权管理和责任会计，有必要根据企业内部各单位所处的管理层级，赋予相应的管理权限，明确其应负的责任。这种责任层次或范围，即各个责任层次能够严格进行控制的活动区域，就是责任中心。可见，责任中心是在企业中具有一定管理权力并承担相应的经济责任的内部独立核算的特定单位（部门）。企业在建立责任中心时，除了贯彻责、权、利相结合的原则及目标一致性原则外，还必须尽量做到与企业的组织结构相适应、协调。企业组织结构会因经营环境和经营战略的变化而变化，为此企业的责任中心也要随之予以及时评估并修正。

根据企业内部责任单位权责范围以及业务活动的特点，可将企业的责任中心分成成本中心、利润中心和投资中心三大类。它们之间的层次关系是：成本中心从属于利润中心，利润中心又从属于投资中心。每一类责任中心都具有各自的特点，应据此确定各自相应的业绩控制、评价与考核的重点，组织实施其责任会计。

（1）成本中心责任会计

成本中心（cost center）是有权发生成本或费用并负责对其进行控制的部门。成本中心的工作成果不会形成可以用货币计量的收入，或其工作成果不便于或不必进行货币计量，而仅计量和考核发生的成本或费用。成本中心也可以有不同层次，一个成本中心可由若干个更小的成本中心所构成。

成本中心的职责就是以最低的成本费用按质、按量、按时去完成预定的具体任务（业务）。对成本中心，其所需要计量与考核的成本是可控成本（controllable cost），不可控成本仅供参考。成本的可控性是就特定的责任中心、特定的期间和特定的权限而言的。所谓可控成本就是特定责任中心可以预先知道、有办法计量的、能受其影响和控制的成本。某成本中心的责任成本属于该成本中心的各项可控成本之和。所以，成本中心的责任会计核算的是责任成本，而非产品成本，并据责任成本的执行情况对成本中心进行业绩评价与考核。

（2）利润中心责任会计

利润中心（profit center）是指既能控制成本，又能控制销售收入的责任单位。它不但要对成本、收入负责，而且还要对收入与成本的差额（即利润）负责。

利润中心业绩的评价与考核指标通常是基于“贡献毛益”引申出来的两个指标：一是部门经理业绩毛益（performance margin），即某利润中心的销售收入减去变动成本得出贡献毛益之后，再减去该部门经理可控的可追溯固定成本的结果①，该指标用于衡量部门经理的工作业绩；二是部门毛益（segment margin），即在部门经理业绩毛益的基础上，再减去部门经理不可控但高层管理部门可控的可追溯固定成本，该指标用于衡量利润中心对企业利润所作的贡献，能为企业决定该利润中心的取舍提供相关信息。

（3）投资中心责任会计

投资中心（investment center）是指既能控制成本和收入，又能控制长期投资的责任部门。它与利润中心的主要区别表现在，利润中心只有短期经营决策权，而投资中心则同时拥有短期经营决策权和长期投资决策权。投资中心是分权管理模式的最突出的表现形式。

通常以投资报酬率、剩余收益和经济增加值作为评价和考核投资中心经营业绩的指标。

①投资报酬率（return on investment，ROI）。它是某投资中心的经营利润与其经营资产（投资额）之比。其中，经营利润（operating profit）通常是用“息税前利润”（earnings before interest and taxes，EBIT）来计算的，即本量利分析的结果，因为ROI是要反映投资中心是如何有效地使用资产，以获取利润。经营资产（operating assets）是指投资中心（企业）购置的创造营业利润的全部资产，包括现金、应收账款、存货、固定资产等。ROI的计算公式如下：

ROI＝经营利润/经营资产
　＝（经营利润/销售收入）×（经营资产/销售收入）
　＝毛利率（margin）×资产周转率（turnover）

②剩余收益（residual income，RI）。它是指投资中心的经营利润扣减其经营资产按规定的基准收益率或要求的最低报酬率（hurdle rate，or minimum required rate of return）（可以“资本成本”为基础进行确定）计算的投资报酬后的余额。RI的计算公式如下：

RI＝经营利润－经营资产×要求的最低报酬率
　＝（ROI－要求的最低报酬率）×经营资产

与ROI相比，RI有两个明显的优点：其一，ROI可能会掩盖投资中心的实际业绩，RI可以消除ROI带来的错误信号；其二，RI鼓励投资中心乐于接受对整个企业有利的投资项目，有助于保证“目标一致性”。不过，当投资中心规模不相等和面临的风险也不同时，利用RI对投资中心经理进行业绩评价，难以做到公平合理。因此，RI和ROI应结合起来使用，以便于对投资中心的业绩进行综合考核。

③经济增加值（economic value added，EVA）。它是投资中心的税后经营利润与全部

---

① 部门经理业绩毛益，是基于可控收入与可控成本计算的，因此，可将其理解为“可控利润”，即：可控利润＝$\sum$可控收入－$\sum$可控成本＝可控收入总额－责任成本。从其构成要素来说，部门经理业绩毛益还是一种息税前利润（EBIT），与本量利分析的逻辑保持一致。

资本成本之间的差额。EVA的基本理念是：资本获得的收益至少要能补偿投资者承担的风险。也就是说，股东必须赚取至少等于资本市场上类似风险投资回报的收益率。EVA的创立，为管理带来了一次革命，这就是基于价值的管理（value based management，VBM）。VBM强调的是企业的一切行为都因服从为股东创造价值的最高准则。EVA的计算公式如下：

EVA＝税后经营利润－资本成本额
＝税后经营利润－经营资产×资本成本率
＝EBIT×（1－所得税税率 t_c）－经营资产×资本成本率
＝［ROI×（1－t_c）－资本成本率］×运营资产

如何确定合理的资本成本率（cost of capital）是成功应用EVA的关键。资本成本率，一般可用投资中心（企业）的加权平均资本成本率（weighted average cost of capital，WACC）来表示。此时，

EVA＝［ROI×（1－t_c）－WACC］×经营资产

当ROI×（1－t_c）大于WACC时，EVA为正，表明投资中心（企业）创造了价值（财富）；当ROI×（1－t_c）小于WACC时，EVA为负，表明投资中心（企业）毁损了价值（财富）①。

4）责任会计的改进

责任会计是从责任预算开始，对责任预算执行情况进行计量、评价和考核的系统，因而也可以说它是一个业绩评价系统。不过这样一个系统建立在如下假设之上：整体是各个部分简单相加的结果。责任会计通过责任预算的方式将企业总目标层层分解为各责任中心目标（整体转化为局部）；各责任中心执行其预算后形成各自的经营成果（局部成果），汇总后则是企业整体经营成果（局部又“还原”为总体），并且认为激励各个局部尽最大努力实现各自己的最优化，自然就能实现整个企业的最优化。实际上，孤立地强调局部最优化反而可能会对企业整体最优化造成损害，有时还不如以局部次优化（sub－optimization）来换取整体最优化。为此，必须对责任会计进行改造，以适应新的经济发展条件，引导企业用整体观和长期观来进行业绩评价与考核，建立符合“以顾客为中心”的企业价值最大化目标的“综合业绩评价系统”。它应具有一些新的特点：（1）综合与分析相结合。深入到作业水平，再逐级综合，使之形成一个统一体，能正确反映和考核企业整体经营业绩及其前因后果。（2）计量指标多样化。建立和实施财务计量（financial measures）与非财务计量（non－financial measures）相结合的综合计量指标体系。（3）效益评价的多样化。对企业的业绩效益可以从多种不同的角度来进行综合考察与评估，如正效益与负效益、局部效益与整体效益、短期效益与长期效益、直接效益与间接效益、内部效益与外部效益、有形效益与无形效益等。

至今发展比较成熟且被企业广为采用的综合业绩评价系统，当是由Robert S. Kaplan和David P. Norton在20世纪90年代初首创的“平衡计分卡法”②（the balanced scorecard，BSC）。它从财务（financial）、顾客（customers）、企业内部业务流程（internal business

① 从实务角度，可关注一下由国务院国有资产监督管理委员会于2012年12月29日公布并自2013年1月1日起施行的《中央企业负责人经营业绩考核暂行办法》，其中有《经济增加值考核细则》。

② 关于BSC，KAPLAN和NORTON创作和出版了大量著作。不过，最应该阅读的是他们当年的原创著作：卡普兰，诺顿．综合记分卡——一种革命性的评估和管理工具［M］．北京：新华出版社，2002.

processes）、企业学习与成长（learning and growth）等四大方面设计具体的计量与评价指标，用以全面评价企业的经营业绩。“平衡计分卡”这一综合业绩评价系统被人们称为“一种革命性的评价和管理制度”，可视为自 90 年代以来，管理会计最重要的发展成果之一。

BSC 是一个具有因果关系的价值创造评价系统。“学习与成长”、“内部业务流程”和“顾客”三个维度是价值创造的“因”，用以评价价值创造过程的业绩；传统的“财务”维度是价值创造的“果”，用以评价价值创造结果的优劣。四个维度的内在逻辑关系是，从关注人的因素的“学习与成长”开始评价，优质的人力资源才能带来顺畅的“内部业务流程”，达到成本控制的目标；有了好的“内部业务流程”，才能抓住“客户”，实现销售收入目标；最终，“财务”业绩目标的落实就变得水到渠成，因为“收入-成本=息税前利润”是一切财务业绩评价指标的基础。价值创造过程用非财务指标（先导指标）评价，价值创造结果用财务指标评价，表明价值创造过程引导价值创造结果。BSC 是一个非财务指标与财务指标相结合的综合业绩评价系统，能够为企业的战略管理提供服务。

11.3　管理会计的新领域

从 20 世纪后期开始，为适应社会经济条件的重大变化和科学技术的迅速发展，管理会计进入了一个大变革、大发展的历史时期，基础性管理会计的内容得以大大丰富和发展，从而形成了许多新的领域。在前面“管理会计的内容”这一部分中，已列出仍有待继续开拓的十几个新领域。其中，有些相对成熟一点，如作业成本会计、质量成本会计、生命周期成本会计等，它们的核心内容，已在“成本计算与控制理论”一章中作过介绍；还有些则正处于初步发展阶段，如信息资源会计等；另外有些则可能还是一种设想，如现金流动会计。基于这些新领域在理论上的不成熟性以及有待于实践的检验，我们暂时还难以对它们做出较为全面和深入的理论总结，下面仅做简要介绍，以期拓展学生的视野，并引起进一步学习的兴趣①。

11.3.1　资本成本会计

现行财务会计只进行确认、计量和报告企业债务资本成本，而忽视所有者权益资本成本。这应是财务会计值得改进之处，资本成本会计正是回应这种改进要求的努力成果（构想）。它是以现代金融市场和企业制度为依托，以企业资本成本为对象，将成本概念及其计量引入产权领域，全面确认、计量和报告企业资本成本信息的一个新的会计领域。资本成本会计理论构想拓展了会计学的视野，突破了传统会计学只计量债务资本成本而不计量所有者权益资本成本的局限，可以使会计利润向经济利润靠拢，能为企业管理尤其是财务管理提供有价值的信息。

---

① 对做管理会计研究有兴趣的读者，可以研习荣获美国会计学会管理会计分会授予的“2008 年度管理会计文献杰出贡献奖”的精选论文集：查普曼（CHAPMAN），霍普伍德（HOPWOOD），希尔兹（SHIELDS）. 管理会计研究［M］. 北京：中国人民大学出版社，2009.

11.3.2 增值会计

增值会计是以增值额为对象，对增值额进行确认、计量和报告，并为企业实现增值额最大化提供管理信息的一个新的会计领域。余绪缨教授认为，增值会计还可分为增值财务会计与增值管理会计。增值会计体现会计的重心从利润转向增值额的发展趋势，表明会计将从为个别利润主体服务逐渐发展到为更多相关利益主体乃至整个社会利益服务。

计算与分析增值额（value added）是增值会计的关键。增值额的计算表现为“增值毛额”（gross value-added）和“增值净额”（net value-added）。其计算公式如下：

增值毛额=销售收入-外购商品材料物资和劳务支出

增值净额=增值毛额-折旧

11.3.3 人力资源会计与智力资本会计

世界范围的高新技术革命和进步的浪潮，已将世界各国的经济发展从自然资源、传统资本资源竞争推向人力资源的竞争。人力资源的开发、利用和管理，将是21世纪人类社会经济发展的关键因素。在知识经济（knowledge economy）时代，人力资源（human resource）将越来越起关键性作用。为此，会计系统应突破现行“物尽其用”的局限，将研究视野延伸到如何使企业“人尽其才，事得其人，人事相宜”的领域，从而为企业人力资源管理以及保持竞争优势，全方位地提供有关财力资源、物力资源和人力资源的信息。知识经济时代，呼唤人力资源会计从理论研究走向应用于企业实际管理工作中。

人力资源会计是把人作为有价值的组织资源，以企业人力资源为对象，确认、计量和报告人力资源信息的会计分支。人力资源会计既包含用于计量人力上的投资及其重置成本的会计——人力资源成本会计（human resource cost accounting），也包含用于计量人对于一个企业的经济价值的会计——人力资源价值会计（human resource value accounting）。人力资源成本会计还可进一步分为人事管理成本会计和人力资产会计。如何对人力资源价值进行有效计量，是人力资源会计的难点，也是阻碍人力资源会计应用于人力资源管理的第一大原因。

对一个企业而言，其运用的资本包括两大类：财务资本（financial capital）和智力资本（intellectual capital）。企业的全部价值将通过这两类资本体现出来。财务资本可分为货币资本（monetary capital）和实物资本（physical capital）；智力资本的获得与运用是企业通过人和组织结构的作用产生的，它可分为人力资本（human capital）和结构资本（structural capital）。人力资源会计研究的内容是人力资本，而未能将结构资本纳入其中，所以人力资源会计应向智力资本会计发展。

结构资本产生于企业的外部关系和组织价值，反映了一个公司的各种焦点所在，加上其创新和发展能力，展现了企业潜在的价值。结构资本由3个部分组成：外部关系（社会资本）、组织价值和创新发展能力（价值）。狭义的智力资本会计是对企业智力资本（注重结构资本）进行确认、计量与报告的会计。如何计量智力资本是一个棘手的问题，也给管理会计带来挑战。人力资源是智力的载体，也是创造智力资本的源泉，因而有必要将人力资源会计融入智力资本会计之中，构成广义的智力资本会计。

资本成本会计理论构想冲淡了传统资本要素的地位，知识经济和智力资本会计则突出智力资本要素的地位。若将它们结合起来，则有助于我们构建与知识经济相适应的智力资本及财务资本相结合的会计理论与方法体系。

11.3.4　环境管理会计

企业既是社会财富的创造者，又是环境的主要污染者。企业对环境保护负有不可推卸的责任，以实现人类社会可持续发展的目标。为此，企业必须将环境管理融于企业全面管理之中，才能长久地维持企业的生存与发展。这就促使社会和企业都有了对环境进行计量的要求，于是环境管理会计[①]（accounting for the environment）便应运而生。

环境管理会计是对传统会计计量范围的扩展，研究受企业环境问题影响方面的一切会计问题，旨在为企业进行环境管理提供决策所需的信息。它主要包括环境成本与效益的确认、计量和报告。环境成本主要指因生产产品而产生污染导致的治污成本、罚款以及改善和保护环境而支出的成本。环境效益的评估则涉及两个方面：一是环境投资评估，属于长期投资决策领域；二是企业环境管理活动取得业绩的评估，可从企业经济效益和社会效益两个方面进行评价，为此必须将环境业绩也纳入企业综合业绩评价系统中。

11.3.5　网络会计：全新的会计信息系统

会计信息系统（accounting information systems，AIS）是人力、电子计算机硬件和软件等一系列资源的组合，旨在将财务数据和其他数据转换为会计信息的一个计算机管理系统。基于 internet/ intranet 技术的发展，企业将以更方便的方式、更低的成本来“集成”各种信息系统。于是，一个全新的会计信息系统——“网络会计”已露端倪，它将日常会计业务的处理，直到为战略性管理决策提供信息支持和智能化服务等功能融为一体。从“在线业务处理”（on-line transaction processing）发展到“在线分析处理”（on-line analytical processing），网络会计系统将从技术层面服务于或有助于强化、扩展会计的职能，尤其会使管理会计的应用价值得以大大提升。

11.3.6　投资项目的国民经济评价

投资项目的国民经济评价是在投资项目的财务评价基础上进行拓展，是对投资项目经济效益与社会效益相统一的评价，尤其注重项目的兴建对国防安全、劳动就业、环境保护和生态平衡等多方面的影响。从经济上看，它是以“社会费用—效益分析”（social cost-benefit analysis）原理为指导，以影子价格和社会贴现率等为经济参数，根据社会效益（包括直接与间接效益）与社会费用（包括直接与间接费用）的对比，来判别投资项目对国民经济的净贡献，评价投资项目在经济上的合理性。投资项目的国民经济评价往往包含了项目的社会评价。

11.3.7　宏观资金流动会计

宏观资金流动（流量）会计，是以国民经济总体为主体，以社会资金运动为对象，主要运用财务会计的记账原理，结合运用统计及数学方法，集中反映社会资金总量及其在

---

① 初期多用“绿色会计”（green accounting）的名称。

各部门间的流向和流量，着重为“宏观调控”服务的宏观会计信息系统的一个组成部分。

11.3.8 战略管理会计

在激烈的市场竞争中，管理会计应该在服务于企业战略管理上有所作为，能系统地提供确立企业竞争优势所需的战略信息。战略管理会计（strategic management accounting）正是为适应这种迫切需要而发展起来的，它是一个以战略管理理论为基础，专门提供并分析企业战略管理所需信息的会计信息系统，构成企业战略管理的“中枢神经系统”。它围绕企业、竞争对手和顾客组成的“战略三角”，着重提供成本、价格、业务量、市场份额、现金流量以及资源需求等方面相对水平和变化趋势的信息，既提供顾客和竞争对手具有战略相关性的外向型信息，也对企业内部信息进行战略审视，借此优化企业价值链，以长期保持并创新竞争优势。战略管理会计以本企业为基点，着重对顾客和竞争对手的相关信息进行对比分析，借以为企业成功进行战略管理提供信息和智力支持，其基本内容，例如：(1) 竞争与相对成本分析；(2) 竞争对手会计（分析）；(3) 顾客盈利性分析。

战略管理会计的基本方法既包括传统的分析、决策与控制方法，又包括作业成本法、目标成本法、生命周期成本法、质量成本控制等战略成本管理方法，还包括社会价值链分析、预警分析、股东价值分析和竞争对手分析等新的管理会计方法。

11.3.9 行为会计

行为会计（behavioral accounting）发轫于美国，是行为科学引入管理会计中并加以应用的体现。它是指在会计领域充分运用行为科学的理论、概念与方法，在会计信息的生产、传递和使用过程中，解释、预测和引导各有关人员的行为，从而使会计信息的行为职能得以有效地发挥的会计新领域。管理会计的目标在于提供有用的管理信息，而有用性实质上是要求管理信息能够用来激励并影响人的行为，所以重视人的行为方面，是现代管理会计发展的一个基本方向。行为会计强调人的行为方面，但并不脱离会计的技术方面，因为能对人的行为施加影响的会计信息的提供仍有赖于会计技术方法的正确运用。为此，要在行为科学的指导下，来构建包括“决策会计”和“执行（控制）会计”在内的现代管理会计的基本框架。

行为科学在现代管理会计中的应用相当广泛，几乎涉及管理会计的所有方面。在实际工作中，要特别注意行为科学在激励机制设计、预算与控制、制定管理会计师职业道德规范等方面的灵活具体运用。

11.3.10 信息资源会计

信息资源会计是会计学引进微观信息经济学的结果，从广泛意义上看，也属于行为会计的范畴。

微观信息经济学可分成相互联系的两个部分：一是当个体决策者数目为一位时，研究个体决策者在不确定性环境下，怎样利用有偿信息做出最满意的决策；二是当个体决策者数目至少有两位时，研究个体决策者在给定的环境下，如何通过与其他个体决策者进行“博弈”来做出决策。这里，信息资源会计主要指微观在信息经济学中有关单一决策者决策的理论与方法同管理会计的综合。它的中心内容就是利用成本效益分析方法，对管理会计信息系统和管理会计信息做出评价以及对非管理会计信息系统及其产出的信息进行评价。此外，它还对信息产业（产品）特别是对 internet/intranet 上的投资决策进行分析。

信息资源会计的核心概念是信息成本和信息价值。信息成本是指在生产、使用和传递信息过程中所发生的各种耗费；信息价值通常用决策的净效果来计量。如何准确计量信息价值成为信息资源会计的难点。

通过对管理会计的新领域进行简要描述，我们发现它们大多是对基础性管理会计的“扬弃式”发展，均可分别归属于决策会计与执行（控制）会计之中。不过，在这些新的领域中，有些看起来还比较“零乱”，与构成前后一致的严密的管理会计逻辑体系尚有距离；有些则十分抽象，应用于管理会计实务中还面临不少难题。我们预测，管理会计将在进一步分化与组合中发展下去，严谨的管理会计理论终将形成。

本章小结

管理会计是直接为企业内部管理提供信息服务的会计分支，是一门新兴的边缘学科。管理会计理论的研究在整个会计理论中处于相对薄弱的环节。

管理会计可划分为基础性管理会计与管理会计的新领域两大部分。基础性管理会计主要由决策会计与执行（控制）会计两部分构成。管理会计的新领域十分丰富，但有些新领域还很不成熟。

在管理会计中大量运用“数量分析”型方法。就基础性管理会计而言，运用的主要方法有五大类：成本性态分析法、本量利分析法、边际分析法、成本效益分析法和折现的现金流量法。

在基础性管理会计中，成本性态分析、变动成本法和本量利分析是其基本的分析工具。在决策会计中，经营预测是进行决策的前提。决策会计为企业的短期经营决策和长期投资决策提供有用信息。为短期经营决策提供相关成本信息；为长期投资决策提供相关现金流量信息。在短期经营决策中，生产（成本）决策的主要方法有：相关利润分析法、相关成本分析法、差量分析法、贡献毛益分析法、成本无差别点分析法等。在长期投资决策中，确定性决策方法主要有净现值法、现值指数法、等年值法、内部报酬率法等；风险性决策方法主要有按风险调整贴现率法、肯定当量法、概率分析法等。其中，概率分析法的决策规则有期望值规则、期望值-变异系数规则和接受错误概率规则3种。

预算管理是从“决策会计”到“执行（控制）会计”的中介。预算管理是企业实现经营目标的一个有力工具。执行（控制）会计以“责任会计”为中心。成本控制与责任会计提供相关信息的焦点在于可控成本。责任会计可分投资中心、利润中心、成本中心3个层次来实施。“平衡计分卡法”作为一种综合业绩评价系统，不但是对责任会计的重大改进，而且还是对战略管理会计的重大贡献。

管理会计在20世纪后期发展迅猛，已出现了许多新的领域，诸如作业成本会计、质量成本会计、生命周期成本会计、资本成本会计、增值会计、人力资源会计和智力资本会计、环境管理会计、网络会计、战略管理会计、行为会计、信息资源会计等。这些新的管理会计领域尚未形成一个严密的逻辑体系，它们将在进一步分化与组合中发展下去，严谨的管理会计理论体系有望在不久的将来成型。

主要概念和观念

□ 主要概念

管理会计 管理会计理论 管理会计方法 管理会计的理论结构 基础性管理会计 决策会计 执行（控制）会计 责任会计 成本性态分析 变动成本法 本量利分析 贡献毛益 盈亏平衡点 决策 预测 贡献毛益分析法 成本无差别点分析法 差量分析法 现金流量 净现金流量 相关现金流量 增量现金流量 贴现率 资本成本 净现值法 内部报酬率法 按风险调整贴现率法 肯定当量法 概率分析法 预算预算管理 弹性预算 滚动预算 零基预算 作业预算 经济订货量 零存货控制 适时生产系统（JIT） 投资中心 利润中心 成本中心 可控成本 责任成本 投资报酬率 剩余收益 经济增加值 平衡计分卡 资本成本会计 智力资本会计 环境管理会计 网络会计 战略管理会计 行为会计 信息资源会计

□ 主要观念

管理会计是现代会计的一个重要分支，管理会计理论也是现代会计理论的重要组成部分。就目前而言，在管理会计中介绍的方法比较多，严格意义上的理论体系尚未形成。即使如此，在管理会计理论研究中，已经提出了很多思想“火花”，只要精心培育、强化研究，同样可以像财务会计那样形成比较完善的理论体系。

基本训练

□ 知识题

1. 什么是管理会计？它的理论基础有哪些？
2. 管理会计的理论结构有哪些内容？
3. 管理会计包括哪些内容？管理会计的基本方法有哪些？
4. 什么叫成本性态？如何进行成本性态分析？
5. 变动成本法的基本原理是什么？
6. 企业应如何进行本量利分析？
7. 什么叫决策？如何对它进行分类？
8. 在管理会计中，使用哪些决策成本概念？
9. 短期经营决策涉及哪些内容？其决策的具体方法有哪些？
10. 什么是预算？它包括哪些内容？编制预算可采用哪些方法与形式？预算应如何改进？
11. 在适时生产系统（JIT）下，应如何改造传统的存货控制与成本控制方法？

□ 技能题

1. 利用实习的机会，找一家企业做一项调查，观察这家企业是如何开展短期经营决策的？把企业的实际做法归纳整理出来。

2. 有条件的同学，可以针对某一企业的一项长期投资决策时考虑了哪些重要因素、采用了哪些方法进行调查，写出调查报告。

3. 在我国，不少企业都不同程度地建立了责任会计制度。利用实习的机会，调查一家企业，归纳总结它是如何确定成本中心、利润中心或投资中心，并进行业绩评价与考核的？

□　能力题

1. 通过阅读有关管理会计文献，对“平衡计分卡法”进行简要的评述。如果有条件，针对一家企业的实际情况，设计一套简易的“平衡计分卡法”实施办法。

2. 目前很多企业都运用了ERP系统，调查这样的企业，分析ERP系统运用之后，企业的存货管理有何改进?

3. 查阅国美和苏宁两家上市公司的有关资料（含年度财务报告和相关信息披露），比较这两家公司在存货管理上的特点。

4. 结合课本中有关管理会计新领域的介绍，查阅更多更详细的文献资料，得出你自己对管理会计理论将如何发展的看法。

主要参考文献

［1］ATKINSON，KAPALAN，MATSUMURA，YOUNG. Management Accounting［M］. 6 版. 北京：清华大学出版社，2012.

［2］HORNGREN，DATAR，RAJAN. Cost Accounting：A Managerial Emphasis［M］. 14e，Global Edition. Prentice Hall Inc.，Pearson Education Limited，2012.

［3］WATTS，ZIMMERMAN. 实证会计理论［M］. 陈少华等，译. 大连：东北财经大学出版社，2012.

［4］GARRISON，NOREEN，BREWER. Managerial Accounting［M］. 14th Edition. New York：McGraw-Hill，2011.

［5］HORNGREN，FOSTER，DATAR. Cost Accounting：A Managerial Emphasis［M］. 13th Edition. 北京：中国人民大学出版社，2010.

［6］CAMPANELLA. 质量成本原理——原理、实施和应用［M］. 北京：机械工业出版社，2004.

［7］ANTHONY，GOVINDARAJAN. 管理控制系统［M］. 11 版. 北京：机械工业出版社，2004.

［8］SCHALTEGGER，BURRITT. 现代环境会计：问题、概念与实务［M］. 大连：东北财经大学出版社，2004.

［9］FASB. Principles-based Approach to US Standards Setting Proposal［OL］. 2002.

［10］Ahmed Riahi-Belkaoui. Accounting Theory［M］. 4th Edition. Thomson Learning Europe，2000.（上海财经大学出版社 2004 年中文版）

［11］KAPLAN. Cost and Effect：Using Integrated Cost Systems to Drive Profitability and Performance［M］. Boston：Harvard Business School Press，1998.

［12］SCOTT. Financial Accounting Theory［M］. London：Prentice Hall，1999.

［13］郭晓梅. 高级管理会计理论与实务［M］. 大连：东北财经大学出版社，2013.

［14］齐默尔曼. 决策与控制会计［M］. 陈晖丽，刘峰，译. 6 版. 大连：东北财经大学出版社，2012.

［15］中国会计学会. 联合概念框架与公允价值研究［M］. 大连：大连出版社，2010.

[16] 汉森，莫温. 管理会计学 [M]. 陈良华等，译.8 版. 北京：北京大学出版社，2010.

[17] 沃尔克，等. 会计理论：政治和经济方面的概念性议题 [M]. 陈艳，杨洁，译. 大连：东北财经大学出版社，2010.

[18] 潘飞，程明. 预算制定在国有企业经理人薪酬契约中的激励作用 [M]. 大连：大连出版社，2010.

[19] 陆正飞，等. 财务会计理论与资本市场实证研究 [M]. 北京：中国人民大学出版社，2009.

[20] 胡玉明. 管理会计研究 [M]. 北京：机械工业出版社，2008.

[21] 路晓燕. 公允价值会计 [M]. 北京：经济科学出版社，2008.

[22] 于增彪. 管理会计研究 [M]. 北京：中国金融出版社，2007.

[23] 戈弗雷，等. 会计理论 [M]. 孙蔓莉，等，译. 北京：中国人民大学出版社，2007.

[24] 葛家澍. 财务会计理论研究 [M]. 厦门：厦门大学出版社，2006.

[25] 财政部. 企业会计准则 2006 [M]. 北京：经济科学出版社，2006.

[26] 司可脱. 财务会计理论 [M]. 陈汉文，等，译. 北京：机械工业出版社，2006.

[27] 葛家澍，杜兴强，等. 会计理论 [M]. 上海：复旦大学出版社，2005.

[28] 魏明海. 公司高管的会计责任 [M]. 北京：中国财政经济出版社，2005.

[29] 高晨. 企业预算管理——以战略为导向 [M]. 北京：中国财政经济出版社，2004.

[30] 余绪缨. 管理会计学 [M]. 北京：中国人民大学出版社，2004.

[31] 财政部会计司. 对美国财务报告采用以原则为基础的会计体系的研究 [M]. 北京：中国财政经济出版社，2003.

[32] 胡运权. 运筹学教程 [M]. 北京：清华大学出版社，2003.

[33] 刘运国，等. 管理会计前沿 [M]. 北京：清华大学出版社，2003.

[34] 葛家澍，刘峰. 会计理论：关于财务会计概念结构的研究 [M]. 北京：中国财政经济出版社，2003.

[35] 葛家澍，陈少华. 改进企业财务报告问题研究 [M]. 北京：中国财政经济出版社，2002.

[36] 葛家澍，林志军. 现代西方会计理论 [M]. 厦门：厦门大学出版社，2001.

[37] 魏明海，谭劲松，林舒. 盈利管理研究 [M]. 北京：中国财政经济出版社，2000.

[38] 卡普兰，阿特金森. 高级管理会计 [M].3 版. 大连：东北财经大学出版社，1999.